金融機関のための
倒産・再生の実務

松嶋 一重
粟澤 方智 編著

一般社団法人 金融財政事情研究会

推薦の辞

　今般、松嶋一重部長（株式会社日本政策投資銀行）と粟澤方智弁護士（奥野総合法律事務所）の共編の下、金融機関の担当者として、また弁護士および税理士の立場から倒産や事業再生に携わる練達の実務家の方々の執筆によって本書が刊行されたことを心より慶賀し、斯界の関係者の方々に推薦申し上げたい。

1．制度の縦深と拡がりの変化

　かつての破産、特別清算、和議、会社整理、会社更生という法的整理手続が、現在の破産、特別清算、民事再生、会社更生という形に置き換えられてから何年が経過したであろうか。制度改革の端緒となった民事再生法の制定（平成11年）から起算しても、10年余り、一応の完成をみた破産法の制定（平成16年）から数えれば、未だ10年に満たない。そして、私的整理についてみれば、様々な不正が指摘された時代から、「私的整理ガイドライン」の採択と公表（平成13年）を経て、本書でも取り上げられている事業再生ADR、企業再生支援機構（平成25年3月から「地域経済活性化支援機構」に改組）、中小企業再生支援協議会、整理回収機構など、いわゆる制度化された私的整理が定着してから漸く10年を過ぎたところである（本書第1部第1章）。10年という期間は、社会経済にとっては、決して短いものではないが、それにしても、この間に生じた変化には目覚ましいものがある。

　そして、それぞれの制度の中でも、商取引債権の優先弁済（本書第3部第2章）や担保権の目的物の評価にかかる処分連動方式（本書第3部第9章）など、伝統的な債権者平等や公正衡平原則の見直しを迫るような実務が確立されている。

2．手段の相対化と一体化

　上記の各種法制については、その目的から清算型と再建型、その手続構造から管理型と監督型に分けるのが、従来の通念であった。現在の段階でもそれがまったく意味を失ったわけではないが、目的にもとづく区別についていえば、清算型を代表する破産手続においても、事業譲渡の手段を通じて事業の再生を図る可能性が指摘され[1]、債権者などの利害関係人の決議を経ないで行われうる事業譲渡は、民事再生や会社更生よりもかえって機動的である

と説かれることさえある。他方、本来の再建型においても、再生計画や更生計画によらず早期に事業譲渡を行い、債権者などの利害関係人には、その対価を配分することによって、実質的な清算を行う傾向が目立っている（本書第3部第8章）。

　また、手続構造についていえば、管財人の選任を必要的とする意味で破産および会社更生を管理型とし、これに対して、債務者自身を原則的な手続遂行主体とし、監督委員などによる監督に委ねるという意味で民事再生を監督型とする区別がなされてきたが、近時のDIP型会社更生や管理型民事再生の出現によって、こうした区別も相対的なものにすぎなくなっている（本書第1部第1章および第3部第4章）。さらに、私的整理と法的整理との関係についても、事業再生ADRなどから会社更生への移行にみられるように、両者が連続する事案が現れ、会社更生における否認や相殺制限の要件である支払停止や支払不能との関係で、私的整理の端緒である一時停止の通知をどのように評価するかという問題も議論されるようになっている（本書第3部第2章および第3章）[2]。

3．金融債権者の視点と姿勢

　倒産や事業再生への金融機関のかかわりは、古典的には、既存債権の保全と回収であり、そのこと自体は、現在でも変わるところはない。否認や相殺禁止の規定、あるいはそれらの解釈にどのように配慮しながら債権の保全や回収を図るかという問題は、法的整理手続の中で不可避の損害を最小限に食い止めるかという視点から、常に意識しなければならないところである（本書第3部第2章および第3章）。また、再生計画案や更生計画案の内容の合理性を判断し、公平性や遂行可能性などを見極めて、賛否いずれかの意思表示をするかということも、金融機関にとっては、重大な問題となる（本書第3部第9章）。

　もっとも、1．および2．において述べた近時の傾向は、金融機関の視点

---

[1] 多比羅誠「事業再生手段としての破産手続の活用」園尾隆司ほか編・新版破産法32頁（2007年）、宮川勝之＝永野剛志「破産手続における営業譲渡」高木新二郎＝伊藤眞編集代表・倒産の法システム第2巻101頁（2010年）など参照。
[2] 平成25年（2013年）1月17日に開催された「平成24年度　東京3弁護士会　倒産法部合同シンポジウム〔倒産と金融〕」の中でも、この問題が取り上げられている。

と姿勢にも必然的に影響を及ぼすこととなる。たとえば、危機時期における資金需要を満たすための融資を求められたときに、いかなる条件があればそれに応じるべきかは、通常時における融資判断とは異なった要素を含んでいる。特に、私的整理段階でのプレDIPファイナンスでは、当該事業の再生可能性とともに、民事再生や会社更生、さらには破産に移行せざるをえなくなった場合に、どのような取扱いがされるのかを検討し、融資によって期待できる収益などとの総合的判断が求められる（本書第2部第2章および第3章）。

また、事業再生ADRなどの中で一時停止の通知を受領したときに、それを受け入れるべきかどうか、受け入れたときには、その後にどのような行動の制約を受忍しなければならないのかなども、金融機関としては、慎重に検討しなければならない（本書第1部第2章）。そして、場合によっては、自らの判断にもとづいて行動するだけではなく、一定の負担を前提としても、債権者委員会や担保権者委員会を組成することを考えるべき事案もあろう（本書第3部第1章）。

このような種々の問題について、判例が確立していたり、あるいは実務上の処理方針が確定していれば、それを前提として判断したり、方針を決定することができるが、新たな問題であればあるほど、信頼するにたる指針が存在しないというのが現状である。また、同じ問題を考えるについても、債務者の視点からみるのか、それとも金融債権者の視点からみるのかで、自ずから問題の認識や解決の方向の検討について違いが生じる。加えて、金融債権者の側に立った議論といえども、裁判所、管財人や監督委員などの手続機関、さらに他の利害関係人を説得するだけの根拠と合理性をもったものでなければ、実務の武器としては役立たない。

倒産処理や事業再生に関する類書は多い。しかし、上記のような視点を明確に意識しながら体系的に問題を整理し、税務までを含めて（本書第3部第14章）、解決の方向を指し示す書物を待ち望んでいた実務家は少なくないのではなかろうか。新たな導きの書として、自信をもって本書を推薦申し上げる所以である。

早稲田大学大学院法務研究科客員教授　伊藤　眞

はじめに～本書のねらいと構成

　金融機関として、取引先の延滞・倒産を完全に回避することは不可能である。他方で、そのような事態は金融機関の業務の中ではむしろ例外であり、債権管理・回収を専門とする部署であればともかく、現場の営業部店では日頃十分な準備ができているとはいい難いのが実情と思われる。

　本書は、主に金融機関の担当者の方々に、法的整理手続に対する債権者としての対応という観点から、実務の指針として、些かなりとも参考にして頂けるものを提示しようと試みるものである。

　倒産・再生の分野では、多くの優れた基本書や実務書が既に存在するものの、金融機関の立場に特化した視点から、法的整理手続について論じたものは見当たらないように思われる。本書では、法的整理の各段階における基本的な手続の流れや、債権者が直面するであろう重要な論点について、できる限り網羅的に記述するよう心掛けた。手続の流れや手続相互の関係を論ずることを重視した結果、一問一答形式を採用していないことも本書の特徴である。

　また、取引先の窮境時においては、再建の成否という意味でも、回収の極大化という観点からも、初期段階における正しい方針策定が肝要である。しかしながら、窮境時の混乱の中で、的確かつ迅速に初動対応を決定していくことは、往々にして容易ではない。このような問題意識から、本書では、法的整理手続の初期段階における金融機関の対応と共に、これに先立つ私的整理段階の論点についても、相当の紙幅を割いている。

　ところで、本書が提示しようとする指針としての、倒産・再生実務における「金融機関の判断基準」「金融機関の行動原理」とは何か。この点、債権の最大回収の実現が、金融機関にとって一つの判断基準であり、かつ行動原理であることは疑いない。しかしながら、実際の倒産・再生案件では、自らの回収金額の極大化のみを金科玉条として一方的な主張を展開することが、必ずしも現実の最大回収に繋がるとは限らない。むしろ金融機関にとっての現実の最大回収は、従業員や仕入先等、多くの利害関係人が合意し得る適切な内容で手続が遂行され、あるいは計画が策定された場合に、初めて実現するものであるというのが、編者らの率直な感覚である。そのためには、金融

機関が正確な情報収集を行い、債務者、管財人、監督委員、裁判所や他の債権者との間で適切なコミュニケーションを取りながら、主張すべきは主張しつつ、丁寧な交渉を積み重ねていくことが必要であろう。本書の執筆においては、このような基本的な視座から、各種の手続における実務対応を論ずることに重点を置いたつもりである。

本書は、3部から構成されている。第1部は、法的整理手続前における金融機関の対応に関連して、私的整理手続と法的整理手続の関係、私的整理手続から法的整理手続へ移行する場合の諸問題について取り上げている。第2部では、法的整理手続申立て前後のファイナンスに関して、窮境期における与信上の留意点を善管注意義務等の観点から論ずるとともに、私的整理手続で行われるプレDIPファイナンス及び法的整理手続下でのDIPファイナンスについて、実務的な論点を取り上げている。第3部は、法的整理手続における金融機関の対応として、概ね手続の流れに沿って、初動対応や詐害行為への対応、債権調査手続、担保権に関する諸問題、財産評定、計画外事業譲渡、計画案の評価、連帯保証等について取り上げ、さらに手続終結や計画不履行時の対応、時効管理を論じ、最後に、倒産・再生手続を通観する形で、債務者側及び債権者双方の税務問題について記述している。

本書の執筆は、取引先の倒産・事業再生を実際に担当している金融機関職員、及び法的整理手続における債権者側アドバイザーとしての経験の豊富な弁護士・税理士が分担して取り組んだ。

本書の執筆の間にも、わが国の経済社会には大きな変動があり、東日本大震災からの復興や、「中小企業者等に対する金融の円滑化を図るための臨時措置に関する法律」（金融円滑化法）の期限切れ後の取引先の事業再建への取組み等、金融機関が直面する課題は山積している。本書が、倒産・再生業務に携わる金融機関職員の方々にとって、僅かでも実務上の指針としてご参考にして頂けるものとなれば、執筆者一同、望外の幸いである。

最後に、本書の企画段階から執筆を後押しして頂いた一般社団法人金融財政事情研究会の小林晋也氏、そして小林氏の作業を引き継ぎ、多くのアドバイスを頂いた大塚昭之氏に、心から御礼を申し上げたい。また、日本政策投資銀行の佐藤直子氏、奥野総合法律事務所の奥山道氏には、校正作業の段階で丁寧に原稿をチェックして頂いた。これらの方々にも御礼を申し上げた

い。

　編者らは、金融機関の職員として、また弁護士として、奥野総合法律事務所・奥野善彦先生の謦咳に接し、倒産・再生事件における債権者としての正しいあり方について、多くのご指導を頂いてきた。本書が「金融機関としての公正な権利行使は如何にあるべきか」という視点を大切にしているのも、債権者・債務者双方の立場を通じ、一貫して正義・公正の観点から妥当な解決を希求される奥野善彦先生から受けた、これまでのご薫陶に負うところが大きい。末筆となるが、この場をお借りして、日頃のご指導に心よりの感謝を申し上げたい。

2013年4月

編者　松嶋一重
粟澤方智

※なお、意見にわたる部分は、執筆者各自の個人的見解であり、それぞれの所属する組織の見解を示すものではない。

執筆者一覧

【編　集】

松嶋　一重　　日本政策投資銀行　法務・コンプライアンス部長
粟澤　方智　　奥野総合法律事務所　弁護士　パートナー

【執筆者（50音順）】

粟澤　方智　　奥野総合法律事務所　弁護士　パートナー
　　　　　　　（担当：第1部1章・2章、第3部2章～7章・9章）
稲生　隆浩　　森・濱田松本法律事務所　弁護士　パートナー
　　　　　　　（担当：第2部2章）
大村　圭一　　税理士法人平成会計社　税理士　第5事業部　パートナー
　　　　　　　（担当：第3部14章）
尾野　恭史　　古賀総合法律事務所　弁護士　パートナー
　　　　　　　（担当：第2部1章、第3部13章）
金子賢太郎　　日本政策投資銀行　関西支店　副調査役
　　　　　　　（担当：第1部1章、第3部2章）
小林　清和　　東邦銀行　融資部　主任調査役
　　　　　　　（担当：第1部1章、第3部2章）
佐久間　泉　　東邦銀行　融資管理部　主任調査役
　　　　　　　（担当：第1部1章、第3部2章）
櫻庭　広樹　　奥野総合法律事務所　弁護士
　　　　　　　（担当：第3部6章・12章）
鹿野　厚至　　八十二銀行　融資部企業支援室　リーダー
　　　　　　　（担当：第3部3章・4章）
下久保　翼　　古賀総合法律事務所　弁護士
　　　　　　　（担当：第2部1章、第3部13章）
高野　裕之　　東邦銀行　融資管理部　調査役
　　　　　　　（担当：第1部1章、第3部2章）
高松　泰彰　　八十二銀行　融資部企業支援室
　　　　　　　（担当：第3部3章・4章）

豊岡　悠太	日本政策投資銀行　企業金融第2部　調査役	
	（担当：第3部6章）	
長野　裕一	税理士法人平成会計社　税理士　第4事業部　シニア	
	（担当：第3部14章）	
服部　康彦	東邦銀行　融資管理部　主任調査役	
	（担当：第1部1章、第3部2章）	
松嶋　一重	日本政策投資銀行　法務・コンプライアンス部長	
	（担当：第1部2章、第3部1章〜3章・5章・7章〜9章）	
宗形　一廣	東邦銀行　融資管理部　主任調査役	
	（担当：第1部1章、第3部2章）	
山崎　良太	森・濱田松本法律事務所　弁護士　パートナー	
	（担当：第2部3章、第3部10章・11章）	
山本　昇	奥野総合法律事務所　弁護士	
	（担当：第3部6章・12章）	

※役職名は執筆当時のものを記載している。

凡　例

＜**文献略称**（略称表記の五十音順）＞

『一問一答新しい破産法』
　→小川秀樹編著『一問一答新しい破産法』（商事法務、2004年）

『伊藤会更』
　→伊藤眞『会社更生法』（有斐閣、2012年）

『伊藤破産・民再』
　→伊藤眞『破産法・民事再生法〔第2版〕』（有斐閣、2009年）

『内田民法Ⅰ』
　→内田貴『民法Ⅰ　総則・物権総論〔第4版〕』（東京大学出版会、2000年）

『江頭株式会社法』
　→江頭憲治郎『株式会社法〔第4版〕』（有斐閣、2011年）

『落合還暦』
　→小塚荘一郎・高橋美加編『商事法への提言（落合誠一先生還暦記念）』（商事法務、2004年）

『会更の実務（上）・（下）』
　→西岡清一郎・鹿子木康・桝谷雄一編／東京地裁会社更生実務研究会著『会社更生の実務(上)・(下)』（金融財政事情研究会、2005年）

『改正銀取逐条解説』
　→堀内仁・鈴木正和・石井眞司監修『改正銀行取引約定書逐条解説と210の事例研究』（銀行研修社、1977年）

『企業再建の真髄』
　→清水直編著『企業再建の真髄』（商事法務、2005年）

『Q&A民再法』
　→山本和彦・長谷川宅司・岡正品・小林信明編『Q&A民事再生法〔第2版〕』（有斐閣、2006年）

『更生計画の実務と理論』
　→事業再生研究機構編『更生計画の実務と理論』（商事法務、2004年）

『コンメ民訴法Ⅱ』
　→秋山幹男ほか『コンメンタール民事訴訟法Ⅱ〔第2版〕』（日本評論社、2006年）

『最新実務会更』
　→東京地裁会社更生実務研究会編『最新実務会社更生』（金融財政事情研究会、2011年）

『再生・再編事例集(4)』
　→商事法務編『再生再編事例集(4)事業再生の思想—主題と変奏』（商事法務、2005年）

『事業再生ADRの実務』
　→住田昌弘『事業再生ADRの実務』（金融財政事情研究会、2011年）

『時効管理の実務』
　→吉岡伸一・渡邊博己・高橋悦夫編集『時効管理の実務』（金融財政事情研究会、2007年）

『私的整理100問』
　　→全国倒産処理弁護士ネットワーク編『私的整理の実務Q&A 100問』(金融財政事情研究会、2011年)

『条解会更（上）』
　　→兼子一監修『条解会社更生法（上）』(弘文堂、1973年)

『条解会更（下）』
　　→兼子一監修『条解会社更生法（下）』(弘文堂、1974年)

『条解破産』
　　→伊藤眞ほか『条解破産法』(弘文堂、2010年)

『詳解民再』
　　→四宮章夫ほか『詳解民事再生法─理論と実務の交錯─〔第2版〕』(民事法研究会、2009年)

『条解民再』
　　→園尾隆司・小林秀之編『条解民事再生法〔第3版〕』(弘文堂、2013年)

『書式会更の実務』
　　→東京地裁会社更生実務研究会『書式会社更生の実務』(民事法研究会、2003年)

『新会社更生法の理論と実務』
　　→山本克己・山本和彦・瀬戸英雄編『新会社更生法の理論と実務』(判例タイムズ社、2003年)

『新担保執行法講座(4)』
　　→佐藤歳二・山野目章夫・山本和彦編「新担保・執行法講座第4巻」(民事法研究会、2009年)

『新注釈民再（上）・（下）』
　　→才口千晴・伊藤眞監修／全国倒産処理弁護士ネットワーク編『新注釈民事再生法（上）・（下）〔第2版〕』(金融財政事情研究会、2010年)

『新破産法の基本構造と実務』
　　→伊藤眞・松下淳一・山本和彦『新破産法の基本構造と実務』(有斐閣、2007年)

『新版注釈会社法(6)』
　　→上柳克郎・竹内昭夫・鴻常夫編『新版注釈会社法(6)』(有斐閣、1987年)

『新版注釈民法(9)』
　　→柚木馨・高木多喜男編『新版注釈民法(9)』(有斐閣、1998年)

『新倒産法制10年』
　　→伊藤眞・須藤英章監修・著『新倒産法制10年を検証する─事業再生実務の深化と課題』(金融財政事情研究会、2011年)

『続時効の管理』
　　→酒井廣幸『〔新版〕続時効の管理』(新日本法規、2010年)

『谷口古稀』
　　→谷口安平先生古稀祝賀『現代民事司法の諸相』(成文堂、2005年)

『逐条解説会社法(4)』
　　→酒巻俊雄・龍田節編『逐条解説会社法第4巻機関1』(中央経済社、2008年)

『注釈民法(5)』
　　→川島武宜編集『注釈民法(5)総則(5)』(有斐閣、1967年)

『大コンメ破産』
　　→竹下守夫編集代表『大コンメンタール破産法』（青林書院、2007年）
『通常再生120問』
　　→全国倒産処理弁護士ネットワーク編『通常再生の実務Q&A 120問』（金融財政事情研究会、2010年）
『展望』
　　→東京弁護士会倒産法部編『倒産法改正展望』（商事法務、2012年）
『倒産の法システム(3)』
　　→高木新二郎・伊藤眞編集代表「講座倒産の法システム・第3巻　再建型倒産処理手続」（日本評論社、2010年）
『特別清算の理論と裁判実務』
　　→山口和男編『特別清算の理論と裁判実務』（新日本法規、2008年）
『入門新特別清算』
　　→東京弁護士会編『入門新特別清算手続』（ぎょうせい、2006年）
『入門民再』
　　→松下淳一『民事再生法入門』（有斐閣、2009年）
『破産管財の手引』
　　→鹿子木康・島岡大雄編／東京地裁破産実務研究会『破産管財の手引〔増補版〕』（金融財政事情研究会、2012年）
『破産・民再の実務（上）・（中）・（下）』
　　→西謙二・中山孝雄編／東京地裁破産再生実務研究会著『破産・民事再生の実務〔新版〕上・中・下』（金融財政事情研究会、2008年）
『プレパッケージ型事業再生』
　　→事業再生研究機構編『プレパッケージ型事業再生』（商事法務、2004年）
『民再の実務と理論』
　　→事業再生研究機構編『民事再生の実務と理論』（商事法務、2010年）
『民再の手引』
　　→鹿子木康編／東京地裁民事再生実務研究会『民事再生の手引』（商事法務、2012年）
『民再法の理論と実務（下）』
　　→才口千晴ほか編『民事再生法の理論と実務（下）』（ぎょうせい、2000年）
『民事時効の法律と実務』
　　→埼玉弁護士会編『民事時効の法律と実務』（ぎょうせい、1996年）
『類型別会社訴訟』
　　→東京地裁商事研究会編『類型別会社訴訟〔第2版〕Ⅰ』（判例タイムズ、2008年）
『論点解説新・会社法』
　　→相澤哲・葉玉匡美・郡谷大輔編著『論点解説新・会社法──千問の道標』（商事法務、2006年）
『論点解説新破産法（下）』
　　→全国倒産処理弁護士ネットワーク編『論点解説新破産法（下）』（金融財政事情研究会、2005年）

『我妻民法総則』
　　→我妻栄『新訂民法総則（民法講義Ⅰ）』（岩波書店、1965年）
『我妻債権総論』
　　→我妻栄『新訂債権総論（民法講義Ⅳ）』（岩波書店、1964年）

＜判例集・判例誌等の略称＞
　　大審院民事判決録→民録
　　最高裁判所民事判例集→民集
　　最高裁判所刑事判例集→刑集
　　事業再生と債権管理→債管
　　金融法務事情→金法
　　商事法務→商事
　　判例タイムズ→判タ
　　判例評論（判例時報刊行会）→判評
　　判例時報→判時
　　ジュリスト→ジュリ
　　銀行法務21→銀法
　　金融・商事判例→金判

＜法令の表記＞
　　（　）内で引用する主要法令名は、次のように略記する。
　　破　　　　破産法
　　破規　　　破産規則
　　民再　　　民事再生法
　　民再規　　民事再生規則
　　会更　　　会社更生法
　　会更規　　会社更生規則
　　民　　　　民法
　　商　　　　商法
　　会　　　　会社法
　　民訴　　　民事訴訟法
　　民執　　　民事執行法
　　※ただし、以下の法律については、本文中においても略称を用いる。
　　譲渡特例法　動産及び債権の譲渡の対抗要件に関する民法の特例等に関する法律
　　産活法　　　産業活力の再生及び産業活動の革新に関する特別措置法
　　機構法　　　株式会社地域経済活性化支援機構法

目　次

推薦の辞
はじめに〜本書のねらいと構成
執筆者一覧
凡　例

第 1 部　法的整理手続前の対応

第 1 章　私的整理と法的整理 ……………………………………… 2
1　金融機関にとっての私的整理と法的整理 ………………………… 2
2　各手続の比較・選択のポイント …………………………………… 3
　(1)　金融機関からみた手続選択の基準 …………………………… 3
　(2)　私的整理の各手続の比較 ……………………………………… 5
　(3)　地域経済活性化支援機構について …………………………… 8
　(4)　法的整理の各手続の比較 ……………………………………… 12

第 2 章　私的整理から法的整理への移行時の問題 ……………… 17
1　債権届出における損害金の取扱い（一時停止の意義）………… 17
　(1)　一時停止の意義 ………………………………………………… 17
　(2)　一時停止の法的効果と実務対応 ……………………………… 19
2　登記留保の担保権の取扱い ………………………………………… 20
　(1)　問題の所在 ……………………………………………………… 20
　(2)　実務対応 ………………………………………………………… 21
3　私的整理手続中に預け入れられた預金の取扱い ………………… 21
　(1)　問題の所在 ……………………………………………………… 21
　(2)　実務対応 ………………………………………………………… 22
4　移行後の法的整理手続における弁済率（債権カット率）……… 23
5　【参考】資本的劣後ローンと債務者の倒産 ……………………… 25
　(1)　資本的劣後ローンとは ………………………………………… 25
　(2)　資本的劣後ローンの貸出先の倒産 …………………………… 27

第2部　法的整理手続申立て前後のファイナンス

第1章　窮境期における与信上の留意点 ……………………………… 32
1　はじめに …………………………………………………………………… 32
2　再生ファイナンスにおける留意点 ……………………………………… 32
  (1)　融資判断に対する経営判断原則の適用 …………………………… 32
  (2)　判　例 ………………………………………………………………… 35
3　窮境期における融資の合理性判断基準（与信上のポイント）……… 42
  (1)　担保からの回収に依拠する場合 …………………………………… 43
  (2)　無担保又は不十分な担保しか存在しない場合 …………………… 45

第2章　プレDIPファイナンス ………………………………………… 49
1　プレDIPファイナンスの優先的な取扱い ……………………………… 49
  (1)　事業再生ADR手続におけるプレDIPファイナンスの取扱い …… 50
  (2)　事業再生ADR手続におけるプレDIPファイナンスの実務上の諸問題 … 52
  (3)　事業再生ADR手続におけるプレDIPファイナンスに係る債務保証に関する特例 ………………………………………………………… 59
  (4)　地域経済活性化支援機構の支援手続におけるプレDIPファイナンスの取扱い ……………………………………………………………… 60
2　法的整理移行時の共益債権化の可能性 ………………………………… 62
3　プレDIPファイナンスにおける与信判断 ……………………………… 64
  (1)　与信判断の主なポイント …………………………………………… 64
  (2)　担保による保全 ……………………………………………………… 64
4　プレDIPファイナンスの融資契約 ……………………………………… 65

第3章　DIPファイナンス ……………………………………………… 67
1　DIPファイナンスの意義 ………………………………………………… 67
  (1)　DIPファイナンスとは ……………………………………………… 67
  (2)　アーリーDIPファイナンス ………………………………………… 67
  (3)　レイターDIPファイナンス ………………………………………… 68
2　DIPファイナンスによる貸付金債権の法的性質 ……………………… 69
  (1)　共益債権性 …………………………………………………………… 69
  (2)　牽連破産・会社更生手続移行時の取扱い ………………………… 71
  (3)　共益債権に基づく強制執行等 ……………………………………… 71

(4) DIPファイナンスに対する担保権 …………………………………… 72
　　(5) DIPファイナンスを行う場合の債務者区分、債権分類基準 ………… 72
　　(6) DIPファイナンスの実務 ……………………………………………… 73

第3部　法的整理手続

第1章　金融機関の関与のあり方 …………………………………………… 76
1　金融機関の法的整理への関与 ………………………………………… 76
　　(1) 金融機関による積極的関与の意義 …………………………………… 76
　　(2) 金融機関の関与手段 …………………………………………………… 77
　　(3) メインバンクである場合の関与 ……………………………………… 86
2　回収行動・交渉方針立案上の留意点 ………………………………… 89
　　(1) 公平性・公正性・経済性への配慮 …………………………………… 89
　　(2) 実体的当事者の見極め ………………………………………………… 90
　　(3) 議決権を前提とした交渉 ……………………………………………… 90
　　(4) 債権者委員会について ………………………………………………… 92
　　(5) スケジュールの要素 ………………………………………………… 100
第2章　法的整理手続の申立てから開始決定まで ………………………… 101
1　初動対応 ………………………………………………………………… 101
　　(1) 情報収集 ……………………………………………………………… 101
　　(2) 対応方針の検討 ……………………………………………………… 107
　　(3) 商取引債権の包括的弁済について ………………………………… 114
2　債権保全 ………………………………………………………………… 118
　　(1) 期限の利益の喪失 …………………………………………………… 118
　　(2) 弁済禁止と預金の支払停止 ………………………………………… 122
　　(3) 預金相殺 ……………………………………………………………… 125
　　(4) 取立委任手形の処理 ………………………………………………… 127
3　担保権の行使 …………………………………………………………… 129
4　金融機関の意見聴取への対応 ………………………………………… 130
　　(1) 意向確認の方法 ……………………………………………………… 130
　　(2) 意見聴取への対応 …………………………………………………… 133
5　信用保証協会への代位弁済請求 ……………………………………… 135

(1)	信用保証協会と金融機関との基本的な法律関係 ················· 135
(2)	代位弁済請求 ·· 135

第3章　詐害行為・偏頗行為への対応 ················· 139

1　詐害行為・偏頗行為とは ·· 139
- (1) 詐害行為・偏頗行為の意義 ·· 139
- (2) 詐害行為・偏頗行為に対する金融機関のスタンス ············· 139

2　手続開始前の対応 ··· 140
- (1) 詐害行為取消訴訟（管財人等による受継） ······················· 140
- (2) 否認権のための保全処分 ··· 141

3　手続開始後の対応（否認権の行使） ································· 142
- (1) 否認の要件 ··· 142
- (2) 否認の効果 ··· 150
- (3) 否認権の行使 ·· 151
- (4) 管財人等が否認権を行使しない場合 ································ 152

4　詐害的な私的整理への対応 ··· 152
- (1) 事業譲渡 ·· 153
- (2) 会社分割 ·· 155

第4章　債権者申立てによる法的整理手続 ··········· 157

1　申立ての判断 ··· 157
- (1) 金融機関としての判断要素 ·· 157
- (2) 破産か再建型か ··· 158
- (3) 会社更生か管理型民事再生か ··· 158

2　実務上のポイント ·· 160
- (1) 情報収集 ·· 160
- (2) 保全管理人等による財産の管理 ······································ 161
- (3) 送　　達 ·· 163
- (4) 申立て以降のオペレーションの確保 ································ 165
- (5) 資金繰りの維持 ··· 165
- (6) 信用不安の払拭 ··· 166

3　既存手続への対抗的申立て等 ··· 167
- (1) 債権者の対抗手段 ·· 167
- (2) 対抗的再生計画案の提出 ··· 169
- (3) 管理命令の申立て ·· 170

(4)　会社更生手続の申立て ··· 170
第5章　債権調査手続 ·· 172
　1　債権調査手続の概要 ··· 172
　　(1)　債権調査手続の意義 ··· 172
　　(2)　債権調査手続の流れ ··· 172
　　(3)　金融機関としての対応 ··· 173
　2　債権届出 ··· 173
　　(1)　債権届出の手続 ·· 173
　　(2)　届出債権等の種類 ·· 180
　　(3)　届出債権の範囲 ·· 186
　　(4)　担保付債権の取扱い ··· 191
　3　債権認否と調査期間 ·· 199
　　(1)　債権認否の手続 ·· 199
　　(2)　一般調査期間等における対応 ·· 202
　4　債権確定の手続 ··· 204
　　(1)　確定の意義 ·· 204
　　(2)　査　　定 ··· 204
　　(3)　会社更生手続における価額決定の申立て ···································· 207
第6章　担保権に関する諸問題 ·· 210
　1　法的整理手続と担保権の行使 ·· 210
　　(1)　法的整理手続における担保権の行使 ·· 210
　　(2)　担保権行使の前提条件としての登記及び登録 ······························ 217
　2　各種の担保権の取扱い ··· 219
　　(1)　抵　当　権 ·· 219
　　(2)　質　　権 ··· 222
　　(3)　先取特権 ··· 224
　　(4)　商事留置権（投資信託受益権上の商事留置権） ··························· 226
　3　集合動産・集合債権譲渡担保の取扱い ·· 229
　　(1)　概　　説 ··· 229
　　(2)　後順位譲渡担保権 ·· 232
　　(3)　法的整理手続開始と集合動産譲渡担保権の対象物件の固定化の問題 ··· 234
　　(4)　法的整理手続と将来債権譲渡担保の効力の及ぶ範囲 ····················· 237
　　(5)　各法的整理手続における対応 ·· 240

4　担保権消滅請求への対応 ……………………………………………………… 243
　　　(1)　破産手続における担保権消滅許可 ……………………………………… 243
　　　(2)　民事再生手続・会社更生手続における担保権消滅請求 …………… 247
　　5　民事再生手続における別除権協定 …………………………………………… 254
　　　(1)　別除権協定の法的性質 …………………………………………………… 254
　　　(2)　別除権協定締結にあたってのポイント ……………………………… 259
　　　(3)　協定不履行時の帰趨 ……………………………………………………… 262
　　6　火災保険金請求権質権の取扱い ……………………………………………… 267

第7章　財産評定 ………………………………………………………………… 269
　　1　財産評定の意義 ………………………………………………………………… 269
　　2　財産評定における評価の基準 ………………………………………………… 269
　　　(1)　民事更生と会社再生、破産の違い …………………………………… 269
　　　(2)　処分価額と時価との関係 ………………………………………………… 270
　　3　民事再生手続における財産評定 ……………………………………………… 271
　　　(1)　民事再生手続における財産評定の目的・機能 ……………………… 271
　　　(2)　民事再生手続における財産評定の基準 ……………………………… 273
　　　(3)　民事再生手続における財産評定の手続 ……………………………… 274
　　　(4)　債権者としての対応 ……………………………………………………… 275
　　4　会社更生手続における財産評定 ……………………………………………… 277
　　　(1)　会社更生手続における財産評定の目的・機能 ……………………… 277
　　　(2)　会社更生手続における財産評定の基準 ……………………………… 279
　　　(3)　会社更生手続における財産評定の手続 ……………………………… 280
　　　(4)　債権者としての対応 ……………………………………………………… 282
　　5　破産手続における財産評定 …………………………………………………… 284
　　　(1)　破産手続における財産評定の目的・機能 …………………………… 284
　　　(2)　破産手続における財産評定の基準 …………………………………… 284
　　　(3)　破産手続における財産評定の手続 …………………………………… 285
　　　(4)　債権者としての対応 ……………………………………………………… 285
　　6　特別清算における財産目録・貸借対照表の作成 ………………………… 286

第8章　計画外事業譲渡への対応 ……………………………………………… 287
　　1　民事再生手続の場合 …………………………………………………………… 287
　　　(1)　民事再生手続における計画外事業譲渡の意義 ……………………… 287
　　　(2)　計画外事業譲渡の許可の要件 …………………………………………… 288

(3) 計画外事業譲渡の手続 ·· 289
　　(4) 金融機関の対応 ·· 292
　2 会社更生手続の場合 ·· 294
　　(1) 会社更生手続における計画外事業譲渡の意義 ···················· 294
　　(2) 計画外事業譲渡の許可の要件 ··· 295
　　(3) 計画外事業譲渡の手続 ·· 296
　　(4) 金融機関の対応 ·· 297
　3 プレパッケージ型とスポンサー選定 ······································ 298
　　(1) プレパッケージ型手続の意義 ··· 298
　　(2) プレパッケージ型手続と計画外事業譲渡 ··························· 299
　　(3) プレパッケージ型における金融機関の対応 ······················· 299

第9章　計画案と議決権の行使等 ·· 301
　1 計画案の作成・提出と金融機関の対応 ·································· 301
　　(1) 再生計画と更生計画 ·· 301
　　(2) 計画案の作成・提出 ·· 305
　　(3) 金融機関の対応 ·· 309
　2 計画案の評価 ·· 311
　　(1) 計画案が満たすべき諸原則 ·· 311
　　(2) 事業計画案の評価 ··· 317
　　(3) 権利変更の内容（債権者への弁済率・弁済時期等）··········· 322
　　(4) その他の権利変更 ··· 331
　　(5) その他の条項 ··· 332
　　(6) 総合的評価 ·· 335
　3 会社更生手続における処分連動方式の留意点 ························ 338
　　(1) 処分連動方式の意義 ·· 338
　　(2) 処分連動方式に関する論点 ·· 339
　4 対抗的計画案の提出 ·· 342
　　(1) 対抗的計画案の提出時期 ··· 342
　　(2) 付議決定 ··· 343
　5 計画案に対する議決権の行使及び認可 ·································· 344
　　(1) 計画案の付議 ··· 344
　　(2) 議決権の行使 ··· 347
　　(3) 可決要件 ··· 351

目　次　xix

(4)　認　　可 ……………………………………………………………356
第10章　連帯保証をめぐる諸問題 ……………………………………364
　1　法的整理手続における全部義務者の取扱い …………………………364
　　(1)　開始時現存額主義 ……………………………………………………364
　　(2)　将来の求償権を有する全部義務者の手続参加 ……………………365
　　(3)　事後求償権を有する全部義務者の手続参加 ………………………365
　　(4)　債権者が複数の債権を有している場合の処理 ……………………366
　2　免除の効力の相対効 ……………………………………………………367
　3　グループ会社倒産の場合 ………………………………………………367
　　(1)　パーレイト条項 ………………………………………………………368
　　(2)　重複債権の処理 ………………………………………………………369

第11章　手続終結 ……………………………………………………………370
　1　手続終結にあたっての留意点 …………………………………………370
　　(1)　民事再生手続の終結 …………………………………………………370
　　(2)　会社更生手続の終結 …………………………………………………370
　　(3)　債権者の留意点 ………………………………………………………371
　2　EXITファイナンス ……………………………………………………372
　　(1)　EXITファイナンスの目的 …………………………………………372
　　(2)　手続終結前のEXITファイナンス …………………………………373
　　(3)　手続終結後のEXITファイナンス …………………………………376

第12章　計画不履行時の対応 ………………………………………………378
　1　計画不履行時の対応 ……………………………………………………378
　　(1)　計画変更 ………………………………………………………………378
　　(2)　再度の法的整理手続申立て …………………………………………386
　2　牽連破産手続上の対応 …………………………………………………388
　　(1)　民事再生手続からの移行 ……………………………………………389
　　(2)　会社更生手続からの移行 ……………………………………………391
　　(3)　牽連破産手続における先行手続の取扱い …………………………392
　3　手続終結後の破産移行等の場合 ………………………………………396
　　(1)　民事再生手続の終結 …………………………………………………396
　　(2)　民事再生手続終結後の破産移行 ……………………………………397
　　(3)　民事再生手続終結後の再度の民事再生手続 ………………………399
　　(4)　会社更生手続終結後の破産移行 ……………………………………400

第13章　時効管理 402
1　時効管理の必要性 402
2　各法的整理手続と消滅時効 402
  (1)　中断事由 402
  (2)　再生計画・更生計画上の債権の消滅時効（時効期間） 410
  (3)　別除権協定上の債権の消滅時効 411
3　主債務に対する法的整理手続の保証人・物上保証人への影響 412
  (1)　主債務の時効中断効の拡張 412
  (2)　主債務の時効期間延長の保証人等に対する影響 412
  (3)　主債務の消滅等の保証人・物上保証人への影響 413

第14章　法的整理における税務 417
1　法的整理における債務者の税務 417
  (1)　会社更生手続における税務 417
  (2)　民事再生手続における税務 423
  (3)　青色欠損金の利用制限 430
  (4)　繰越欠損金の繰戻還付 433
  (5)　仮装経理による過大申告の更正の請求と還付 435
  (6)　スキーム別の論点 437
  (7)　清算所得課税の廃止 448
2　法的整理・私的整理における債権者の税務 451
  (1)　法的整理における債権に係る税務上の取扱い 451
  (2)　私的整理における債権に係る税務上の取扱い 456
  (3)　連帯保証人への責任追及と保証履行 462
  (4)　未収利息の不計上、焦付き未収と条件付債権放棄 464

索　　引 466

第1部
法的整理手続前の対応

法的整理手続における
金融機関の対応について論ずる前提として、
以下では、法的整理手続の直前期において、
窮境にある債務者に関して
金融機関が直面する各種の問題について
検討する。

第1章

私的整理と法的整理

1　金融機関にとっての私的整理と法的整理

　融資取引において当初約定どおりの弁済が困難になると、債務者からの要請に基づいて償還期限の延長や金利の減免等の金融支援が行われるのが通常であろう。しかし、経営再建が思うように進まなければ、私的整理や法的整理の手続による、更に踏み込んだ支援を余儀なくされることになる。

　私的整理手続とは、一般に、①事業再生ADR、②地域経済活性化支援機構の支援手続、③中小企業再生支援協議会の支援手続、④整理回収機構の支援手続（RCCスキーム）[1]、⑤私的整理ガイドライン手続の5種を指す。他方、法的整理手続としては、①破産手続、②民事再生手続、③会社更生手続、④特別清算、⑤特定調停手続の5種の手続がある。

　様々な事業再建のメニューが充実するに伴い、債務者にとって事業再建のチャンスが拡大していることは疑いなく、これは金融機関にとっても歓迎すべきことである。もっとも、債権者の立場からは、金融支援を行う以上、適切な手続を通じ、合理的に策定された計画に則ってこれを行う必要がある。債権放棄を余儀なくされる場合はもとより、償還期限の延長など債権放棄を伴わない場合であっても、支援内容の合理性や公平性、事業再建の可能性が確保されていなければ、債権者として手続に協力することはできない。そして、これらの要素は、選択された再建手法により異なり得る。その意味で、求められる支援の内容と選択された手続が整合しているかという点も債権者としての金融機関にとって重要となる。

---

[1] もっとも、平成25年4月現在、整理回収機構における企業再生業務の実施案件はごく少数にとどまっており、案件の受入れ自体が抑制的になされているようである。

2　各手続の比較・選択のポイント

　私的整理にせよ法的整理にせよ、手続の申立ては通常、債務者によってなされるので、金融機関側が積極的に手続を比較・選択して、何らかの行動に及ぶという場面はそれほど多くない。しかし、主要取引行（メインバンク）として取引先の再建策を立案する場合や、取引先が突如として法的整理手続を申し立てたときの対応策を検討する場合には、やはり各手続の特徴を踏まえ比較する眼が必要となる。

　以下、債務者の窮境原因、資金繰り、事業及び収益の改善可能性、清算処分価値、利害関係人（金融債権者・商取引債権者・株主等）の動向、スポンサー確保の見込み等をベースとして、各手続がどのように機能し得るか、比較・選択の視点で整理してみたい。

(1)　金融機関からみた手続選択の基準

a　私的整理と法的整理～選択上の優先順位

　何らかの倒産・再生処理が不可避という状況にあるとき、債務者や金融機関など利害関係人は、まず私的整理が可能かどうかを検討し、次いで法的整理の可能性を検討するのが通常であろう。その理由は以下のような点にある。

　まず、私的整理は、通常の事業活動に基づく債権（＝商取引債権）には影響を与えず、原則として金融債務の調整と経営改善により事業再生を目指すため、法的整理と比較して事業価値の毀損が小さく、したがって金融機関への弁済・配当率も高くなる（少なくとも、一般的にはそのように考えられている）。多くの私的整理では手続が公表されず、風評被害等を防止できることも、私的整理において事業価値の毀損を抑制できる理由として挙げられよう。また、手続費用が比較的抑えられるとか、手続期間が相対的に短いため迅速な処理が期待できるといったことも、私的整理を優先的に検討する理由たり得る。

　法的整理になれば「倒産」したという事実が公表されるため、風評被害に

よる営業活動への支障や、資産価値の下落を招くことが懸念される。また、商取引債権も手続に巻き込み、弁済停止・債権カットの対象となることから、以後の仕入取引等に悪影響を与え、債務者の事業再建を困難にするおそれもあるし、場合によっては、取引先の連鎖倒産を招く可能性も否定できない。

　以上は、一般的・抽象的にはそのとおりであるが、金融機関の目からみた場合には、定性的な印象論ではなく、具体的な事案に即して、合理的な計画策定・事業再建の完遂可能性、そして私的整理によって法的整理よりも高い弁済率を確保できるかどうかが検証されなければならない。特に、以下に述べるような、私的整理を困難にする事情があれば、法的整理もやむなしということになる。

b　金融債権者の協力可能性

　私的整理における金融支援は債権者・債務者間の合意にほかならず、対象となる金融債権者全員の合意がなければ私的整理は成立しない。

　したがって、手続申立て前から、全員合意が不可能又は極めて困難という見通しがある場合は私的整理に馴染まない。私的整理手続を開始した後、合意が得られないことが判明した場合も同様である。

　金融債権者が合意に応じない理由は事案により様々であるが、多くみられる例を挙げれば、①債務者に粉飾その他の違法行為があり、法的整理でなければ透明性が確保できない場合、②手続申立て前に偏頗弁済や詐害行為があり、私的整理ではその是正が困難と判断した場合、③事業内容や窮境原因等から金融債権者以外の債権者にも広く協力を求めるべき場合、④私的整理に応じて償還期限の延長や債権放棄で協力するよりも、担保権を実行した方が確実に回収できる場合等がある。

c　再生可能性

　私的整理の選択は、任意に金融債権者の全員合意を得ることのほかに、実行可能な事業再生計画を立案できることが大前提となる。

　実行可能な事業再生計画を立案できない場合としては、①事業価値の毀損が激しく、運転資金確保の目途も立たない場合、②経営改善の見込みが立た

ず、各私的整理手続の準則で定められている収益回復要件を満たさない場合、③対象となる金融債務の免除だけでは過剰債務体質を脱することができない場合、等が挙げられる。

d　スキームの実行可能性

　私的整理においては、(採算性のある) 事業部門を会社分割・事業譲渡により切り出して別会社に承継させ、残された会社を解散・特別清算することにより過剰負債部分のカットを受けるといった再建スキームがとられる場合が比較的多い。また、このような会社分割・事業譲渡を伴わないとしても、例えば債務者会社が外部のスポンサーから出資を受け、あるいは出資に加えて既存株主の出資の減資（自己株式の取得）が行われる場合もある。いずれの行為も、会社法上は株主総会の特別決議が必要となり得る（会309条2項・467条1項・783条1項・804条1項・199条2項・156条等）。

　もとより、株主責任を問う必要があるケースでは、既存株式の消滅やシェア低下といった不利益を受ける株主の一定の協力は不可欠であるが、特にオーナー会社において、オーナーからの協力が得られない場合には、私的整理の完遂は困難となる。

　このような場合にも、法的整理が志向されることになる。株主が手続に取り込まれる会社更生手続はもとより（会更210条1項・46条10項参照）、民事再生手続においても、①事業譲渡の株主総会承認に代わる裁判所の許可（民再43条）、②再生債務者の株式の取得等に関する計画の定め（民再154条3項・161条・183条）、③募集株式の募集に関する計画の定め（民再154条4項・162条・183条の2）等により、これらの行為を、株主総会決議を経ることなく行うことが可能である。

(2)　私的整理の各手続の比較

　本書の目的からは若干離れるが、私的整理を行う場合にどの手続によるべきかも、金融機関の利害に影響を与え得る事柄である。

　以下、債務者の属性（規模や事業内容）、資金調達、費用や公表・非公表の別といった観点から、私的整理を選択する場合の基準を考えてみたい。

a　債務者の属性

　中小企業再生支援協議会の支援スキームは、対象が産活法上の中小企業者（産活法2条17項）に限定されており、大企業や医療法人・学校法人等は利用できない。また、地域経済活性化支援機構は、一定の大規模事業者[2]や地方3公社・第三セクター等が支援の対象外となっている（機構法25条1項）。これらは法令による支援対象の限定であり、例外は認められない。

　なお、法令上の制限ではないが、事実上、それぞれの私的整理手続には得手・不得手の分野がある。RCCスキームも中小企業再生支援協議会と同様、中小企業につき活用されることが多い。大企業、とりわけ上場企業ともなれば、事業再生ADR（又は地域経済活性化支援機構）による私的整理が想定される。

b　資金調達

　事業再生のためには、リストラ資金、運転資金など多額の資金を必要とする。もっとも、金融機関にとって、既に私的整理手続に入っている債務者に対し新規の与信を行うことは、計画が不成立となり法的整理に移行するリスクを考えると、（十分な担保がある場合は別として）通常は難しいといわざるを得ない。

　この点、手続によっては、手続中の資金調達に関する制度的手当てがなされているものもある。具体的には、①信用保証協会等の制度資金が用意されている場合、②金融機関からのプレDIPファイナンスを一定程度保護する法令上の手当てがなされている場合、③手続の主催者自身に資金供給機能が付与されている場合、がある（なお、以下では、私的整理段階で調達される必要

---

[2]　平成24年3月31日に公布・施行された「株式会社企業再生支援機構法の一部を改正する法律」により、大規模な事業者が除外された（機構法25条1項1号）。「大規模な事業者」とは、資本金の額又は出資の総額が5億円を超え、かつ、常時使用する従業員の数が1,000人を超える事業者を指す（機構法施行令1条1項）。ただし、再生支援による事業の再生が図られなければ、当該事業者の業務のみならず地域における総合的な経済活動に著しい障害が生じ、地域経済の再建、地域の信用秩序の維持又は雇用の状況に甚大な影響を及ぼすおそれがあると主務大臣が認めるものを除くとされている（機構法25条1項1号括弧書）。

資金の融資のことを「プレDIPファイナンス」、プレDIPファイナンスにより実行された資金を「プレDIP資金」と呼ぶこととする)。

①は、事業再生ADRや中小企業再生支援協議会で用意されているが、金額に上限があり、比較的大型の案件では資金が不足する可能性がある。

②は、事業再生ADRや地域経済活性化支援機構の支援スキームにおいて、法令上、いわゆる衡平考慮規定が定められている。すなわち、金融機関がプレDIPファイナンスを実行した場合において、プレDIP資金の優先性を一定の手続で確認したときは、私的整理手続が頓挫し民事再生手続や会社更生手続に移行した場合に、再生計画案や更生計画案においてプレDIP資金の優先性を定めることが衡平を害しないかの判断にあたり、裁判所が先行する私的整理手続における優先性の確認を考慮するものとされる(事業再生ADRにつき産活法52条～54条、事業再生に係る認証紛争解決事業者の認定等に関する省令17条、地域経済活性化支援機構につき機構法35条～37条)。事業再生ADRや地域経済活性化支援機構の支援スキームで優先性の確認を受けたプレDIP資金について、その後の民事再生手続・会社更生手続における計画上の優先的取扱いを許容するものであるが、文言から明らかなように、プレDIP資金の100％弁済を保証するものではない(なお、プレDIPファイナンスについては第2部第2章(49頁)を併せ参照されたい)。

③は、地域経済活性化支援機構の機能としての出融資・債務保証である(機構法22条1項2号イ～ハ)。手続の主催者自身に資金供給機能があるため、非常に強力な制度的手当てといえる。

c 手続に要する費用

手続に要する費用としては、①手続の利用自体に関する費用と、②債務者側のアドバイザー(弁護士・公認会計士等)の費用がある。

①について、中小企業再生支援協議会の支援スキームは、協議会独自の費用が発生せず、協議会が選任するアドバイザーの費用等について補助制度もあり、債務者の負担は私的整理手続の中で最も軽いと思われる。その他の手続においても、利用にあたってはそれぞれ所定の手数料を支払う必要があるが、総じて、法的整理手続における予納金よりも低廉な費用で手続を利用できる。

d　手続の公表の有無

　風評被害を防止し、債務者の営業力や資産価値を維持するためには、私的整理手続を行っているという事実そのものが非公表であることが望ましいとされる。
　この点、地域経済活性化支援機構の支援スキームは、法令上、一定の公表の手続が定められている（機構法34条1項参照）。その他の手続は原則として非公表である。

(3)　地域経済活性化支援機構について

　平成25年2月26日、株式会社企業再生支援機構法の一部を改正する法律案が参議院で可決・成立した。同法は、関係政省令等と共に同年3月18日に施行され、企業再生支援機構は地域経済活性化支援機構へ改称の上、その業務を開始した。
　そこで、機構法改正内容と地域経済活性化支援機構の業務等について、以下にその要点をまとめておくこととする。

a　法改正の背景

　旧・企業再生支援機構は、「中堅事業者、中小企業者その他の事業者に対し、（中略）その事業の再生を支援する」（旧・機構法1条）とされ、機構設立時における再生支援のメインターゲットは、中堅・中小企業であったと考えられる。平成21年10月の業務開始直後から、日本航空その他の大企業への支援にも実績を挙げてきたことから、機構が本来の設立目的と異なる活動をしているという批判的意見も一部でみられた。
　その後、中小企業金融円滑化法[3]が平成25年3月末まで延長されたことに伴い、平成24年3月の法改正により、機構の支援決定期限も平成25年3月まで延長されることとなったが、さらに近時、中小企業金融円滑化法の期限切

---

[3]　正式名称は「中小企業者等に対する金融の円滑化を図るための臨時措置に関する法律」。

れ問題への関心と地域経済活性化等への政策的対応の必要性が高まっていることから、改めて機構を地域経済活性化支援機構として抜本的に改組・機能拡充することが企図されたものである（以下、法改正後の地域経済活性化支援機構を「機構」と略称する）。

b　主な改正内容

ア　業務・機能

機構の業務及び機能面での主な改正点は、以下のとおりである。

① 過大な債務を負っている事業者（機構による再生支援の対象外の事業者及び再生支援対象事業者を除く）に対して金融機関等（最も債権が多いものを除く）が有する全ての貸付債権の信託の引受け（機構法22条1項3号）［特定信託引受けの創設（従前の再生支援対象事業者向けから拡充）］

② 金融機関の事業再生子会社に対する出資・劣後融資等（機構法22条1項4号）［特定出資の創設］

③ 金融機関、金融機関の事業再生子会社、事業再生ファンド及び地域活性化ファンドに対する専門家の派遣（機構法22条1項5号）［特定専門家派遣の創設］

④ 地域活性化ファンドへの出資及び経営管理（機構法22条1項6号）［特定経営管理の創設］

⑤ 再生支援決定（従前の支援決定に相当するもの）の支援期限を5年間延長し、平成30年3月末までとすること（機構法25条8項）

⑥ 再生支援決定に係る支援期間を当該決定の日から5年（現在は3年）以内に延長（機構法33条2項1号）

⑦ 償還すべき社債の金額の減額に関する機構の確認（機構法34条の2）及び社債権者集会の決議の認可に関する裁判所の判断の特例（機構法34条の3）の創設

イ　主な再生支援対象と支援決定の公表の仕組み

平成24年の法改正後から、機構の再生支援対象からは原則として大規模な事業者が除外されているが[4]（機構法25条1項1号）、その点での改正はない。

4　前掲注2参照。

他方、機構の支援対象として、旧法では「中堅事業者、中小事業者その他の事業者」（機構法１条）とされているところを改正法では「中小事業者その他の事業者」（同条）とされている。

また機構による支援にあたっては、支援決定が公表されることで風評被害が生ずる可能性があり、とりわけ中小企業の場合は支援決定を公表されることが機構への支援要請を躊躇する原因になっているとの意見があった。この点は、主務大臣の認定を受けて機構の再生支援対象となった大規模事業者を除き、個別事業者名は公表されず、機構が再生支援決定を行った件数等が公表されるにとどまる仕組みに改められた[5]。

ウ　金融機関との連携

改正後の機構法は、中小企業金融円滑化法の期限切れ対策の一翼を担うことが期待されている。この点、機構法には、金融機関等との連携として「機構及び金融機関等は、（中略）地域における金融の円滑化に資するよう、相互の連携に努めなければならない。」（機構法64条）とする条文が新設された[6]。また、「金融の円滑化」とは新たな信用供与、借換え、貸付条件の変更等を含む広い概念と説明されている[7]。

c　機構法改正の実務への影響

機構法の改正による実務への影響については、改正後間もないこともあり確たることを述べる状況にはないが、以下のような点が論点となり得よう。

ア　再生支援の対象

再生支援の対象については、中小企業金融円滑化法の期限切れ対策としての位置づけや前記の目的規定の改正（機構法１条）、金融機関等との連携に係る条文新設（機構法64条）等から考えて、より中小企業を意識した運用がなされる可能性が高いと考えられる。

---

[5]　機構法34条。
[6]　平成25年２月14日衆議院内閣委員会における寺田副大臣の答弁では「これまでの円滑化法の精神は法律の64条で継続しつつ」とされている。もっとも、地域経済活性化支援機構のみで中小企業金融円滑化法の期限切れ対策を担うものではなく、新たに事業再生に資する政策に軸足を移していくとともに、期限切れ対策は中小企業や小規模事業者等を支援するための施策全体をツールとして推進していくものとされている。
[7]　平成25年２月14日衆議院内閣委員会における三井政府参考人の答弁。

なお法改正後においても、例外的に大企業を再生支援対象とすることは排除されていないが、機構の強力な資金供給機能（出資、債権買取り等）は、大規模な事業の再生支援にも有用な数少ない政策ツールであり、雇用の確保その他政策目的を達成するために有益な範囲においては、大企業を対象とした機構スキームの活用も期待される。

　イ　利用しやすさの向上

　既に述べたように、原則として再生支援対象の事業者名が非公表とされたことは、機構スキームの再生支援対象となることで風評被害が発生することを懸念する中小企業者の利用を促進する一助になると思われる。また、再生支援期限が5年間延長されたことや再生支援期間の延長（3年→5年）も、中小企業者を中心として地域経済の実態に即した支援を進めていく上では重要な改正であろう。

　ウ　事業再生計画に基づく社債金額の減額に関する機構の確認等

　これまで私的整理手続における対象債権は、ほとんどの事例で金融機関の債権に限られており、より多くの債権者の協力が必要な場合、特に社債権者による債権カットが困難である点が法的整理手続と比較した場合のデメリットの一つであった。

　この点、改正後の機構法によれば、①社債権者集会の決議に基づき償還すべき社債の金額について減額を行う旨が記載された事業再生計画に従って事業の再生を図ろうとする再生支援対象事業者は、機構に対し、当該減額が事業の再生に欠くことができないものとして主務大臣が定める基準に該当するものであることの確認を求めることができ（機構法34条の2第1項）、②機構は、当該確認を行ったときは、再生対象事業者に通知を行うこととされている（同条2項）。また③裁判所は、機構が確認を行った社債の減額を行う旨の社債権者集会の決議に係る会社法732条に規定する認可の申立てが行われた場合には、当該減額が再生支援対象事業者の事業の再生に欠くことができないものであることが確認されていることを考慮した上で、当該決議が同法733条4号に掲げる場合に該当するかどうかを判断しなければならず（機構法34条の3第1項）、④裁判所は、機構が確認した社債権者集会の決議の認可の申立てが行われた場合には、機構に対し、意見の陳述を求めることができる（同条2項）とする一連の仕組みが導入された。

こうした仕組みは、社債権者による債権カットが事業再生上不可欠な場合において、有効に活用され得るものと期待できる。

エ　衡平考慮規定

第2部第2章1(4)（60頁）で詳述するが、機構法には、機構スキームの中で再生支援対象事業者に対し金融機関が行ったプレDIPファイナンスについて機構がその優先性を確認することができ、後に当該再生支援対象事業者が民事再生手続又は会社更生手続の開始決定を受け、当該プレDIPファイナンスを優先的に取り扱う再生計画案又は更生計画案が提出された場合、裁判所が当該機構の確認を受けていることを考慮して「衡平を害しない」場合に該当するか否かを判断する旨の規定がある。

この点は、改正後の機構法においても維持されている。

(4)　法的整理の各手続の比較

前記のとおり、私的整理では事業再生が困難な場合（事業を清算する必要がある場合も含まれる）には、法的整理が選択されることとなる。以下、DIP型か管理型かの比較を行った後、再建型の手続である民事再生と会社更生を比較し、その後清算型の手続である破産と特別清算を比較することとする。

なお、特定調停は一種のADRとしての役割を担っており、他の法的整理手続とはその性格を異にする。

a　DIP型か管理型か

DIP型の手続においては、事業・手続の遂行は従前の経営陣が行う。管理型の手続においては従前の経営陣は更迭され、これらの行為を行うのは管財人である。

DIP型の場合、会社の内容を熟知している経営者が引き続き会社の経営等を担うため、管財人への引継ぎ等による非効率を回避し、特に再建型の手続においては事業価値の毀損を最小限に抑えられる面がある。

しかしながら、例えば粉飾決算が行われていた場合など、従前の経営陣への信頼が十分でない場合や、従業員・債権者・取引先・株主といったステークホルダーの利害が鋭く対立し、従前の経営陣では十分な調整を期待できな

いといった場合には、管理型の手続を選択し、法的整理手続の経験が豊富な管財人等に手続の遂行を委ねることが適当である。

法的整理のメニューに即していえば、再建型の手続のうち、民事再生手続は原則としてDIP型、会社更生手続は原則として管理型であり、現在のところ、管理型の民事再生手続やDIP型の会社更生手続は例外として行われる運用である。また、清算型の手続のうち、破産手続は管理型であり、特別清算はDIP型である。

b 民事再生か会社更生か

金融機関の目からみた場合、民事再生手続は手続としての利用しやすさがある反面、会社更生手続に比して二次破綻のリスクが相対的に高い。会社更生手続は、手続としては重い面があるものの、いったん手続が開始されれば、再建可能性を含め、手続に対する信頼感は強い。

ア 民事再生手続の特徴

民事再生手続を会社更生手続と比べた場合、民事再生手続を利用できる債務者は株式会社に限られず、個人のほか、医療法人や学校法人を含む全ての法人が手続を利用可能である。また、民事再生手続は総じて手続に要する期間が短く、早期の再建による事業価値の回復を期待できる面がある。裁判所に納めるべき予納金も会社更生手続に比べれば低額であり、債務者にとっては利用しやすい手続となっている。

反面、民事再生手続は、原則として従前の経営陣が手続を実施するDIP型の手続であるが故に、計画案の策定等が恣意的にならないか、経営者責任は適切に問われているかといった点につき、金融機関として不安を感ずるケースもある。これらの点は、手続を監督する裁判所・監督委員からも厳しくチェックされているが、金融機関としても注意深く監視する必要がある。

また、手続が簡素であることの一つの表れとして、民事再生手続においては、担保権者や、租税・先取特権付債権（労働債権等）といった一般優先債権者が手続に取り込まれず、手続外で権利行使可能とされている。金融機関が担保権を有している場合、担保権の行使につき手続外で柔軟に交渉できるというメリットはあるが、一方で、他の担保権者や優先債権者から任意の協力が得られない場合には、事業の再建が不可能となるおそれがある。

組織再編行為については、事業譲渡を裁判所の代替許可により実施する場合（民再43条1項）、及び自己株式の取得や第三者割当増資等、一定の資本政策に関する事項を再生計画により実施する場合（民再154条3項・4項・161条・162条・166条・166条の2・183条・183条の2）を除き、原則として株主総会決議その他の会社法上の手続を経る必要がある。したがって、再建方針として組織再編の必要性が想定されるものの、株主が多数で総会決議の成立が不安視されるといったケースでは、後述のとおり株主を拘束できる会社更生手続が志向される場合がある。
　なお、会社更生手続における更生計画案の決議は議決権額による多数決のみであるが（会更196条5項参照）、民事再生手続の場合、再生計画案の可決要件は議決権額要件のみならず、債権者の頭数の過半数の同意も必要となる（民再172条の3第1項1号）。したがって、金融機関が大きなシェアの債権額を有していたとしても、かかる金融機関の協力だけで計画案が可決できるわけではない。

　イ　会社更生手続の特徴

　会社更生手続は、原則として、第三者である管財人が手続を担う管理型の手続であり、管財人は通常、事業再建に精通したベテランの弁護士が選任されるため、手続や計画策定能力への信頼度は高い。更に実務上、会社更生手続の場合には、裁判所が事件を受理するにあたり、再建可能性を比較的厳しくチェックする傾向にあるため、いったん手続が開始されれば、更生計画案の認可に至る可能性は相当に高い。
　また、会社更生手続においては、担保付きの債権（更生担保権）や公租公課、労働債権等（優先的更生債権）のほか、株主も手続に組み入れられるため、関係者の利害調整を強力に推進し、債務者のバランスシートを抜本的に再構築できるという長所もある。
　組織再編行為についても、会社更生手続では、合併や会社分割を含む会社の様々な組織的事項について、これを更生計画に定めることにより、会社法上の機関決定手続や債権者保護手続等を経ることなく実施することができる（会更210条～225条）。
　反面、多くの利害関係者を取り込んだ重厚な手続であるが故に、計画成立までに時間を要する点は、近時運用上の改善が進んでいるものの、一般的に

は会社更生手続のデメリットと認識されている。また、法律上、会社更生手続は株式会社についてしか適用がない上（会更2条1項）、裁判所に納めるべき予納費用が民事再生手続に比べ高額となるため、手続を利用し得る債務者は、事実上、中堅企業以上ないし大企業が中心とならざるを得ない。

なお、会社更生手続は、全ての事件につき東京地裁・大阪地裁が管轄を有する（会更5条6項）。そのため、東京や大阪に事件が集中する傾向にある。金融機関が再建事案の担当部署を東京・大阪に置いていない場合、東京・大阪で会社更生手続が申し立てられると不便な面がある。

c 破産か特別清算か

清算型の法的整理手続のうち、破産手続は法人・個人を問わず利用することができる。管理型の手続であり、裁判所から選任された管財人が財産の処分・債権の調査・配当といった各種の手続を行うことから、手続に対する信頼性は高い。管財人は資産の処分により破産財団の増殖に努め、これを債権者に配当すれば、法人である債務者については法人格が消滅し、これに伴い金融機関の残債権も強制的に消滅することとなる。

特別清算は、清算中の株式会社についての手続である（会510条）。特別清算においては、債権のカットは多数決により成立する協定、又は個別の和解により行われる。実務上、特別清算は、会社の私的整理の最終段階で債権カットを行うために利用されることが圧倒的多数である。具体的には、いわゆる第二会社方式により、事業を受皿会社に事業譲渡・会社分割によって切り出した上で、抜け殻となった会社を解散し特別清算を申し立てる。このため、利害関係人との調整は事前に済んでおり、債権カットは個別和解により行われることが多い。

d 特定調停

特定調停は、「特定債務等の調整の促進のための特定調停に関する法律」に基づく調停手続である。民事再生手続や会社更生手続と異なり、債務者のみが申立てをすることができる。法的整理の一種ではあるものの、特定債務の調整等（条件変更や債務免除など）は債権者・債務者間の合意によることが原則であり、実質的な内容は私的整理に近い。

対象となる債務者に特に制限はなく、手続は非公開で行われる。

特定調停は、法の制定当初、金融債権者との債務の調整のために大企業が利用する例もあったが、手続規定が簡素過ぎることもあり、金融機関にとっても、本格的な事業再生手法として用いるにはやや不向きである。むしろ最近では、私的整理手続又は他の法的整理手続を申し立てた債務者に個人保証人がいる場合に、かかる保証債務の調整等のために利用されることが多い。

第2章 私的整理から法的整理への移行時の問題

　私的整理手続で事業再建を目指したが、途中で断念し、法的整理手続へ移行するというケースも珍しくない。この場合に、従前の私的整理手続における金融機関の行為や地位が、移行後の法的整理手続においてどのように扱われるかが、いくつかの局面で問題となり得る（なお、プレDIPファイナンスに係る債権の法的整理手続における取扱いについては、第2部第2章（49頁）で述べる）。

1　債権届出における損害金の取扱い（一時停止の意義）

　私的整理手続において金融機関が一時停止を受け入れ、その後、計画成立前に法的整理手続に移行した場合、当該法的整理手続における債権届出にあたり、損害金をどのように届け出るべきか。この問題は、一時停止の意義と関連して、一時停止以降、対象債権は延滞に陥るのか、それとも支払猶予（支払期限の延長）の合意が成立していると考えるのかによって結論が異なる。

　なお、一時停止については、①期限の利益喪失事由への該当性、②法的整理手続における否認の時的限界を画する概念としての「支払の停止」への該当性との関係も問題となるが、これらについては各該当項目（第3部第2章2(1)b（118頁）・第3章3(1)bイ（143頁））を参照されたい。

(1)　一時停止の意義

　「一時停止」とは、法律上の用語としては、事業再生ADRにおける概念である、「債権者全員の同意によって決定される期間中に、債権の回収、担保権の設定又は破産手続開始、再生手続開始、会社更生法若しくは金融機関等

の更生手続の特例等に関する法律の規定による更生手続開始若しくは特別清算開始の申立てをしないこと」をいう（事業再生に係る認証紛争解決事業者の認定等に関する省令7条）。私的整理ガイドラインにおいても同様の一時停止概念が設けられている[1]。

他方、中小企業再生支援協議会の支援スキームにおいては、原則として一時停止の通知はなされず、資金繰り等の事情から必要性が認められる場合に、統括責任者と債務者の連名で「返済猶予の要請」等が送付される場合があるに過ぎない[2]。ただし、債権放棄を伴う事案で、いわゆる評価損益税制等の利用のために、再生計画検討委員会による再生計画案の調査・報告を要する場合は、主要債権者・債務者・統括責任者の連名による一時停止通知が発せられる[3]。

整理回収機構の企業再生スキームにおいては、手続開始後、第1回債権者会議で一時停止の合意を得るものとされており、一時停止の具体的な内容は、「「与信残高」の維持までは要請しないが、他の債権者との関係における債務者に対する相対的な地位の改善を行わないこと、追加担保の提供は受けないこと、担保権の実行や強制執行等は差し控えること等」とされる[4]。

また、地域経済活性化支援機構の支援手続においては、「回収等停止要請」（機構法27条1項）と呼ばれる。「回収等」に含まれる債権者の権利行使は、機構法施行規則14条1項において定められており、同項所定の行為を除く「対象事業者に対する債権の債権者として対象事業者に対し行う一切の裁判上又は裁判外の行為（流動性預金の拘束を含む。）」をいうものとされている。

---

[1] 私的整理ガイドライン6.参照。
[2] 「「中小企業再生支援協議会事業実施基本要領」Q&A」Q 21。なお、返済猶予等の要請は、必ずしも全対象債権者に対して一律に要請することが求められているわけではなく、柔軟な運用が認められており、他の対象債権者の合意を得て、要請に応じない対象債権者への返済を継続しながら手続を進めることや、手続を進めながら当該対象債権者の理解を得るべく協議を継続することもあり得るとされる（『私的整理100問』140頁〔加藤寛史〕）。
[3] 「中小企業再生支援協議会の支援による再生計画の策定手順（再生計画検討委員会が再生計画案の調査・報告を行う場合）」4.参照。
[4] 「RCC企業再生スキーム」6.参照。

(2) 一時停止の法的効果と実務対応

　前記のとおり、一時停止の概念は各手続により一様ではないが、いずれにせよ、少なくとも債務者等から債権者への一方的な一時停止要請をもって、債権者に対する法的拘束力が生じるものではない。

　また、一時停止が債権者・債務者間の合意の効果として、債権者に対する何らかの法的拘束力を有し得ると解したとしても、一時停止の内容には、通常、支払期限の延長が明示的には含まれていない。もとより、回収等の行為を差し控えることと、債務の弁済期を延長することは別問題である。したがって、金融機関としては、一時停止要請に基づいて権利行使は差し控えるが、少なくとも対象債権が一時停止期間中に支払期限を迎えれば（なお、一時停止が「支払停止」として当然喪失事由に該当するものではないことを前提とする）、それは順次延滞として処理をし、遅延損害金が生ずる取扱いとすること（すなわち、法的整理手続に移行後の債権届出において、支払期限後の損害金を届け出ること）が許されると考える。

　この点、一時停止要請の通知後に履行期が到来する債務については、債権者が通知に対して異議を唱えず、手続に参加するのであれば、たとえ本来の履行期が手続中に到来したとしても、その履行期は、要請通知の受入れ、及びそれに引き続く手続への参加によって、私的整理が成立するまで繰り延べられるとする考え方がある[5]。

　しかしながら、このような考え方に立つとしても、私的整理手続が法的整理手続に移行した場合には、かかる繰延べの目的としての私的整理の成立が頓挫し、債務の延滞の事実のみが残る以上、繰延べの効力は遡って消滅し、債権者は本来の履行期以降の損害金を、法的整理手続において行使することが可能（すなわち、繰延べ合意は私的整理の不成立を解除条件として効力を生ずる）と解すべきではないかと思われる。

---

[5] 事業再生ADRについて、伊藤眞「民事再生・会社更生との協働を～一時停止の機能再考」債管128号13頁。

2　登記留保の担保権の取扱い

(1)　問題の所在

　後に述べるように（第3部第6章1(2)（217頁）参照）、法的整理手続では、対抗要件を具備していない担保権（登記留保が典型である）は、手続上、担保権として取り扱われない。

　これに対して私的整理手続では、登記留保の担保の被担保債権も、担保によってカバーされているものとして弁済・配当がなされる計画が立案されることがある。これは、登記留保の実務が広範に行われていることから、登記留保担保権者たる債権者の期待を保護するためとも説明されている[6]。このような取扱い自体は、登記留保で担保権の設定を受けている債権者にとって望ましいものであることはいうまでもない。

　問題は、私的整理手続が頓挫して法的整理手続に移行した場合に、登記留保の担保は担保権として認められないにもかかわらず、私的整理手続における一時停止により、担保権者は対抗要件具備行為も差し控えるものとされることである。ここで、一時停止に反して対抗要件を具備しようとしても、登記手続には債務者の協力が必要であるから事実上は困難である。また仮に登記を具備できたとしても、後の法的整理手続において対抗要件否認（破164条等）の対象とされるおそれもある（もっとも、私的整理手続における一時停止は、そもそも「支払の停止」には該当せず、したがって対抗要件否認の対象とはならないとの考え方も有力である[7]。詳しくは、第3部第3章3(1)bイ（143頁）を参照されたい）。

6　『事業再生ADRの実務』207頁。
7　事業再生ADRについて、伊藤眞「第3極としての事業再生ADR－事業価値の再構築と利害関係人の権利保全の調和を求めて」金法1874号146頁～147頁。同様の考え方を示すものとして、東京地決平23.11.24（金法1940号148頁）。

(2) 実務対応

　一時停止と対抗要件具備に関しては、私的整理ガイドライン等の第1回債権者会議において、登記留保の担保権者に対して対抗要件の具備を認める旨の決議をし、対抗要件を具備させておくという取扱いが提唱されている[8]。法的整理手続に取り込まれる全ての債権者の同意を得たものではない以上、このようにして具備された対抗要件が、後の法的整理手続において否認されないという保証はない。しかしながら、私的整理手続が進行している中にあって、全ての対象債権者が是認した対抗要件具備であるとすれば、（後の法的整理手続において商取引債権等が全額保護される場合はもとより、そうでない場合であっても、）有害性又は不当性がないとして、否認権の行使が否定される可能性も相応に存するのではないかと思われる[9]。もっとも、このような取扱いについては、「対象債権者全員の同意は、プレDIPファイナンスと引き換え等、余程他の金融機関にとってもメリットがない限り経済合理性がなく困難」であるとの指摘もあり[10]、金融機関としては、担保設定と同時に少なくとも仮登記を具備しておくことが望ましいことに変わりはない。

3　私的整理手続中に預け入れられた預金の取扱い

(1) 問題の所在

　私的整理手続中も債務者は事業を継続しており、引き続き、預金を利用することとなる。この点、一時停止は預金拘束や預金相殺を差し控えることも含まれるので、対象金融機関が私的整理手続中に預け入れられた預金を、手続中に拘束あるいは相殺することは想定されない。もっとも、私的整理手続

---

[8] 多比羅誠・須藤英章・瀬戸英雄「私的整理ガイドライン等から会社更生への移行」NBL 886号9頁。
[9] 私的整理手続中の弁済について同様の考え方を示すものとして、『私的整理100問』287頁〔小林信明〕。
[10] 『展望』92頁〔松嶋英機〕。

が頓挫し法的整理手続に移行すると、一時停止は解け、金融機関としてはかかる預金と貸付債権とを相殺することも可能たり得る。

しかしながら、このような預金は、私的整理手続の開始を前提に、債務者の事業再生のための資金として、対象債権者の（明示又は黙示の）了解の下に預け入れられているものであり、本来、私的整理手続が頓挫し法的整理手続に移行した場合において、預入金融機関の債権回収の引当てとなるべきものではない。

(2) 実務対応

この点、かかる預金の預入れが、①債務者が支払不能であることを知りつつ、専ら債権との相殺目的をもって債務者の財産の処分を内容とする契約を締結したものといえる場合、あるいは、②債務者の支払不能下において、支払の停止があったことを知りつつ預入れを受けたものである場合には、相殺禁止規定（破71条2号・3号、民再93条1項2号・3号、会更49条1項2号・3号）により、当該相殺が無効とされ得る。実際に、私的整理手続中における債務者から一部債権者への普通預金の預入れが、上記民事再生法93条1項2号により否認されたケースがある[11]。

もっとも、私的整理手続中の事業継続に伴う通常の預金行為であれば、「専ら…相殺に供する目的」が否定され得ようし、また、前記のとおり私的整理手続における一時停止は「支払の停止」には該当しないとの考え方も有力であるから、倒産法上の相殺禁止規定では、かかる相殺の効力を常に否定できるとは限らない。

この点について、相殺禁止に直接該当しない場合であっても、①新預金を預かった際に、債務者と預入金融機関との間で、明示的又は黙示的に、債務者が法的整理手続に移行した場合でも相殺しない旨の合意があった、あるいは、②私的整理手続や預入れの趣旨から、預入金融機関の相殺は権利濫用となる、との考え方が提唱されている[12]。かかる合意の認定にせよ、権利濫用

---

11 大阪地判平22.3.15（判タ1327号266頁）。なお、「専ら再生債権をもってする相殺に供する目的」が否定されたケースとして、東京地判平21.11.10（金法1889号54頁）がある。
12 『私的整理100問』289頁〔小林信明〕。

の認定にせよ、事案ごとの実態に即して判断されることになろうが、当該預金の相殺を可能としてしまうと、債務者としては既存債権を有しない金融機関を探さざるを得ず、場合によっては私的整理手続中の事業の円滑な遂行を阻害しかねないことからしても、一つの有力な考え方として尊重に値すると思われる。

4 移行後の法的整理手続における弁済率（債権カット率）

　私的整理から法的整理への移行時に特有の問題ではないが、私的整理手続と法的整理手続における弁済率の比較について、以下付言しておきたい。
　そもそも、法的整理手続と比較して透明性・公平性の保障が相対的に低いにもかかわらず、私的整理手続が広く活用されているのは、一般に、私的整理手続の方が（法的整理手続よりも）金融機関に対する弁済率が高いと考えられているところにある。
　私的整理手続における弁済率が相対的に高くなる理由として、法的整理による風評被害が生じないことや、再建手続の迅速性等が挙げられることは前記のとおりである。しかしながら、これは一般論であって、全ての事案、全ての債権者において、私的整理手続における弁済率が有利という結果にはならない。法的整理手続では、商取引債権者や社債権者も手続に取り込んだ上で公平な配当案が作成されることが原則であるが、私的整理手続では原則として対象債権者を金融機関に絞り込んでいるし、対抗要件のない担保権が私的整理手続において保全扱いされる結果、他の債権者に対する弁済率に影響を与える場合もある。このような事情を勘案しつつ計算すると、金融機関によっては、法的整理手続の方が私的整理手続よりも弁済・配当率が高くなるケースがあり得る。
　金融機関としては、常に、①破産手続のケース、②会社更生手続・民事再生手続のケース、③私的整理手続のケースというように、複数の手続における弁済率をシミュレートした上で、最も適切と思われる対応手段を講ずるほかない。なお、参考までにシミュレーションの例【図表1-2-1】を示す。

【図表1－2－1】弁済率のシミュレーション例

1．前提条件
　　債務者について、以下を想定。
　　①事業価値　：　私的整理の場合　450
　　　　　　　　　　法的整理の場合　300
　　②負債内容　：　金融債務　　　　500
　　　　　　　　　　　うち登記済担保付債権　100
　　　　　　　　　　　うち未登記担保付債権　100
　　　　　　　　　　　うち無担保金融債権　　300
　　　　　　　　　　金融債務以外　　200（全て無担保との前提）
　　　　　　　　　　負債合計　　　　700

2．弁済率試算
　(1)　私的整理（調整対象は金融債務のみ）
　　①要カット額　＝　負債合計－事業価値
　　　　　　　　　＝　250
　　②配当額の割付け
　　　ア．登記済担保付債権　：担保で保全されており100％弁済
　　　イ．未登記担保付債権　：私的整理で保全扱いと仮定し、100％弁済
　　　ウ．無担保金融債権　　：債権額300に対しカット額250のため弁済率約17％
　　　エ．金融債権以外の債権：非対象債権のため100％弁済
　(2)　法的整理
　　①要カット額　＝　負債合計－事業価値
　　　　　　　　　＝　400
　　②配当額の割付け
　　　ア．登記済担保付債権：担保で保全されており100％弁済
　　　イ．その他の債権　　：金融債権以外の債権を含め、法的整理では全て無担保債権としてカット対象となる。
　　　　　　　　　　　　　　無担保債権額合計600に対し、カット額400のため弁済率は約33％（200/600）

＊このケースでは、未登記担保付債権や金融債権以外の債権（商取引債権）等が相当額存在することから、無担保金融債権のみを有する債権者にとっては、私的整理（弁済率約17％）よりも法的整理（弁済率約33％）の方が有利という結果になる。かかる結果を回避するために、金融債権者以外の債権者にも再建への協力を求める等、私的整理の対象債権者全員にメリットのある弁済案にしないと、私的整理は成立が難しい。

5 【参考】資本的劣後ローンと債務者の倒産

　私的整理手続の係属中における法的整理手続への移行の局面ではないが、法的整理前の債務者に対する金融支援の一環として、既存貸付の資本的劣後ローンへの変更（デット・デット・スワップ／DDS）や、新規の資本的劣後ローンの貸付けが行われる場合がある。

　金融機関としては、このような金融支援を行う前提として、債務者が二次破綻しないとの心証を得ているはずである。しかしながら、その後の状況の変化等によって、不幸にして債務者が法的整理手続に入ることはあり得る。資本的劣後ローンは、法的整理手続における劣後性を有することが特徴であるが、担保付きの資本的劣後ローンにおいては担保不足額部分も通常債権とされる等、法的整理手続における取扱いにつき十分に理解しておくべき点も少なくないため、以下概説する。

(1) 資本的劣後ローンとは

a 意　義

　資本的劣後ローンは、金融検査マニュアル上の概念であり、同マニュアル上「十分な資本的性質が認められる借入金」としての要件を備えたローンをいう。

　資本的劣後ローンは、金融機関が借入人の債務者区分を判定するにあたり、資本とみなすことが可能とされる。そのため、債務者にとっては、債務者区分の上位遷移等により新規融資を受けやすくなるというメリットがある。また、長期かつ低利の融資により債務者のキャッシュフローの改善も期待できる。

b 金融検査マニュアル改訂の経緯

　導入当初、資本的劣後ローンは、既存貸付からの転換（DDS）による場合のみが認められており、以下の要件を満たす必要があるとされていた。
①中小・零細企業向けの要注意先債権（要管理先への債権含む）であるこ

と

②合理的かつ実現可能性が高い経営改善計画と一体として転換されていること

③DDS契約が金融機関と債務者との間で双方合意の上、締結されていること

④転換時に存在する他の全ての債権及び計画中に新たに発生することが予定されている貸出債権が完済された後に償還が開始すること

⑤デフォルトが生じた場合、請求権の効力は、他の全ての債権が弁済された後に生ずること

⑥債務者が金融機関に財務状況の開示を約していること、及び金融機関が債務者のキャッシュフローに対して一定の関与ができる権利を有していること

⑦期限の利益を喪失した場合には、債務者が当該金融機関に有する全ての債務について期限の利益を喪失すること

以上のとおり、破綻懸念先に対する貸付については認められず、また経営改善計画との一体策定が要件とされていたもの（次に述べる「准資本型」と区別する意味で「早期経営改善特例型」と呼ばれる）に対し、平成20年10月3日の金融検査マニュアル改訂により、債務者区分・経営改善計画との一体策定等の要件を撤廃する形で新たに認められたのが、「准資本型」の資本的劣後ローンである。

もっとも、准資本型は、如何なる要件を満たせば資本性の認定が可能であるか、その要件が金融検査マニュアルに明記されておらず、わずかにFAQで、資本的劣後ローンとして認められるケースが例示されているのみであった。

c　平成24年の運用明確化

前記のような要件の不明確性等により、資本的劣後ローンの活用が進んでいないとの理解の下、平成23年11月22日、金融庁は「『資本性借入金』の積極的活用について」を公表し、東日本大震災や円高により資本が毀損・財務内容が悪化した企業の資本充実を通じて経営改善を図ることを目的に掲げるとともに、平成24年2月17日、「金融検査マニュアルに関するよくあるご質

問(FAQ)」(以下「FAQ」という)を改訂し、「十分な資本的性質が認められる借入金」とみなすことができる条件を以下のとおり明確化した。
　①償還条件：5年超
　②金利設定：配当可能利益に応じた金利設定。ただし、「事務コスト相当の金利」の設定も可能とする。
　③劣後性：法的破綻時の劣後性が必要であるが、必ずしも「担保の解除」は要しない（ただし、一定の条件を満たす必要あり）
　上記は、従前の「准資本型」の資本的劣後ローンの要件を明確化するものと位置付けられる。なお、既存債権の転換（DDS）の場合のみならず、新規融資であっても3要件を満たせば資本性認定が可能である[13]。

(2) 資本的劣後ローンの貸出先の倒産

　以下、運用明確化後の資本的劣後ローン（准資本型）を念頭に置きつつ、資本的劣後ローンの貸出先が法的整理手続に至った場合の留意点につき述べる。

a　法的破綻時の劣後性

　資本性が認められるためには、法的破綻時の劣後性が確保されている必要がある[14]。ここで「劣後性」の具体的内容は必ずしも明らかではないものの、実務においては、法律上の劣後債権を含む全ての債権に対して弁済順位が後れる債権、すなわち、①約定劣後破産債権（破99条2項）・②約定劣後再生債権（民再35条4項）・③約定劣後更生債権（会更43条4項1号）とする旨を合意することにより、他の債権に対する絶対的な劣後性を確保することが通常である。

　なお、特別清算においては約定劣後債権の概念がないため、手続上の弁済が他の（同等の劣後条件を付されたものを除く）一切の債権に劣後する旨を合意する。

13　FAQ・9-30。
14　FAQ・9-21。

破産手続・民事再生手続・会社更生手続における約定劣後債権の取扱いについて、主なものを挙げると以下のとおりである。

ア　破産手続

破産手続上、債権届出にあたっては、約定劣後破産債権である旨を明記しなければならない（破111条1項3号）。また、債権者集会において、劣後的破産債権は議決権を与えられない（破142条1項）。

約定劣後破産債権に対する配当は、手続開始後の損害金といった劣後的破産債権よりも後れ最劣後となる（破194条1項4号）。破産手続上の配当の優先劣後は、絶対的な優先劣後（すなわち、先順位者が100％配当を受けなければ後順位者には配当がなされない）と解されており[15]、通常は約定劣後破産債権について配当は見込めない。

イ　民事再生手続・会社更生手続

破産手続と同様、債権届出にあたっては、約定劣後再生債権・約定劣後更生債権である旨を明記しなければならない（民再94条1項、会更138条1項2号）。

約定劣後債権については、手続開始時点における債務者の財産をもって、これに優先する債務を完済できないときは、債権者集会における議決権を有せず（民再87条3項、会更136条3項）、計画外事業譲渡の許可にあたっても意見聴取の対象とならない（民再42条2項、会更46条3項1号）。

再生計画・更生計画においては、権利変更の基準として、約定劣後債権と他の債権の間に「公正かつ衡平な差を設けなければならない」（民再155条2項、会更168条1項4号・同3項）。もっとも、通常100％免除される手続開始後の利息請求権よりも劣後するのであるから、特段の事情がない限り100％免除と定められることになる[16]。

なお、約定劣後債権は、少額債権等の弁済許可の対象にもならない（民再85条6項、会更47条6項）。

15　『伊藤破産・民再』515頁。
16　民事再生手続について、『新注釈民再（下）』21頁〔岡正晶〕。

b 担保付きの資本的劣後ローンの取扱い

　既存のローンを資本的劣後ローンに変更する場合において、既存のローンが担保付きであり、かつ「担保解除を行うことが事実上困難」な場合には、「法的破綻以外の期限の利益喪失事由が生じた場合において、他の債権に先んじて回収を行わないことを契約するなど、少なくとも法的破綻に至るまでの間において、他の債権に先んじて回収しない仕組み」が備わっている限り、担保解除をせずとも資本性が認められる[17]。

　例えば、転換時の担保評価額で、一部でも担保からの回収を見込むことができるような場合には、「担保解除を行うことが事実上困難」な場合に該当すると判断して差し支えないとされる[18]。

　上記のとおり、担保付きの資本的劣後ローンについては、債務者の法的破綻時には、担保実行による回収が可能となり、かつ、担保価値によりカバーされない不足額部分についても、法的整理手続の開始を停止条件として、通常債権としての行使が許容されることとなる。すなわち、法的整理時の劣後性は、担保付劣後ローンについては必ずしも必要ない。DDSに係る変更契約等においては、このような法的整理時の権利行使について定めておくことになる[19]。

　なお、担保付きの資本的劣後ローンが認められるのは、「担保解除を行うことが事実上困難」な場合に限られる以上、想定されるのは既存の担保付債権をDDSする場合のみであって、新規融資の場合には担保付融資が資本的劣後ローンとして認められる余地はない。

c 期限の利益喪失

　債務者が法的整理手続に至った場合、通常の融資であれば、貸出金の期限の利益は当然に（あるいは請求により）喪失する。

　これに対し、資本的劣後ローンにおいては、契約上、期限の利益喪失特約

---

[17] FAQ・9-22。
[18] FAQ・9-23。
[19] 唐澤英城「「資本性借入金」の条件明確化を踏まえた契約上の留意点」金法1938号101頁～104頁参照。

は付されないことが一般的である。これは、無担保の劣後ローンにおいては、期限一括償還を基本とする資本性借入金の元本が償還期限到来まで債務不履行となる余地はなく、また、利息債務について不履行をもって期限の利益を喪失させると、実際上は他の債権者による法的破綻の申立てを早期に招来し、資本性借入金の回収を困難にするために、期中に期限の利益を喪失させる意義に乏しいからであると説明される[20]。

　もっとも、担保付劣後ローンにおいては、債務者が法的整理に至った場合には、前記のとおり担保実行が許され、担保不足額部分についても一般債権として手続上の行使が可能となる。そのため、担保付きの資本的劣後ローンについては、契約上、「法的整理手続の開始申立て」を期限の利益喪失事由として定めておく必要がある。

20　唐澤前掲注19・98頁。

第2部
法的整理手続申立て前後のファイナンス

取引先が窮境に陥って以降、
金融機関に求められるファイナンスについて、
その留意点並びに
プレDIPファイナンス及びDIPファイナンスの
実務として取り上げる。

第1章

窮境期における与信上の留意点

1 はじめに

　窮境期にある取引先への与信は、①私的・法的整理手続申立て前における、窮境に陥った取引先への事業再生のための融資をいう場合、②私的整理手続においては、「私的整理に関するガイドライン」に規定された一時停止の期間中の追加融資（同ガイドライン6.(3)、「『私的整理に関するガイドライン』Q&A」Q 30、Q 33）、法的整理手続においては、手続開始申立て後開始前の借入れ（民再120条、会更128条）など、手続申立て後の事業再生のための融資をいう場合、③私的・法的な再建計画に基づいて必要なリストラ資金の融資、リファイナンス（肩代り）融資など、再建計画の実行期間に必要な事業再生のための融資をいう場合のように、当該債務者の状況に応じて複数の場面が想定される。ただ、いずれの場合においても、融資の相手方たる債務者は既に破綻状態にあり、健全な債務者に対する融資に比して元利金の回収不能を生じる可能性が高いという点で共通している。そこで、以下では、上記①ないし③の融資を特段区別することなく「再生ファイナンス」として検討することとする。

2 再生ファイナンスにおける留意点

(1) 融資判断に対する経営判断原則の適用

　金融機関の取締役は当該金融機関と委任関係にあり、一般の株式会社の取締役と同様に、会社（金融機関）に対し善管注意義務（会330条、民644条）及び忠実義務（会355条）を負っている。したがって、取締役がこれらの義務

に違反して会社に損害が生じれば、取締役は会社に対し、善管注意義務等違反を理由とする損害賠償責任を負い、また、取締役に自己若しくは第三者の利益を図り又は会社に損害を加える目的が認められるときは、特別背任（会960条）の責任にも問われ得る。ただ、一般の株式会社の取締役の判断にはいわゆる経営判断の原則が適用され、事後的に会社に損害をもたらすような結果が生じたとしても、その意思決定時点の判断に合理性が認められれば、当該意思決定をした当該取締役は善管注意義務違反等の責任を負わないと解されている。では、金融機関の取締役の融資判断にも経営判断の原則が適用され、事後的に融資の回収不能が生じたとしても、融資の意思決定をした取締役は善管注意義務違反等の責任を負わないと考えてよいのだろうか。「再生ファイナンス」に係る融資判断の際の留意点を検討する上では、まずこの点を検討しておく必要がある。

a 「経営判断の原則」の具体的内容

我が国における「経営判断の原則」とは、会社の役員等が経営判断を行う際には広い裁量が認められるべきであり、仮にその判断が会社に損害をもたらす結果を事後的に生ぜしめたとしても、行為時点の状況に照らして不合理な意思決定を行ったのではない限り、当該役員等の善管注意義務違反・忠実義務違反の責任を問うべきではない、という考え方である[1]。一般には、表現の差はあるにせよ、①当該判断をするための事実認識（情報収集・調査・検討）が合理性を欠くものではなかったか、②当該事実認識に基づく判断の推論過程及び内容が当時の状況に照らして著しく不合理なものではなかったか、という2段階の構造により判断するものとされている[2]（なお、アメリカにおける「business judgment rule」においては、裁判所は上記①の要件については審査するものの、②の要件については審査せずに取締役の判断を尊重しており、我が国の経営判断の原則とは異なるとされている[3]）。最高裁及び下級審の裁判

1　森田果「わが国に経営判断原則は存在していたのか」商事1858号4頁。
2　『類型別会社訴訟』242頁、岩原紳作「金融機関取締役の注意義務―会社法と金融監督法の交錯」『落合還暦』215頁、松山昇平「『経営判断の原則』と取締役の責任―拓銀事件（最三小決平21.11.9）を契機として―」金法1896号14頁等。
3　『新版注釈会社法(6)』275頁〔近藤光男〕、『逐条解説会社法(4)』249頁〔藤原俊雄〕等。

例においても、こうした2段階の判断がなされている[4]。

b　金融機関の取締役の判断に対する「経営判断の原則」の適用の在り方

では、金融機関の取締役の融資判断にも「経営判断の原則」が適用されるのであろうか。金融機関の取締役の融資判断は、不確実かつ流動的な種々の要素を考慮しつつ、専門的見地から債務者の将来の経営状況や資産状態等を予測し、かつ、迅速になされる必要がある。しかし、融資にリスクはつきものであり、注意深く債務者の経営状況や資産状態等を検討して融資可能と判断したとしても、結果として元利金の回収が不能となる場合が生じることは避けがたい。それにもかかわらず金融機関の取締役の融資判断には「経営判断の原則」が適用されず、結果責任として善管注意義務違反を常に問われるとすれば、金融機関の取締役の判断を萎縮させることとなってしまうだろう。そのため、裁判例・学説においては、金融機関の取締役の融資判断にも「経営判断の原則」は妥当すると解されている[5]。ただ、金融機関の存在における特殊性から、金融機関の取締役の融資判断における注意義務は一般の株式会社の取締役のそれに比して高度な水準が求められ、その結果、金融機関の取締役の融資判断に係る裁量の幅は狭くなるとする見解が有力であり[6]、この考え方は近時の判例においても是認されている。すなわち、最三小決平21.11.9（後述の判例②）において、①銀行が広く預金者から資金を集め、これを原資に企業等に融資することを本質とする免許業であること、②銀行の取締役は金融取引の専門家であり、その知識経験を活用して融資業務を行うことが期待されていること、③万一銀行経営が破綻し、あるいは危機に瀕した場合には預金者及び融資先を始めとして社会一般に広範かつ深刻な混乱を生じさせること等を理由に、銀行の取締役には一般の株式会社の取締役より

4　最一小判平22.7.15（判時2091号90頁）、東京地判平5.9.16（判時1469号25頁）、東京地判平14.4.25（判タ1098号84頁）、東京地判平14.7.18（判タ1105号194頁）、東京地判平16.3.25（判タ1149号120頁）、東京地判平17.3.3（判タ1256号179頁）等。

5　名古屋地判平9.1.20（判時1600号144頁）、大阪地判平13.5.28（判時1768号121頁）等。岩原前掲注2・216頁等。

6　大阪地判平14.3.27（判タ1119号194頁）等。岩原紳作「銀行融資における取締役の注意義務（上）」商事1741号4頁、木村哲彦「金融機関による融資についての取締役の責任と経営判断原則」判タ1323号16頁等。

高い水準の注意義務が要求され、「経営判断の原則が適用される余地はそれだけ限定的なものにとどまるといわざるを得ない。」と判示されている。

したがって、金融機関の取締役の融資判断にも「経営判断の原則」が適用され、取締役の融資判断には一定の裁量が与えられているとしても、一般の株式会社の取締役に比してより一層の慎重さが求められているのであって、金融機関の取締役は、融資判断を行うに際し、この点に十分留意しておく必要がある。

(2) 判　例

金融機関の取締役の融資判断と善管注意義務との関係については、最高裁において重要な判断がいくつか示されている。そのうち以下の裁判例はいずれも経営判断の原則の適用を前提としていると解されており[7]、「再生ファイナンス」に係る判断を迫られた金融機関の取締役の善管注意義務違反等の有無を検討する上で重要な示唆を含むものであるので、以下で事案と判断の概要を紹介する（なお、善管注意義務違反等の有無に関する判断はその前提となる事実経過も重要であるため、可能であれば実際の判決文も参照されたい）。

①最二小判平20.1.28[8]（判時1997号143頁・判タ1262号63頁）

【事案の概要】

本件は、X銀行が、A社に対する総額48億4000万円もの既存債権につき、同社所有の不動産（以下「本件不動産」という）を担保として提供を受ける代わりに、新たに20億円の追加融資を求められたところ、当時の同社は近日中に不渡りを出すことが危ぶまれる状況にあるなど不健全な貸付先であったにもかかわらず、およそ実態とかけ離れた不動産評価額のみに依拠して当該追加融資を決定したことが取締役の善管注意義務に違反するとされた事案であ

---

[7] 清水真・阿南剛「北海道拓殖銀行栄木不動産事件最高裁判決の検討」商事1895号4頁。
[8] 評釈として、松山昇平「銀行取締役の融資判断における注意義務—最二小判平20.1.28（拓銀訴訟）—」金法1833号26頁、判評597号28頁（判時2014号190頁）、清水・阿南前掲注7・4頁等。

る。

【事実経過】
① X銀行は、A社に対し48億4000万円の債権を有していた（保全措置はとられず）。
② 当時X銀行の常務取締役であった甲は上記既存債権の処理につきA社代表者と面談したところ、同代表者はX銀行に本件不動産を担保提供すると述べたため、甲は、同日、不動産鑑定士に本件不動産の鑑定を電話で依頼した。その際、甲は、机上鑑定でよいから2日程度で返答して欲しいこと、時間がないので地上げ途上の物件を含め全て更地評価でよいことなどを伝えた。
③ その後、不動産鑑定士から甲に対し、電話で本件不動産の評価額合計は約155億円である旨の鑑定結果が報告された。同日、A社代表者より、20億円の追加融資の要請があり、追加融資に応じないなら担保提供はできない旨強く要請された。
④ X銀行の臨時の投融資会議において、甲より、既存債権につきA社から本件不動産の担保提供を受け、併せて20億円の追加融資を行うことが提案された。その際、本件不動産の評価額につき、不動産鑑定士による評価額が155億円であり、A社自身による評価額が200億円であること、先順位担保権100億円を控除しても55億円〜100億円は残ることなどが口頭で説明されたのみであったが、協議の結果、前記提案を実行することが決定され、順次融資が実行された。
⑤ 上記会議の後に実施されたX銀行内部の担保評価では、本件不動産の実行担保価格（担保不動産の時価×評価基準による一定の掛け目－先順位被担保債権額）は約25億円とされ、最終的には約18億円〜22億円とされた。
⑥ その後、A社は事実上倒産し、X銀行の既存債権48億4000万円は全額回収不能となり、追加融資20億円については12億6816万円余りが回収不能となった（担保権の実行により一部回収）。

【判断の要旨】
　最高裁は、A社は資金繰りが悪化して近日中に不渡りを出すことが危ぶまれるなどの状況にあり、本件追加融資は健全な貸付先とは到底認められない債務者に対する融資として新たな貸出リスクを生じさせるものであるから、

原則として受け容れてはならない提案であったと述べた上、それにもかかわらず本件追加融資に応じる判断に合理性が認められるとすれば、「本件追加融資の担保として提供される本件不動産について、仮に本件追加融資後にその価格が下落したとしても、その下落が通常予測できないようなものでない限り、本件不動産を換価すればいつでも本件追加融資を確実に回収できるような担保余力……が見込まれる場合に限られる。」として、追加融資が許される場合を限定した。

そして、本件不動産について確実な担保余力が見込まれるか否かを客観的な判断資料に基づき慎重に検討すべきであったとし、本件では、本件不動産の担保評価に関する資料としては、不動産鑑定士による口頭の報告のみであり、かつ、「不動産鑑定士による評価額は、地上げ途上の物件も含めてすべてを更地として評価した場合の本件不動産の時価であって、およそ実態とかけ離れたものであり」、A社「自身による評価額についてもその根拠ないし裏付けとなる事実が示された形跡はうかがわれない」とし、「本件追加融資決定時において、本件不動産は、本件追加融資の担保として確実な担保余力を有することが見込まれる状態にはなかったというべきである。」として、取締役らの判断は著しく不合理なものといわざるを得ず、取締役としての忠実義務、善管注意義務違反があったとした。

②**最三小決平21．11．9**[9]（刑集63巻9号1117頁）

【事案の概要】

最高裁が「経営判断の原則」という用語をはじめて使用したのが、本決定である[10]。

9　評釈として、青柳勤「最高裁判所判例解説」法曹時報64巻5号233頁、松山前掲注2・12頁、島田聡一郎「銀行代表取締役頭取による融資と特別背任罪における任務違背―北海道拓殖銀行事件」ジュリ1420号215頁、弥永真生「特別背任と経営判断原則」ジュリ1392号178頁、清水真・阿南剛「北海道拓殖銀行特別背任事件最高裁決定の検討」商事1897号25頁等。

10　松山前掲注2・12頁。なお、本決定は「いわゆる経営判断の原則」「所論がいう経営判断の原則」という言い方をしており、裸で「経営判断の原則」という用語は用いていないが、それは「経営判断の原則」という考え方がアメリカ法に由来するものであり、我が国ではそれとは内容的に異なる独自のものが形成されてきたことを考慮したためであると推測される、とされている（青柳前掲注9・252頁）。

本件は、X銀行（前記①と同じ銀行）が、有望な新興企業を積極的に支援する旨の方針（インキュベーター路線）を打ち出し、B社を中心とするBグループを積極的に支援していたところ、同グループの経営状況及び資産状態等からみて、X銀行が追加融資を打ち切れば直ちに倒産する実質倒産状態に陥った後に、赤字補てん資金等のための無担保融資を決定・実行したことにつき、当時の代表取締役頭取らが特別背任罪に問われた刑事事件に関するものであり、結論として同罪の成立が認められた事案である。

【事実経過】

① X銀行は、Bグループを昭和58年頃から積極的に支援したが、Bグループのレジャー施設等は採算性が見込まれない状況にあり、また、同グループが他の地区（a地区）で総合開発を図るためX銀行系列のノンバンクから144億円余の融資を受けて土地の取得を進めていたが、未買収部分が点在しており、開発計画の内容が定まらず、採算性にも疑問がある等深刻な問題を抱えていた。

② Bグループは、X銀行が赤字補填のための追加融資を打ち切れば直ちに倒産する実質倒産状態に陥っており、借入金残高の約9割（629億円余）がX銀行グループからの借入れであり、X銀行の保全不足額は358億円余にも達していた。

③ X銀行の取締役は、経営会議でBグループの前記状況を認識していながら、経営改善や債権回収のための抜本的な方策を講じないまま、同グループに前後10回にわたり、合計8億4000万円の赤字補填資金等の融資を実行した。

④ その後も、X銀行は、同グループに対し前後88回にわたり、合計77億3150万円の赤字補填資金等の融資を実質無担保で実行した。

　当該融資当時、同グループは、既存の貸付金を含めその返済が期待できる状況にはなかった上、返済の唯一の方途であるa地区開発事業も、同地区が市街化調整区域内にあり、一部は農業振興地域の整備に関する法律の農用地区域に指定されていて開発そのものが法的に厳しく制限されていたほか、開発事業の対象地の未買収部分が未だ残っていたこと、開発計画の内容も変転し詳細が決まらないなどその実現可能性に乏しく、仮に実現したとしてもその採算性に大きな疑問があり、X銀行の取締役は当該状況に

ついても認識していた。

【判断の要旨】

最高裁は、「銀行の取締役は、融資業務の実施に当たっては、元利金の回収不能という事態が生じないよう、債権保全のため、融資先の経営状況、資産状態等を調査し、その安全性を確認して貸付を決定し、原則として確実な担保を徴求する等、相当の措置をとるべき義務を有する。」と原則論を述べた上、「例外的に、実質倒産状態にある企業に対する支援策として無担保又は不十分な担保で追加融資をして再建又は整理を目指すこと等があり得るにしても、これが適法とされるためには客観性を持った再建・整理計画とこれを確実に実行する銀行本体の強い経営体質を必要とするなど、その融資判断が合理性のあるものでなければならず、手続的には銀行内部での明確な計画の策定とその正式な承認を欠かせない。」と判示し、本件においては、Bグループは本件における融資以前に「実質的倒産状態にあり、経営状況が改善する見込みはなく、既存の貸付金の回収のほとんど唯一の方途と考えられていたa地区の開発事業もその実現可能性に乏しく、仮に実現したとしてもその採算性に多大の疑問があったことから、既存の貸付金の返済は期待できないばかりか、追加融資は新たな損害を発生させる危険性のある状況にあった」が、X銀行の取締役は「そのような状況を認識しつつ、抜本的な方策を講じないまま、実質無担保の本件各融資を決定、実行したのであって、上記のような客観性を持った再建・整理計画があったものでもなく、所論の損失極小化目的が明確な形で存在したともいえず、総体としてその融資判断は著しく合理性を欠いたものであり、銀行の取締役として融資に際し求められる債権保全に係る義務に違反したことは明らかである。」として[11]、特別背任罪における取締役としての任務違背を認めた。

③最二小判平21.11.27[12]（判時2063号138頁）

【事案の概要】

本事案は、Y銀行が、C県（以下「県」という）からの要請に基づき、債務

---

11 本決定のうち、いわゆる判例としての先例性を持つのはこの部分であると解されている（青柳前掲注9・253頁）。

者に対して県が予定していた9億5000万円の融資（以下「本件県融資」という）に関し、県が予算措置を講じ実行するまでの暫定的な対応として同金額のつなぎ融資（以下「本件つなぎ融資」という）を実行したが、本件県融資は実行されず、その間に債務者の経営は悪化し、追加融資をしなければ債務者が破綻する可能性が高く、本件つなぎ融資まで回収不能となるおそれがあったことから、同銀行が債務者に対して約3年の間に無担保で合計8億5000万円の追加融資を実行したところ、その一部につき、これを決定した取締役の判断に善管注意義務違反が認められたという事案である。

【事実経過】

①平成8年3月頃、県は、債務者に融資を実行することを計画したが、予算措置をとり本件県融資を実行するまでの暫定的な対応として、Y銀行に対して本件つなぎ融資の実行を依頼した。その後も、県の企画部長や副知事がY銀行本店を訪れ、県が債務者事業を支援する旨言明してつなぎ融資の実行を要請するなどし、更に、県の企画部長より、債務者は9億5000万円の資金援助が必要であるが、県においてそのための予算措置をとるので、それまでのつなぎ資金を融資するようY銀行に要請する旨の文書が提出されたため、Y銀行は本件つなぎ融資を実行した。

②県は、平成9年度予算において本件県融資に関連する予算措置等を講じたが、その実行はなされなかった。

③そのような状況の中、債務者からY銀行に対し、追加融資の実行が要請され、Y銀行は、合計2億9700万円の追加融資を実行した（以下「本件追加融資①」という）。

④平成10年度の県の予算案においても本件県融資の原資が計上されたが、県はY銀行に対し、本件県融資実行の最終段階で知事からストップをかけられたこと、知事は債務者の会長一族を債務者の経営から排除することを融資実行の条件としていること等を連絡し、本件県融資を実行しなかった。

⑤Y銀行は、県に対し、2度、期限を定めて本件県融資実行を求める要請書

12　評釈として、松井智予「判批」判評619号29頁（判時2081号191頁）、弥永真生「貸出しにおける善管注意義務」ジュリ1396号44頁、小塚荘一郎「県から要請を受けてつなぎ融資および追加融資を行った地方銀行の取締役の責任」金法1905号18頁、清水真・阿南剛「四国銀行株主代表訴訟事件最高裁判決の検討」商事1899号59頁等。

を発出したが、その期限を過ぎても本件県融資は実行されなかった。
⑥Y銀行は、上記のような状況の中、債務者に対し、本件追加融資①に加え、合計1億6500万円の追加融資を実行した（以下「本件追加融資②」という）。
⑦平成11年3月、Y銀行は、資産査定の見直しを行い、債務者の債務者区分を要注意先から破綻懸念先に変更するとともに、債務者に対する融資実行の判断を取締役会付議事項とした。
⑧その後も、平成11年度の予算案において債務者に対する融資原資が予算計上されたが、県は本件県融資を実行しなかった。
⑨こうした中、平成12年3月末日をもって県の副知事と出納長が辞任し、後任の副知事及び出納長は、Y銀行に対し、本件県融資の実行は現状では難しい旨伝え、その後に開催されたY銀行の取締役会において、本件県融資の実行が極めて難しい状況にあることが報告された。
⑩このような中、Y銀行は、本件追加融資①及び②に加え、合計3億9350万円の追加融資を実行した（以下「本件追加融資③」という）。
⑪その後、債務者は平成13年1月30日に民事再生手続開始の申立てを行った（最大債権者たるY銀行が再生計画に反対したため、同手続は廃止）。

【判断の要旨】
　最高裁は、まず、本件つなぎ融資については、副知事や企画部長など県の要職にある者が、再三、Y銀行本店を自ら訪れ、県が本件県融資を実行する旨言明して本件県融資を実行するまでの間のつなぎ融資の実行を要請し、県が本件県融資を実行する意向を示す文書をY銀行に提出していたほか、本件県融資に係る予算を盛り込んだ予算案が県議会で承認されたことなどの事情に照らすと、取締役らが、本件つなぎ融資の実行を決裁する際、本件県融資の実行により、本件つなぎ融資をほぼ確実に回収することができると判断することには合理性が認められるとし、善管注意義務違反を認めなかった。
　次に、本件各追加融資の実行決裁に合理性が認められるのは、「本件県融資が実行される相当程度の確実性があり、これが実行されるまで債務者会社の破綻、倒産を回避して、これを存続させるために追加融資を実行した方が、追加融資分それ自体が回収不能となる危険性を考慮しても、全体の回収不能額を小さくすることができると判断すること（以下「回収見込判断」とい

う）に合理性が認められる場合に限られる。」と判示し、本件追加融資①及び本件追加融資②については未だ本件回収見込判断の合理性が失われたとまでいうことはできないとしたものの、本件追加融資③については、2度にわたり期限を定めた要請書を発出して本件県融資の実行を要請したにもかかわらず、2度目の期限をも徒過し、その時点で知事の提示した条件である会長一族の排除の実現を期待できる状況にはないことがほぼ明らかになっていたといえる上、Y銀行自身が債務者の債務者区分を要注意先から破綻懸念先に変更しており、そのような状況下で、ほとんど回収見込みのない追加融資を実行することは、単に回収不能額を増大させるだけで、全体の回収不能額を小さくすることにつながるものとはいえないとし、本件追加融資③についての回収見込判断は著しく不合理であったとして、その決裁に関与した取締役に善管注意義務違反を認めた。

3　窮境期における融資の合理性判断基準（与信上のポイント）

前記裁判例の判旨を検討すると、裁判所は「再生ファイナンス」に係る融資判断についても、当該融資の有する社会的意義・影響や検討期間が短期間であったこと等の事情を特別に考慮するわけではなく、原則どおり、既存融資及び新規融資の回収可能性の有無を重視して取締役の善管注意義務違反の有無の判断を行っていることが読みとれる。「再生ファイナンス」は回収不能リスクが正常企業に対する融資よりも高いものであるため、そうしたリスクの高さに応じた慎重な判断が求められていると考えられる。そのため、その融資実行を検討する金融機関の取締役においては、「経営判断の原則」の下、既存融資及び新規融資に関する回収可能性につき、いかなる事情を検討していれば善管注意義務違反の責任を負う可能性を低減させられるのか[13]が重要な問題となってくる。

既存融資及び新規融資の回収可能性の有無の判断は、事案ごとの個別具体的な事実関係によって異なってくるものの、以下では、前記裁判例に現れた

---

[13] リスクには、法的なリスクとしては、訴訟リスクと敗訴リスクとがある。ここでは、敗訴リスクを念頭に置いて検討している。

事案を参考に、「再生ファイナンス」が行われる事例をいくつかの類型に分け、回収可能性の有無を見極めるポイントにつき検討することとする。

(1) 担保からの回収に依拠する場合

窮境期にある債務者が担保として提供し得る資産を有していることは極めて稀であるが、仮に債務者の事業キャッシュフローからの回収が見込めなくても、債務者が何らかの無担保資産（担保権が設定されていても担保余力がある資産を含む）を有している場合、あるいは、保証人が弁済能力を有する場合には、当該資産が確実な担保余力を有しており、又は保証人が確実な弁済能力を有しているならば、当該融資判断に合理性が認められ得る。この場合、以下の点に留意が必要である。

a 担保評価の客観性・合理性

ここでまずポイントとなるのは、当該担保の評価・弁済能力の評価（以下「担保評価」という）が適切であったかどうか、すなわち当該担保評価は客観的資料に基づくものであったか否かという点である。

担保目的物が不動産や株式等、市場価格があり鑑定が可能なものであれば、ここにいう客観的資料としては、主に鑑定書ということになろう。ただし、「鑑定書」と名の付く資料であっても、その内容が不合理なものであれば客観的資料とは認められないことは当然である。前記①事件においても、担保目的物たる不動産の評価を行ったのは不動産鑑定士であったものの、報告が口頭のみであったこと[14]や、地上げ途上のものも更地として評価することが前提条件とされていたことも要因となり、そのような資料のみに依拠した担保評価を前提とした取締役の判断に善管注意義務違反が認められているところである。

他方で、担保目的物が鑑定になじまない場合や市場性がなく評価が困難という場合には、そもそも客観的資料に基づく担保評価が存在しないため、仮にそのような担保のみに依拠して回収可能性ありと判断した場合には、当該判断に合理性を認めることは困難であろう。

b 確実な担保余力

　客観的資料に基づく担保評価額が明らかとなった場合、次に求められるのが「確実な担保余力」である。すなわち、事業キャッシュフローからの回収が見込めず、当該担保の価値のみに依拠した融資の場合には融資判断時点での担保価値が融資金額を上回っているというだけでは足りず、仮に融資後に当該担保価値が下落したとしても、その下落が通常予測できないようなものでない限り、当該担保を換価すればいつでも当該融資を確実に回収できるような担保余力があると判断される場合に限り、窮境期にある貸付先に対する担保に依拠した融資判断に合理性が認められることとなる。不動産などの担保の価値はその時々の経済情勢その他の要因によってある程度変動するものであるため、融資判断時点でフルカバーであっても、多少の価値の下落によってアンカバーを生じることが容易に想定されるような担保余力しかない場合には、融資判断に合理性を認めることは困難であろう。

c 担保処分（換価）可能性

　担保評価が客観的資料に基づいており、当該評価に基づく評価額が確実な担保余力を有すると判断される場合であっても、当該担保の処分（換価）が困難であれば、結局、当該担保のみに依拠した与信判断は著しく不合理と判断されかねない。

　例えば、最二小判平20.1.28（判時1997号148頁）においては、銀行の取締

14　この点については、清水・阿南前掲注7・9頁において「不動産鑑定士の口頭による評価しかないことを不当とした点については、本件の事案に即して理解されるべきものと考えられる。すなわち、……書面による鑑定が提出されていれば、他の取締役もその中に鑑定の前提条件や方法等が記載され、鑑定結果を鵜呑みにすることが許されない事案であるとの判断が可能であったにもかかわらず、鑑定書が提出されていなかったことから、不動産鑑定の依頼に関与せず、会議の席上で鑑定結果のみを聞いた役員にとってそのような情報が不足することになった」のであり、「鑑定士の口頭による評価しかないことを不当とした点については、担保評価のための情報収集が不足したことを問題とする趣旨に捉えるべきであり、必要な情報がすべて関係役員に対して周知される場合も含めて口頭による報告をすべて否定する趣旨の先例として一般化すべきではない」との指摘がある。口頭の報告全てを否定する先例ではないという点に異論はないが、口頭の報告のみで鑑定の前提条件等を全て正確に伝達できるのか疑問があることや、判断過程の記録の観点からも、やはり原則として口頭での報告のみという事態は避けるべきであろう。

役が債務者グループの発行する上場株式を担保とし、当該担保株式の処分代金による回収に依拠した融資を決定したところ、当該株式の発行済株式総数に占める割合（増資後約12.6％）に照らし、融資先が弁済期に担保株式を一斉に売却すればそれによって株価が暴落するおそれがあることが容易に想定できたのに、その危険性や危険を回避する方策等について何ら検討された形跡がないことも、当該融資を決定した取締役の判断の合理性を否定する一事情とされている。

窮境期にある債務者に対して担保からの回収のみに依拠した融資を実行する場合には、担保権実行の具体的可能性が十分想定されるのであるから、取得した担保の実行段階を想定したリスク評価も必要となるのである。

(2) 無担保又は不十分な担保しか存在しない場合

窮境期にある債務者に対する融資のほとんどがこの類型に属するものと思われる。

無担保又は不十分な担保しか存在しない場合には、原則として回収可能性を認めることは困難であり、「再生ファイナンス」の実行を差し控えるべき場合が多いと思われるが、以下のような場合には、例外的に融資判断に合理性が認められ得る。

a　第三者からの出融資による回収が期待できる場合

融資判断時点では確実な担保といえるものがなくても、融資期間中に債務者が別の第三者から出融資を受け、当該出融資金からの弁済が確実であると判断される場合であれば、回収可能性ありとして当該融資判断は合理性あるものと認められ得る。

ただし、ここでのポイントは、第三者からの出融資の確実性をいかなる事情に基づいて判断するかという点であり、これは現実的には極めて困難な問題である。例えば、前記③事件においては、最初に実行された本件つなぎ融資（裁判で問題となった追加融資については、後述する）については、県の要職にある者が再三Y銀行を訪れ、県融資を実行し債務者を支援する旨明言して本件つなぎ融資の実行を要請していたことや、県融資を実行する意向の文

書を提出していたこと、県融資に係る費用が計上された予算の承認も得ていたこと等から、県融資の実行により本件つなぎ融資の回収がほぼ確実と判断したことに合理性が認められている。しかし、自治体の要職にある者から直接要請を受けたり、融資実行を言明する自治体の文書を取得したりすることは、むしろ稀ではないかと思われる。

そこで、一般の事業会社やファンド等からの出融資による回収を期待する場合には、出融資の計画変更の可能性や資金不足の可能性を否定し得ないことから、当該出融資実行の確実性は、権限ある者の確約書や法的拘束力のある融資証明書等の裏付資料を確認するなど、前記③事件に比して慎重な判断が求められることになろう。

b 客観性をもった再建・整理計画が存在する場合

客観性をもった再建・整理計画の遂行によるキャッシュフローからの弁済が合理的に見込まれる場合にも、回収可能性が認められる余地がある。

ただし、この場合の再建計画・整理計画は、客観的根拠に裏付けられ、実現可能性・採算性が認められるものである必要があり、かつ、将来において計画が実行不能となるリスクや下振れリスクの有無、当該リスクが発現した場合のキャッシュフローへの影響の有無・程度等についても慎重な検討がなされていることを要する。例えば、当該計画の実現に許認可や行政上の手続が必要な場合であれば、当該許認可の取得見込みや手続の進捗状況につき関係者に対する調査（場合によっては当局に対するヒアリング）によって確認する必要があるし、採算性についても、提出を受けたデータが現実と乖離していないか[15]、収支予測が適切かつ相当なものであるか等を確認することとなろう。

また、客観性のある再建・整理計画があると判断される場合であっても、融資実行後に貸付人の同意を得ることなく当該計画の変更が可能であったり、計画の不遵守に対して何らサンクションがなかったりする場合には、や

---

[15] 事業がホテルやリゾート施設等であれば、比較対象として適切な同種事業者の実績値や業界平均値を確認し、当該データと事業計画上の数値が大きく乖離していないか、不動産賃貸事業であれば周辺の賃料相場を確認し、当該相場と計画賃料とが大きく乖離していないか等を検証することとなる。

はり融資の合理性を欠くと判断される要因となりかねないと思われる。したがって、実務的には、融資契約において、①融資実行の前提条件として、再建・整理計画の提出を求めるとともに、②融資期間中の誓約事項として、当該計画を遵守すること、計画を変更する場合には貸付人の事前承諾を要すること、③定期的に財務状況・計画の履行状況を貸付人に対して報告すること等を求め、④誓約事項に違反した場合には期限の利益を喪失させるといった対応も検討されるべきであろう。

c　回収の極大化（損失の極小化）に必要な費用を融資する場合

　新規融資そのものの回収可能性には疑問がある場合であっても、当該融資の実行により、既存融資の回収の最大化と新規融資・既存融資を合わせた損失の極小化が図られると合理的に認められる場合には、例外的に、実質破綻先に対する無担保での追加融資に合理性が認められる場合があり得る。

　例えば、以下のようなケースが考えられる。

①追加融資により事業を完成させれば、追加融資を行わず事業が完成しない場合と比較して、当該事業からのキャッシュフローにより既存融資の回収額が増大し、新規融資と既存融資を合わせた損失極小化が図られると合理的に見込まれる場合に、当該事業完成に必要な資金を追加融資する場合

②追加融資により倒産を回避すれば、第三者からの出融資により既存融資の回収額が増大し、新規融資と既存融資を合わせた損失極小化が図られると合理的に見込まれる場合に、当該出融資がなされるまでの間の運転資金等を追加融資する場合

③再建・整理計画が策定可能か否かを検討中であっても、即座に融資を打ち切って破綻させるよりも、新規融資を実行するほうが、既存融資の回収額が増大し、新規融資と既存融資を合わせた損失極小化が図られると合理的に見込まれる場合に、運転資金の不足分や調査・検討作業に必要な費用相当額等を追加融資する場合

④再建・整理計画の履行を継続させた方が、履行を中断する場合に比し、既存融資の回収額が増大し、新規融資と既存融資を合わせた損失極小化が図られると合理的に見込まれる場合に、再建・整理計画履行に必要な

費用を追加融資する場合

⑤早く清算・再建手続に入った方が、既存融資の回収可能額の増大と新規融資と既存融資を合わせた損失極小化が図られると合理的に見込まれる場合（時間の経過による事業価値の毀損が考えられる場合等）に、清算・再建手続に要する費用を追加融資する場合

　いずれの場合においても、当該融資が損失極小化目的の融資であることが明確に認識されており、既存融資の回収見込み額のみならず、新規融資と既存融資を合わせた損失額の極小化が図られていること、すなわち、追加融資額（投入費用見込み額）が追加融資によって増大する回収可能額を上回ることのないように留意することが必要である。

　そして、融資時点においては、融資しなかった場合の回収可能額・損失額と追加融資を実行した場合の新規融資・既存融資を合わせた回収可能額・損失額を定量的に比較検討した上、回収可能額の変動要因の有無とその生じる確率、更にはいつの時点まで追加融資に応じるかを詳細に検討し、追加融資実行後も、債務者のモニタリングにより当該債務者やグループの状況変化による回収見込み額の増減、予測される追加融資見込み額を確認する必要がある。その上で、見込まれる追加融資額が回収見込み増加額を超える危険が生じた場合には、その後の追加融資の実行は停止することが必要となるのである。このようなモニタリングを実施する実務的方法として、融資契約においてコベナンツ[16]を設定してタイムリーな情報収集と更なる財務内容の悪化の防止に努めるとともに、担当者レベルにおいても、債務者との緊密なコミュニケーションをとり続ける体制を整備することが有効であろう。

---

[16] 例えば、資金繰表や財務諸表等の提出による定期的な財務内容の報告義務、事業計画の策定・提出義務と進捗状況の報告義務、新たな債務負担や担保提供の禁止、一定額を超える支出（設備投資）の貸付人による事前承諾、一定の重要事項（例えば、事業計画が定める償却前営業利益を一定割合下回った場合など）発生時の通知義務、期限の利益喪失条項等が考えられる。

第2章
プレDIPファイナンス

1 プレDIPファイナンスの優先的な取扱い

　一般に、「プレDIPファイナンス」とは債務者の私的整理手続中になされる融資のことをいう。

　プレDIPファイナンスに基づく貸付債権は、その後、当該債務者について民事再生手続や会社更生手続の申立てがなされ、当該手続について開始決定がなされた場合には、あくまでも、民事再生手続・会社更生手続の「開始前の原因に基づいて生じた財産上の請求権」として、再生債権・更生債権となり（担保権がある場合には別除権付再生債権や更生担保権となる）、私的整理手続前の他の貸付金等と同様、権利変更の対象となる。そのため、金融機関としては、私的整理手続中の会社に対して、新規で融資をすることは極めてハードルが高かった。

　他方で、私的整理手続中の会社であっても運転資金などを確保するために資金調達する必要性が出てくるケースも多い。そこで、そのようなニーズに応えるため、プレDIPファイナンスについて、その後に、当該債務者に民事再生手続・会社更生手続が開始されたとしても、何らかの優先的な措置を認めることができないか、議論となっていた。

　そのような中、近時、事業再生ADR手続や地域経済活性化支援機構の手続が整備される際に、これらの手続中になされたプレDIPファイナンスについて、一定の要件を満たす場合には、その後、民事再生手続・会社更生手続に移行しても一定の優先的な取扱いをすることが認められるようになった（事業再生ADRにつき、産活法52条～54条、事業再生に係る認証紛争解決事業者の認定等に関する省令（以下「省令」という）17条。地域経済活性化支援機構につき、機構法35条～37条）。

　そこで、それぞれの手続におけるプレDIPファイナンスの取扱いの概要と

実務上の問題点について解説する。

(1) 事業再生ADR手続におけるプレDIPファイナンスの取扱い

a 優先的な取扱いが認められるための要件（産活法52条の確認）

　事業再生ADR手続中のプレDIPファイナンスについて、以下の要件を満たしている場合には、その後の民事再生手続・会社更生手続において優先的な取扱いをすることが認められる（産活法52条～54条、省令17条）。
　①手続の開始から終了に至るまでの間における借入れ（融資）であること（産活法52条）
　②当該借入れ（融資）が、事業再生計画案に係る債権者全員の合意の成立が見込まれる日までの間における債務者の資金繰りのために合理的に必要なものであると認められるものであること（産活法52条1号、省令17条1項1号）
　③当該借入れ（融資）に係る借入金の償還期限が、債権者全員の合意の成立が見込まれる日以後に到来すること（産活法52条1号、省令17条1項2号）
　④当該借入れ（融資）に係る債権の弁済を、対象債権者が当該資金の借入れの時点において有している他の債権の弁済よりも優先的に取り扱うことについて、当該債権者全員の同意を得ていること（産活法52条2号）
　⑤上記の要件を具備していることを、特定認証紛争解決事業者（事業再生実務家協会）が確認し（※）、債務者及び対象債権者に通知していること（産活法52条、省令17条2項・3項）

　　※「確認」については、「特定認証紛争解決事業者」から、手続実施者に対して「確認」を行う権限が授権され、手続実施者による「確認」によって「特定認証紛争解決事業者」による「確認」がなされたものとみなすという運用がなされている。なお、従前は、第1回債権者会議において当該「確認」をとらなければならなかったが、平成23年の省令改正（事業再生に係る認証紛争解決事業者の認定等に関する省令17条2項の改正）により、第2回債権者会議以降に当該「確認」をとることも許容されることとなった。

b 民事再生手続・会社更生手続における特例（衡平考慮規定）

　民事再生手続及び会社更生手続では、債権者の権利変更をするに際して

は、同種の権利を有する者の間では、原則として平等でなければならない（民再155条1項本文、会更168条1項本文）。もっとも、再生計画案及び更生計画案の中で、権利変更の内容に差を設けても衡平を害しない場合には、同一種類の債権者間でも異なる取扱いをすることが許容されている（民再155条1項ただし書、会更168条1項ただし書）。

　これを受け、産活法53条及び54条は、同法52条の確認（前記⑤参照）を得た場合について、下記のとおり規定する。

> 第53条（民事再生手続の特例）
> 裁判所（……）は、前条の規定による確認を受けた資金の借入れをした事業者について再生手続開始の決定があった場合において、同条の規定による確認を受けた資金の借入れに係る再生債権と他の再生債権（同条第2号の債権者に同号の同意の際保有されていた再生債権に限る。）との間に権利の変更の内容に差を設ける再生計画案（……）が提出され、又は可決されたときは、当該資金の借入れが前条各号のいずれにも適合することが確認されていることを考慮した上で、当該再生計画案が同法（注：民事再生法）第155条第1項に規定する差を設けても衡平を害しない場合に該当するかどうかを判断するものとする。
>
> 第54条（会社更生手続の特例）
> 裁判所（……）は、第52条の規定による確認を受けた資金の借入れをした事業者について更生手続開始の決定があった場合において、同条の規定による確認を受けた資金の借入れに係る更生債権とこれと同一の種類の他の更生債権（同条第2号の債権者に同号の同意の際保有されていた更生債権に限る。）との間に権利の変更の内容に差を設ける更生計画案（……）が提出され、又は可決されたときは、当該資金の借入れが前条各号のいずれにも適合することが確認されていることを考慮した上で、当該更生計画案が同法（注：会社更生法）第168条第1項に規定する差を設けても衡平を害しない場合に該当するかどうかを判断するものとする。

　すなわち、産活法52条の確認を得たプレDIPファイナンスについて、後の民事再生手続・会社更生手続において、それを優先する取扱いをした再生計画案・更生計画案が提出された場合には、裁判所がそれを認可するか否かにあたって、産活法52条の確認を得ていることを考慮して判断するという内容になっている。産活法52条の確認があれば必ず優先的な取扱いが認められる

という内容になっていないのは、当該確認の際には再生計画案・更生計画案における優先的な取扱いの内容が定まっているわけではないため、あくまで具体的な取扱いの内容を裁判所が吟味して最終的に適否を判断するという枠組を崩すことはできないからと考えられる。

ただし、実務的には、産活法53条及び54条は、当該確認を得たプレDIPファイナンスについては、再生計画案・更生計画案において優先性を与えても構わないという趣旨の規定であると理解されている[1]。

(2) 事業再生ADR手続におけるプレDIPファイナンスの実務上の諸問題

a 要件に関連する諸問題

ア 事業再生ADR手続申請後、第1回債権者会議までの間に実行された融資の取扱い

事業再生ADR手続においてプレDIPファイナンスがなされる場合、①一時停止通知に第1回債権者会議の議題としてプレDIPファイナンスに関する優先性の付与の件を掲げ、同通知に、プレDIPファイナンスの内容を記載した上で、②第1回債権者会議において対象債権者の全員から同意を得て、第1回債権者会議終了後、実行に至るケースが多い。

もっとも、債務者の資金繰りから、第1回債権者会議よりも前に融資の実行が必要なケースも考えられる。そこで、事業再生ADR手続申請後、第1回債権者会議までの間に実行された融資が優先性付与の対象となるかが問題となる。

産活法52条柱書は、「手続の開始から…の借入れ」と規定しているところ、事業再生ADR手続においては、一般に事業再生ADR手続の申請が「手続の開始」と理解されていること、また、第1回債権者会議で、優先性の付与に関する決議がなされる以上、これを認めたとしても、対象債権者への不利益はないことから、当該申請後、第1回債権者会議までに融資が実行されたものについても優先性付与の対象に含まれると考える。

---

1 須藤英章「事業再生実務家協会における事業再生ADR手続」債管123号42頁。

ただし、第1回債権者会議における対象債権者の決議において優先性の付与が追認されなかった場合（そもそも一時停止について同意が得られなかった場合も含む）には、優先性が付与されないことになる。したがって、金融機関としては、当該期間における融資の必要性（緊急性）、追認の確実性、代替手段の有無などの観点から慎重に検討する必要があるし、実際に融資をする際には確実な担保をとる必要があるだろう。

　イ　事業再生ADR手続中の期限前弁済ができる旨の規定の可否

　産活法52条1号、省令17条1項2号は、償還期限が債権者全員の合意の成立が見込まれる日以後に到来する融資であることを要件としている。

　他方で、例えば、ゼネコンやデベロッパーの事業再生ADR手続において、当該債務者が所有する販売用不動産に担保を設定してプレDIPファイナンスを行う場合などでは、当該債務者は、事業再生ADR手続中も随時、当該不動産を顧客に売却して、売却代金の全部あるいは一部をプレDIPファイナンスの弁済に充てるというケースが考えられる。そこで、事業再生ADR手続期間中に、随時、プレDIPファイナンスの期限前弁済ができる旨の規定をすることができるかが前記の要件との関係で問題となる。

　当該要件は、償還期限を私的整理の成立日以降とすることで債務者の事業再生の円滑化を図るために設けられたものである。とすれば、債務者からの任意の期限前弁済ということであれば、期限前弁済が可能な融資であっても同要件の趣旨と抵触することはないと考える。

　したがって、前記のように期限前弁済が想定されるようなケースでは、融資契約において、元本の償還期日を第3回債権者会議（事業再生計画案の決議のための債権者会議）の翌営業日とした上で、事業再生ADR手続中でも債務者が任意で期限前弁済をすることができる旨を規定するということであれば、前記の要件は満たすと考える。これに対して、債権者の権利として期限前弁済を求めることができる規定になっている場合には、前記の趣旨に抵触するため、要件を充足しないことになると考える。

　ウ　決議会議の続会と償還期限の到来

　前述のとおり、償還期限が債権者全員の合意の成立が見込まれる日以後に到来する融資であることが優先性付与の要件とされている。そのため、プレDIPファイナンスの償還期限については、第3回債権者会議（事業再生計画

第2章　プレDIPファイナンス　53

案の決議のための債権者会議）の翌営業日を弁済期日としておくケースが多い。もっとも、第3回債権者会議が1回では終わらず、続会となる可能性は十分考えられる。そのため、弁済期日を確定日としてしまうと、続会になった場合には前記の要件を満たさないことになってしまう。

そこで、融資契約においては、「事業再生ADR手続における事業再生計画案の決議のための債権者会議が続会となった場合には、元本弁済日も続会期日の翌営業日まで自動的に延長されるものとする」等の規定を入れて、それに対応しておく必要がある。

　エ　優先性の内容についての同意の要否

産活法52条2号は、プレDIPファイナンスについて優先的に取り扱うことについて債権者全員の同意を得ることを求めている。この同意の対象として、法的整理手続に移行した場合に付与される優先性の内容についてまでの同意が必要か問題となる。

通常、第1回債権者会議の時点では、今後、当該債務者が法的整理に入るかどうか、また、入った場合に、どのような再生計画案・更生計画案を立案することができるかなど確定することは不可能である。

したがって、産活法52条2号の同意を取得するにあたっては、付与される優先性の内容についてまでの同意は不要と考える。実務的にも、第1回債権者会議の議題としては、「その後の法的整理手続において、プレDIPファイナンスについて優先的取扱いを行うこと」という抽象的な記載がされ、優先性の内容については言及されないのが一般的である。

　オ　プレDIPファイナンスの内容についての開示の程度

プレDIPファイナンスについて優先的に取り扱うことについて債権者全員の同意を得るためには、当然、プレDIPファイナンスの内容については開示をする必要がある。

一般的には、(ｱ)借入人、(ｲ)貸付人、(ｳ)借入金額、(ｴ)借入実行期間、(ｵ)償還期限、(ｶ)資金使途、(ｷ)担保設定、(ｸ)金利、(ｹ)その他の手数料等が通知される。もっとも、第1回債権者会議で決議をする場合などは、事業再生ADR手続の利用申請からそれほどの期間がないことから、当該債権者会議時点において、上記の事項の一部が決まっていないことも考えられる。そのような場合については、以下のとおり対応することになる。

(ア)借入人は債務者であるから、通常は問題とならない。

(イ)貸付人については、貸付人予定者が複数存在し、その一部が貸付人とならないケースも想定されるが、そのような場合には、貸付人予定者を明示した上で、その全部又は一部から融資を受けるという内容で決議されればよいと考えられる。

(ウ)借入金額が決まっていない場合、借入れの上限を示した上でその範囲内で融資がなされる旨を決議されればよいと考えられる。

(エ)借入実行期間が決まっていない場合、「第1回債権者会議から第3回債権者会議（続行期日が開催される場合は当該期日）まで」という期間を定めて決議されればよいと考えられる。

(オ)償還期限が決まっていない場合、前記③の要件があることから、第3回債権者会議の翌営業日から一定期間内のいずれかの日に決議をされればよいと考えられる。

(カ)資金使途については前記②の要件との関係があるが、「運転資金等」として決議すればよいと考えられる。

(キ)担保については他の債権者の利益に大きな影響があるため原則として明示する必要があると考えられる。ただし、具体的な担保の内容が決まっていない場合には、担保として提供される資産の上限を特定するかたちで明示しておき、「その全部又は一部」として決議をとっておくことが考えられる。

(ク)金利や(ケ)手数料についても、明確に決まっていない場合には上限を明示することで決議すればよいと考えられる。なお、シンジケートローン等で、アレンジメントフィーやエージェントフィーが発生したり、コミットメントラインに基づく融資契約でファシリティフィーやコミットメントフィーが発生する場合、金融機関としてはその金額を開示することは抵抗感があると思われる。もっとも、これらの手数料等は債務者の財産から支払われるものであり、対象債権者からすれば融資条件を把握する上で重要なものであるから、その内容の開示は避けられないと考えられる。ただし、個別のフィーごとにその内容・条件を明示する必要まではなく、一括して「その他手数料」ということで明示をすれば足りると考えられる。

b　効果に関連する諸問題（優先的な取扱いの内容）

　優先的取扱いについての確認を取得した場合の効果に関して、産活法は、前記のとおり、「同条の規定による確認を受けた資金の借入れに係る再生債権と他の再生債権（<u>同条第2号の債権者に同号の同意の際保有されていた再生債権に限る。</u>）との間に権利の変更の内容に差を設ける再生計画案」（産活法53条。下線引用者）、「同条の規定による確認を受けた資金の借入れに係る更生債権とこれと同一の種類の他の更生債権（<u>同条第2号の債権者に同号の同意の際保有されていた更生債権に限る。</u>）との間に権利の変更の内容に差を設ける更生計画案」（産活法54条。下線引用者）と定めており、この文言を前提とすれば、プレDIPファイナンスによる貸付債権（以下「プレDIP債権」という）と、事業再生ADR手続の対象となった金融債権（以下本章で「対象債権」という）との間で権利変更の内容を区別することは可能であるが、事業再生ADR手続の対象となっていない債権（例えば、一般商取引債権。以下本章で「対象外債権」という）との間で権利変更の内容に差を設けることは認められないようにも考えられる。以下、民事再生手続を念頭に置きつつ、再生計画案の類型ごとに検討する。

ア　プレDIP債権と対象外債権の取扱いを同一にし、対象債権と差を設ける場合

　産活法53条の定めからすれば、プレDIP債権について、対象債権との間では優先的に取り扱い、対象外債権との間では同じ取扱いとすることは、特に問題なく認められると考える。

　例えば、民事再生手続において、再生債権の総額を100億円とし、その内訳について、プレDIP債権5億円、対象債権85億円、対象外債権10億円とする。そして、再生債権に対する弁済原資を20億円とする。この場合に、プレDIP債権及び対象外債権に対しては全額を弁済し（合計で15億円の弁済）、対象債権に対しては弁済原資の残額5億円を弁済し、80億円の免除を受けることになる。

		債権額	完全プロラタ		弁済案	
			弁済額	弁済率	弁済額	弁済率
金融債権	プレDIP債権	5億円	1億円	20%	5億円	100%
	対象債権	85億円	17億円		5億円	約6%
対象外債権		10億円	2億円		10億円	100%
	合計	100億円	20億円		20億円	

　この方法は、産活法53条の規定との関係、すなわちプレDIP債権と対象債権との間の問題としては許容されると考えられる[2]。

　ただし、対象債権と対象外債権との間で、このような弁済率の差を設けることが「衡平を害さない」として許容されるか否か、また、対象債権に対する弁済率が清算価値保障原則を充足し得るかというのは、別個の問題としてある点には留意が必要である。

イ　プレDIP債権の取扱いについて、対象外債権とも差を設ける場合
ⅰ　金融債権を一つの枠として捉えて、その間でプレDIP債権を優先する場合

　再生債権を「金融債権（プレDIP債権及び対象債権）の組」と「対象外債権の組」に分け、「対象外債権の組」に対しては、プロラタ弁済の場合と同様の弁済率で弁済を行い、「金融債権の組」の中でプレDIP債権と対象債権の取扱いに区別を付けるということが考えられる。

　前記と同様の例を前提とすると、「対象外債権の組」には全体として2億円（10億円×20％）の弁済を行い、残額18億円を「金融債権の組」の弁済原資とし、プレDIP債権に対しては全額（5億円）、残額13億円を対象債権の弁済に充てることになる。

2　鹿子木康「東京地裁民事第8部における特定調停の運用状況」債管119号65頁。

		債権額	完全プロラタ		弁済案	
			弁済額	弁済率	弁済額	弁済率
金融債権	プレDIP債権	5億円	1億円	20%	5億円	100%
	対象債権	85億円	17億円		13億円	約15%
対象外債権		10億円	2億円		2億円	20%
	合計	100億円	20億円		20億円	

　この方法は、プレDIP債権と対象外債権との間に差を設けていることから、産活法53条の規定する範囲を超えているようにも思えるが、実質的にみて対象外債権の不利益はないことから、産活法53条との関係でも許容されると考えられている[3]。

ⅱ　プレDIP債権のみを優先する場合

　プレDIP債権のみを優先的に取り扱うことも考えられる。

　前記と同様の例を前提とすると、プレDIP債権のみ100％の弁済を行い、その他の債権（対象債権及び対象外債権）については残る弁済原資をもってプロラタにて弁済を行うということになる。

		債権額	完全プロラタ		弁済案	
			弁済額	弁済率	弁済額	弁済率
金融債権	プレDIP債権	5億円	1億円	20%	5億円	100%
	対象債権	85億円	17億円		約13.4億円	約16%
対象外債権		10億円	2億円		約1.6億円	約16%
	合計	100億円	20億円		20億円	

　対象外債権者は、プレDIP債権の優先的な取扱いについて同意をしているわけではない。したがって、プレDIP債権を優先する結果、対象外債権への弁済が完全プロラタでの弁済率を下回ることは、債権者平等原則の観点から問題があるといえる。もっとも、はじめから法的整理手続が開始される場合

---

[3]　鹿子木前掲注2・65頁。

より、先行して事業再生ADR手続が行われたことにより、債務者の企業価値の毀損を最小限に抑えられたなどといったケースも考えられ、そのようなケースでは、事業再生ADR手続中のプレDIPファイナンスにより対象外債権者も一定の恩恵を授かったといえる場合もある。そのような場合にはプレDIP債権を対象外債権より優先する合理性がある場合も考えられる。

この点、東京地裁民事第8部（商事部）も、一定の場合にはプレDIP債権のみを優先的に取り扱うことを許容するようである。すなわち、このような弁済案に関しては、①対象外債権者の意向や②プレDIPファイナンスによる資金が債権者共同の利益のために使用されたのか（当該プレDIPファイナンスによって企業価値が維持され、結果として各債権者に対する弁済も向上したといえるか）といった事情を考慮する必要があるとしている[4]。

具体的な案件において、上記①②がどのように判断されるのかは確たることはいえないが、例えば、プレDIPファイナンスがなされずに、法的整理に入った場合の想定弁済率（プロラタでの想定弁済率）との比較において、当該法的整理手続での対象外債権者に対する弁済が有利であることを明らかにできれば、前記のような弁済案も産活法53条との関係では許容され得るものと考えられる。

(3) 事業再生ADR手続におけるプレDIPファイナンスに係る債務保証に関する特例

a 中小企業基盤整備機構による債務保証

独立行政法人中小企業基盤整備機構は、事業再生ADR手続の開始から終了に至るまでの間（事業再生ADR手続期間中に法的整理手続開始の申立てがあった場合には、当該申立てまでの期間）、債務者の事業の継続に欠くことのできない資金の借入れに係る債務の保証を行うこととされている（産活法50条1号）。

現在のところ、運用上は、保証限度額は5億円、原則1年以内の保証で、保証範囲は借入元本の50％となっている（借入元本の限度額は10億円というこ

---

[4] 鹿子木前掲注2・65頁。

とになる)。融資対象は、中小企業に限られないが、保証限度額が限定されているため、多額の運転資金を必要とし得る大企業が利用しづらい点が問題である。

b 信用保証協会による債務保証

信用保証協会は、原材料の購入のための費用その他の事業の継続に欠くことができない費用で、省令16条に定める費用に充てるために債務者が行う必要な資金の借入れについて、債務保証を行うこととされている（産活法51条）。融資対象者は中小企業に限られ、保証限度額も2.8億円にとどまるが、保証期間は3年以内で、保証範囲も借入元本の80％まで認められている。

(4) 地域経済活性化支援機構[5]の支援手続におけるプレDIPファイナンスの取扱い

a 優先的な取扱いが認められるための要件（機構法35条の確認等）

地域経済活性化支援機構を利用した私的整理手続中のプレDIPファイナンスについても、事業再生ADR手続中のプレDIPファイナンスと同様、一定の要件を満たす場合には、その後の民事再生手続・会社更生手続において優先的な取扱いをすることが認められる（機構法35条～37条。金融機関等が対象事業者に行おうとする資金の貸付けが当該対象事業者の事業の継続に欠くことができないものであることを確認するための基準（以下「基準」という））。ただし、事業再生ADR手続の場合と比較すると、要件は厳格になっている。具体的には、以下の要件が必要である。

① 支援決定から買取決定等に至るまでの間における貸付けであること（機構法35条）
② 当該貸付けの目的が、買取決定が行われると見込まれる日までの間における債務者の資金繰りのために合理的に必要となる資金を貸し付けるためであること（機構法35条1項1号、基準1項1号）

---

5 旧・企業再生支援機構。平成25年の法改正により、同年3月18日より地域経済活性化支援機構として業務を開始している。なお地域経済活性化支援機構の概要は、第1部第1章2(3)（8頁）を参照されたい。

③当該貸付けの償還期限が、買取決定が見込まれる日以後に到来すること（機構法35条1項1号、基準1項2号）
④事業再生計画（機構等が債務を免除する旨が記載されている場合に限る）に、当該貸付けに係る債権の弁済を、地域経済活性化支援機構及び対象債権者（買取申込みをした債権者を除く）が有する他の債権の弁済よりも優先的に取り扱う旨が記載されていること（機構法35条1項2号）
⑤上記の要件を具備していることを地域経済活性化支援機構が確認し、債務者及び対象債権者に通知するとともに、日刊紙又はインターネットで公告していること（機構法35条2項・3項）
⑥当該民事再生手続又は会社更生手続が、買取決定等の時から、当該債務者に係る全ての債権・株式等の譲渡その他の処分の決定がなされるまでの間に申し立てられたものであること（機構法36条1項、37条）
⑦当該申立て時までに、地域経済活性化支援機構及び対象債権者（債権を譲渡した者を除く）が、事業再生計画に従って債務を免除していること（機構法36条1項、37条）

b　民事再生手続・会社更生手続における特例（衡平考慮規定）

　機構法36条及び37条は、事業再生ADR手続の場合（産活法53条及び54条）と同様、前記の要件を満たすプレDIPファイナンスについて、それを優先する取扱いをした再生計画案・更生計画案が提出された場合には、裁判所が当該確認を得ていること等を考慮して「衡平を害しない」場合に該当するか否かを判断すると規定しており、最終的には裁判所が判断するという建付けにしている。ただし、これについては、産活法53条及び54条と同様、優先性を付与して構わないという趣旨の規定と理解してよいと考えられる。
　他方で、機構法36条及び37条は、「機構が確認を行った貸付けに係る再生債権と他の再生債権との間に権利の変更の内容に差を設ける再生計画案」と規定しており、差を設ける対象となる債権について支援手続の対象債権に限定していない。そのため、同条は、地域経済活性化支援機構の支援手続において対象とされていない一般商取引債権と差を設けることも許容していると解される。

c 事業再生ADR手続の場合との相違点と問題点

　前記のとおり、地域経済活性化支援機構の支援手続におけるプレDIPファイナンスの取扱いは、事業再生ADR手続における場合と共通点はあるものの、また、優先的な取扱いを認める民事再生手続や会社更生手続の申立時期を一定期間に限定し（要件⑥）、かつ、当該申立時点に支援手続の対象債権者が債務免除をしていることを必要とするなど、適用される場面も限定している（要件⑦）。このような厳格な要件が必要とされている反面、当該要件を満たした場合には支援手続の対象となっていない一般商取引債権との差を設け得ることが、条文上明確となっている。

　ただ、上記要件から分かるとおり、プレDIPファイナンスの優先的な取扱いが認められるには、当該融資が支援決定後買取決定等前に実行されていることが必要とされているが（要件①）、他方で、買取決定等がなされる前に法的整理が開始された場合には適用されないことになっている（要件⑥）。そのため、融資後買取決定等までの間に法的整理が開始された場合には、優先的な取扱いが認められない可能性がある。そこで、融資する側としては、少なくとも買取決定等までは十分な担保をとることになると思われるが、地域経済活性化支援機構の支援手続においてプレDIPファイナンスをする場合には、この点に留意をしつつ貸付条件について検討し、地域経済活性化支援機構の確認（要件⑤）を取得することになろう。

2　法的整理移行時の共益債権化の可能性

　前記1は、プレDIPファイナンスについて、その後の民事再生手続・会社更生手続において、あくまで再生債権・更生債権であることを前提に、再生計画・更生計画において優先的に取り扱うことができるかという議論であるが、そもそも権利変更の対象とならず、再生債権・更生債権に先立って弁済される共益債権として扱うことができないかという点について検討する。共益債権として扱うことが認められれば、その後、万が一、民事再生手続・会社更生手続が失敗して、破産手続に移行した場合でも、プレDIPファイナンスは財団債権として優先的な弁済を受けられるため、より厚く保護されるこ

とになる。

　プレDIPファイナンスに基づく貸付債権は、民事再生手続・会社更生手続開始前の原因に基づいて生じた債権である以上、原則としては再生債権・更生債権になる。もっとも、再生債務者・更生管財人と当該貸付債権の債権者との間で和解契約を締結し、これを裁判所が許可することで共益債権として扱うことは可能である。いかなる場合に裁判所が許可をするかについては明確な要件があるわけではないが、共益債権が保護される根拠から検討すべきである。共益債権が、再生債権・更生債権と異なり、権利変更の対象とならず優先的な返済を認められるのは、例えば、手続開始後の仕入債務についても権利変更の対象となるとすれば、取引を継続する者などおらず、事業を継続、再生することができなくなるし、手続を遂行するための費用は再生債権者・更生債権者の共同の利益のために使用されたものである以上、当該債権者に対する配当原資から優先的に弁済するのが合理的であるからと考えられる。そこで、プレDIPファイナンスについても、優先的に取り扱うのが事業の継続、再生に有益であり、また、当該融資が債権者の共同の利益のための資金を確保するためになされたものである場合などは、共益債権として扱われることも合理的であると考える。

　この点に関して、東京地裁民事第8部（商事部）も、裁判所による和解契約の許可に基づく共益債権化の可能性を認めた上で、その場合、①当該プレDIPファイナンスの資金使途からみて債権者の共同の利益のために使われたといえること、②和解をすることが事業の継続上で有益といえること（今後も有利な条件でDIPファイナンスをしてくれることなど）、③そのような和解をすることが更生会社の資金繰りとして可能であることといった要件を満たすことが必要であるという見解を示している[6]。

　実際に、日本航空の会社更生手続においては、事業再生ADR期間中に日本政策投資銀行が行ったプレDIPファイナンスの取扱いについて、管財人が共益債権化の承認申請を行った。裁判所は、①共益債権化をしないと今後の事業継続に支障を来すか否か、②共益債権化することが債権者の一般の利益

---

[6] 西岡清一郎「会社更生法の運用の実情と今後の課題」債管109号73頁。なお、鹿子木前掲注2・65頁は、更生債権である前提で少額債権としての弁済許可（会更47条5項後段）の判断基準として上記と同様の要素を考慮するとしている。

に適合するか(資金繰り支援のため必要不可欠であったか、弁済率上昇につながるか等)、③融資条件が緩和されるなど和解契約の内容が合理的かといった点等を考慮して、共益債権化を認めた。日本航空の会社更生手続では、商取引債権が全額保護されており、権利変更の対象となったのが主として事業再生ADR手続の対象債権者であったという特殊な事情があるが、事業再生ADR手続中のプレDIPファイナンスの共益債権化に関して、一定の判断要素を示したものとして注目されるところである。

3 プレDIPファイナンスにおける与信判断

(1) 与信判断の主なポイント

　事業再生ADR手続中・地域経済活性化支援機構の支援手続中のプレDIPファイナンスは、窮境にある債務者に対する融資である以上、金融機関としては、債務者の状況を十分精査して与信判断をする必要がある。

　具体的なポイントとしては、①窮境に陥った原因が把握されていること、②主要な金融債権者が債務者の再生に明確な反対をしていないこと、③収入・支出の管理が適切になされていること、④事業が再生する見込みがあること、⑤担保提供資産の有無、⑥法的整理への移行の可能性といったところが挙げられる[7]。

(2) 担保による保全

　前述のとおり、プレDIPファイナンスについては、その後の民事再生手続・会社更生手続において優先的な取扱いが認められており(産活法53条・54条、機構法36条・37条)、また、共益債権として扱われる余地もある。しかし、一般の商取引債権者との比較でどの程度の優先的な取扱いが認められる

---

[7] 松嶋一重ほか「事業再生ADRの展開と課題　金融機関の実務～プレDIPファイナンスの留意点」債管128号14頁参照。

かが明確ではなく、また共益債権として扱われる明確な要件があるわけでもない。

そのため、金融機関としては、結局、十分な担保を取得して保全を図る必要がある。とはいえ、一般的に私的整理中の債務者に担保余力のある不動産があるケースは多くない。そのため、商品や売掛金といった流動資産を担保にとることなどが多くなると思われる（Asset Based Lending（ABL））。近時、動産・債権の譲渡登記制度が整い、また、当該資産を評価する業者が登場するなどABLを積極的に活用する環境は整いつつある。プレDIPファイナンスにあたっては、こういった制度を工夫して活用し、債務者に残された無担保の資産に担保を設定して、債権保全を図ることになる。

4　プレDIPファイナンスの融資契約

プレDIPファイナンスの融資契約においては、個別の事案に応じた規定を盛り込むことになるが、プレDIPファイナンスの特徴的な項目は以下のとおりである（事業再生ADR手続中のプレDIPファイナンスを前提とする）。

①貸付実行の前提条件
　・事業再生ADR手続の適法かつ有効な開始及び継続
　・対象債権者全員の事業再生ADR手続への参加確認（一時停止の追認を含む）
　・対象債権者全員による当該プレDIPファイナンスについての優先的取扱いについての同意
　・産活法52条の確認
　・事業再生ADR手続における提出書類（事業再生計画案、財務諸表、調査報告書など）の受領

②表明保証条項
　・事業再生ADR手続の適法かつ有効な継続
　・事業再生ADR手続における情報開示の正確性、公平性
　・産活法52条の確認の適法かつ有効な維持

③貸付人の事前承諾事項
　・他のプレDIPファイナンスの借入れ

- 事業再生ADR手続の終了通知

④貸付人に対する報告事項
- 事業再生ADR手続の継続に支障を及ぼす事象
- 事業再生ADR手続の各種事項（手続実施者、債権者会議の期日など）の変更

⑤期限の利益喪失事由
- 事業再生ADR手続の終了通知がなされたとき
- 対象債権者の一部が事業再生ADR手続から離脱したとき
- 事業再生ADR手続が終了したとき（事業再生計画が成立した場合を除く）
- 事業再生計画案が不成立となることが見込まれるとき

第3章 DIPファイナンス

1 DIPファイナンスの意義

(1) DIPファイナンスとは

　DIPファイナンスとは、民事再生法に基づく民事再生手続又は会社更生法に基づく会社更生手続（以下「再生手続等」という）の開始を申し立てた企業（以下「再生会社等」という）に対する、手続申立て後、手続終結までの間に行う融資のことをいう。

　再生手続等の申立て直後から、再生計画や更生計画（以下「再生計画等」という）の認可決定頃までの間のDIPファイナンスを「アーリーDIPファイナンス」、再生計画等の認可決定以降のDIPファイナンスのことを「レイターDIPファイナンス」と呼ぶこともある。また、レイターDIPファイナンスのうち、再生計画等で定められた弁済時期よりも前倒し、再生債権等を一括弁済するための弁済資金について、再生手続等の出口（エグジット）での融資であることから、EXIT（エグジット）ファイナンスと呼ぶこともある。

　なお、事業再生ＡＤＲや私的整理ガイドライン等の私的整理手続に基づき再建中の企業に対する融資は「プレDIPファイナンス」と呼ばれるが、私的整理手続中の企業に対する融資も含めてDIPファイナンスと呼ぶ場合がある。

(2) アーリーDIPファイナンス

a　運転資金のニーズ

　再生会社等は、取引先との取引を継続するために、申立て以降の仕入債務等の支払に際して前払いや支払サイトの短期化の必要性が生じるのが通常で

あり、支払手形も使用できなくなるため、手続開始申立て直後より、即座に資金需要が高まることが多い。

他方、売掛金等の入金サイトは通常どおりであり入出金のタイミングに差が生じることに加え、顧客が今後の事業継続に不安を感じ、代金の一部減額や支払を留保することも少なくない。また、事業の継続を前提とする以上、人件費等の固定費は通常どおり直ちに発生する。

そのため、手続申立て後認可決定までの段階では運転資金が不十分であることが多く、運転資金確保のためのDIPファイナンスのニーズが大きい。

b 企業価値保全のためのニーズ

再生会社等の手続申立て直後あるいは開始決定直後は、取引先は申立会社の事業継続の可否や資金繰りに対し大きな不安をもつことから、継続的取引の打切り、注文のキャンセル、納品の保留等が生じやすい。このような状況を放置しておくと、事業継続自体が頓挫する可能性がある。

このような状況において、再生会社等がDIPファイナンスの供与を受けるか、メインバンク等の金融機関から一定の信用枠（コミットメントライン）の設定を受けることができれば、それを対外的に公表することにより、信用不安や企業価値の劣化を相当程度防止することができる。

(3) レイターDIPファイナンス

再生計画等の認可決定以降は、運転資金のニーズのほか、主に以下の三つのニーズがある。この時期以降に行われるDIPファイナンスは、再生手続等の中期から終期の段階、レイターステージに行われるものとして、レイターDIPファイナンスと呼ばれることがある。

a リストラ資金のニーズ

再生手続等を申し立てた企業は信用力の低下に伴い売上高が相当程度減少するのが通常である。そのため、事業規模の縮小に伴う従業員のリストラや店舗・工場の閉鎖、不採算部門の整理等が必要となるが、そのためのリストラ資金（退職金、閉鎖・撤退費用等）のニーズが生じることがある。

b　設備投資資金のニーズ

　特に再生計画等の認可決定以降は、再生手続等によって低下した売上高の回復や競争力の維持、強化を図るための設備投資資金のニーズがある。

c　一括弁済資金のニーズ

　再生手続等を終結し、通常の企業として再スタートを切ることにより企業価値の向上を図るため、再生債権等の弁済資金（再生計画等で定められた弁済時期よりも前倒し、一括で弁済するための弁済資金）のニーズがある（EXITファイナンス）。

　また、本社や工場等の不動産に担保権（別除権）が設定されており、担保権の評価額（別除権評価額）を収益により分割弁済している場合、別除権の一括弁済資金を融資（リファイナンス）するケースもある。

2　DIPファイナンスによる貸付金債権の法的性質

(1)　共益債権性

　再生手続等においては、手続開始申立て後に行った融資に基づく貸付金債権は、随時、優先して支払われる債権である「共益債権」として一定の保護を受けることができる（民再119条、会更127条等）。

　すなわち、DIPファイナンスに基づく金融機関の貸付金債権は、共益債権としての優先性を付与されることにより、金融機関は約定どおりに返済を受けることが可能となる。

a　民事再生手続における共益債権の取扱い

　ア　民事再生手続開始決定前

　　民事再生手続開始申立て後、開始決定前に行われた取引や融資によって生じた再生会社に対する債権は再生債権となるのが原則であるが（民再84条）、裁判所の許可又はこれに代わる監督委員の承認を得れば、共益債権とするこ

とができる（民再120条）。また、再生会社は、借入れ及び担保設定を行う場合には、監督委員の同意（又は裁判所の許可）を得る必要がある（民再54条2項）。

　民事再生手続においては申立て直後に監督委員が選任されるのが通常であるため、実務的には、再生会社が借入れ及び担保設定についての監督委員の同意を得るとともに、監督委員から共益債権とすることの承認を得ることにより、DIPファイナンスによる貸付金債権を共益債権とすることが可能となる。

　　イ　民事再生手続開始決定後

　民事再生手続開始決定後に行われた融資によって生じた再生会社に対する債権は、自動的に共益債権となる（民再119条5号）。もっとも、借入れ及び担保設定については開始決定前と同様、監督委員の同意が必要である。

　　ウ　再生計画認可決定後

　再生計画認可決定後は、監督委員の権限は大幅に縮小されるのが通常であり、民事再生手続終結前であっても、監督委員の同意（又は裁判所の許可）を得ることなく、借入れ、担保設定等を原則として自由に行うことができることが多い。ただし、裁判所の運用や事案によっては、手続終結までは監督委員の同意事項とされている場合もあるため、注意が必要である。

　b　会社更生手続における共益債権の取扱い

　　ア　会社更生手続開始決定前

　会社更生手続開始申立て後、開始決定前に行われた取引や融資によって生じた更生会社に対する債権は更生債権となるのが原則であるが（会更2条8項）、裁判所の許可を得れば、共益債権とすることができる（会更128条2項）。ただし、保全管理人が選任されている場合、保全管理人が行った借入れは自動的に共益債権となる（会更128条1項）。

　また、更生会社（保全管理人）は、借入れを行う場合及び担保を設定する場合については、裁判所の許可を得る必要がある（会更32条3項、72条2項）。

　　イ　会社更生手続開始決定後

　会社更生手続開始決定後に管財人の行った取引や借入れによって生じた更

生会社に対する債権は、自動的に共益債権となる（会更127条5号）。もっとも、借入れ及び担保設定については開始決定前と同様、裁判所の許可が必要である（会更72条2項）。

　　ウ　更生計画認可決定後

　更生計画認可決定後も、会社更生手続終結までの間は、借入れ及び担保設定には裁判所の許可が必要である。

(2) 牽連破産・会社更生手続移行時の取扱い

　民事再生手続や会社更生手続が途中で失敗し、破産手続に移行した場合、民事再生手続や会社更生手続における共益債権は、破産手続上、財団債権として保護される（民再252条6項、会更254条6項）。民事再生手続や会社更生手続の開始申立て後、開始決定を得ることなく破産に移行した場合も同様である（民再252条6項、会更254条6項）。

　また、民事再生手続開始申立て後、会社更生手続に移行し、民事再生手続の効力が失われた場合についても、民事再生手続における共益債権は、会社更生手続においても共益債権となる（会更50条9項1号）。

　そのため、再生手続等が破産に移行した場合や民事再生手続から会社更生手続に移行した場合においても、先行していた再生手続等において金融機関が実行したDIPファイナンスに基づく債権は、その後の破産手続や会社更生手続において、財団債権や共益債権として保護され、約定どおりに随時弁済を受けることが可能となる。

(3) 共益債権に基づく強制執行等

　共益債権は、再生手続等によらずに随時、再生債権等に先立って（民再121条1項・2項、会更132条1項・2項）弁済される。再生手続等によらずに権利行使できることから、共益債権が支払われない場合は、再生手続等が継続中であっても、共益債権に基づく強制執行や仮差押えをすることが可能である。そのため、DIPファイナンスに基づく債権が約定どおりに弁済されない場合、金融機関は、強制執行や仮差押え等の権利行使をすることができ

る。

　もっとも、債務者の事業継続に必要不可欠な財産に対して強制執行等が行われると、事業の再建に支障が生じるという観点から、事業の再生・更生に著しい支障を及ぼし、かつ、債務者が他に換価の容易な財産を十分に有するときは、裁判所は、強制執行や仮差押えの中止又は取消しをすることができるとされている（民再121条3項、会更132条3項）。

⑷　DIPファイナンスに対する担保権

　再生手続等の開始を申し立てた企業は、十分な担保余力がある不動産等を所有していないことが通常である。そのため、アーリーDIPファイナンスによる融資については、不動産担保よりも、手形担保・手形割引のほか、売掛債権・請負債権譲渡担保や集合動産譲渡担保が用いられる場合が多い。

　レイターDIPファイナンスのうち新規設備投資資金についてのDIPファイナンスの場合、設備投資により取得する資産に担保設定することになる。また、別除権の一括弁済資金についてのDIPファイナンスの場合も同様に、対象となる別除権物件に担保設定することになる。そのほか、手形、売掛債権・請負債権、動産等が中心となることはアーリーDIPファイナンスと同様である。

⑸　DIPファイナンスを行う場合の債務者区分、債権分類基準

a　再生会社等の債務者区分

　再生会社等は、金融検査マニュアルの債務者区分としては、破綻先に区分されている。そのため、DIPファイナンスに基づく債権は、金融再生法上の開示債権に該当することになる。

　ただし、認可決定後の再生会社等は、破綻懸念先と判断して差し支えないものとされている。また、認可決定後に一定の要件を満たす再生会社等は、要注意先に変更することができるし、再生計画等の認可決定後一定期間が経過し、計画の進捗状況が順調で今後も計画どおりの推移が見込まれる場合にも、要注意先へ変更することができる。

b 再生会社等に対する貸付金債権の資産区分

DIPファイナンスによる貸付金債権は、再生手続等において共益債権であるが、金融検査マニュアルの資産区分上、共益債権は原則として非分類又は第Ⅱ分類である。

(6) DIPファイナンスの実務

a コベナンツの必要性

DIPファイナンスは、基本的には再生会社等の事業から生まれるキャッシュフローにより返済を受けることを前提とする融資である（ただし、資金繰り上の必要性やキャッシュフローの不確実性等の観点から、担保価値に着目して行われるケースが多いといえる）。

キャッシュフローに着目する融資である以上、再生会社等の財務状況、損益状況、資金繰り（実績及び予測）、再生計画等について事前の監査（デュー・ディリジェンス）と、融資実行後の継続的なキャッシュフローのモニタリングを行う必要がある。具体的には、資金繰り表などの財務資料、事業計画の提出、承認などの報告・承認の義務条項を設けたり、担保設定や設備投資についてのコベナンツ（誓約条項）を設けることになる。

b コミットメントラインの設定

DIPファイナンスに際してコミットメントライン契約（金融機関が一定期間にわたり一定の融資枠を設定し、その範囲内であれば債務者の請求に基づき融資を実行することを約束する契約）を締結すると、再生会社等にとっては、突然の資金不足の場合でも融資を受けて資金ショートを回避することができるし、実際には借入れが少額ですむこともあるため、コミットメントライン契約による融資の必要性・合理性は高い。また、コミットメントライン契約を締結し、DIPファイナンスを受けた旨を対外的に公表することにより、再生会社等の資金ショートに対する取引先等の懸念が緩和され、信用補完につながるというメリットがある。

レンダーにとっては、金利収入だけでなく、アレンジメントフィーやコ

ミットメントフィー等の手数料収入を得ることが可能となるというメリットがある。

第3部
法的整理手続

取引先に係る法的整理手続の申立て以降、
その手続の進行に沿って、
債権者たる金融機関が検討すべきポイント、
判断の基準と交渉のタイミング、
金融機関としてとるべき対応等について
検討する。

第1章
金融機関の関与のあり方

1 金融機関の法的整理への関与

(1) 金融機関による積極的関与の意義

　法的整理手続のうち、民事再生手続と会社更生手続は事業の再建を目的としており、それを達成するには債権者、とりわけ金融機関の協力が前提条件となる。

　金融機関の有する債権は、その他の債権（例えば商取引債権など）と比較すると相対的に多額であることが多く、再生計画案や更生計画案の決議では、事実上、金融機関の投票行動で成否が決することも多い。また、金融機関の債権は抵当権、質権、譲渡担保権等の担保付きである場合が多く、これらの担保付債権は、民事再生手続では別除権、会社更生手続では更生担保権として、債権保全・回収面でも一定の優先性が確保されている。

　このような、ある意味で優越的ともいえる地位を与えられていることが一つの理由となって、従前、金融機関の法的整理手続への関与は、「（再生債務者や更生会社の作成する）計画案を見てから、是々非々で対応する」といった受け身の対応にとどまることも少なくなかった。

　しかし、近年では、①計画外事業譲渡による再建スキームやプレパッケージ型の再建型法的整理手続等、計画案の提出前に重要な事項が決せられるケースが増えているほか、②商取引債権が全額保護されるケース等、債権の優先性が個別事情により修正される事案も増えつつある。最近の法的整理におけるこのような諸事情を踏まえると、債権額や債権の優先性に依拠して消極的に対応することが、金融機関にとって必ずしも合理的とはいえなくなっているように思われる。

そもそも再生計画案や更生計画案は、多くの利害関係人との調整の上に成り立っており、骨子が固まった後で内容を変更することは容易ではない。法律上も、再生計画案や更生計画案を債権者の決議に付する旨の決定がなされた後は、計画案の修正はできない（民再167条、会更186条。なお債権者集会又は関係人集会が開催される場合の計画案の変更については第3部第9章1(2)d（309頁）を参照されたい）。

　したがって、金融機関としては、依然としてその意向が再建型法的整理手続の成否を決め得ることを自覚しつつ、債務者や債務者代理人、裁判所や監督委員・管財人等と早期に適切な合意に至ることができるよう、的確に意見を述べ、権利を行使していくことが重要と考えられる。

　これに対して、破産手続は、債務者の財産等の適正かつ公平な清算を図ることを目的とし、手続は換価・清算・配当が中心で、裁判所の監督の下で破産管財人が中心的な役割を果たすことになるため、金融機関の意見が手続に大きな影響を与え得る場面は、担保財産の処分に関する事項の決定（処分方法、処分価格、処分時期等）に限られることが多い。

　なお、保有債権が少額である等の理由で、金融機関として法的整理手続上の様々な権利を行使すること自体、その経済合理性を説明できないといった場合には、サービサーへの債権譲渡等によって法的整理手続から離脱することも一案であろう。

(2) 金融機関の関与手段

　金融機関が法的整理手続に関与する手段は、
　①手続上の裁判に対する不服申立てとしての即時抗告
　②債権者に認められた手続上の権利であって、即時抗告以外の方法
　③法律上明文の根拠はないが、上申書その他の書面等により意見を表明する方法

の三つに大別できる。

a 即時抗告による不服申立て

　ア　即時抗告の法律による限定と手続

　即時抗告は、手続上なされた各種の決定の変更を求めるという意味で、債権者が手続に対して積極的に関与するための典型的な手段といえる。

　法的整理手続では、「法律に特別の定めがある場合」に限り、当該手続に関する裁判について利害関係を有する者が即時抗告をすることができると定められている（民再9条。会更9条、破9条も同趣旨）。

　即時抗告期間は、原則として、裁判の公告が効力を生じた日から起算して2週間以内である（民再10条、会更10条、破10条）。公告は官報に掲載され（民再10条1項、会更10条1項、破10条1項）、掲載があった日の翌日に効力を生ずる。例えば、裁判所の決定等に関する公告が10月1日にあった場合、その翌日に公告の効力が発生し、10月2日を起算点として2週間以内（10月15日まで）に即時抗告の申立てが必要となる。

　これに対して、裁判の公告がなされない場合には、当該裁判の告知を受けた日から1週間が即時抗告期間となる（民再18条、会更13条、破13条及び民訴332条）。

　なお、送達と公告の両方がなされた場合、即時抗告ができる期間の起算点は、公告を基準とすると解される[1]。

　イ　即時抗告の対象となる裁判

　上記のとおり、即時抗告の申立てが認められるのは、法律に特別の規定がある場合に限られる。

　即時抗告に関する法律の規定は少なくない。債権者が申し立てる可能性があるものであって、手続の比較的早い段階のものだけでも、他の手続の中止命令に対する即時抗告（民再26条4項、会更24条6項、破24条4項）、包括的禁止命令に対する即時抗告（民再27条5項、会更25条6項、破25条6項）、手続開始の申立てに関する裁判に対する即時抗告（民再36条1項、会更44条1項、破33条1項）等が挙げられる。

1　最三小決平12.7.26（民集54巻6号1981頁）。

ウ　即時抗告に関する一般的な検討事項

即時抗告の申立てにあたっては、①即時抗告が功を奏する可能性、②費用対効果、③手続に与える影響等を総合的に判断する必要がある。

即時抗告は、原裁判所（法的整理手続を担当している裁判所）に対する不服申立てであるため、実務上、明確な誤りがある場合を除いて、債権者による即時抗告が認められる可能性は高くない。また、即時抗告の申立てによって法的整理手続のスケジュールに影響する可能性も考慮すると、一般論としては、債権者たる金融機関が、敢えて即時抗告に踏み切るケースは限定的といわざるを得ない。

もっとも、実際に即時抗告を申し立てることはなくとも、その可能性があることは、再生債務者や管財人だけでなく、裁判所に対しても、より慎重な判断を促す効果がある。その意味でも、金融機関として手続に不服がある場合には、即時抗告の申立ても辞さない姿勢で、自らの立場を債務者側及び裁判所に明確に主張していくことが肝要といえる。

b　法的整理手続への債権者の関与手段（即時抗告以外の法定の手段）

即時抗告以外の法的整理手続における債権者の関与手段は、
①情報開示に関するもの
②債権者の意見陳述に関するもの
③債権届出及び決議に関するもの
④その他
以上の四つに大別できる。

即時抗告についてもいえることであるが、債権者による権利行使は、その内容や行使方法が適切である限り、ひとり債権者のためのみならず、手続全体の適正確保に貢献し、ひいては事業再建そのものにとっても有益である場合が少なくない。他方で、手続への配慮を欠いた権利行使は、手続全体の停滞・遅延を招き、事業価値の毀損・下落につながることにより、自らを含む債権者全体の利益を損なうおそれがあることを銘記しなければならない。

ア　情報開示に関するもの

裁判所に提出され、又は裁判所が作成した文書等の閲覧・謄写の請求権（民再16条、会更11条、破11条）が、金融機関の情報開示請求権として最も重

要である。その手続等については後述の該当箇所（第3部第2章1⑴ａ（102頁））を参照されたい。

なお、法的整理に至るような事案では、仮に粉飾決算が行われていなかった場合であっても、金融機関として、申立て直前の債務者の実態を十分に把握できていないケースが多い。また、上記閲覧・謄写手続によって債務者側が作成した文書を入手しても、客観的に信頼できる内容であるかどうかは保証の限りでない。

このように、閲覧・謄写可能な文書によっては金融機関が十分と判断できるだけの情報を得られない場合、実務的には、情報開示の充実を求め裁判所や監督委員に上申する等、任意の方法で更なる情報開示を要請することにより、債務者側の協力が得られる場合が大半である（これら任意の方法については、後記ｃの「上申書その他の方法による意見表明」において詳述する）。

万が一、前記のような任意の方法が奏功しない場合、金融機関としては、いかなる対応手段が考えられるであろうか。実務的にはほとんど活用されない手段ではあるが、①裁判所に対して、調査委員による調査命令の申立てを行うことが可能である（民再62条1項、会更39条1項・125条1項）。また、②財産状況の報告等を会議の目的として、債権者集会・関係人集会の招集を申し立てることも考えられる（民再114条、会更114条1項5号。なお民再126条、会更85条参照）。更に、③金融機関等の債権者が債権者委員会等を組織し、手続への関与について裁判所の承認を受ければ、これらの委員会を通じて、より強力な情報収集が可能となる（民再117条、会更117条）。

イ　債権者の意見陳述に関するもの

法律上、債権者が意見を陳述できる場合として、計画外事業譲渡に際しての裁判所による意見聴取が挙げられる（民再42条2項、会更46条3項1号・2号）。また、届出債権者は、裁判所が計画案を認可すべきかどうかについて意見を述べることができる（民再174条3項、会更199条5項）。

なお、法令上の根拠はないものの、債権者が裁判所から任意で審尋を受けることがある。一例として、債務者から担保権消滅請求が申し立てられた場合が挙げられる。担保権消滅請求手続においては、債権者に対し、即時抗告権や価額決定の請求権が認められているが、裁判所によっては担保権消滅許可決定を発令する前に、手続の説明と債権者の意見を審尋する期日を設け

ることがある[2]。

　法定であれ任意であれ、これらの意見陳述の機会を与えられた場合、金融機関として主張すべきことがあれば、あらかじめ書面で意見を準備することが望ましい。審尋等に際しては、口頭による意見陳述と併せて、かかる書面を提出することで、自らの意見をより明確に伝えることができる。

　　ウ　債権届出及び決議に関するもの

　再建型の法的整理手続において、債権者の最も重要な権利は計画案の決議における議決権の行使（民再172条の3、会更196条）であるが、その前提として債権届出を行い、債権調査手続を通じて債権額と議決権を確定する必要がある（民再94条・100条・104条等、会更138条・145条・150条等、破111条・116条・124条等）。

　債権調査手続では、債権者は他の債権者の債権の内容及び議決権に異議を述べることができ（民再102条1項、会更147条1項、破118条1項・121条2項）、他の債権者等から異議を述べられた場合には、まず査定の申立てを行い（民再105条1項、会更151条1項、破125条1項）、更に査定の申立てについての裁判に不服があれば、異議の訴えを提起することができる（民再106条、会更152条、破126条）。

　これらの詳細については後述する（債権届出について第3部第5章（172頁）、計画案の評価と決議については第3部第9章（301頁）参照）。

　　エ　その他

　法的整理手続において債権者が行使できる権限・手段のうち、即時抗告以外のものとして、前述の「情報開示」、「意見陳述」、「債権届出及び決議」のほかに、様々な手段が法定されている。

　こうした権限・手段のうち、主なものを挙げれば、以下のとおりである。

①手続開始の申立て（民再21条2項、会更17条2項、破18条）

②他の手続の中止命令の申立て（民再26条1項、会更24条1項、破24条1項。会社更生手続においては担保実行の中止命令を含む）

③包括的禁止命令の申立て（民再27条1項、会更25条1項、破25条1項）

④包括的禁止命令解除の申立て（民再29条1項、会更27条1項、破27条1項）

2　東京地裁及び大阪地裁の運用について、『新注釈民再（上）』857頁〔木内道祥〕。

⑤保全処分の申立て(民再30条1項、会更28条1項、破28条1項)

⑥保全管理命令の申立て(民再79条1項、会更30条1項、破91条1項)

⑦監督命令の申立て(民再54条1項)

⑧担保権の実行手続の中止命令(民再31条1項。なお、会社更生法上は前記24条1項2号により手続開始までの間における担保実行中止命令の申立てが可能であるが、破産法上は担保実行中止命令の制度は用意されていない)

⑨否認に関する監督委員への権限付与の申立て(民再56条1項)

⑩監督委員・管財人等の解任の申立て(民再57条2項・63条・78条・83条1項、会更68条2項・34条1項・38条・126条、破75条2項・96条1項)

⑪再生債務者の財産の評価命令の申立て(民再124条3項)

⑫法人役員に対する保全処分や損害賠償請求権の査定の申立て(民再142条3項・143条2項)

⑬計画案の作成・提出(民再163条2項、会更184条2項)

⑭債権者集会等における他の債権者等の議決権に対する異議(民再170条1項、会更191条1項)

⑮計画変更の申立て(民再187条1項、会更233条1項)

⑯手続廃止の申立て(民再192条1項)

⑰計画取消しの申立て(民再189条1項)

c　上申書その他の方法による意見表明

ア　意見表明の意義と効果

　金融機関の法的整理手続への関与のあり方として、法令で定められた権利を行使する場合はもとより、法令で定めはないものの、自身の手続に対する意見・要請等(あるいは利害関係人との意見交換の結果)を裁判所等に伝えることにより、手続遂行上の判断材料を提供する場合がある。

　このような意見等の表明は、法令上の権利行使ではないため、それ自体には法的効果が伴わないものの、特に再建型の法的整理手続では、債権者の同意がなければ手続の成就が困難となることから、債権者側がその意見を表明し、手続に反映するよう要求することは、実務上、法定の権利行使に劣らない重要性をもっている。

イ　意見表明の方法

　金融機関が意見等を表明する方法としては、①債権者説明会やバンクミーティングにおける発言、②債務者や管財人等に対する意見書や上申書等の送付、③裁判所に対する上申書の提出等がある。

　①は発言にとどまる限り、それだけでは大きな効果が期待できないが、②と③は内容次第で手続に影響を与え得る。なお、効果をより確実にするため、②と③は同時に実施することも多い。

ウ　意見表明の対象とタイミング

　意見表明は法定の手続ではないため、対象にも制限はなく、その活用範囲は非常に幅広い。

　実務上、比較的多くみられるものとしては、

①事業譲渡や財産の処分、スポンサー選定など手続の進め方についてあらかじめ意見を表明する場合

②監督委員や管財人による否認権の行使や、届出債権に対する異議、担保権消滅請求など債権者等に対する権利行使を促し、あるいはあらかじめ牽制する場合

③監督委員や管財人等に非議すべき点がある場合にその是正を求めるとともに、対処が不十分な場合には解任を申し立てる旨の意見を表明する場合など、法令に基づく権利行使に先だって債権者として是正や修正を求める場合

等がある。

　意見表明のタイミングは、適時であることを要する。意見の不表明や時機に遅れた意見表明は、既に進行している手続の前提を覆すことにもなり、意見を反映させ、あるいは要請を実現するために別途法令上の権利行使を余儀なくされる等、手続のスピードを阻害し、コストを引き上げる原因にもなる。

エ　意見書・上申書提出の実務

　次に、意見書・上申書を提出する場合の留意点について述べる。なお、「意見書」「上申書」といった文書のタイトルに決まりはないが、一般的には、裁判所に対するものは「上申書」とし、管財人・監督委員に対する文書には内容に応じて「上申書」「意見書」のタイトルを使い分ける（裁判所か

ら選任される役職であることを重視する場合には「上申書」、それ以外の場合には単に「意見書」とすることが多い)。債務者又はその代理人に対するものは「意見書」とする。

ⅰ　送付先

手続の進行に関する意見や要請、特に手続上、何らかのアクションを要請する場合には、当該行為の主体たるべき者に意見書等を送付するのが一般である。具体的には、民事再生手続であれば再生債務者(管理型民事再生の場合は管財人)、会社更生手続・破産手続であれば管財人(保全管理人)が宛先となることが通常であろう。もっとも、例えば民事再生手続における否認権の行使を促す場合は、否認権の行使主体である監督委員宛てに提出することが第一義となる。

なお、民事再生手続において再生債務者に意見書を提出したときは、同内容を監督委員に、監督委員に意見書を提出したときは、同内容を再生債務者にも、併せ送付しておくと、関係者の伝達上のタイムラグ、ミスや行き違いを避けられ有用である場合が多い。

裁判所は、手続上の重要事項(例えば、計画外事業譲渡の許可等)の決定主体であるとともに、再生債務者・監督委員や管財人の監督主体としての役割も負っている。したがって、裁判所に対して直接、何らかの権限の発動を求める場合はもとより、監督委員・管財人に非議すべき点がある場合にも、裁判所に対して上申書を提出する必要がある。このほか、金融機関が再生債務者・監督委員や管財人等に送付した意見書の内容を、特に裁判所にも知っておいてもらいたいという場合には、これらの関係者と併せ、裁判所にも上申書を送付する。通常、再生債務者等に表明された意見の内容は、重要かつ必要と判断されれば、再生債務者等から裁判所に報告されるはずであるが、その保証はないためである。

裁判所については、債権者が裁判所に直接意見を申し述べる機会は(法定の場合を除き)通常は保証されておらず、裁判所としても、(大口債権者など手続に大きな影響を与え得る者を別とすれば)個々の債権者と直接面談することは、当事者間の公平性の問題からも、また時間的な制約からも難しい。そのため、金融機関にとっては、多くの場合、上申書の提出が裁判所に対する直接の意見表明の唯一の手段となる。

【図表3－1－1】民事再生手続における再生債務者宛ての意見書の場合・例示

```
                                            平成○年○月○日
                                            （事件番号を記載）
再生債務者○○○○株式会社
代表取締役　　　○○○○殿
代理人弁護士　　○○○○殿
                                            株式会社○○銀行
                                                   ○○部
                                            （事務連絡先）担当○○
                                            電話：‥‥‥‥

                        意見書

　貴社に係る民事再生手続に関し、再生債権者たる当行は、下記1記載の意見
を有しております。つきましては、○月○日までに下記2記載の事項につきご
対応いただきたくご連絡いたします。
　なお本意見書は、監督委員及び○○地方裁判所民事第○部にも送付いたしま
すとともに、貴社において適切にご対応いただけない場合は、○○の申立ても
検討しておりますことを念のため申し添えます。

                        記
1．○○○○に関する当行意見
　　＊意見の背景や事情、意見の根拠も記載する
2．貴社に対応を求める事項及び内容
　　＊要対応事項と対応期限を明確に記載する
```

ⅱ　書式・送付方法

　意見書や上申書に定型のフォームはないが、①事件番号、②日付、③宛先、④債権者名、担当者の名前と連絡先、⑤意見や上申の内容、等を簡潔に記載する。債権者名として金融機関名と店舗名・住所は必須だが、代表者や支配人の記名捺印をするかどうかはケースバイケースである。代表者や代理人の記名捺印がなくても金融機関としての意見表明であることには変わりがないが、正式な意見表明であることをより強調したい場合は記名捺印をしておくべきであろう。

　送付の方法は持参でも郵送でもよいが、送付の事実を明らかにするため、

持参の場合は写しに届け先の受付印を受ける。郵送の場合、必要に応じて、配達証明付郵便とする。

ⅲ 留意点

裁判所に上申書を提出した場合、事件の記録として裁判所に備え置かれることとなる。したがって、提出された上申書は、債務者はもとより他の利害関係人による閲覧・謄写の対象となり得る。債権者として意見表明の必要がある場合でも、守秘義務契約や債務者側との信頼関係から上申書に記載できない情報もあるので注意が必要である。

逆に、他の債権者等が裁判所に提出した上申書等の書類を閲覧することができるので、手続の節目で閲覧謄写請求をすることにより、他の債権者等の動向を確認し、手続に対する自らのスタンスを検討するための貴重な材料を得ることができる。

(3) メインバンクである場合の関与

金融取引が変容した現在、メインバンクとはどのような立場であるかを定義するのは難しく、事実上、メインバンク不在とされる企業も多い（ここでは、「メインバンク」とは、単に貸付残高が最も多額であるというだけでなく、主要な決済口座を有する等により、他の債権者よりも債務者の情報を多く把握している金融機関を指すこととする[3]）。

債務者について法的整理手続の申立てがあった場合でも、メインバンクと当該手続との関係は一様ではない。

例えば、①メインバンク主導（あるいはメインバンクの了解）の下で法的整理による再建又は清算が企図されている場合、②メインバンクに何ら事前相談や予告なしに債務者が突然、法的整理手続を申し立てる場合（典型的には、粉飾決算により債務超過に陥っていたケース等）、③何ら債務者に対する相談や

---

[3] 参考までに、札幌高判平18.3.2（判時1946号128頁）は、「日本における銀行と借り手企業との間には、預金・貸出・為替などに関連する取引関係が長期にわたって安定的に維持されるとともに、借り手企業が危機に陥ったときには融資銀行が支援の手を差し伸べるなど、通常の銀行取引を超えた関係がみられ、この日本独特の銀行取引関係を一般にメインバンク関係ということが認められる」とする。

予告を行わずにメインバンクが債権者申立てを実行する場合等、様々な類型がある。

a　メインバンク主導又は了解の下で債務者が法的整理手続を申し立てた場合

メインバンクが経営不振の取引先に対し、法的整理手続をもってしなければ再建は不可能である旨を伝達し、法的整理手続の申立てを求める場合がある。適切な再建手段の選択は、メインバンクとしての債権回収に資するほか、総債権者の利益にもつながる。

前述のとおり、メインバンクとして取引先の再建に関与しようとする場合には、第一義的に私的整理手続による再建を目指すことが通常である。債務者との協議・検討の中で法的整理もやむなしとの結論に至れば、メインバンクの主導あるいは了解の下で法的整理手続が申し立てられることになる。

また、メインバンク主導で行われていた私的整理手続が頓挫し、法的整理手続への移行を余儀なくされた場合にも、引き続きメインバンクが強い関与を行う場合が多い。特に、先行する私的整理手続においてメインバンクがプレDIPファイナンスを実行している場合は、当該プレDIP債権の保全・回収も必要となるから、メインバンクの関与が強まっていくのは必然である（なお、プレDIPファイナンスの取扱いについては第2部第2章（49頁）参照）。

これらの場合、メインバンクによる関与の態様はケースバイケースであるが、①手続期間中の資金繰り支援（プレDIP、DIPファイナンスの供与）、②スポンサーの探索（ただし、債権者としての立場もあり、利益相反の観点から限界はある）等を行う場合がある。私的整理の段階では、事実上、メインバンクが他の債権者との意見調整に尽力する場合があるが、法的整理手続においては、これらの調整機能は再生債務者（その代理人を含む）あるいは管財人に期待される役割であり、メインバンクが債権者間調整を行うことは少ない。

なお、私的整理手続においては、全員合意を成立させる観点から、メインバンクに対して、他の対象債権者とのプロラタを超えた大きな支援が要請される場合がある（いわゆるメイン寄せ）。これに対して、法的整理手続においては債権者平等が法律上の原則であり、安易なメイン寄せは求めるべきではない。もっとも特殊な事情がある場合には、実質的公平を確保する観点から

メイン寄せに類似した再生計画案や更生計画案が策定されることもある（計画案については第3部第9章（301頁）参照）。

b　メインバンクに何ら事前相談や予告なしに債務者が突然法的整理手続を申し立てた場合

　債務者がメインバンクに対して何らの予告もなく、突然、法的整理手続を申し立ててしまう場合もある。特に、粉飾決算があるケースや、再建方針に関し債務者とメインバンクが対立しているケースでは、債務者からメインバンクへの相談や事前の予告は期待できない場合が多い。

　メインバンクとしては、ひとまず手続の進行を注視することが一義的な対応となろうが、ケースによっては、根本的な再建方針をめぐり、債務者との意見の相違が解消されないまま手続が進行してしまうことも考えられる。このような場合、①他の債権者と協同しながら、債権者の意見に沿った計画案の作成を要求していく方法、②議決権行使により計画案を否決する方法（この場合、破産へと移行する）、③債務者が申し立てた手続が民事再生手続の場合、債権者として対抗的に会社更生手続を申し立て、債務者から財産の管理・処分権を奪う方法等が考えられる（対抗的会社更生手続の申立てについて、第3部第4章3(4)（170頁）参照）。

　いずれにせよ、メインバンクとしては、自行の利益のみならず、総債権者のための利益実現を十分に意識しながら、要求すべきは要求するといったスタンスで臨むこととなる。

c　メインバンクが債権者申立てを実行する場合

　債務者が債権者の意見に耳を傾けず、そのまま放置したのでは事業価値の劣化等により再建が困難になる等のやむを得ない事情がある場合、事業再建と債権回収を両立させるため、債権者として法的整理手続の申立てを行うことがある。

　この場合、自ら法的整理手続を申し立てる以上、前記aのように、①手続期間中の資金繰り支援（プレDIP、DIPファイナンスの供与）、②スポンサーの探索、等を検討する必要がある。

　なお債権者申立ての実務については、第3部第4章（157頁）で述べる。

2　回収行動・交渉方針立案上の留意点

　金融機関として法的整理手続に関与していくにあたり、回収行動・交渉方針立案の上で留意すべき点について、以下述べることとしたい。

(1)　公平性・公正性・経済性への配慮

　法的整理手続において、最大回収（回収額を極大化すること）が債権者にとって重要事項であることに疑いはない。特に金融機関としては、善管注意義務の観点や、税務上の損金計上の可否といった観点からも、適切な回収行動が求められる。

　しかし、法令遵守の観点から金融機関に求められる最大回収とは、1円でも多く回収することとは必ずしも同義ではない。最大回収の要請も、公平性・公正性・経済性など経済活動の基本的ルールを前提として、相当に幅のあるものと考えるべきであろう。

　例えば、債務者や他の債権者などの錯誤（契約条項の読み違いや計算ミス等）に乗じて有利な配当を受けたり、法外な抵当権解除手数料（いわゆるハンコ代）を要求して任意売却を頓挫させること等は論外といわなければならない。債務者からの交渉申出を不合理に拒絶して、手続スケジュールを徒に遅延させる行為も厳に慎む必要があろう。

　また、計画上、形式的には法令に従った配当率となっていても、倒産に至る経緯等の個別事情に照らせば、実質的な公平性や公正性が確保されていないと評価される場合がある。例えば、親会社やメインバンクの責任が問われるべき場合がこれに当たり、実質的公平性の観点から、法令上許容される範囲内で、配当率等につき適切な調整が行われるべきケースが存在する。ただし、これらの責任論は、親会社に過大な負担を要求し、あるいは安易なメイン寄せをすることにつながりやすく、他の債権者に対しこのような調整を要求する場合には、要求する側にもオープンな議論に耐えられるだけの論拠があるかどうかが問われることとなる。これらの問題は計画案の評価と交渉に関わる事項であるため、第3部第9章（301頁）にて述べる。

(2) 実体的当事者の見極め

　法的整理手続の様々な局面において、債務者や管財人のみが金融機関の交渉の相手方とは限らない。とりわけ民事再生、会社更生の場合には、多くの利害関係人が関与し、実質的な利害対立は、債権者と債権者、あるいは債権者とスポンサーといった関係者間で生じていることも多い。

　また、法的整理における再建方針は、債務者や管財人のほか、①メインバンク、②スポンサー（親会社を含む）、③株主や旧経営陣等の意見に大きく影響を受ける可能性がある。これらの関係者が手続上、大きな影響力を行使している場合、債務者や管財人とだけ交渉していても時間と費用の浪費になる可能性もある。

　金融機関としては、交渉の局面ごとに、最適な相手方を見極めて交渉をすることが重要になる。

(3) 議決権を前提とした交渉

a　議決権と交渉

　金融機関が法的整理手続の進行に対して強い影響力を行使し得るのは、議決権を多く有しているからにほかならない。

　議決権が少なかったり、多数の債権者に分散しているような場合には、（担保権の行使等、議決権と関係なく影響力を行使し得る場合を除いて）単独の金融機関だけでは影響力を行使できないので、交渉上、他の債権者と協同することが必要となる。

　債権者が協同し、議決権の多数を把握する等、一定の条件を満たす場合、裁判所の承認を受けて債権者委員会を構成することができるが（民再117条、会更117条、破144条）、多数債権者として自らの意見を手続に反映させることだけを目的とするならば、必ずしも債権者委員会の組成までは要しない。

b　確保すべき議決権の目安

　民事再生手続や会社更生手続では、計画案の可決要件を基準として、相当数の議決権を確保した上で交渉に臨むことにより、大きな影響力を発揮し得

る。単独でかかる議決権を有していない場合は、複数の債権者で方針を協議し、方針を一致させることにより、債権者団として十分な議決権を確保するよう努めることが有用である。

　一つの目安として、概ね議決権の2分の1以上、できれば3分の2の多数を確保すれば、債務者や管財人だけでなく、監督委員、ひいては裁判所も債権者団の意見を重視するであろうし、事案によっては債権者委員会に準じた取扱いがなされる場合もある。

　ただし、民事再生手続の場合には、計画案の決議において、議決権額だけでなく債権者の頭数の過半数の賛成も要するため、一般債権者が多数存在する場合には、金融団の方針が多くの一般債権者の理解も得られるものであるかどうかにつき、特に留意が必要である。

　なお、いずれにせよ、多数債権者の独断により少数の債権者の利益が不当に害される結果となることは許されない。計画による権利変更は債権者間で平等でなければならないが（民再155条1項、会更168条1項）、その他の点においても、金融機関としては、多数派として手続に対し影響力をもてばもつほど、他の少数債権者の利益に配慮すべき度合いも強まることを自覚すべきであろう。

c　他の債権者と協同する場合の留意点

　金融機関が他の債権者と協同する場合の留意点として、①情報の共有、②協同する債権者・協同の対象とすべき事項の選択、③意見の集約方法、④コスト負担、が挙げられる。

　①情報共有については、債務者に対する守秘義務に反しないかが一応問題となるが、既に法的整理手続に入っている中で、再生債務者・管財人等が債権者同士の情報共有を問題視する可能性は低く、契約に基づく守秘情報や保証人に関する個人情報等を除き、債務者に関する情報共有は基本的に債務者の推定的承諾の範囲内と整理できよう。

　②協同する債権者については、対象者が増えるとそれだけ調整コストが増大することから、できるだけ少数の債権者で必要な議決権を確保するのが基本である。ただし、民事再生手続の場合は、債権者の頭数の過半数による同意も計画案の可決要件とされていることから、協同する債権者が多いに越し

たことはないという面もある。そこで、交渉コストを互いに負担し合うような強固な連携関係にある債権者団の外に、上申書に名前を連ねる等ゆるやかな協同関係にとどまる債権者も含む債権者団を構成するといった形で、債権者団を二重構造にすることもある。

協同の対象とすべき事項は、当然ながら債権者間で対応方針を共通とし得るものに限られる。往々にして、大方針のレベルでは共有できても、各論ベースになると見解の相違が顕在化し、債権者団の歩調が乱れ、あるいは自行の想定と債権者団の方針が食い違うといった状況となる可能性もあるため、組成段階における十分な検討・協議が望まれる。

③意見の集約方法については、債権者団をとりまとめ、意見を調整する者を誰とするかという問題がある。一般的には、法的整理手続につき専門的知見を有し、管財人や裁判所との交渉もできる者として、同種の事案に精通した弁護士を代理人として選任することがスムーズであろう。もっとも、協同するとはいっても債権者間で利害が相反する局面も想定されるため、複数の債権者で同一の代理人を選任するか、個々に選任するかはケースバイケースといえる。

④コスト負担に関しては、当初から債権者間における負担割合等を合意しておく必要がある。特に大規模案件で協同する債権者数も多いといった場合には、弁護士費用等が数百万円～数千万円にのぼる可能性もある。実務的には、債権が同順位なら債権残高プロラタで、異なる順位の債権がある場合（例えば更生担保権において担保順位が異なる債権者が協同する場合）は実回収額をベースとしたプロラタにより負担するのが、公平かつ現実的と思われる。

(4) **債権者委員会について**

a 債権者委員会の意義

債権者委員会の制度は、債権者が任意に組織した委員会を、一定の要件の下に法的整理手続の機関として位置づけ、各種の権限を付与するものである。以下では、民事再生手続・破産手続における債権者委員会と、会社更生手続における更生債権者委員会・更生担保権者委員会とを総称して「債権者

委員会」と呼ぶこととする。

　既に述べたように、債権者委員会として裁判所の承認を得なくても、相当数の債権者が協同して意見を述べ、又は権利行使をしている場合は、事実上、債権者委員会に匹敵する影響力を行使し得る。このような事情もあり、これまで債権者委員会が組織され、裁判所から承認を得る例は稀であった[4]。

　しかし、債権保全・回収上、債権者としてより積極的に手続に参加することが不可欠な場合、とりわけ計画案の作成について債務者等との意見の隔たりが大きく、債権者による計画案の提出等も検討せざるを得ないようなケースでは、債権者委員会が有する意見陳述や情報開示に関する権限等が有効な手段たり得る。また、DIP型を原則とする民事再生手続のみならず、会社更生手続においても近時DIP型の事案が散見されるようになっており、債務者を監視・監督する手段としての債権者委員会が機能する場面は増加しているといえる。

　以下、民事再生・会社更生・破産の各手続における債権者委員会の仕組みを確認した上で、金融機関としての実務について述べてみたい。

　なお、債権者の利益代表を手続に関与させる制度としては、この他に代理委員の制度がある（民再90条、会更122条、破110条）。代理委員は、債権者等が裁判所の許可を得て、個別に又は共同して、当該債権者等を代理して手続上の行為を行う代理委員を選任するものである。その制度趣旨は、債権者等の個別の権利行使による手続の遅延を避け、利害を共通にする債権者が一体として行動することを可能にして、その意見を手続に反映させるための手段の一つとされる[5]。債権者委員会が債権者全体の利害を代表するのに対して、代理委員は利害を共通にする特定の債権者の利害を代表するものである。代理委員の選任に必要な裁判所の許可については、債権者委員会における承認の場合のような厳格な要件が定められておらず、金融機関においても活用の

---

[4] 会社更生手続における更生担保権者委員会として、平成22年6月に更生計画の認可決定を受けたSpansion Japanの事例がある。当該更生担保権者委員会の活動については、坂井秀行・粟田口太郎「史上初の更生担保権者委員会とその意義－Spansion JapanのDIP型更生手続」金法1918号24頁のほか、井上聡「調停手続を利用して更生計画案をまとめた第1号案件－DIP型会社更生手続がこじれた場合の新たな方途」金法1902号44頁、『新倒産法制10年』52頁等に紹介されている。
[5] 『新注釈民再（上）』482頁〔中井康之〕、『最新実務会更』137頁。

余地はあると思われるものの、実例は少なく、本書ではその詳細な記述は割愛する。

b 民事再生手続における債権者委員会

ア 債権者委員会の承認

裁判所は、再生債権者をもって構成する委員会がある場合には、利害関係人の申立てにより、当該委員会が、民事再生法の定めるところにより、民事再生手続に関与することを承認することができる（民再117条1項柱書）。

申立権者である「利害関係人」の範囲について法令上の定めはなく、当該委員会の構成員のみならず、再生債務者や別除権者なども含まれるとされるが[6]、通常は当該委員会の構成員たる再生債権者からの申立てによることになろう。

承認の要件は、①委員の数が3人以上10人以内であること（民再117条1項1号、民再規52条）、②再生債権者の過半数が、当該委員会が民事再生手続に関与することに同意していると認められること（民再117条1項2号）、③当該委員会が再生債権者全体の利益を適切に代表すると認められること（民再117条1項3号）、の3点である。

②の要件中、「再生債権者の過半数の…同意」については、個別の同意を同意書等によって厳密に認定する必要はなく、債権者集会その他の機会に、再生債権者の過半数が賛成の意思を表明したこと等の事情が認められれば足りるといわれている[7]。もっとも、債権者委員会の承認の申立てにあたっては、かかる同意の存在を認めるに足りる書面を申立書に添付しなければならない（民再規53条2項2号）。

また、③の「再生債権者全体の利益を適切に代表する」という点に関しては、利害関係の異なる債権者が存在する場合には、それぞれの利益を代表する債権者委員が選任されることが求められ、またいわゆる整理屋等が関与している場合には再生債権者全体の利益を適切に代表しているとは認められないとされている[8]。

---

6 『新注釈民再（上）』633頁〔明石法彦〕。
7 『新注釈民再（上）』632頁〔明石法彦〕。
8 『新注釈民再（上）』632頁〔明石法彦〕。

イ　債権者委員会の地位・権限

　債権者委員会は、裁判所の承認を得ることによって、民事再生手続上の機関となる。

　また債権者委員会は、①意見を陳述し、又は意見を述べる権利（民再117条2項・3項・118条2項）、②再生債務者等から財産状況等に関する報告を受ける権利（民再118条の2）、③裁判所に対して再生債務者等に対する報告命令の発令を申し出る権利（民再118条の3）、④計画外事業譲渡について意見を陳述する権利（民再42条2項）、⑤債権者集会の招集を申し立てる権利（民再114条前段）、⑥再生計画の履行を監督する権利（民再154条2項）を有する。

ウ　債権者委員会の費用の償還

　債権者委員会に再生債務者の再生に貢献する活動があったと認められるときは、裁判所は、当該活動のために必要な費用を支出した再生債権者の申立てにより、再生債務者財産から、当該再生債権者に対し、相当と認める額の費用を償還することを許可することができる（民再117条4項）。債権者委員会が、再生計画の履行を監督する場合の費用についても、その全部又は一部を再生債務者の負担とすることができる（民再154条2項）。

　かかる費用には、会合費や消耗品費などの事務費用のほかに、弁護士や公認会計士の費用・報酬も含まれるとされる[9]。

c　会社更生手続における更生債権者委員会・更生担保権者委員会

ア　更生債権者委員会・更生担保権者委員会の承認

　民事再生手続における債権者委員会に相当する機関として、会社更生手続では更生債権者委員会（会更117条1項）及び更生担保権者委員会（会更117条6項）がある。会社更生手続では担保権者もその手続内に取り込む仕組みとなっているため、更生債権者のほか、更生担保権者も更生担保権者委員会を組成することができることとされている。なお、会社更生手続では株主も手続内に取り込まれることから、株主をもって構成する株主委員会の制度も設けられている（会更117条7項）。以下ではこれらを総称して更生債権者委員

---

[9]　『伊藤破産・民再』642頁。

会等という。

　裁判所が更生債権者委員会等を承認するための要件は、民事再生手続における債権者委員会の場合と基本的に同様である（会更117条1項・6項・7項、会更規30条）。

　イ　更生債権者委員会等の地位・権限

　更生債権者委員会等は、裁判所の承認を得ることによって、会社更生手続上の機関となる。

　また更生債権者委員会等は、民事再生法上の債権者委員会と同様に、①意見を陳述し、又は意見を述べる権利（会更117条2項・3項・6項・7項・118条2項・121条）、②管財人から財産状況等に関する報告を受ける権利（会更119条・121条）、③裁判所に対して管財人に対する報告命令の発令を申し出る権利（会更120条・121条）、④計画外事業譲渡について意見を陳述する権利（会更46条3項1号・2号。ただし株主委員会にはこれに相当する規定はない）、⑤債権者集会の招集を申し立てる権利（会更114条1項2号・3号・4号。ただし更生会社が会社更生手続開始の時において債務超過の場合は、株主委員会に申立ての権利は認められない。会更114条2項）を有する。ただし、民事再生法154条2項に相当する権利（再生計画の履行を監督する権利）は有しない。

　ウ　更生債権者委員会等の費用の償還及び報償金

　会社更生手続の場合も、更生債権者委員会等に更生会社の事業の更生に貢献する活動があったと認められるときは、裁判所は、当該活動のために必要な費用を支出した更生債権者の申立てにより、更生会社財産から、必要と認める額の費用を償還することを許可することができる（会更117条4項・6項・7項）。

　なお、過去の会社更生手続においては、更生担保権者委員会を構成する更生担保権者に対し、会社更生法124条に基づく報償金が支払われた例がある[10]。

---

[10]　坂井・粟田口前掲注4・37頁。当該会社更生事件では、更生担保権者委員会の活動が、自らの確定更生担保権の全額回収を優に超えて、従業員の承継や一般債権者に対する圧倒的な追加弁済原資の提供をもたらしたためであるとされている。なお民事再生法にも報償金の制度がある（民再91条）。

d　破産手続における債権者委員会

　ア　債権者委員会の承認

　破産手続における債権者委員会の制度は、民事再生手続における債権者委員会に類する。

　裁判所が債権者委員会を承認する要件も、基本的に同様である（破144条1項、破規49条）。

　イ　債権者委員会の地位・権限

　債権者委員会は、裁判所の承認を得ることによって、破産手続上の機関となる。

　また、債権者委員会は、①意見を陳述し、又は意見を述べる権利（破144条2項・3項・145条2項）、②破産管財人から財産状況等に関する報告を受ける権利（破146条）、③裁判所に対して破産管財人に対する報告命令の発令を申し出る権利（破147条）、④破産者等に対し説明を求める権利（破40条1項柱書・230条1項柱書・244条の6第1項柱書）、⑤債権者集会の招集を申し立てる権利（破135条1項2号）を有する。

　ウ　債権者委員会の費用の償還

　債権者委員会に破産手続の円滑な進行に貢献する活動があったと認められるときは、裁判所は、当該活動のために必要な費用を支出した破産債権者の申立てにより、破産財団から、当該破産債権者に対し、相当と認める額の費用を償還することを許可することができる（破144条4項）。

e　債権者委員会に関する金融機関の実務

　ア　法令上の債権者委員会等と任意の債権者委員会との違い

　前述のように、法令上の債権者委員会の権利は、法的整理手続において債務者等から報告を受け、又は積極的に報告を求め、あるいは手続において意見を述べることが中心となっている。任意の債権者委員会でも、構成員たる債権者の有する議決権が相当な額に上る場合は、債務者等もその存在を無視することはできず、事実上、報告や情報提供に協力することが通常である。しかしながら、このような影響力はあくまで事実上のものにとどまるため、債務者等との意見の隔たりが大きく、かつ、法定の承認要件を満たす見込み

があるといったケースでは、法令上の債権者委員会の組成を目指すべき場合もあろう。

　イ　構成員の選択について

　裁判所による債権者委員会の承認の要件として、「債権者全体の利益を適切に代表すると認められること」が挙げられている。

　これを満たすためには、例えば会社更生手続の場合、①債権者委員会等の構成員たる債権者が有する議決権額が、当該更生債権者あるいは更生担保権者の総議決権額の相当な割合に達していること、②債権者委員会等が様々な種別の債権者から構成され、その主張が特定の債権者の利益に偏っていないこと、③いわゆる整理屋等の悪質な債権者を構成員としないこと、等が必要であろう。①については、計画案の可決に必要な議決権額を有していることが一つの目安となろうし、②については金融機関だけではなく、大口の商取引債権者やリース料債権者が加わることが必要（ないし望ましい）ものと考えられる。

　もとより、裁判所の承認に関する判断は個別事案ごとに異なることから、債権者委員会の組成にあたっては、裁判所と随時協議しつつ、慎重に構成員を選定する必要がある。

　ウ　債権者委員会の意思決定

　債権者委員会においては、参加する債権者間で規約を作成・締結することとなる[11]。

　債権者委員会の意思決定は、委員会での多数決によって決することが通常と思われるが、比較的少額の債権者に配慮する必要がある。例えば、議決権は債権額の多寡にかかわらず各委員が平等の議決権を保有し、かつ、可決要件は過半数ではなく3分の2以上の多数とすること等が考えられる。

　なお、決議により構成員たる債権者が拘束される範囲についても明らかにする必要がある。構成員が全く決議に拘束されることなく、債権者としての個別の権利行使が可能であるとすると、債権者委員会で意見を集約する意義が失われてしまうおそれもある。他方、債権者は限られた弁済原資を配分し

---

[11]　民事再生手続では、裁判所の承認に係る申立書には、委員会の運営に関する定めを記載した書面を添付しなければならない（民再規53条2項1号）。

合う関係にある上、担保設定等の権利状況も様々で、往々にして債権者同士の利益が相反すること、また債権者委員会の権利は、裁判所や債務者等に対する意見の陳述や報告の徴求が中心であることからすれば、少なくとも債権調査手続や議決権の行使等、各債権者が有する権利の行使については、委員会の決議は拘束力を及ぼさないとすべきであろう。

エ　費用負担

債権者委員会では、委員会として依頼する弁護士・公認会計士等の専門家に支払う報酬や、不動産鑑定費用等を支出する必要がある。これらの費用は、案件の規模によっては相当額になることが予想されるが、これを参加する債権者が各自平等に負担することとなれば、費用対効果の観点から、比較的少額の債権者が参加しづらくなる。

このような場合、確定した債権額あるいは配当予定額等を基準として費用を按分負担することが考えられる。確定債権額による場合は、債権調査手続後の比較的早期の段階で各債権者の負担割合が明確になるメリットがあるが、計画の定め方によっては、確定債権額の割合が配当額のそれと一致しない可能性もある。他方、配当予定額を基準とする場合、手続がある程度進捗するまでは費用負担が明確にならないため、仮精算等の仕組みを検討する必要があろう。

オ　債権者委員会の解体・委員の脱退

債権者委員会が組成された後で、構成員たる債権者間で意見が相違したり、あるいは利益相反の状況が生ずる場合がある。これらの状況が協議によって解消せず、一体としての委員会運営が不相当となる場合、債権者委員会を解体するか、又は一部の債権者が脱退することが不可避となる。

一部の債権者の脱退によっても、なお債権者委員会の承認の要件（民再117条1項、会更117条1項、破144条1項）を満たす場合には、債権者委員会の活動を継続することができる。これに対して、脱退により承認の要件を満たさなくなる場合、債権者委員会を構成する債権者から、裁判所に債権者委員会の承認の取消しを申し立てることになろう。なお、裁判所は職権で、債権者委員会等の承認を取り消すこともできる（以上につき、民再117条5項、会更117条5項・6項、破144条5項）。

(5) スケジュールの要素

　法的整理手続においては、申し立てられた瞬間から事業価値の劣化が始まる可能性が高く、債権者として手続に関与するにあたっても、特にスケジュール管理の観点が重要となる。

　スケジュールを決定する要素としては、①債権調査期間や計画案の提出期限など法定の手続に関する期限、②外部の第三者（主にスポンサー）が設定した交渉期限、③債権の償却やバルクセールの時期等、金融機関が会計・税務等の実務的観点から考慮すべき期限が挙げられる。スケジュールに制約があることは、しばしば交渉の進展を促す要素になり、手続にプラスの影響を与えることもあるが、逆に足下をみられて交渉され、自らにとって不本意な結果をもたらす可能性もある。

　この点、ケースバイケースなので一般論としては論じ難いが、金融機関としては、債権者の意見を適正に反映させていくために、常に前倒しで交渉を行うこと、スケジュール上の制約を理由とする理不尽な要求には毅然とした対応を旨とすること、必要とあらば法定のスケジュールの変更を裁判所に申し立てることも厭わないこと等、主体的にスケジュールをコントロールする姿勢が肝要であろう。

第2章
法的整理手続の申立てから開始決定まで

　ここでは、債務者が法的整理手続の開始を申し立てた場合に、申立ての事実を知った債権者が開始決定までの間にとるべき対応について整理する。

1　初動対応

　取引先の債務者が法的整理手続を申し立てたことを知った場合、金融機関の初動対応として求められることは、後述する債権保全と並行して、「情報収集」と「対応方針の検討」を進めることだろう。

　法的整理手続における債権者への情報開示に関しては、第3部第1章1(2)ｂア（79頁）でも触れたが、ここでは初動対応として、限られた時間の中でどのような情報を収集すべきかという観点から、そのポイントについて述べてみたい。

　また、手続初期において適切な対応方針を立てられるかが、その後の手続に大きく影響を与え、回収額を左右することとなる。金融機関として効果的かつ合理的な回収戦略を立案するためにどのような作業が必要となるか、併せ検討する。

(1)　情報収集

　申立て直後の情報収集は、全体の対応方針を検討するために必須のものである。できる限り幅広く収集することが望ましいが、初動対応の中では時間も限られており、回収戦略立案のために必要な情報を効率的に収集することが求められる。

　金融機関としての対応方針の検討のために必要な情報は、大きく、①債務者に関する情報、②自行以外の債権者に関する情報、③その他の情報、に分

けられる。

　①債務者に関する情報とは、債務者が申立てに至った経緯や財務情報、資金繰り、手続中の資金調達の見込みなどである。申立てに至った経緯は、債務者が窮境に陥った原因を把握することで、債務者の再建可能性を検討する上で有用である。債務者の財務情報は配当原資の総額を見積もるために必要である。また、資金繰りや資金調達の見込みは、再建型の法的整理手続において手続を維持することができるかどうかの確認のために把握しておきたい。

　②自行以外の債権者に関する情報とは、債権者の数、債権額、担保の設定状況、少額債権への弁済の有無・基準額等であり、自行の配当額のおおまかな予測や、決議要件を満たすための主要債権者の把握（いわゆる票読み）、今後協同可能な債権者の検討等に必要な情報である。

　③その他の情報とは、例えば今後のスケジュール、弁済率の見込み、スポンサーの有無や候補の状況などであり、債務者がどのような方向性を検討しているかを把握することができる。

　これらの情報を得る手段として、以下のようなものがある。

a　記録の閲覧・謄写請求による情報収集

　手続開始申立書など裁判所に提出された書類からは、債務者の財務情報（貸借対照表や損益計算書）、債権者一覧、債権額、担保権の設定状況など、回収戦略の検討に必要な多くの情報を入手することができる。

　申立て直後において、これらの書類を債務者や申立代理人から入手できればよいが、多忙や債権者への平等な対応等を理由に、提供を拒絶される場合も少なくない。そこで、記録閲覧謄写請求手続により裁判所から入手することになる。

　ア　利害関係人の閲覧・謄写請求

　法的整理手続において利害関係人は、裁判所に提出され又は裁判所が作成した文書等について、閲覧・謄写等の請求ができる（民再16条、会更11条、破11条、会886条）。

　債権者は、ここでいう利害関係人に含まれる。

　閲覧・謄写の対象となるのは、裁判所に提出され又は裁判所が作成した文

書その他の物件（「文書等」といわれる）である。具体的には、手続開始申立書及びその添付書類、財産評定書、報告書、債権届出書、債権認否書、計画案、裁判所への許可申請書、監督委員への同意申請書、調査委員・監督委員・管財人等が作成した報告書、各種の決定書等のほか、他の債権者が提出した上申書等も閲覧可能である。

イ　閲覧・謄写の制限

債権者による閲覧・謄写には、以下のとおり、時期・対象において一定の制約がある。

まず時期的制約としては、手続の初期の段階では、密行性を確保するため、債権者は、中止命令、包括的禁止命令、保全処分、監督命令、保全管理命令、開始申立てについての裁判のいずれかがあるまで、閲覧・謄写をすることができない（民再16条4項1号。なお、同様の規定につき、会更11条4項1号、破11条4項1号、会886条4項1号）。もっとも、実務上は申立て後すぐに弁済禁止の保全処分や監督命令、保全管理命令などが発令されるので、この制限に服する時間はそれほど長くない。

次に対象上の制約として、閲覧制限の制度がある。すなわち、利害関係人が閲覧等を行うことにより、債務者の事業の維持再生に著しい支障を生ずるおそれ又は債務者の財産に著しい損害を与えるおそれがある部分（清算型手続については財団・財産の管理又は換価や清算の遂行に著しい支障を生ずるおそれがある部分）については、再生債務者等から裁判所に対し閲覧制限の申立てをすることが可能であり、裁判所が閲覧の制限を決定した場合には、閲覧・謄写ができない（民再17条1項、会更12条1項。清算型手続については、破12条1項、会887条1項）。

閲覧制限の対象となり得る文書等は、以下のとおりである。

i　裁判所の許可を得るために提出された文書等[1]

事業譲渡を行うための許可申請書等（民再42条1項、会更46条2項）、保全管理人が常務に属しない行為をするための許可申請書等（民再81条1項ただし書、会更32条1項ただし書、破93条1項ただし書）、財産の処分その他裁判所の許可を得なければならない行為をするための申請書等（民再41条1項、会

---

[1]　民再17条1項1号、会更12条1項1号、破12条1項1号、会887条1項2号。

更72条2項、破78条2項、会535条1項）などである。

例えば、契約上守秘義務が定められているスポンサー契約や、金融機関の融資条件（DIPファイナンスの融資条件を含む）などが考えられる[2]。

ⅱ　裁判所に対する報告文書等[3]

調査委員の調査報告書（民再62条2項、会更125条2項、会522条1項）、債務者や管財人の報告書（民再125条2項、会更84条2項、破157条2項、会520条）、監督委員の報告書（民再125条3項）などである。

ウ　閲覧・謄写に必要な書類

例えば東京地裁に閲覧謄写請求をする場合、裁判所の窓口に備え付けられている請求書とともに、①金融機関から職員への委任状、②職員証明書、③代表者事項証明、④職員の印鑑と身分証明書、⑤利害関係人であることを疎明する書類（例えば金銭消費貸借契約証書の写し）を用意する必要がある。

委任状の印鑑は登録印鑑でなくてもよい。また、職員の印鑑は三文判でも構わないが、スタンプ式は望ましくない。職員の身分証明書（本人確認書類）は、例えば、運転免許証や社員証である。なお、契約証書等の写しについて、原本証明は求められない。

ただし、裁判所あるいは事件によって取扱いが異なる可能性もあるので、上記の必要書類については、事件ごとに事前に裁判所に問い合わせておくとよい。

エ　留意事項

閲覧・謄写請求にあたっての実務上の留意点として、以下の4点が挙げられる。

①事件番号をあらかじめ確認しておくこと

閲覧・謄写にあたってはあらかじめ事件番号を確認しておく。裁判所は、書類を事件番号ごとに管理しているため、事件番号が不明であると手続に無用な時間がかかるおそれがある。

②あらかじめ裁判所に連絡を入れておくこと

管轄裁判所に電話で連絡し、債務者名（できれば事件番号）を申し述べて、

2　『倒産の法システム(3)』349頁〔森恵一〕。
3　民再17条1項2号、会更12条1項2号、破12条1項2号、会887条1項1号。

担当の書記官に閲覧・謄写請求の希望がある旨の連絡をしておくとよい。閲覧に支障があるかどうかを含めて、事前に連絡・確認をしておけば、当日の手続がスムーズに進む。

③複数の職員で閲覧すること

申立書及び添付資料は、非常に大部にわたる場合が多い。効率的な閲覧・謄写作業を行うためには、複数の職員で行うことが望ましい。

④費用をあらかじめ準備しておくこと

具体的には、謄写の費用が相応にかかるので、現金を準備しておく必要がある。

b　債務者又は申立代理人からの情報収集

初動対応に必要な多くの資料、例えば手続開始申立書、保全命令や監督命令の写しは、直接債務者から取得することもできる。また当然のことながら、債務者は資料に記載されていない情報や提出後に生じた事情などの最新の情報も有している。例えば、申立ての（真の）事情や今後の事業の見通し、計画案やその成立の見通し、スポンサーの選定状況、メインバンクや大口債権者の動向などについては、迅速に債務者から入手しておきたい。

なお、債務者から個別に情報を入手できない場合も、申立て後に開催される債権者説明会（民再規61条1項、会更規16条、破31条1項2号・158条）等に参加すれば、一定の資料は配布される。債権者説明会は金融機関にとって重要な情報入手機会であり、単に参加するだけでなく、債務者に直接質問をし、他の債権者と意見交換を行う等することで、回収戦略の立案に必要な材料の収集が捗ることが多い。

ところで、申立て直後は、混乱の中で、債務者（の役員）や申立代理人となかなか連絡がとれないことも多い。普段から債務者との連絡を密にしておくことは、倒産のような危急時にも有用である。

c　監督委員からの情報収集

民事再生手続では、申立てと同時に監督委員が選任されることがほとんどである。

監督委員は、再生債務者が財産の管理処分権・業務遂行権を有することの

カウンターバランスとして置かれた監督機関であるから、再生債権者をはじめとする利害関係人の利益を擁護するためにその権利を行使すべきとの見解もあるが[4]、実務上は、債務者と債権者の双方にとって中立的な立場にある印象が強い。また、裁判所への報告等を通じ、民事再生手続の進行に強い影響力を有している。

監督委員は債権者にのみ肩入れすることはできないから、金融機関としても監督委員の中立性に配慮する必要があることは当然であるが、債権者としての意見を述べたり、案件の感触やスケジュール等をヒアリングすることも一案である。

d 自行以外の債権者（とりわけ金融機関）からの情報収集

金融機関同士が互いにどのような利害関係を有するかは、事件によって様々である。対立が必至の場合もあるが、担保処分や議決権行使等における協同を念頭に、他行と協力関係を結ばなければならない場合も多い。

そこで、他の金融機関の手続に対する見方・スタンスや、今後の方針などを聞き取ることも、自行の対応方針を検討する上で非常に重要な作業となる。偏頗弁済（誰かが抜駆け的な回収をしたか否か）や申立て直前の担保取得など、否認の対象たり得る行為に関する情報等も交換できる可能性がある。

なお、このような金融機関同士の情報共有が守秘義務に反しないかが一応問題となるが、契約上の特約に反するような場合等を除き、法的整理手続開始申立て後において、自行の債権回収に必要な範囲で債権者間の情報交換を行うことは、債務者の推定的承諾の範囲内といえ、守秘義務違反になるものではないと考えられる。

e 登記の確認

担保権の設定を受けている不動産などについては、今後の別除権協定の締結交渉等を見据えて、最新の登記情報を取得し、上位・下位の担保権者とその債権額などを把握しておく必要がある。

---

4 『新注釈民再（上）』323頁〔石井教文〕。

(2) 対応方針の検討

　先述したように、対応方針は、金融機関としての回収上の経済合理性と、全体としての合意形成の可能性とをバランスさせる必要がある。その観点から、収集した情報を基に、①配当総額がどの程度になるか、②自行や他の債権者への公平な配当のあり方はどのようなものか、③手続上行使すべき権利又は行使が想定される権利は何か、④経営責任についてどのような対応を求めるべきか、⑤計画成立に向けて他の債権者等と協同すべき事項はあるか等を検討することになる。

　対応方針の検討にあたっては、自行や特定の利害関係人のみの利益を考えるのではなく、手続上、経済的な影響を大きく受ける関係者、例えば仕入業者などの商取引債権者や従業員等の地位にも配慮が必要である。再建型の法的整理手続の場合、仕入業者や従業員は会社の再建に不可欠な利害関係者であり、金融機関による配慮を欠く回収態度は、従業員や仕入業者から非難の目を向けられるという意味でのレピューテーショナルリスクを発生させるにとどまらず、債務者の事業価値を低下させ、究極的には金融機関の回収上の不利益をもたらし得る。互譲の精神に立ち、このような他の利害関係人へ配慮することで再建可能性を向上させ、債務者の事業価値をより高めることができれば、結局は金融機関にとっても、経済的に合理性のある再建計画案を導き出すことが可能となる。

　以上を前提としつつ、個別に詳述する。

a　対応方針の検討

ア　配当総額の試算

　配当原資の総額の見積りの方法としては、①破産を前提とした清算価値、②事業譲渡等を前提とした事業価値、③収益弁済を前提とした弁済可能額等、いくつかのものが考えられる。

　①の清算価値は、民事再生・会社更生の場合、再生債務者・管財人により試算され、手続上、債権者に示されることになるが、債権者側でも、債務者の貸借対照表を清算価値ベースで見直すことにより、粗い試算をすることは可能である。具体的には、貸借対照表の資産サイドについて、早期換価可能

なものだけを、現実に換価可能と見込まれる価額で見直し、その合計額から担保権により優先回収される部分（不動産担保や現預金のうち相殺対象となるもの等）を除くと、残部が担保によってカバーされていない債権（アンカバー債権）への配当原資となる。実際の配当にあたっては、この中から、金融機関の債権に優先する債権（共益債権や財団債権、優先的破産債権など）を控除する必要があるが、これらの正確な額は申立て・開始決定時では把握できていないことが通常であるから、置き数字で一定程度の額を除いたり、あるいは（全体的な傾向を把握するという観点からは）全く考慮しないということも考えられる。

　②事業価値ベースの配当総額は、個別の事案において事業譲渡による処理のシナリオが現実的に想定できる場合に、試算する意味がある。この場合、シナリオに応じ、例えば全ての事業部門を一括してスポンサーに譲渡するか、あるいはコア事業のみを事業譲渡し、残る事業は撤退・資産処分するかといった方針の違いによって配当総額は異なり得るので、事案によっては、各シナリオを更に場合分けして、複数の配当総額を試算するなどの工夫が考えられよう。事業価値の算出は、債務者の将来キャッシュフローに基づき事業の現在価値を試算した上で、想定される譲渡価額から担保権者等への優先弁済額を控除した残額をもって、一般債権者への配当原資とすることになる。事業譲渡の場合、将来キャッシュフローの見積りにせよ、現在価値への割引率にせよ、相当に幅のあるものであるし、もとより譲渡代金はスポンサーとの交渉次第であるから、現実のスポンサーへの譲渡価額について情報が入手できれば、これを考慮することは当然である。なお、事業譲渡方式による場合、譲渡代金が債権者に対して一括弁済される場合と分割弁済される場合（あるいはこれらの組合せ）があり得るが、一括弁済の場合は一定程度ディスカウントされるのが通常である。

　③収益弁済を前提とした弁済可能額も、基本的には②と同様に、事業継続を前提とする債務者の将来キャッシュフローを見積もった上で、ここから設備投資等、事業の維持継続のために必要な支出と、担保権の受戻しに必要な弁済その他優先回収されるべき金額を控除した額をもって、一般債権者に対する弁済原資を把握することになる。

　いずれにせよ、時間的な制限がある初動対応時においては、精緻なシナリ

オ分析や正確な弁済額の算出よりも、まずは概要を把握することに努め、大まかな選択肢を比較しつつ戦略を練ることの方が重要である。

　イ　自行回収額の試算

　このように、想定されるシナリオから配当原資を試算した上で、自行に対する配当額を試算することとなる。この場合、①担保権から回収可能な額と、②担保権でカバーされていない債権（アンカバー債権）に対する配当額に分けて考える。

　担保権からの回収部分は、担保財産の処分価値の見込み額から、上位行の被担保債権額を控除することにより、自行への分配額を予測する。なお、民事再生手続や破産手続など、相対の交渉による担保権の受戻しが想定される場合は、配当の見込みがない後順位の担保権者に対しても、担保権解除のために一定額の支払（いわゆるハンコ代）がなされることが通常であるため、この点も念頭に置く必要がある。

　アンカバー債権については、一般債権者に対する配当総額を、アンカバー債権の合計額でプロラタ按分することが原則である。なお、手続上、保全段階の弁済禁止の対象外として、あるいは少額債権の弁済許可（民再85条5項、会更47条5項）により、一定額までの少額債権が全額弁済される扱いとなることが多く、この場合は計画段階においても、当該金額までの債権が（あるいは債権額に関係なく、各債権者につき当該金額までの部分が）100％弁済される可能性が高いので、この点も考慮する。

　このような試算を経て自行の想定回収額を概算し、各シナリオでどのような回収額になるかを比較した上で、どのシナリオが自行にとって最善であるかを検討する。

　ウ　配当の公平性

　前記ア、イは、主に自行への配当上、どのシナリオが有利かという観点から検討するものといえるが、これに加えて、各債権者への弁済が公平かという点も併せて検討すべきである。

　当該債務者に対して貸付債権等を有する親会社はいうまでもなく、金融機関の立場であっても、債務者が窮境に陥ったことについて何らかの責任を負って然るべき場合がある。単にメインバンクであるとか、いわゆる残高メインであるという事実のみをもって責任を負わせることは妥当ではないもの

の、主要な債権者で、経営陣も派遣しており、債務者が法的整理に至った経緯の中で経営にある程度の影響力を行使していた場合には、ケースバイケースで、一定程度の責任を負担することが妥当といえる場合もあり得る。

　このような場合、担保権の順位に従った機械的な優先分配や、アンカバー債権についての単純なプロラタ分配をもって、債権者間の公平が達成されるとはいえない。例えば、①別除権部分の弁済を一般債権に比し長期の分割弁済としたり、②アンカバー部分の弁済率を（債権額に応じた段階的弁済率とすることにより）他の債権者に比して相対的に低く設定するといった方法によって、実質的な公平を図ることがある。

　もとより、このような責任論は、他の債権者に関して自行が主張する場合のみならず、自行について他の債権者等から主張される場合もあり得ることを念頭に置く必要がある。

エ　倒産法上の権利行使

　第3部第1章1(2)（77頁）にて述べたように、法的整理手続においては、債権者が手続上行使できる各種の権利が根拠法において定められている。

　例えば、申立てから開始決定までの間は、①他の手続の申立て、②即時抗告、③中止命令・包括的禁止命令・保全処分の申立て、④包括的禁止命令の解除の申立て、⑤否認権のための保全処分の申立て、⑥評価人の選任申立て、⑦各種機関の選任（監督命令・調査命令・管理命令・保全管理命令）の申立てあるいは解任の申立て、更に⑧経営責任追及のための役員の財産に対する保全処分や損害賠償の査定の申立てなどがある。

　債権者としては、申し立てられた法的整理手続の選択の妥当性、あるいは各種保全命令等に不足がないかといった観点から、これらの権利行使を検討することとなる。例えば、「再建型法的整理手続の申立てがあった場合、弁済率極大化の観点から清算型の方が妥当か」、「民事再生手続あるいはDIP型会社更生手続の申立てがあった場合、従前の経営陣に手続を委ねることが妥当か」、あるいは「重要な資産に多数の担保権者が存在する場合、そもそも担保権者を手続に取り込めない民事再生手続で再建可能性があるか」、といった問題である。

　なお、法的整理手続相互の優先関係については、再建型手続が清算型手続に優先し、再建型手続間では会社更生手続が民事再生手続に優先し、清算型

手続間では特別清算が破産に優先する。

　オ　経営責任

　債権者として、(旧)経営陣の経営責任をどの程度まで求めるかについても検討する必要がある。

　一般に、経営責任については、①倒産の原因に関与していないか、あるいはその程度が小さいものとして、引き続きその職にとどまることも妥当と認められる場合、②倒産に至った責任を有するため退任が妥当であるものの、損害賠償等の経済的負担まで求める必要はない場合、③退任に加え、損害賠償等の経済的負担まで必要とする場合に分けられる。

　③において、経済的負担の方法としては、損害賠償の査定手続による金銭賠償のほか、退職慰労金・報酬等の返上、保証履行(私財提供)により発生する求償権の放棄などがある。損害賠償の査定手続による金銭賠償以外の方法は、法律に定めがなく、役員の任意でなされるものであるため、役員本人が同意しなければ行うことができない。

　なお、損害賠償の査定手続は、民事再生手続においては原則として再生債権者も申立権を有するが、会社更生手続や破産、管理型の(管財人が選任された)民事再生手続の場合、あるいは特別清算の場合は債権者に申立権がない。そのため、これらの場合は、管財人や清算人に申立てをするよう上申する等の手段により主張、交渉していくことになろう。

　カ　対応方針の決定

　以上のような検討を経て、申立てのあった手続そのものについて、また分配の基準等について、債権者としてどのような主張をすべきか、その方針を決めていく。

　もっとも、申立て当初の段階では、配当の基準や経営責任といった点については、未確定事項が多いことや情報が収集しきれていないことなどから、例えば「配当は傾斜配分にすべき」「経営責任は退任のみならず金銭負担まで求める」等、ある程度大まかな方針を決定するにとどめざるを得ないことも多いだろう。むしろこの段階では、あくまでも債権者としてのスタンスの根幹や、計画において最低限守られるべき点などについての大方針を決定するにとどめ、その後の交渉に幅をもたせることが実務上は肝要である。

　なお、再生債務者、管財人や裁判所などに何らかの対応を求めることとな

る場合、合理性のある（もとより、債権者の立場からの合理性である）主張・根拠に基づき説明を尽くさなければならないので、理論面・事実面の双方から、主張の背景をきちんと整理しておく必要がある。

b　回収戦略の検討

前記検討に基づき、債権者として主張すべきポイントが絞られてくると思われるが、次に、これらの主張をどのように実現させるかという意味での回収戦略の検討が必要となる。

ア　協同の必要性

回収戦略の検討にあたっては、望ましい結果を実現するためにどの債権者と協同するのか、あるいは交渉が必要なのか、計画の可決要件を満たすためにはどの債権者の動向が重要であるかなども併せて検討することになる。

理解しておきたいのは、孤立は危険であるということである。手続において自行の権利のみを強行に主張したり、優先する権利を盾にして他の関係者の利益を顧みないといった対応が重なると、他の利害関係人から孤立し、厳しい態度で臨まれる結果として、多数決等を背景に却って回収上の不利を甘受せざるを得なくなることがある。

このような事態を招かないためにも、利益状況を同じくする債権者との協同を検討すべきである。その際は、計画の可決要件（民再172条の3第1項、会更196条5項、会567条1項）を勘案し多数派を形成することはもとより（議決権を前提とした金融機関同士の協同については第3部第1章2(3)（90頁）参照）、債権者以外で当該事案に影響力を有する者、例えばスポンサー候補や地方自治体等の第三者、更には上述した従業員や仕入業者の動向なども考慮に入れる必要がある。

いずれにせよ、早い段階で他の債権者等、関係者との意見交換の場を設け、自行側の考えを伝えて理解を求めるなど、協調して行動がとれるような関係を早期に構築していく努力が肝要である。他の債権者の意思決定がなされる前に協調を働きかけることで、協同関係を構築しやすくなるし、早い段階で協同関係が構築できれば、それだけ債務者等との交渉に集中することができるからである。

イ　回収戦略

　前記が回収戦略における主体の面であるとすれば、回収戦略の客体は、①相手方との交渉と②手続上の権利行使とに分けられる。

　①相手方との交渉は、主に債務者や申立代理人、管財人などが交渉相手となる。交渉を始めるにあたっては、債権者サイドの協同関係が既に構築できていた方が望ましい。利益を同じくする者（主に他の債権者）と協同して主張することで、独りよがりの主張ではないことを示せるし、特に債権額の大きい金融債権者団であれば、計画の可決要件を見据えて、相手方も耳を傾ける可能性が高くなるだろう。

　なお、当事者との交渉が暗礁に乗り上げたときなどに、監督委員や裁判所に対して意見書や上申書を提出することにより、自らの主張をし、事態の進展を促すこともある。

　また、関係者との交渉を展開していく中では、債権者の側から積極的に具体的な額や条件を提示することにより、議論をリードしていくべき局面もあり得る。もっとも、これは目安を示すことで交渉を集約させ、スピーディな解決を図ることができるという効用をもつ反面、示された具体的な額等に拘泥した議論が展開され、却って後日の足枷となるおそれがあることも考慮した方がよい。

　②手続上の権利行使にあたっては、行使に先立ち裁判所に対して事前相談をすることもあり得るが、裁判所は交渉の相手方ではないから、あたかも債務者と交渉をするかのように裁判所と接触し、いたずらに負担をかけるようなことは慎んだ方がよい。また、手続上の権利行使の可能性をちらつかせつつ、その不行使と引換えに債務者等から譲歩を引き出すといったやり方も、ケースバイケースではあるが、不穏当な交渉スタイルと評価されかねない。手続上の権利を行使すべき場合には粛々と行使した上で、必要であれば手続の中で堂々と交渉すれば足りる。

　いずれの場合も、交渉の開始や権利行使のタイミングはできるだけ早い方がよい。債務者側も申立て直後（あるいはその前）から計画の作成に着手するのであり、時機を逸すると計画等の内容に債権者側の意向を反映させることが事実上不可能となるおそれがある。

(3) 商取引債権の包括的弁済について

a 商取引債権の包括的弁済に関する実務運用

ア 法的根拠

近時、特に会社更生手続において、申立会社の更生に必要であるとして、商取引債権を計画外で包括的に弁済するケースがみられる[5]。

商取引債権を計画外弁済する法的根拠は、一般に、少額債権の早期弁済に係る許可の制度（民再85条5項後段、会更47条5項後段[6]）に求められるが、申立て直後に発令される弁済禁止の保全処分において、商取引債権を弁済禁止の対象外とする方法によっても可能である。特に、東京地裁の会社更生事件では、手続開始決定後に会社更生法47条5項後段の許可をする事案においては、保全段階から一般の商取引債権を弁済禁止の対象外とする扱いである[7]。

イ 「少額」の水準

民事再生法85条5項後段及び会社更生法47条5項後段にいう「少額」の水準について、法令上、明確な定めはない。もっとも、債務者の事業の継続に著しい支障を来すことを回避するという趣旨に照らして、計画外の早期弁済により得られる、債務者の事業の維持継続上の利益が考慮されるため、通常

---

[5] 商取引債権の例外的取扱いについては、既に様々な事例紹介や分析が示されている。例えば、代表的事例（日本航空、ウィルコム、林原グループ）での取扱いを論じたものとして、片山英二・河本茂行「日本航空の事業再生プロセスについて〜支援機構が果たした機能と役割・新しい会社更生手続」債管133号158頁、腰塚和男・長屋憲一・内藤滋「ウィルコムの会社更生手続－管財人団の立場から」債管136号87頁、柴原多・金井暁・中村広樹・紺田哲司・鯉渕健・中川佳宣「林原グループの事業再生ADR申請の経緯および更生手続申立ての経緯」金法1952号18頁が挙げられる。また、会社更生手続に即して商取引債権の保護について論じたものとして、伊藤眞「新倒産法制10年の成果と課題〜商取引債権保護の光と影」『新倒産法制10年』2頁、民事再生手続における商取引債権の取扱いについて少額弁済許可制度の観点から論じたものとして、杉本和士「再生手続における少額債権弁済許可制度に関する試論」『民再の実務と理論』389頁、債権者の立場から商取引債権保護の問題に触れたものとして、中光弘・平山浩一郎・古川純平・中村健三・大平修司・植村公彦「法的整理手続に関するいくつかの意見－債権者側からの視座－」金法1957号9頁がある。

[6] 少額の債権を早期に弁済しなければ債務者の事業継続に著しい支障を来す場合に、計画外での弁済を許容するものである。本来は、例えば特殊な燃料や原材料、サービスの供給を債権者から受けているため、当該債権者への弁済を行わなければ取引を打ち切られ、事業継続が困難になるといったケースでの利用が想定される。

[7] 『最新実務会更』164頁。

の感覚では「少額」といえない金額でも許可される場合がある。実際、日本航空の事例では上限が設けられず、ウィルコムの場合は25億円以下、林原グループにおいても上限が設けられていない（ただし、最大債権者は約9億円であったとされる）[8]。

　ウ　対象となる商取引債権の範囲・種類

民事再生法85条5項後段・会社更生法47条5項後段に基づく、債務者の事業の継続に著しい支障を来すことを回避するための少額弁済については、その弁済により「著しい支障」が回避できるかどうかが判断の基準になるため、弁済の対象となる債権はその性質等により定性的に決定される。

会社更生手続で商取引債権の包括的な弁済が許可された例をみると、一般の商取引債権の弁済が許可される一方、貸付金債権、社債、リース料債権、デリバティブ取引に係る債権、損害賠償債権等が弁済の対象から除外されている[9]。

　エ　弁済に係る条件

債務者の事業の継続に著しい支障を来すことを回避するための弁済であるから、債務を弁済しても従前の取引が継続されないのでは、弁済する意味が認められない。そこで、裁判所による商取引債権の弁済許可にあたっては、債権者が債務者との間で従前の正常な取引先としての取引条件を維持することが条件とされることになる（もっとも、債務者の状況が更に悪化した場合にまで、正常な取引の維持を義務づけることはできないであろう）。

同じ趣旨から、弁済禁止の保全処分において、商取引債権を弁済禁止の対象外とする場合にも、同様の条件が付されることになる。

b　金融機関としての実務対応

　ア　金融機関からみた商取引債権の包括的弁済の評価

法的整理手続における平等原則の例外として、少額債権たる商取引債権を

---

[8]　片山ほか前掲注5・158頁、腰塚ほか前掲注5・88頁、柴原ほか前掲注5・19頁。
[9]　片山ほか前掲注5・158頁、腰塚ほか前掲注5・88頁、柴原ほか前掲注5・19頁。なお日本航空の例では、弁済許可の対象となる債務の種類が詳細に定められているほか、海外における航空機への担保実行が懸念される等の特殊事情から、リース料債務が弁済から除外されていない。

包括的に弁済することが許容される主要な根拠は、かかる商取引の継続によって債務者の事業継続を可能とし、その事業価値を維持することにより、最終的には（商取引債権以外の）他の債権者への配当額が、当該弁済を行わない場合に比し増大するところに求められる。

　この点、債務者が商取引債権の弁済をストップすれば取引先の離反を招き、事業の維持継続が不可能となり破産に至る蓋然性が高いという場合には、破産配当との兼ね合いにおいて、金融機関にとっての経済合理性を説明することは可能たり得ようし、この場合の商取引債権保護は、債務者の事業の継続に著しい支障を来すことを防止するという法の趣旨にも合致する。しかしながら、個々のケースがこのような事情を備えているか、その客観的な判断は必ずしも容易ではないように思われる。特に、金融機関としては、もっぱら金融機関のみを対象債権者とする私的整理手続では利害関係人間の公平な負担が図られないことを理由に、敢えて再建型の法的整理手続の選択を債務者に促す場合がある。このような場合、金融機関においては、法的整理手続に移行することにより、他の債権者にも公平な負担を求めることを通じて、弁済額の増額が図られるとの期待があるにも関わらず、法的整理手続において安易に商取引債権を全額保護し、他の少なくない債権者を優先的に取り扱えば、金融機関にとって経済合理性の説明がつかないことにもなりかねない。

　また、倒産する債務者においては、従前の取引関係を抜本的に見直すべき場合も少なくない。商取引債権の包括的弁済が、不合理な取引温存の原因となれば、却って二次破綻のリスクが生ずることにもなり得る。

　本来、会社更生手続や民事再生手続といった再建型の法的整理手続においては、全ての債権者に対する弁済を原則として停止しながら事業を維持継続することが予定されており、一部の少額債権者に対する計画外弁済制度はあくまで例外に過ぎない。その意味で、商取引債権の包括的弁済が伴わなければ手続を維持できない場合というのは、本来の法の予定するところからすれば、極めて例外的なケースと考えるべきではなかろうか[10]。

　以上よりすれば、商取引債権の包括的弁済が、事業の維持・更生に有用である場合が存在することを踏まえつつ、債権者間の平等と調和させるためには、①弁済対象となる債権の種類を、債務者の事業継続にとっての不可欠性

の観点から極力限定すること[11]、②債権総額に占める商取引債権の割合が相応に低いといえる場合に限ること、③多額の商取引債権を有する者が存在する場合には、弁済禁止の保全処分の例外としては扱わず、債務者又は管財人において弁済金額の上限を交渉するなどして、他の債権者との均衡を図るよう努めること等が求められるべきであろう。

また、前記のとおり、商取引債権の包括的弁済が正当化されるのは、債務者の事業継続を通じて債権者への弁済極大化にも資するためであるから、事後的ではあれ牽連破産に移行した場合には、正当化の前提が崩れることとなりかねない。その意味では、商取引債権の全額保護を行っても牽連破産に移行するリスクが相応に存する案件においては、基本的にかかる取扱いは許されないと考えるべきであろう。

イ　金融機関としての実務対応

商取引債権の包括的弁済が、弁済禁止の保全処分の対象から一般の商取引債権を除外する方法により行われる場合、これに不服な債権者は、当該保全処分の決定を即時抗告で争うことが可能である（民再30条3項、会更28条3項）。

これに対して、手続開始後の弁済許可（民再85条5項後段、会更47条5項後段）により行われる場合には、債権者が直接これに意見を述べ又は争う手段がなく、最終的な計画案に対する賛否によって態度を表明する他ない。

なお、メインバンクである等、一定の地位にある金融機関が、事前に申立てに関与しているケースでは、商取引債権の包括的弁済の当否等について意見を述べ、あるいはその弁済原資についてDIPファイナンスを求められる過程で、自らの意向を反映させることが可能な場合もあろう。

10　既に述べたように、商取引債権の包括的弁済が行われた事例において、弁済が禁止されるのは貸付金債権、社債、リース料債権、デリバティブ取引に係る債権、損害賠償債権等であって、多くは金融債権である。商取引債権の包括的弁済が常態化することはないと思われるが、仮にそのようなこととなれば、民事再生手続及び会社更生手続の私的整理化ともいうべき状況となり、実質的な法改正が行われたのと変わらなくなる。

11　申立て前後で対象債権を絞り込む時間の余裕がない場合も多いであろうが、手続の進捗に応じて、弁済が必要な種類の取引債権は随時弁済対象に追加することは可能ではないかと思われる。

2 債権保全

(1) 期限の利益の喪失

a 期限の利益喪失の意義

　金融機関が融資取引を行う場合は、債務者、保証人等と約定書を締結し、通常はこの約定書の中で、主債務の期限の利益の喪失事由（当然喪失事由・請求喪失事由）を明記している。期限の利益喪失により、預金相殺や担保権実行が可能となるほか、債務者が加入していた団体信用生命保険から脱退することとなる。

b 法的整理申立てと期限の利益の喪失

　旧銀行取引約定書ひな形5条1項1号は、「支払の停止または破産手続開始、民事再生手続開始、会社更生手続開始、もしくは特別清算開始の申立があったとき」を当然喪失事由としており、同様の約定書を締結していれば、法的整理手続の申立ての事実をもって、債務の期限の利益は当然に失われる。

　なお破産法上、「支払の停止」とは、支払不能であることを明示的又は黙示的に外部に表明する債務者の主観的な態度をいい（最一小判昭60.2.14金法1100号82頁、福岡高決昭52.10.12判時880号42頁）、「支払不能」とは、債務者が支払能力を欠くために、その債務のうち弁済期にあるものについて、一般的かつ継続的に弁済することができない状態をいう（破2条11項）。銀行取引における期限の利益の喪失事由としての「支払の停止」も、これにより債権者の債権保全の必要性を認定し、相殺その他の回収行動を正当化するものであるから、基本的には上記破産法上の意義と同義と解すべきであろう[12]。その意味で、通常、弁護士への法的整理申立ての委任に基づく受任通知の発送や、銀行取引停止処分、債務者による営業停止の表明といった事実は「支払

---

12 『改正銀取逐条解説』59頁。

の停止」に該当する。

これに対して、私的整理、特に事業再生ADRにおける「一時停止」の効力については、これを「支払の停止」と捉えるかどうかにつき争いがある。現在の有力な見解は、一時停止の要請通知は、事業再生の見込みがあり、それが債権者全体の利益保全に資するものであるとの事業再生実務家協会の判断を表明したという性質をもっている以上、支払停止には該当せず、また「債権保全を必要とする相当の事由が生じたとき」といった期限の利益喪失事由にも該当しないと解している[13]。なお、一時停止の意義については、第1部第2章1（17頁）を併せ参照されたい。

c　当然喪失又は破産法に基づく期限の利益喪失と通知の要否

当然喪失の場合、債務者・連帯債務者及び保証人に対し期限の利益喪失通知を行うことは、契約上は不要である（また、破産手続の場合、破産法103条3項により、期限付債権は破産債権者の手続参加との関係では弁済期が到来したものとみなされる）。もっとも、実務においては、後日の紛議防止の観点から「貴殿は〇年〇月〇日に破産申立てを行ったため、同日をもって期限の利益を喪失した」等の通知を行うことが通常である。

d　保証人及び連帯債務者との関係

主債務について期限の利益を喪失した場合、保証人に対しても保証債務の履行請求が可能となる。また、連帯債務者がいる場合には、通常は約定により、連帯債務者もその債務について主債務と同時に期限の利益を喪失することとなろう。

債務者・連帯債務者・保証人が預金を有している場合、債務者が期限の利益を喪失したときは、金融機関としては、これらの者の預金について引出しを停止した上で、必要に応じ相殺に供する等の措置を行うこととなる。もっとも、連帯債務者・保証人が自行に対して別途の債務（主債務）を負っている場合、その主債務も当然に期限の利益を喪失するとは限らないため、これ

---

[13]　伊藤眞「第3極としての事業再生ADR―事業価値の再構築と利害関係人の権利保全の調和を求めて」金法1874号146頁～147頁。

らの債務者から、当該主債務については弁済を継続したい旨の申出を受ける可能性がある。

この場合、連帯債務者・保証人独自の債務につき、期限の利益を喪失させることなく継続弁済を受けることについて、金融機関として経済合理性があると判断できれば、預金の引出しを停止する等の措置を行わず、継続して弁済を受けるという対応もあり得る。ただし、信用保証協会の保証付債権がある場合は、かかる弁済が自行固有債権のみの取立てであるとして、保証協会との関係における管理義務違反を主張され、保証免責となる可能性もあるため、かかる対応にあたっては、信用保証協会等から事前に承諾を得ておく必要がある。

e 期限の利益喪失の通知に関する送付先

請求による期限の利益喪失の効果は、別段の約定がない限り、当該通知が債務者等に到達した日に生ずる（民97条）。配達証明付内容証明郵便により期限の利益喪失通知を送付した場合、配達証明書の記載により到達日を明らかにする。

期限の利益喪失の通知は、債権者の意思表示にほかならないから、相手方は意思表示の受領能力が必要である（民98条の2）。また、法的整理手続の申立てがあった場合には、【図表3－2－1】に掲げる者を通知の宛先とする必要がある。

なお、信用保証協会の保証付債権については、当然喪失の場合であっても、喪失事由・喪失日を明記した期限の利益喪失通知書を内容証明郵便（内容証明郵便かつ原則として配達証明・書留・速達による）により、債務者・保証人・担保提供者に対し通知催告するものとされている。

【図表3－2－1】期限の利益喪失通知の送付先

> 1 民事再生手続の場合
> (1) 保全管理人・管財人が選任されていない場合　→　代表取締役
>   DIP型の手続である民事再生手続の場合、原則として代表取締役を宛先として送付する。ただし、民事再生手続開始の申立てとともに、代表取締役が交代するケースもあるので留意を要する。
> (2) 保全管理人・管財人が選任されている場合　→　当該保全管理人・管財人

例外的に、管理型の民事再生手続とされ管財人が選任される場合は、当該保全管理人・管財人に送付する。

2　会社更生手続の場合
⑴　手続開始決定前であって保全管理人が選任されている場合　→　保全管理人

　会社更生手続の場合、手続が開始すると管財人が選任されるが、申立て後かつ手続開始前は保全管理人が選任されている場合がほとんどである。
⑵　手続開始決定前であって保全管理人が選任されていない場合　→　代表取締役

　特にDIP型の会社更生手続の場合、保全管理人が選任されず、引き続き経営陣に財産の管理・処分権が残る場合がある。この場合、代表取締役に送付する。なお、民事再生手続の場合と同様に、会社更生手続の開始申立てと同時に代表取締役が交代しているケースもあるので留意を要する。
⑶　手続開始決定後　→　管財人

　会社更生手続においては、手続開始と同時に管財人が選任され（会社更生法42条1項）、管財人が更生会社の財産の管理・処分権を有する。管財人が複数選任されている場合でも、通知はそのうちの1人に対して行えば足りる（会社更生法69条2項）。

　会社更生手続開始の申立てから開始決定まで一定の期間を要するため、期限の利益喪失の通知も開始決定までに送付するケースが大半と考えられる。もっとも、ごく稀ではあるが、申立日あるいは極めて近接した時期に開始決定が発令される場合もある。

3　破産手続の場合
⑴　破産手続開始決定前であって保全管理人が選任されていない場合　→　代表取締役

　債権者申立て等の特殊な事案では、手続開始決定までに時間を要し、かつ、保全管理人が選任されていない状態もあり得る。この場合、債務者の代表取締役に送付する。
⑵　破産手続開始決定前であって保全管理人が選任されている場合　→　保全管理人

　破産手続開始申立て後、かつ開始決定前において、保全管理人が選任される場合がある。この場合、当該保全管理人に通知を送付する。
⑶　破産手続開始決定後　→　管財人

　破産手続の場合、債権者申立て等の特殊なケースを除けば、申立て後、速やかに開始決定が発令され、管財人が選任される（破産法31条1項）。この場合、通知は管財人に送付する。

```
 4  特別清算の場合
(1)  代表清算人が選任されている場合  →  代表清算人
(2)  代表清算人が選任されていない場合  →  清算人
```

(2) 弁済禁止と預金の支払停止

　債務者から預金の預入れを受けている金融機関の場合、法的整理手続開始の申立てと共に、保全命令等によって弁済が禁止されることに伴い、自行預金からの送金等の手続を停止する必要がある。同時に、法的整理手続開始の申立てに伴い、債務者に対する貸付債権について期限の利益が失われるため、当該時点の預金については、（払出しを停止の上）速やかに相殺に供することとなる。

a　保全命令と弁済禁止

　債務者が民事再生手続を申し立てた場合、申立てと同日付で、裁判所から弁済禁止の保全処分が発令されることが通常である。会社更生手続の場合も、債務者申立ての事案であれば、申立てと同日付で保全管理命令が発令されることが一般的と思われる。

　特にメインバンク等、債務者が各種の決済口座を開設している金融機関に対しては、債務者（会社更生手続の場合は保全管理人）が前記の保全命令の発令後、速やかに決定書を持参する等して、債務の弁済禁止等への協力を要請することが通常である。

　これらの保全命令においては、申立ての前日までの原因に基づく債務の弁済が、原則として禁止されるのが実務上の運用である。したがって、金融機関としては、弁済が禁止される債務について、送金や引落し等の手続を停止する必要がある。なお、保全命令上、少額債権その他一定の債権は弁済禁止の対象から除外されることが通常であるから、金融機関としては、保全命令の内容を確認した上で、債務者側と協議しつつ対応することになろう。

b　預金相殺と相殺禁止

　金融機関との約定において、法的整理手続の申立ては、債務者の期限の利

益喪失事由（当然喪失事由）とされていることが通常である。したがって、貸付債権を有する金融機関としては、当該債権と預金の払戻債務とを相殺し、回収に供することが可能である。

他方、金融機関が法的整理手続申立ての事実を知った後で負担した預金債務については、相殺が禁止される（民再93条1項4号、会更49条1項4号、破71条1項4号。なお、預金相殺と相殺禁止については(3)で詳しく述べる）。そのため、債務者等としては、決済口座を有していない金融機関であっても、申立ての事実につき悪意とし、爾後に預け入れられた預金との相殺を封ずるため、申立て後、直ちにファックス等の方法で申立ての事実等を通知することが一般的である。

かかる通知により申立てがあったことを知った場合、金融機関としては、それ以前に受け入れた預金について払出し等を停止するとともに、速やかに相殺に供することとなる（なお、後述のとおり、民事再生手続及び会社更生手続においては、相殺は債権届出期間内しか認められないことに留意が必要である。民再92条1項、会更48条1項）。

なお、当座預金については、金融機関が当座勘定取引契約に基づく委任契約上の義務も負っていることから、強制解約通知を発送して当座預金を解約し、別段預金に振り替える等した上で相殺に供することが望ましい。

c 保証人や申立て外のグループ会社等の取扱い

ア 預金拘束の可否

金融機関が債権保全を目的として、非拘束預金（担保ではない預金）に対し、払出しの停止措置（預金拘束）を行うことに関する法規定はない。もっとも、貸出金が期限の利益を喪失し、預金相殺が可能な状態となっている場合に、後の相殺処理に備えてかかる預金を拘束することが適法たり得ることについては、大きな異論はないと思われる[14]。

この点、旧銀行取引約定書ひな形5条1項1号では、「支払の停止または破産手続開始、民事再生手続開始、会社更生手続開始、もしくは特別清算開始の申立があったとき」は、期限の利益を当然喪失するとしている。

したがって、金融機関が債務者との間で同様の約定書を締結していれば、当該債務者について法的整理手続の申立てがあった場合には、爾後の預金拘

束が適法たり得ることになる。

 イ 申立て外の債務者に対する預金拘束

 他方、保証人や申立ての対象とされていないグループ会社については、「支払の停止」や、その他の請求喪失事由が存するかが問題となる。

 ここで「支払の停止」は、弁護士等への法的整理委任、銀行取引停止処分、営業廃止の表明等が該当するとされている。請求喪失事由については、延滞を理由とする場合が一般的である。なお、旧銀行取引約定書5条2項5号「債権保全を必要とする相当の事由が発生したとき」を理由に請求喪失させる場合は、相当の事由について客観的妥当性がないと、権利濫用を主張される可能性も否定できない。

 この点、代表者である保証人等は、独自のキャッシュフローもなく、主債務者と同時に支払不能に陥ることが多いと思われるが、申立て外のグループ会社のうち、独自のキャッシュフローがあり、連鎖倒産を免れる可能性が高いといった先については、預金拘束の可否・当否につき、特に慎重な考慮が必要である。

 物上保証人については、債務を負担している訳ではないため相殺の余地はなく、したがって物上保証人の預金は拘束の対象とはならない。また、公共工事の前払金保証制度に基づく預託金や、親睦会名義の預金は、相殺の可否自体はケース・バイ・ケースであるものの、実務上は、明確に債務者が預金者であると認定できる場合でない限り、法的整理手続開始の申立てをもって、直ちに預金拘束の対象とすることは困難ではないかと思われる。

 いずれにせよ、法的整理手続の申立てを行った債務者以外の者について、預金の支払停止措置を行った場合、その事業継続や生活等への影響が大きい場合もあるため、当事者に対し支払停止措置を行った旨の説明を行うべきである。特に、第三者的立場にある保証人の場合は、債務者が窮境に陥ってい

---

14 東京地判平19.3.29（金法1819号40頁）、東京高判平21.4.23（金法1875号76頁）等。後者に関する論文として、本多知成「預金の払戻拒絶措置の適否」金法1899号32頁。本多判事は、債務者が期限の利益を喪失し、相殺適状状態にある場合はもとより、期限の利益喪失事由が既に発生している限り、実際に期限の利益を喪失させずとも預金拘束は適法たり得るとする。同様の考え方を背景として、「貸付債務の履行ができないことを懸念するに足る合理的な理由がある場合」に信義則又は公平の原則から預金の払戻しを拒絶することができるとしたものとして、東京高判平24.4.26（金判1408号46頁）がある。

ることを知らされずに支払停止措置を受ける可能性もあるため、経緯等について丁寧な説明を行うべきである。

d　信用保証協会の保証付債権がある場合

　支払停止措置の対象となる預金は、給与受取口座や年金受取口座である場合もあり、支払停止措置期間に債務者や保証人から開放要請を受けることも予想される。ただし、信用保証協会等の保証付債権がある場合、信用保証協会等の承認を得ずに開放すると、後日の代位弁済において「相殺対象預金を承認なく支払った」として保証免責となる可能性もあるため、事前承認を得ておく等の対応が必要となる。

(3)　預金相殺

a　預金相殺の要件

　預金相殺を行うためには、債権と債務がともに弁済期にあり、かつ、法律上の相殺禁止に該当しないことが必要である。
　一般的な銀行取引約定書においては、債務者について法的整理手続の申立てがあった場合、期限の利益を当然に喪失すると規定しており、他方金融機関の債務である預金も（定期預金については、金融機関が期限の利益を放棄することにより）、弁済期にあるので相殺適状となる。

b　預金相殺の方法

　ア　相殺対象預金

　当座預金を相殺する場合、金融機関は当座勘定取引契約に基づく受任者としての地位も有しているため、当座勘定取引契約自体を解約し、別段預金に振替えの上、相殺する。定期預金については、中途解約とはなるが、債務者からの解約ではないため、中途解約利率ではなく約定利率で付利することが通常である。

　イ　相殺禁止

　金融機関が、法的整理手続の開始等の後に、債務者から預金を受け入れ、債務者に対して債務を負担することとなっても、かかる「後の預金」と貸出

金との相殺はできない。すなわち、以下の場合には相殺が禁止される（破71条1項各号）。

①破産手続開始後に債務を負担した場合
②支払不能後に、その事実を知って債務を負担した場合で、もっぱら相殺に供する目的で破産者の財産の処分を内容とする契約を締結した場合（具体的には他行の預金を自行に振り込ませ相殺すること等）
③支払停止があったことを知って破産者に対して債務を負担した場合
④破産手続開始の申立てがあったことを知って破産者に対して債務を負担した場合

ただし、②〜④については、法定の原因（相続、合併等）による債務負担の場合、支払不能・支払停止・破産手続開始の申立ての事実を破産債権者が知った時より前に生じた原因[15]による債務負担の場合、破産手続開始申立てより1年以上前に生じた原因による債務負担の場合については、例外として相殺が可能である（破71条2項各号）。なお、同様の規定は民事再生法93条、会社更生法49条及び会社法517条（特別清算）でも設けられている。

なお、私的整理手続中に預け入れられた預金を、かかる私的整理手続から移行した後の法的整理手続において相殺することの可否については、第1部第2章3（21頁）を参照されたい。

　ウ　充当対象債権

相殺した預金をどの債権に充当するかについては、銀行取引約定書で金融機関の充当指定権が規定されていることが通常であり、この場合には金融機関の自由な判断で充当すべき債権を決定できる[16]。

これに対し、第三者の保証付きの債権がある場合、保証機関との取決めがあれば、これに従う必要がある。特に信用保証協会の場合は、平成19年8月に全国信用保証協会連合会が発行した「約定書例の解説と解釈指針（第9条〜第11条）」において、預金相殺の方法を詳細に規定しており、これに反し

---

[15] なお、銀行と債務者の間に単に当座勘定取引契約や普通預金契約があることは、ここでいう「原因」には該当しないと解されている（最三小判昭52.12.6（民集31巻7号961頁）、最三小判昭60.2.26（金法1094号38頁））。
[16] ただし、最三小判平22.3.16（判タ1323号106頁）における田原睦夫判事の補足意見は、破産債権者はかかる充当指定権の合意を破産手続上主張できないとする。

て預金相殺を行った場合は保証免責となる可能性もあるため、慎重な取扱いが求められる。

　c　預金相殺の時期

　民事再生手続及び会社更生手続においては、相殺は債権届出期間内しか認められないから（民再92条1項、会更48条1項）、預金相殺は債権届出前に行う必要がある。なお、破産手続においても、破産管財人から相殺の催告を受けた場合、破産管財人が定めた期間内に相殺を行わなければ失権する（破73条1項・2項）。

　d　相殺通知

　相殺は、当事者の一方から相手方に対する意思表示をもって行う必要がある（民506条1項）。特に預金相殺の意思表示は、後日の紛争を防ぐため、必ず配達証明付きの内容証明郵便により通知するべきである。

(4) 取立委任手形の処理

　銀行が手形の取立委任を受けて手形を取得した場合、委任者が商人であれば、当該手形について銀行の商事留置権が成立する（商521条。これに対して、信用金庫は商法上の商人に当たらないため、信用金庫が取立委任を受けた手形について、商事留置権は成立しない[17]）。

　また、銀行取引約定書においては、債務者による債務の履行がない場合、銀行はその占有している債務者の動産、手形その他の有価証券を、必ずしも法定の手続によらず一般に適当と認められる方法、時期、価格等において取立て又は処分の上、その取得金から諸費用を差し引いた残額を法定の順序にかかわらず債務の弁済に充当できる旨の条項が置かれることが一般である。

　取立委任者である債務者について法的整理手続が開始した場合、銀行は手形を取り立て、取立金を債務の弁済に充当できるか、特に民事再生手続との関係でかねてより争いがあった。以下、各手続における取立委任手形の取扱

17　最三小判昭63.10.18（民集42巻8号575頁）。

いにつき述べる。

a 破産手続

破産手続においては、手続開始時点で存する商事留置権は、破産財団に対する特別の先取特権とみなされ、優先弁済的効力が与えられる（破66条1項）。特別の先取特権は別除権として、破産手続によらないで行使できる（破2条9項・65条1項）。したがって、手形について商事留置権が成立している場合、銀行は別除権の行使としてかかる手形を取り立て、手続外で取立金を弁済充当することができる[18]。

b 民事再生手続

これに対して、民事再生法上は、商事留置権は別除権とされるものの（民再53条1項）、これを特別の先取特権とみなす旨の規定が存在しない。そのため、民事再生手続上、商事留置権にはその本来の効力である留置的効力を超えた優先弁済効は認められず、したがって、銀行は手形を取り立てたとしても、民事再生法85条1項の弁済禁止効により、取立金を弁済充当することが許されない（銀行取引約定書の取立充当合意は、上記規定に違反し手続上の効力を認められない）のではないか、という疑問があった（裁判例も高裁レベルで判断が分かれていた[19]）。

近時、最高裁は、民事再生手続における当該取立金の弁済充当を認めた[20]。その理由は、①取立委任手形に対する商事留置権の効力は、取立金が銀行の計算上明らかになっている限り取立金の上に存続するので、銀行は当該取立金を引き続き留置できる、②取立金の弁済充当を合意した銀行取引約定の規定は、別除権の行使に付随する合意として、民事再生法上も有効であるから、銀行は当該取立金を取立委任者に対する債権の弁済に充当できる、というものである。

上記判決により、銀行が取立委任手形を民事再生手続外で取り立て、これ

---

18 最三小判平10.7.14（民集52巻5号1261頁）。
19 弁済充当を肯定するものとして、名古屋高裁金沢支判平22.12.15（金法1914号34頁）、否定するものとして、東京高判平21.9.9（金法1879号28頁）。
20 最一小判平23.12.15（民集65巻9号3511頁）。

を弁済充当できることについては、ほぼ異論はなくなったものと見てよいであろう。

c 会社更生手続

会社更生手続においては、商事留置権の被担保債権は更生担保権とされ（会更2条10項）、更生担保権者は、いずれにせよ計画に従って弁済を受け得るに過ぎないので、破産・民事再生手続のような、手続外での弁済充当といった問題は生じない。すなわち、銀行は取り立てた[21]手形金相当額について[22]更生担保権としての届出を行い、通常はその全額について、更生計画に従った弁済を受けることが可能である。

3 担保権の行使

債務者に法的整理手続等の期限の利益喪失事由が発生した場合、早期の担保権行使は債権回収の極大化を図る重要な手段であるが、法的整理手続ごとに担保権の行使の方法は異なり、一歩間違えれば回収額にも大きく影響する事態となるため、金融機関としては法的整理手続ごとの担保権に係る規定内容を熟知しておかなければならない。

担保は、保証等の「人的担保」と、質権・抵当権・譲渡担保などの「物的担保」の二つに大きく分けられる。実務上、多くの回収が見込まれるのは「物的担保」であり、特に自行預金の相殺・払戻充当・質権実行、及び抵当権等の担保権の行使が重要である。

---

[21] 会社更生手続開始後も取立委任契約は存続している以上、銀行としては、満期が来れば手形を取立てに回さざるを得ない。この点につき、前掲注20・最一小判平23.12.15における金築誠志判事の補足意見は、「満期に提示しなければ遡求権を失い、時間の経過で手形債務者の資力が悪化することもあり得るから、手形を留置しつつ、満期前に取立委任契約を解除して満期の取立てを事実上不能にすることは、不利な時期に委任を解除したものとして損害賠償責任を負う危険を冒すことになる」と指摘する。

[22] なお、取立金にも（銀行の計算上明らかとなっている限り）留置権の効力が及ぶ、とする前掲注20・最一小判平23.12.15の立場からすれば、当該取立金について預金等への担保変換を受けなくても、引き続き取立金の上に商事留置権の効力が及び、仮に会社更生手続が頓挫し、牽連破産手続に移行した場合にも、銀行は商事留置権の行使として、取立金を破産手続外で弁済充当できることになろう。

これらの担保に関する諸問題は、初動段階での対応も含め、第3部第6章（210頁）にて詳述する。なお、手形の譲渡担保の取扱いについては、債権届出に関する第3部第5章2(3)cイ（189頁）も併せ参照されたい。

4 金融機関の意見聴取への対応

債務者が再建型の法的整理手続を申し立てた場合、当該手続が開始決定を得られるかどうかは、債権者とりわけ金融機関の意向に大きく左右される。

民事再生法・会社更生法は、計画案について可決又は認可の見込みがないことが明らかであることを、手続開始申立ての棄却事由の一つとしているから（民再25条3号、会更41条1項3号）、実務上、裁判所が開始決定を行うにあたっては、大口債権者の手続に対する意向を確認することが通例である。

(1) 意向確認の方法

a 債権者説明会等の開催

ア 民事再生手続

民事再生規則において、再生債務者は債権者説明会を開催できるものとされている（民再規61条1項）。この債権者説明会は開始決定前でも開催が可能であり、開催は義務ではないものの、ほとんどのケースにおいて、申立て直後における債権者の意向確認の場として開催されている。この場合、開催通知は、債務者からの手続申立てに関するお詫びやお知らせとともに送付されることが多く、開催日も申立てから数日後の場合がほとんどであろう（なお、債権者説明会は、実務上、第1に申立て直後や手続開始直後、第2に財産評定後、第3に再生計画案提出日前後に開催されることが比較的多いとされる[23]）。

申立て直後の債権者説明会には、監督委員も出席することが通例である[24]。また、再生債務者等は債権者説明会の結果の要旨を裁判所に報告しなければならない（民再規61条2項）。債権者説明会の場では必ず出席者の質疑応答の

---

23 『倒産の法システム(3)』349頁〔森恵一〕。
24 『民再の手引』11頁〔鹿子木康〕。

時間が設けられるし、会の終了後に監督委員等と直接対話する機会もある。金融機関としては、債権者説明会を、債権者として意見を表明し、監督委員・裁判所に意向を伝達する場として、有効に活用したい。

なお、民事再生法における別途の制度として、債権者への情報提供等を目的とした財産状況報告集会（民再126条1項）があるが、これは開始決定後に開催されるものである（民再規60条1項参照）。

イ 会社更生手続

会社更生法上、申立て後、手続開始前の債務者（開始前会社）あるいは保全管理人は、開始前会社の業務・財産に関する状況や会社更生手続の進行に関する事項について、更生債権者等となることが見込まれる者等に対し説明するための関係人集会を開催することができる（会更規16条）。この集会の開催も法律上の義務ではないが、実務上は、申立ての直後において関係者の理解と協力を求めつつ、申立てに伴う混乱を避ける目的で、関係人説明会が開催されることが通常である[25]。

関係人説明会は、大口債権者かつ担保権者である金融機関向けと、金融機関以外の一般債権者を含めたものと、2回に分けて開催されることもある。金融機関に対しては、手続申立てへの理解と協力を求める上で、資金繰りや担保財産の状況などにつき、特に詳細な説明を要する場合もあるためである。この場合、金融機関向け説明会は、一般債権者向けの関係人説明会よりも数日前に開催されることが多い。金融機関としては、可能であれば、金融機関向けの説明会だけでなく、一般債権者向けの説明会にも参加して、金融機関以外の一般債権者の意見を聞くことで、再建可能性の判断や回収方針の立案のための材料の収集に努めることが望ましい。

関係人説明会は、申立代理人において主催することが通常であるが、保全管理人もオブザーバーとして出席するケースがほとんどである[26]。また、開始前会社又は保全管理人は、関係人説明会を開催した時は、その結果の要旨を裁判所に報告しなければならない（会更規16条）。したがって、金融機関としては、関係人説明会に積極的に出席し、債務者のみならず保全管理人に対

---

[25] 『書式会更の実務』23頁〜24頁。
[26] 『書式会更の実務』24頁。

しても直接意見を申し述べる機会として活用すべきである。

なお、会社更生法上、別途の制度として、更生会社の財産状況を報告するための関係人集会（会更85条1項）、あるいは、更生会社の業務・財産に関する状況や更生手続の進行に関する事項について更生債権者等に対し説明するための関係人説明会（会更規25条1項）の制度が設けられているが、いずれも開始決定後に管財人が主催者となって開催するものである（会更85条1項参照）。

b 監督委員による意向確認

民事再生手続においては、実務上ほぼ全件で監督委員が選任されている。この点、裁判所の運用や事案により異なり得るが、申立てから開始決定までの間に、大口債権者に対して監督委員からの意向確認がなされる場合がある。通常、これは裁判所が開始決定の可否を判断するにあたり、監督委員が裁判所に意見を述べる運用となっている場合において、監督委員が手続の成否に影響を与える主要債権者の意向を確認するものである。意向確認は面談・口頭によるほか、金融機関の下に書面が郵送されてくる場合もある。

一般的な意向確認の内容は、主に大口債権者として民事再生手続に賛成するか否かについてである。裁判所は、「再生計画案の作成若しくは可決の見込み又は再生計画の認可の見込みがないことが明らかであるとき」は、再生手続開始の申立てを棄却しなければならない（民再25条1項3号）。総議決権額の2分の1以上を占める再生債権者が民事再生手続の開始に反対の意向を表明していて、かつ、翻意の見込みがない場合などは、この「見込みがないことが明らかであるとき」に該当するとされる（民再172条の3第1項参照）[27]。

c 管財人等による意見聴取

民事再生手続の監督委員のほか、会社更生手続における保全管理人（管財人）も、大口債権者である金融機関の意向を確認することが通常である。民事再生手続と同様、会社更生手続においても、更生計画案の可決の見込みが

---

[27] 『破産・民再の実務（下）』89頁〔中山孝雄〕。

ないことが明らかであれば、裁判所は会社更生手続開始の申立てを棄却しなければならない（会更41条1項3号）。例えば、保全段階で大口債権者が手続に強硬に反対する意思を表明しており、それがどのような状況の変化によっても変更する可能性がなく、可決要件を満たさないことが明らかであるときは、更生計画案の可決の見込みがないときに該当する（もっとも、債権者が翻意する可能性にも鑑みれば、この段階で可決の見込みがないことが明らかであるとの判断は慎重にすべきとされる）[28]。

このほか、債務者の手続中の資金繰り上の必要がある場合には、従前の大口債権者（メインバンク等の立場にある金融機関）に対して、DIPファイナンスの可能性が打診されることもある。ただし、会社更生手続の場合、申立て前の事前相談段階から資金繰りについて疎明が必要であるから、申立て後になってはじめてDIP融資が要請されることはあまり考えられない。

上記のほか、民事再生・会社更生を問わず、裁判所は手続を指揮・監督する立場にあり、大口債権者たる金融機関の意向を直接確認することも考えられないではない。もっとも実務上、裁判所が直接、金融機関等に連絡してくることは考えられず、あり得るとしても管財人等を通じた意向確認の形をとるであろう。

なお、金融機関側から裁判所への面会を求めることも可能であるが、通常は、民事再生手続であれば監督委員、会社更生手続であれば保全管理人・管財人とまず対話するよう促されるであろう。

(2) 意見聴取への対応

申立て直後の段階において金融機関が意向の確認を受けた場合、慎重を期する意味もあり「対応未定」と返答することも多いように思われる（もとより、多くの債権者が対応未定であれば、「計画案の可決の見込みがないことが明らか」ではないから、少なくとも開始決定に至る蓋然性は高くなる）。しかしながら、従前の取引等を通じて、債務者の再建方針や手続の進め方等について意見がある場合には、早いタイミングで監督委員や保全管理人にその意向を伝

---

[28] 以上につき、『最新実務会更』97頁。

えることが望ましい。

　一般的に、債権者として意見を述べるに際し、あらかじめ検討しておくべき項目としては、以下のようなものが挙げられよう。なお、質問や意見は、債権者としての回収目線を保持しながらも、金融機関の社会的使命を踏まえたものであるべきである。取引店をはじめ行内の関係各部と事前に協議を行い、総合的な判断から方針を固めておく必要がある。

a　自行の回収可能性の検証

　前記1⑵（107頁）で述べたとおり、初動の段階から、短期的・中長期的見通しの中で、いかなる手段でどれだけの回収が図れるかを検討しておく必要がある。

b　申立会社破綻時の影響調査

　手続に協力せず、債務者が破産等へ移行した場合の影響についても、比較の観点から検討しておくべきである。この場合、債務者からの清算配当の見込み額のほか、債務者の破産により従業員、取引先、同業者等が受けるべき影響を検証する。自行の取引先が連鎖倒産した場合に自行に及ぼす影響についても勘案しつつ、総合的に検証する必要がある。

c　想定問答の作成

　意見聴取が想定される場合には、その具体的項目について、対応予定者が中心となり事前に内部協議を行い、質問・回答案を作成しておく。

　特に手続の成否を左右し得る大口債権者である場合、債権者としての自行の回収可能性もさることながら、関係者の生活・事業に対しても多大な影響を与え得る立場にあることを自覚しなければならない。率直かつ誠意ある回答案を作成し、意見聴取に臨むべきである。

　裁判所や管財人、監督委員等の関心事は、前記のとおり、手続への協力姿勢であり、あるいはDIP資金の融資可能性であろう。一方、金融機関側の関心事は、債務者の窮境原因や足下の事業の状況、経営陣の責任、事業再建の見通し等である。その他、回収方針の立案において必要な数字や再建方針等についても、可能な限りヒアリングすることが望ましい。また、経営陣の処

遇や担保権の取扱い等に関して、自行として譲れない条件等があれば、意見聴取等の早いタイミングで申し述べておくべきである。

5　信用保証協会への代位弁済請求

　債務者について法的整理手続の申立てがなされた場合、貸出債権に保証が付されていれば、金融機関としては期限の利益喪失を前提に保証履行請求を行うこととなる。この場合において、保証が信用保証協会によるものである場合は、実務上留意すべき点が多い。以下概説する。

(1)　信用保証協会と金融機関との基本的な法律関係

　信用保証協会は、借入人である中小企業者等の委託を受けて貸出人である金融機関と保証契約を締結し、保証人として保証債務を負う。
　また、信用保証協会と金融機関は、個々の保証に共通する事項・手続等の保証取引に関する基本的事項を包括的に定めた約定書（以下単に「約定書」という）をあらかじめ締結している。信用保証協会の保証契約は、この約定書の締結を前提として、個々の保証取引の都度、保証債務の内容を特定した信用保証書を交付することにより成立する。

(2)　代位弁済請求

　金融機関の貸出金が回収困難となり、保証協会の代位弁済によるほか回収方法がないと判断されるときは、代位弁済請求による債権回収の手続へ移行することとなる。ただし、金融機関は、プロパー債権と同様、保証協会の保証付きの債権についても善良なる管理者としての注意義務をもって管理することが求められており、金融機関に故意又は重過失があった場合は、保証免責となる可能性もあることから、債権管理には十分注意する必要がある。以下、法的整理手続の申立て前後を通じて、特に留意すべきポイントについて述べる。

a　事前説明

　代位弁済請求を決定せざるを得ない場合、既に債務者の事業は非常に悪化していることが大半である。後日トラブルとならないよう、債務者及び（信用保証協会以外の）保証人に対しては、代位弁済請求手続に移行する理由、今後の手続の流れ、預金相殺等の付随する措置が事業に与える影響等について、事前に説明しておくことが必要である。

b　保証債務履行請求権の存続期間

　信用保証協会と金融機関が締結している約定書において、最終履行期限（期限の利益喪失日を含む）後2年を経過した後は、保証債務の履行を請求することができないと規定されている。この期間を経過すると、代位弁済請求権は自動的に消滅してしまうことから、期日管理には十分な注意が必要である。

c　事故報告

　約定書において、「金融機関は、常に被保証債権の保全に必要な注意をなし、債務履行を困難とする事実を予見し、又は認知したときは、遅滞なく保証協会に通知し、且つ適当な措置を講じるものとする。」とされている。事故報告をすべき事由としては、期限経過、分割返済不履行、取引停止処分、休廃業、法的整理手続の申立て等がある。事由によっては直ちに期限の利益喪失に向けた協議が必要となる場合もあるため、事由発生後は遅滞なく保証協会に事故報告書を提出することが求められる。

d　期限の利益喪失

　期限の利益喪失にあたっては、信用保証協会が期限の利益喪失の事由・時期を明確に認識し、代位弁済すべき保証債務の範囲を確定して、未収利息（期限内利息）や延滞利息の支払について、後日問題の生じることのないようにするため、あらかじめ金融機関と信用保証協会の間で協議を行う必要がある。

　これは約定書上の義務ではないが、全国信用保証協会連合会の「約定書例

の解説と解釈指針」において、実務上の留意点として「請求喪失事由に該当するときは協議により喪失させること」とされていることに基づく対応である。

なお、法的整理手続の申立て等が当然の期限の利益喪失事由となっている場合も、同様の趣旨から、実務上は書面による協議を行っている。

e　保証債務履行請求権（代位弁済請求権）

信用保証協会に対する保証債務履行請求は、原則として、期限の利益喪失後90日間（冷却期間）を経てなお、債務の履行が得られない場合に行使可能となる。ただし、債務者について法的整理手続が開始した場合は、冷却期間を経ずに代位弁済請求が可能である。

f　代位弁済の範囲

代位弁済を請求できる範囲は、元金は未回収の全額、経過利息は原利率にて最終履行期限（期限の利益喪失日を含む）前の最長180日、延滞利息は120日が限度である。したがって、未収利息発生後、長期間にわたって期限の利益を喪失させなければ、多額の未収利息が発生し、一部が代位弁済の対象外となってしまうことから、金融機関としては期限の利益喪失の時期を逸しないよう注意する必要がある。

g　預金相殺

預金相殺については、充当先が問題となる。信用保証協会の保証付債権への優先充当が保証の条件となっている場合は、かかる保証付債権へ優先充当する。それ以外の場合は保証付きの債権が劣後する。なお、実務上、保証会社を含む他の保証人が存在する場合等においては、充当の優先関係が判然としないケースもあり、事案に応じ信用保証協会ほかの関係者との協議・確認を経た上で相殺する必要がある。

h　根抵当権の移転

約定書においては「金融機関は信用保証協会より……保証債務の履行を受けたときは、被保証債権に関する証書及び担保物を信用保証協会に交付する

ものとする。」と規定されている。

　金融機関が根抵当権の設定を受けることが保証条件とされている場合、金融機関から信用保証協会に対して根抵当権を移転しなければならない。確定前の根抵当権には随伴性がないことから、代位弁済請求に先立ち元本を確定させ、元本確定登記を経ておくことが求められる。ただし、債務者・設定者について破産手続が開始した場合は、開始決定により根抵当権の元本が法律上当然に確定するので、根抵当権の移転登記と同時に元本確定の登記を経由すれば足りる。なお、一部移転の場合は、一個の根抵当権を金融機関と信用保証協会とで準共有することになるので（民398条の13）、金融機関と信用保証協会の間で協定書を締結し、債権の優先劣後関係等を取り決める。

　金融機関が保証条件外の根抵当権を有する場合、信用保証協会の保証付債権も被担保債権であるから、保証履行により代位の関係が生ずる（民500条・501条）。この点、当該根抵当権によりその他の債権が全額保全されており、なお極度額に空枠がある場合には、信用保証協会からの要請に応じ根抵当権の一部移転を行う場合がある。

i　免　　責

　保証協会は、約定書において、信用保証取引における独自の保証債務消滅（免責）原因を定めており、所定の事由に一つでも該当する場合は、代位弁済を受けることができなくなるので注意が必要である。

　免責事由は、①旧債振替（信用保証協会の承諾を得ずに保証付きの貸付実行金を既存の債権の返済に充当した場合）、②保証契約違反（保証金額と貸付金額の相違、保証期間と貸付期間の相違、貸付形式の相違、資金使途の相違等）、③故意・重過失による取立不能（担保保存義務違反、法的整理の債権届出失念、プロパー債権のみの回収を図り保証付債権を放置した場合等）がある。法的整理手続との関係では、特に③の取立不能を主張されることのないよう、注意が必要である。

第3章 詐害行為・偏頗行為への対応

1 詐害行為・偏頗行為とは

(1) 詐害行為・偏頗行為の意義

　詐害行為とは、債務者が、その保有する財産を外部に流出させることにより、債権者に対する弁済可能性に影響を与えることを指す。
　偏頗行為とは、債務者の事業危殆時において、債権者間の平等を害する形で、特定の債権者だけが経済的利益を受けることを指す。典型的には、一部の債権者に対して、繰上弁済や担保の提供等を行うケースである。
　金融機関にとっては、自行の回収及び保全強化の面で偏頗行為が問題となることが多いが、詐害行為や偏頗行為が債務者と第三者との関係で行われ、これにより自行の回収可能性が損なわれる場合もある。

(2) 詐害行為・偏頗行為に対する金融機関のスタンス

　もとより詐害行為や偏頗行為は、法的整理手続において管財人等による否認の対象となる（ただし、特別清算では否認の制度が設けられていない）。しかしながら、金融機関としても、法的整理・私的整理による事業再建手法の定着とともに、各金融機関が他行との協調態勢により支援を実施するケースも増えている中にあって、倒産・事業再生における公平性・適正性を確保し、自行の債権回収を確実ならしめるべく、偏頗行為に対しては毅然とした対応・対抗が求められるといえよう。
　もっとも、適切な債権保全・回収努力と偏頗行為の線引きはしばしば難しい。例えば、否認における時的基準としての支払不能の発生時点について

は、私的整理における一時停止が支払停止に該当するかが争われているし、また、メインバンクが危機時期に行った緊急融資に際して提供された担保が、当該メインバンクの既存債権の共同担保にもなっていたという場合、かかる担保設定が否認されるべき偏頗行為といえるかも問題となり得る。金融機関としては、偏頗行為が疑われる行為を須く否認すべきと主張していくのではなく、かかる行為が債務者の事業再建に与えた影響や、総債権者の実質的公平の侵害の程度といった観点からも検討していくことが肝要であろう。

以下、他の債権者について詐害行為・偏頗行為が行われた場面を想定しつつ、金融機関としての実務対応を、債務者についての法的整理手続開始の申立て後、手続開始前と開始後とに分けて概説する。

2　手続開始前の対応

法的整理手続開始の申立て後、手続開始前において金融機関がとり得る手段としては、(1)詐害行為取消権の行使と、(2)手続開始後の否認権行使を見据えた保全処分の申立てが考えられる。

(1)　詐害行為取消訴訟（管財人等による受継）

詐害行為取消権は、「債務者が債権者を害することを知ってした法律行為」の取消しを裁判所に請求するものである（民424条）。偏頗弁済も偏頗的な担保設定も、詐害行為取消しの対象となり得る。

なお、詐害行為取消しの効果は当該行為の取消しであるが、現行民法の下では、例えば偏頗弁済行為を取り消した場合、被告である受益者から原告に対して直接、取り消された弁済金を引き渡せとの判決がなされる。その上で、原告たる取消債権者は引渡しを受けた金員を債務者に返すにあたり、自己の債権と相殺することで、事実上、優先的な回収を受けることが可能となる。この点で、詐害行為取消権は、管財人等が総債権者のために取戻しを行う（したがって、逸出した財産は債務者の下に戻るに過ぎない）否認権に比べ、債権者の回収上有利ともいい得る。

もっとも、法的整理手続においては、債務者の財産を一定のルールに従っ

【図表3-3-1】法的整理手続と詐害行為取消訴訟

	破産	民事再生	会社更生
開始時の中断	破産法45条1項	民事再生法40条の2第1項	会社更生法52条の2第1項
受継	破産法45条2項（管財人が受継することができる）	民事再生法140条1項（否認権限を有する監督委員又は管財人が受継することができる）	会社更生法52条の2第2項（管財人が受継することができる）

て管理する必要から、債務者の財産に関する訴訟もまた手続の中に取り込まれ、破産・民事再生・会社更生の各手続について開始決定があった場合には、債権者が債務者に対して提起していた詐害行為取消訴訟は中断し、原告を債権者から管財人等に交代した上で（これを「受継」という）、管財人等が否認訴訟として、引き続き訴訟遂行をすることとなる（【図表3-3-1】参照）。

したがって、法的整理手続の申立て後の段階で（開始決定前に）詐害行為取消訴訟を提起したとしても、ほどなく開始決定が発令されれば訴訟は中断し、管財人等に受継されてしまうことになる。その意味で、法的整理手続の申立て後に、債権者が偏頗行為への対応として詐害行為取消訴訟を活用する場面というのは、実務的にはほとんど考えられない。

(2) 否認権のための保全処分

法的整理手続の下においては、否認権の行使による債務者の財産回復が、偏頗行為に対する第一義的な対応手段といえる。もっとも、否認権の行使ができるのは、いずれの法的整理手続においても開始決定後に限られる。そのため、申立て後、開始決定がなされるまでの間に、債務者の財産が転々と譲渡されるなどして、回復困難な状態に陥るおそれがある。

かかる事態を回避するために、申立てから開始決定までの前においては、後の否認権行使に備え、債務者の財産の保全処分の申立てを行うことが認められている。

裁判所は、開始決定前において、否認権を保全するために必要と認めるときは、利害関係人（保全管理人が選任されている場合にあっては、保全管理人）の申立てにより又は職権で、仮差押え、仮処分その他必要な保全処分を命ずることができる。これは破産・民事再生・会社更生にほぼ共通の制度である（破171条1項、民再134条の2第1項、会更39条の2）。

　このように、否認権のための保全処分は、債権者も申し立てることができる。もっとも、民事再生・破産において、申立て後速やかに開始決定が発令される場合には、保全処分により現実に財産を保全する必要のあるケースは少ないであろう。また、会社更生手続の場合は、（DIP型を除いて）申立て後直ちに保全管理人が選任されるから、債権者は保全処分の申立てをすることはできず（会更39条の2第1項）、保全管理人に対し、保全処分の申立てをするよう働きかけることが中心となる。

3　手続開始後の対応（否認権の行使）

　手続開始後は、管財人や監督委員等に対して否認権の行使を促すことが、債権者の第一義的な対応となる。

　なお、破産・民事再生・会社更生と異なり、特別清算では否認の制度が設けられていない。そのため、債務者について特別清算が開始したが、是正が不可欠と考えられる詐害行為・偏頗行為が事前になされていたという場合、債権者としては、和解に応じない、あるいは協定に同意しないこと等により、間接的にかかる詐害行為等の是正を清算人に要求していくことになろう。

(1)　否認の要件

　以下、法律上の否認の要件を概観した上で、金融機関の実務において特に問題となり得るいくつかの要件・行為等について述べる。

a　対象となる行為

　否認権行使の要件は、破産法160条以下、民事再生法127条以下、会社更生

法86条以下に掲げられており、基本的な要件は各手続において共通である。

　ベースとなる類型は、①詐害行為否認（破160条1項、民再127条1項、会更86条1項）と、②偏頗行為否認（破162条、民再127条の3、会更86条の3）である。また、詐害行為の特殊な類型として、③相当対価を得て行われた処分行為も、一定の要件を備えた場合には否認権行使の対象とされる（破161条、民再127条の2、会更86条の2）。④担保設定等の権利変動後、15日経過後の対抗要件具備行為も、支払の停止等があった後にこれを知ってした場合は否認の対象となる（対抗要件否認。破164条、民再129条、会更88条）。

b　支払不能・支払停止

　しばしば問題となるのが、当該行為が、否認の要件等としての「支払不能」あるいは「支払の停止」（破160条1項2号・同3項・162条1項1号・2号・164条1項参照）の後になされたものか否かである。

　ア　支払不能

　「支払不能」とは、債務者が支払能力を欠くために、その債務のうち弁済期にあるものについて、一般的かつ継続的に弁済することができない状態をいう（破2条11項、民再93条1項2号、会更49条1項2号）。支払不能であるか否かは、現実に弁済期の到来した債務について判断され、弁済期未到来の債務を将来弁済することができないことが確実に予想されたとしても、それだけでは支払不能とならない。また、支払能力を欠くとは、財産・信用・労務による収入のいずれをとっても、債務を弁済する能力がないことをいい、争いがある場合には、上記のそれぞれの面から、収入等の可能性につき詳細な検討が必要となる[1]。

　イ　支払停止

　他方、「支払の停止」とは、支払不能であることを明示的又は黙示的に外部に表明する債務者の主観的な態度をいう[2]。支払停止は、弁済期の到来し

1　以上につき、東京地判平19.3.29（金法1819号40頁）、東京地判平22.7.8（判時2094号69頁）、『破産・民再の実務（上）』78頁参照。なお、「新破産法において否認権および相殺禁止規定に導入された『支払不能』基準の検証事項について」金法1728号36頁以下も併せて参照されたい。

2　最一小判昭60.2.14（金法1100号82頁）、福岡高決昭52.10.12（判時880号42頁）。

た債務に対する支払停止行為だけでなく、弁済期が近日中に到来する予定の債務について、あらかじめ支払うことができない旨を表示する行為も含まれ得る[3]。

第1部第2章1（17頁）でも述べたとおり、実務上、私的整理とりわけ事業再生ADRにおける「一時停止」が「支払の停止」に該当するか否かについては争いがある。現在の有力な見解は、一時停止の要請通知は、事業再生の見込みがあり、それが債権者全体の利益保全に資するものであるとの事業再生実務家協会の判断を表明したという性質をもっている以上、支払停止には該当しないとする[4]。なお、東京地決平23.11.24（金法1940号148頁）は、「支払の免除又は猶予を求める行為であっても、合理性のある再建方針や再建計画が主要な債権者に示され、これが債権者に受け入れられる蓋然性があると認められる場合には、一般的かつ継続的に債務を弁済できない旨を外部に表示する行為とはいえないから、「支払の停止」ということはできないと解するのが相当である」とした上で、「本件においては、上述のとおり、更生会社らは、事業再生ADRにおける事業再建を図ることを前提として専門家に事業再生計画の策定を依頼し、近く事業再生ADRの利用申請をすることを予定した上で、申立人にはその内容等を説明したものであるから、上記説明をもって「支払の停止」には該当しない」としている。

しかしながら、一時停止とは本来、「債権者全員の同意によって決定される期間中に債権の回収、担保権の設定又は破産手続開始、再生手続開始、……更生手続開始若しくは特別清算開始の申立てをしないこと」を意味する（事業再生に係る認証紛争解決事業者の認定等に関する省令7条）。仮に、一部の債権者についてADR手続中に抜け駆け的な債権保全がなされたとすれば、かかる行為は一時停止の趣旨に反し、私的整理手続中における金融機関の協力の枠組みを損なう結果、債権者全員の同意を要件とする私的整理の成立可能性そのものが疑問視されることとなる。そのような偏頗行為が、当該私的整理手続から移行した後の法的整理手続において否認されないとする結論が、果たして妥当であるか疑問を感ずるところである。金融機関として主張

---

[3] 大阪地判平21.4.16（金法1880号41頁）。
[4] 伊藤眞「第3極としての事業再生ADR－事業価値の再構築と利害関係人の権利保全の調和を求めて」金法1874号146頁～147頁。

し得る一つの考え方として、私的整理手続中の偏頗的な弁済や担保設定は、少なくとも否認要件との関係では「支払の停止」後になされたものと捉え、特に私的整理の成立を困難ならしめる重大な偏頗行為がなされた場合には、その時点で支払不能状態も認められ、かかる行為が偏頗行為否認の対象となると考える余地はないであろうか。今後の議論を期待したい。

なお、私的整理ガイドラインや事業再生ADR以外の私的整理手続において、一時停止が支払停止や支払不能と認められるかどうかは、「当該事案における債務者や私的整理手続の実態により判断されることになる」とされる[5]。

c 窮境期における融資と担保・保証

債務者の窮境期においては、金融機関が既存融資の債権保全のために、追加担保の設定等を債務者等に求める場合がある。また、メインバンク等が窮境にある債務者に対して新規に運転資金等を融資する場合、貸付人としての善管注意義務等の観点から、然るべき人的・物的担保を取得した上で融資が行われることが通常である。

ア 偏頗行為否認の一般要件

債務者が、①支払不能になった後、又は、②法的整理手続[6]開始の申立て後に、既存の債務について行った担保の供与又は債務の消滅に関する行為は、債権者がその行為の当時、①においては支払不能又は支払停止があったこと、②においては法的整理手続開始の申立てがあったことを知っていた場

---

[5] 『私的整理100問』287頁〔小林信明〕。なお、近時の判例で、個人の債務者から依頼を受けた弁護士が、債権者一般に宛てて「当職らは、この度、後記債務者から依頼を受け、同人の債務整理の任に当たることになりました。」「今後、債務者や家族、保証人への連絡や取立行為は中止願います。」などと記載された債務整理開始通知を送付したという事案において、当該債務者が単なる給与所得者であり広く事業を営む者ではないという事情も考慮すれば、当該通知には、債務者が自己破産を予定している旨が明示されていなくても、「支払能力を欠くために一般的かつ継続的に債務の支払をすることができないことが、少なくとも黙示的に外部に表示されているとみるのが相当である」として、当該通知の送付行為が破産法162条1項1号イ及び3項にいう「支払の停止」に該当するとしたものがある(最二小判平24.10.19判時2169号9頁)。

[6] 否認要件との関係では、①破産法においては破産手続を、②民事再生法においては民事再生手続・破産手続・特別清算を、③会社更生法においては会社更生手続・破産手続・民事再生手続・特別清算を、それぞれ意味するものとして用いる(破160条1項2号、民再127条1項2号、会更86条1項2号)。以下同様である。

合には、否認の対象となる（破162条1項1号、民再127条の3第1項1号、会更86条の3第1項1号）。

　また、かかる行為が債務者の義務に属せず、又はその時期が債務者の義務に属しない場合には、債務者の支払不能前30日以内にされた行為についても、同様に否認の対象となる。ただし、この場合は、債権者がその行為の当時他の債権者を害する事実[7]を知らなかったことを証明したときは、否認は成立しない（破162条1項2号、民再127条の3第1項2号、会更86条の3第1項2号）。

　なお、詐害行為と偏頗行為とを峻別する現行法の趣旨から、既存の債務に対する債務者による（無償の）担保設定行為については、専ら偏頗行為否認のみが問題となり、無償否認の規定（破160条3項、民再127条3項、会更86条3項）の適用はないと解するのが通説である[8]。すなわち、かかる行為について偏頗行為否認が成立しない場合に、改めて無償否認が問題となることはない。

イ　同時交換的行為の例外と根担保

　以上に対して、担保提供が新規融資と同時交換的に行われる場合は、そもそも否認の対象とならない（同時交換的行為の例外。破162条1項柱書、民再127条の3第1項柱書、会更86条の3第1項柱書）。その理由は、①既存の債務に対する担保提供の場合には、債権者はいったん一般債権者としての地位に立ち、債務者に対して無担保による信用を供与したといえるのに対して、担保の提供が債権の発生と同時又はこれに先行してなされている場合には、債権者は一度も一般債権者としての地位には立っていないこと、②担保の供与が融資と同時に又はそれに先行してなされている場合には、融資をした債権者としては、担保の供与が否認されるのであれば融資をしなかったという場合が通常であり、両者の行為の間には密接な関連性があると考えられること、③同時交換的行為が偏頗行為の否認の対象となるとすると、経済的危機

---

[7] この「害する事実」とは、偏頗行為否認の基礎である債権者平等を害する事実を意味し、具体的には、「30日以内の支払不能の発生が確実に予測された事実」と解する見解が有力である（『伊藤破産・民再』405頁、『伊藤会更』400頁）。
[8] 『大コンメ破産』633頁〔山本和彦〕、『条解破産』1024頁、高松高判平22.9.28（金法1941号158頁）。ただし、無償否認の規定の適用を肯定するものとして、東京地判平18.12.22（判タ1238号331頁）がある。

に瀕した債務者とこのような取引をする者すらいなくなり、当該債務者は再建の途を閉ざされるおそれがあることである[9]。

したがって、債務者による担保設定が、融資と同時交換的になされている場合は、かかる担保設定行為は否認の対象とならない。もっとも、かかる担保が根担保であり、新規融資と同時に既存融資も担保する形となっている場合の取扱いについては、争いがある。

この点については、既存融資の担保としての部分のみが否認の対象となり、管財人等は否認の登記として、既存融資を被担保債権の範囲から除外する旨の変更登記[10]、あるいは極度額変更の登記[11]を求め得るとする見解が有力である。反対説として、担保の全部について一体的に同時交換性が否定され、全体が否認の対象となるとの考え方も示されているが（いわゆる全部否認説）[12]、このような考え方は、過剰な否認を許容する結果となる上、根担保による担保取得を通常とする現在の金融実務に混乱を生じさせ得る（債務者が救済融資を受ける途が早期に閉ざされてしまう）おそれがあり、実務上は採り得ないものと考える。

ウ　主債務者に対する融資と保証・物上保証の提供

窮境期の債務者に対する融資にあたって、債務者以外の者、例えば債務者会社の代表者個人や関連会社から、保証や物上保証の提供を受ける場合がある。その後、当該保証人・物上保証人について法的整理手続が開始した場合に、当該手続においてかかる保証・物上保証行為が否認されるかが問題となる。

この点、争いがあるものの、一般的には、かかる保証・物上保証行為は無償否認（破160条3項、民再127条3項、会更86条3項）の対象になり得ると解されている。すなわち、かかる保証・物上保証行為が、当該保証人・物上保証人について支払停止・法的整理手続の申立てがあった後、又はその前6カ月以内にした、無償行為及びこれと同視すべき有償行為に該当する場合は、

---

[9] 『一問一答 新しい破産法』229頁～230頁。
[10] 『大コンメ破産』650頁〔山本和彦〕。
[11] 『伊藤会更』397頁。
[12] 『新破産法の基本構造と実務』410頁〔花村良一発言〕、『新注釈民再（上）』735頁〔中西正〕。

否認が成立する。

その主な理由は、①無償否認の根拠は、行為の有害性という意味で、債務者にとっての無償性が基本であり、受益者（債権者）にとっての無償性（債権者にとっては、保証・物上保証の提供と引き換えに融資を提供する以上、無償性が否定され得る）は補強的なものに過ぎないこと、②保証人・物上保証人は債務者に対して求償権を取得するが、これは自らの債権者に対する弁済等という出捐の回復の手段に過ぎず、保証・物上保証の対価としての意味を持たないことである[13]。

もっとも、主たる債務者が会社であり、保証人・物上保証人がその株主・代表者である場合において、当該保証・物上保証の提供と引き換えに会社に対して融資が行われることにより、保証人・物上保証人としても自らの出資の維持・増殖等の利益を得ているといえるときは、かかる保証・物上保証の提供は無償行為に当たらないという有力な反対説がある[14]。

なお、保証人等が、その負担するリスクに応じた保証料を取得している場合には、無償行為とはいえないので、否認は成立しない。

d　対抗要件具備行為と詐害行為否認の成否

金融機関が正常先である債務者に融資を行うにあたり、担保設定契約は締結しつつ、対抗要件の具備は登録免許税の節約等の観点から留保しておく場合がある。その後、債務者の信用が悪化し、債権保全の必要が生じた段階で登記を具備すると、かかる対抗要件具備行為が、債務者の法的整理手続において否認の対象とされ得ることになる（対抗要件否認）。

対抗要件否認は、権利変動から15日経過後に、支払の停止・法的整理手続の申立てがあったことを知って対抗要件具備行為が行われた場合に成立する（破164条1項、民再129条1項、会更88条1項）。

ここで、同条項の要件を満たさず、対抗要件否認が成立しない場合に、別途、詐害行為否認（破160条1項、民再127条1項、会更86条1項）あるいは偏

---

[13] 以上につき、大判昭11.8.10（民集15巻1680頁）、最二小判昭62.7.10（金法1174号29頁）、最二小判昭62.7.3（民集41巻5号1068頁）、『条解破産』1025頁、『伊藤破産・民再』408頁、『大コンメ破産』633頁〔山本和彦〕、『伊藤会更』403頁ほか。
[14] 前掲注13の最二小判昭62.7.3における林藤之輔判事の補足意見。

頗行為否認（破162条１項、民再127条の３第１項、会更86条の３第１項）の規定により、対抗要件具備行為を否認し得るかが問題とされている。

この点、学説は複雑な対立状況をみせており、依然として争いがあるものの、近時の下級審裁判例は、会社更生手続の事案において、「支払の停止等」の前にされた対抗要件具備行為であり会社更生法88条１項の対抗要件否認が成立しない場合でも、当該対抗要件具備行為が同法86条１項１号の詐害行為否認の要件を満たす場合には、なお同号により否認することができるとした。具体的には、当該対抗要件具備行為の原因行為に応じ、①原因行為が自らの債務に対する担保提供行為であったケースでは、同法86条１項柱書がかかる行為を同項の否認対象行為から除外している以上、これに係る対抗要件具備行為を同項１号により否認することはできないとする一方、②原因行為が物上保証行為であったケースでは、当該物上保証行為が財産処分行為に当たるとして、これに係る対抗要件具備行為が同項１号の要件を満たす限り、否認することができるとしている[15]。

e　債権者に対する預金の預入行為

窮境期において債務者が債権者である金融機関に預金を預け入れ、法的整理手続の開始をもって当該金融機関が当該預金と債務者に対する貸付債権と

---

[15] ①につき東京地決平23.8.15（判タ1382号349頁）、②につき東京地決平23.11.24（金法1940号148頁）。その理由は大要、以下のとおりである。

すなわち、対抗要件否認の規定は、債務者の詐害意思を要件とする（旧法上の）「故意否認」を制限したものではなく、債務者の詐害意思を要件とせずに危機時期にされた行為を対象とする（旧法上の）「危機否認」の要件を加重する趣旨に出た特別と解される。現行の会社更生法においては、「故意否認」と「危機否認」の別が廃止されているが、①担保供与又は債務消滅行為を対象とする偏頗行為否認の規定（会更86条の３第１項１号）と、②それ以外の財産処分行為を対象とする詐害行為否認に関する規定の一部（会更86条１項２号）は、従前の「危機否認」の規定に対応するということができ、対抗要件否認の規定（会更88条）は、危機否認に対応する上記①及び②の各規定のいずれとの関係でも、その各要件を加重した特則とみることができる。そうすると、これら一般規定によって対抗要件具備行為を否認することは、当該特則の置かれた趣旨を没却し、他の否認規定の内容、要件と齟齬を来すことになるため、許されない。他方、③担保供与又は債務消滅行為以外の財産処分行為を対象とする詐害行為否認の規定のうち危機否認と直接関係がない規定（会更86条１項１号）は、従前の「故意否認」の規定に対応するということができ、対抗要件具備行為は、上記のとおり「故意否認」の特則ではないと解されるので、故意否認に対応する上記③の規定の要件を満たす場合には、当該規定によって、対抗要件具備行為を否認することが許される。

を相殺した場合に、かかる一連の行為は実質的な偏頗弁済と評価すべきようにも思われる。

しかしながら、危殆時に行われた預金の預入行為そのものは、これと引換えに債務者が預金債権を取得する以上、債務者の財産を減少させるものではなく、また、それだけでは「担保の供与又は債務の消滅に関する行為」にも該当せず、否認の対象にはならないと考えられている[16]。

もっとも、かかる預金の預入れが、①債務者が支払不能であることを知りつつ、専ら債権との相殺目的をもって債務者の財産の処分を内容とする契約を締結したものといえる場合、あるいは、②債務者の支払不能下において、支払の停止があったことを知りつつ預入れを受けたものである場合には、相殺禁止規定（破71条2項・3号、民再93条1項2号・3号、会更49条1項2号・3号）により当該相殺が無効とされ得る。なお、私的整理手続中に預け入れられた預金の法的整理手続における相殺の可否については、第1部第2章3（21頁）も併せ参照されたい。

(2) 否認の効果

否認権行使の効果は、債務者の財産を「原状に復させる」というものである（破167条1項、民再132条1項、会更91条1項）。原状回復の方法は、詐害行為取消しと同様、原則として現物返還であるが、現物返還が不可能な場合には価額償還によるべきものと解されている。

詐害行為取消しと異なるのは、詐害行為取消しの場合、取消しの範囲は取消債権者の債権額の範囲に限定されるのに対し、否認権行使の場合はこのような限定はなく、詐害行為の全部の効力を否定できるという点である。他方で、当該行為により逸出した財産等は債務者（財団）の下に復帰するのであって、詐害行為取消しのように、取消債権者が直接の引渡しを受けることにより、自己の債権に事実上充当できるといった効果はない。

---

[16] 東京地判平15.10.9（判タ1162号286頁）、東京地判平23.4.12（判タ1352号245頁）。

(3) 否認権の行使

a 否認権の行使主体

　否認権は、破産手続では破産管財人が（破173条1項）、民事再生手続では監督委員（管財人が選任されている場合は管財人）が（民再135条1項）、会社更生手続では管財人が（会更95条1項）、それぞれ行使する。すなわち、債権者が自ら否認権を行使することはできない。

　したがって、債権者としては、他の債権者について否認すべきと思料される行為があった場合、管財人・監督委員に対して否認権の行使を促すべく上申することが第一義的な対応となる。管財人等が、かかる上申によりはじめて否認すべき行為の存在を知る場合もあり、上申は債権者からの情報提供としても重要な意味をもっている。

b 管財人等の裁量とその限界

　前記 a で述べた上申には、当然ながら法的な効果はなく、管財人・監督委員が必ずこれに応ずる保障はない。

　そもそも管財人等としては、否認権行使の判断主体として、その行使の決定にあたり合理的な裁量権を有している。特に、再建型の法的整理手続においては、再建という目的に照らして、否認の原因がある場合でも、否認権を徹底的に行使すべきではなく、計画案を迅速に作成すべき要請などを考慮し、妥当な裁量で行使すべきとされる（東京地判昭36.12.19判時289号24頁）。否認すべき行為が存在したとしても、その相手方が再建に不可欠な取引先であった場合には、しばしば権利行使が鈍り、否認権の存在を基礎に、裁判所と意見を交換しつつ、訴訟外で交渉し原状回復を図ることが実情であるとの指摘もある[17]。

　この点、金融機関としても、否認権行使の上申にあたっては、管財人等の裁量を尊重すべきことは当然である。もっとも、例えば経済的なメリットとは別個の問題として、債権者間の公平が不合理に損なわれ、あるいは債務者

17　会社更生手続について、高田裕成「更生手続における否認権とその行使」『新会社更生法の理論と実務』158頁、『会更の実務（下）』37頁～38頁〔佐々木宗啓〕。

の濫用的な行動が放置されることにより、手続そのものに対する信頼が傷つけられる場合もある。また、費用対効果の判断としての、権利行使の成算や、計画案に与える影響といった諸要素についても、従前の取引関係から得た情報等に照らし、管財人等と異なった分析結果となる場合もある。債権者の立場から是正されて然るべきと考える場合には、否認権の行使を求めることを躊躇すべきではない。

債権者からの主張の結果、否認権行使には至らずとも、対象行為の相手方の権利を計画上、劣後扱いするといった形で、実質的な解決が実現されることもある。

(4) 管財人等が否認権を行使しない場合

否認されるべき行為があったにもかかわらず否認権を行使しないことが、監督委員や管財人に与えられた裁量権の範囲を逸脱する場合、債権者としては、最終的に策定された計画案の適法性を争うことが考えられる。

この点、先行する債権者取消訴訟を監督委員が受継しなかったことの適法性が争われた事案ではあるが、監督委員が受継することに不利益な事情が見当たらず、かつ、受継していれば再生債権者に対して再生計画によるよりも多額の弁済が可能となる蓋然性が高い場合には、訴訟を受継しないことは監督委員の義務違反となり、これを放置したまま成立した再生計画認可決定は「再生計画の決議が再生債権者の一般の利益に反するとき」（民再174条2項4号）に該当し、取り消し得るとした裁判例がある[18]。

否認権の不行使が監督委員等の裁量の逸脱に該当する場合も、金融機関としては同様の主張が可能ではないかと思われる。

4 詐害的な私的整理への対応

窮境に陥った債務者が私的整理の手法により再建を図ろうとする場合、通常であれば、金融機関との話合いを通じ、合意をもって、まずは金融債務の

---

18 東京高判平15.7.25（金法1688号37頁）。

支払を停止し、事業計画・弁済計画を策定した上で、これに基づき借入条件を変更したり、あるいは（必要に応じて）任意の債権放棄や第二会社スキームの活用により債務の圧縮を図ることになる。

しかしながら往々にして、不誠実な債務者が、金融機関に無断で、会社の事業・資産のみを受皿会社に譲渡する、あるいは金融負債を承継することなく会社分割を行うといった手法により、一方的に金融債務の弁済を棚上げにし、もって事業の再建を図ろうとする事案が散見される。

以下、現行法上の実務対応について検討する。なお、法制審議会が平成24年9月7日付で採択した「会社法制の見直しに関する要綱」では、詐害的な会社分割について、分割会社に残存する債権者を害することを知って会社分割をした場合に、残存債権者が承継会社等に対して、承継した財産の価額を限度として、当該債務の履行を請求することができることとしており（ただし、分割会社について破産手続・民事再生手続・会社更生手続の開始決定がされたときは、この限りではない）、事業譲渡についても同様の規律を設けるものとされている。

(1) 事業譲渡

a 濫用的な事業譲渡の類型

濫用的な事業譲渡とは、典型的には、債務者が債権者に何ら通知・相談等することなく事業譲渡を行い、その優良資産・事業を受皿会社に廉価で移転してしまうといったケースである。特に、受皿会社に優良資産・事業を譲渡するとともに、一部の債権者に対する債務のみを承継させるような場合には、残された債権者との関係で、かかる事業譲渡が偏頗行為となり得る。この場合に、承継される債務（マイナスの資産）の額を勘案してもなお、受皿会社から譲渡会社に支払われる対価が低廉であるとすれば、この事業譲渡は偏頗行為であると同時に詐害行為でもあることになる。

b 濫用的事業譲渡の否認

破産申立て前の事業譲渡に際して、一部の債権者向けの債務のみを譲受会社が重畳的に債務引受けしたという事案で、かかる事業譲渡が否認の対象と

なるか否かが争われた事例がある[19]。裁判所は、事業譲渡の時点で債務者が支払不能の状態にあったことを認定した上で、重畳的債務引受けの対象とならなかった債権者にとっては、債務者の責任財産の引当てが減少するとして、かかる事業譲渡は否認権行使の対象になると判示している。

c　実務対応

　支払不能後に濫用的な事業譲渡がなされた場合であって、譲渡会社が自ら破産・民事再生・会社更生といった法的整理手続を申し立てた場合には、債権者としては、管財人あるいは監督委員に対して、債権者の立場で上申する等の方法により、否認権行使を促すことになる。特に再建型の法的整理手続の場合、万が一、否認権行使がなされないまま再生（更生）計画案が提出されれば、かかる計画による弁済率は清算配当率を下回る可能性が大であるから、計画案の不認可事由となる（民再174条2項4号・175条1項[20]）。

　債務者が自ら法的整理手続の申立てをしない場合はどうか。この点、債権者としては、受皿会社（譲受会社）に対して詐害行為取消訴訟（民424条）[21]を提起するといった対応のほか、自ら破産手続等の法的整理手続を債権者申立てし、その中で管財人等の否認権行使を促すことも考えられる。ただし、前記のとおり否認権行使をするかどうかは管財人等の判断であるし、否認権行使がなされたとしても、債権者に対する弁済が申立て等のコストを超えて増大するとは限らない。債権者としては、経済合理性の観点から、コストと申立てにより増大する回収額とを勘案しつつ申立ての要否を判断することになろう。

---

[19] 東京地判平22.11.30（金判1368号54頁）。
[20] 会社更生法上は同様の明文規定は存在しないが、解釈上、当然に清算価値保障原則が適用されると解されている（『会更の実務（下）』241頁〔真鍋美穂子〕、『伊藤会更』632頁）。
[21] この他、譲受会社に対する請求のための法律構成としては、商号続用責任（会22条1項）や、法人格否認の法理（最二小判昭48.10.26民集27巻9号1240頁参照）等も考え得るところである。

(2) 会社分割

a 濫用的な会社分割とは

　濫用的会社分割とは、「債務超過にある株式会社（新設分割会社）が、新設分割によって不利益を受ける債権者を全く無視して、一方的に、新設分割によって任意に選択した優良資産や一部債務を新設分割設立会社に承継させ、新設分割会社はその対価の交付を受けるものの、その対価等を考慮したとしても、新設分割によって承継されない新設分割会社の債務の債権者……が害される」ような会社分割をいう（東京地判平22.5.27金法1902号144頁）。

　会社法上、分割会社の債権者で、債権者保護手続において異議を述べる機会が与えられるのは、原則として、会社分割後に分割会社に対し債務の履行（保証債務の履行を含む）を請求できない債権者に限られる（会789条1項2号・810条1項2号）。すなわち、分割会社に金融債務が残される場合には、このような金融債務の債権者は、原則として、債権者保護手続において異議を述べる機会がない。なおかつ、かかる債権者は、一般的には分割無効の訴えの提起もできないと解されているため[22]、会社分割そのものの有効性を争う術はない、ということになる。

b 濫用的な会社分割の否認

　分割会社が破産などの法的整理に至った場合には、事業譲渡の場合と同様、分割会社の破産管財人等による否認権行使によって、会社分割を否認することも考えられる。

　会社分割の場合、そもそも否認権行使の対象たり得るかが問題となるが、福岡地判平21.11.27（金法1911号84頁）をはじめ、否認権行使により、新設会社から分割会社に対する価額賠償を認めるのが実務の趨勢といえる[23]。上記福岡地判平21.11.27は、新設分割について否認権を行使し得るとした上で、破産会社が新設分割当時、債務超過であったにもかかわらず、新設分割によりその資産の全てを新設会社に承継させる一方、新設会社に承継させた

---

[22] 会社法828条2項9号・10号参照。『論点解説新・会社法』723頁。
[23] 他の裁判例として、東京地判平24.1.26（金法1945号120頁）及びその控訴審である東京高判平24.6.20（金法1960号143頁）等。

債務について重畳的債務引受けをしたことをもって、破産会社が当該新設分割により、既存の資産及び負債のうち、資産のみを逸失させたものとし、債権者の共同担保の減少と捉えて、破産法160条1項による否認を認めている。

c 実務対応

金融機関としては、事業譲渡におけるのと同様、新設会社に対して詐害行為取消訴訟[24]等を提起するといった対応のほか、債務者が法的整理手続に至れば、当該手続の中で当該会社分割を否認するよう、管財人あるいは監督委員等に主張していくこととなる。

なお、近時、最大債権者2行が、濫用的会社分割の当事会社である分割会社及び新設会社に対して、同時に会社更生手続の開始申立てを行い、認められたケースがある[25]。例えば、過剰負債の状態にはあるが、事業そのものの再建可能性があるという債務者であって、かつ、債権者と債務者との協議による解決の目処が立ちにくく、時間の経過による事業劣化・資金繰り破綻等が懸念されるため、分割会社・新設会社一体としての事業再建を図る必要性が高いといった場合には、債権者から会社更生手続開始の申立てを行うことにより、事業の再建を通じて、全債権者に対する弁済の公正・極大化を実現しつつ、雇用の維持や地域経済への悪影響の極小化を図り得る場合もあろう。

---

[24] 最二小判平24.10.12（金判1402号16頁）。
[25] 粟澤方智・櫻庭広樹「濫用的会社分割の当事会社に対する会社更生手続の債権者申立ての検討－東京地裁平成22年（ミ）第13号・同第14号をふまえて－」金法1915号74頁以下。

第4章

債権者申立てによる法的整理手続

1 申立ての判断

　金融機関が債権者の立場で法的整理手続を申し立てる例は、一般には多くない。もとより、金融機関が倒産の「引き金をひいた」とされることについて、特に地域金融機関の立場としては躊躇を感ずる場合が多いのは確かである。

　しかしながら、回収の極大化の観点、あるいは債務者の財産の管理処分に問題があり、裁判所の下で公正な手続による回収・処理を図る必要性が高いといった場合には、法的整理手続を債権者申立てすることは金融機関の本分に背くものではない。

(1) 金融機関としての判断要素

　債権者申立てを検討する場合の判断要素としては、まず、金融機関である以上、「当該申立てにより、申し立てない場合に比べ回収が増大するのか」という、回収極大化ないし費用対効果の観点が第一義である。具体的には、①当該債務者の事業性、②債務者との交渉経過、③申立てをしない場合（現状が継続された場合）の回収見込み額の見通し、④申立てに係る費用、⑤申し立てた場合の回収額の見込み等を、できる限り定量的に把握すべきことになろう。

　このような検討を経た上で、⑥申立てが地域に対し与える影響、⑦法的整理手続における否認権行使等による是正の必要性等の定性要因を勘案し、申立ての要否を判断すべきではないかと思われる。

(2) 破産か再建型か

　原則として、債務者の事業に事業性があり、再建可能性を見込める限り、再建型の手続（会社更生・民事再生）を検討すべきことになる。何故なら、これらの再建型手続においては、計画上の弁済率が破産配当率を上回るべきことが保障されており（清算価値保障原則）、再建の見通しが立つ限り、再建型の手続によることが回収極大化にも資するからである。

　もっとも、再建型手続の場合、再生計画案・更生計画案の作成・可決・認可の見込みがないことが明らかであるときは、申立てが棄却される（民再25条3号、会更41条1項3号）。そして、再生計画案・更生計画案は債権者の多数決により可決される。したがって、申立債権者が大口の債権者である場合には可決の見通しは比較的立ちやすいが、小口の債権者の場合には、金額において多数を占める大口債権者の協力が得られるか否かが、手続の成否を決するポイントとなる。メインバンクでない金融機関が再建型の手続を申し立てる場合には、できる限りメインバンクとの事前調整により、その協力を取り付けた上で、可能ならば共同で申し立てることが望ましいといえよう。

　なお、債務者申立てによる民事再生手続・会社更生手続の申立原因は、①破産原因の生ずるおそれがある場合、②「債務者が事業の継続に著しい支障を来すことなく弁済期にある債務を弁済することができないとき」（民再21条1項）ないし「弁済期にある債務を弁済することとすれば、その事業の継続に著しい支障を来すおそれがある場合」（会更17条1項2号）、のいずれかであるが、債権者申立ての場合は、上記①、すなわち破産原因としての債務者の支払不能又は債務超過（破16条1項）を理由としてのみ、申立てが可能である（民再21条2項、会更17条2項）。

(3) 会社更生か管理型民事再生か

　再建型の法的整理手続を債権者として申し立てる場合、民事再生手続によるべきか、会社更生手続によるべきか。民事再生と会社更生の一般的な相違点については類書に譲るとして、債権者申立てという観点からその主な違いを挙げれば、以下のとおりである。

①会社更生手続の債権者申立ては、資本金額の10分の1以上に当たる債権を有する債権者のみがなし得る（会更17条2項1号）。他方、民事再生手続の債権者申立てにはこのような制限がない。
②会社更生手続は株式会社のみが対象となるため（会更2条1項）、株式会社以外の法人（学校法人等）の場合には、民事再生手続しかあり得ない。
③民事再生手続の場合、原則として債務者の主たる営業所の所在地が管轄裁判所となるが[1]、会社更生手続は全案件につき東京地裁又は大阪地裁が管轄を有する（会更5条6項）。
④民事再生の場合、DIP型が原則となり、東京地裁は、伝統的に民事再生手続における管理命令の発令に消極的とされてきた。一方、会社更生手続の場合は、管理型が原則となる。
⑤民事再生手続の場合、管財人は新株発行を内容とする計画案を提出できず（民再166条の2第1項）、解散決議も株主の協力がなければ行い得ないことから、再建スキームがプレパッケージによる計画外の事業譲渡＋破産移行に限定されやすい。一方、会社更生手続の場合は、これらの行為も更生計画により行い得るため、再建手法が拡がり得る。
⑥申立費用は、会社更生・民事再生いずれにおいても、債権者申立て・管理型の場合は債務者申立事件より高額となる傾向がある[2]が、一般的には会社更生手続の方が民事再生手続よりも予納金は高額である。
⑦申立債権者が担保権を有する場合、民事再生手続であれば別除権として手続外で行使できるが、会社更生手続の場合は更生担保権として手続に取り込まれる。

一般的には、特に上記⑤の計画案立案上の問題点があるため、事案処理上は、会社更生手続の方が民事再生手続よりも債権者申立てに適していると考えられる。

他方で、費用対効果の問題は金融機関にとって無視できず、この意味では

---

1 民事再生法5条1項。再生債権者数が1000人以上であれば東京地裁・大阪地裁も管轄を有する（民再5条9項）。
2 大阪地裁の場合、平成16年10月の時点で、債権者申立ての場合の予納金の最低額は、破産申立（法人破産）が100万円に対し、民事再生の場合は数百万円、会社更生であれば2000万円とされている（井上一成「債権者申立てをめぐる諸問題」『企業再建の真髄』188頁）。

予納金額の多寡が現実的に大きなポイントとならざるを得ない面もあろう。この点、債権者申立ての場合、申立予納金は共益費用であるため、手続が開始されれば共益債権として随時返還を受けられるが、手続開始に至らなければ申立人の負担に帰すことになる[3]。

2 実務上のポイント

(1) 情報収集

　取引金融機関といえども外部者であるから、債務者に関する正確な情報をタイムリーに把握しているとは限らない。しかしながら、申立てにあたっては、現場保全、送達、資金繰り等、多くの局面において、申立人である金融機関が、債務者の財務及び業務に関する情報をどれだけ入手しているかが、債権者申立ての手続を成功させるための最大の鍵となる。

　もっとも、いざ、債務者がデフォルト状態に陥り、債権者申立てを検討せざるを得ないような状況になった後で、これらの情報を任意に債務者から取得しようとしても、容易でない場合が多いと思われる。平時における債務者とのリレーション及び丁寧なモニタリングが重要な所以である。

　なお、金融機関は、債務者から入手した債務者に関する情報について守秘義務を負う。法的整理手続の債権者申立てにあたり、申立人である金融機関が裁判所等に対してこれらの情報を開示することが、守秘義務違反に該当しないかも一応問題となり得る。この点、かかる債権者申立て自体が債権回収上の合理的必要性に基づくものである限り、申立てに必要な範囲での情報の利用及び提供は、情報入手の時点で当然に許容されているというべきであるから、債務者の推定的承諾の範囲内として、基本的に違法性を帯びることはないと解し得るのではないかと思われる。

---

[3] 押見文哉・木村史郎「更生手続の費用とその予納」『新会社更生法の理論と実務』54頁参照。

(2) 保全管理人等による財産の管理

債権者申立ての場合、申立て後の事業等の管理について債務者の協力は通常、期待できない。したがって、再建型の手続において債務者の事業継続を図るためにも、また破産手続において財産のスムーズな換価処分を進めるためにも、保全管理人等の選任がポイントとなる。

a 会社更生手続の場合

会社更生手続の場合、開始決定がなされるときは、同時に必ず裁判所によって管財人が選任される（会更42条１項）。また、開始決定前の段階でも、「会社更生手続の目的を達成するために必要があると認めるとき」は、裁判所は保全管理命令を発令し、開始前会社の業務及び財産に関し、保全管理人による管理を命ずる処分をすることができる（会更30条１項）。

もっとも、債権者申立ての事案の場合、申立て段階で最初から保全管理命令が発令されるケースはむしろ例外的といえる。これは、債権者申立ての場合、一般的には債務者の内情に関する情報が乏しい中で申立てがなされるため、往々にして開始原因の有無が明らかでなく、保全管理命令等により債務者の財産の管理処分権限を剥奪する必要性・相当性について、裁判所の判断が付かない場合が多いためである。

そこで、これらの点について調査委員の調査命令が発令され（会更39条）、その調査結果を踏まえ保全管理命令等に切り替える、といった運用が原則となる。

ただし、このように保全管理命令の発令が困難でも、債務者の財産の管理処分を一定程度、制限しなければ財産の散逸等のおそれがあるといった場合には、監督委員が選任される場合が多い（会更35条１項。なお、東京地裁では、監督委員を選任する場合、調査の便宜上、同一人が重ねて調査委員にも選任される[4]）。

監督委員の同意事項の範囲は、事実上、申立てにあたり裁判所との協議により定められると思われるが、事案によっては、監督命令において「預金の

---

4 『会更の実務（上）』126頁〔池下朗〕。

引出し」等も含め、詳細な同意事項が定められることにより、事実上、保全管理命令に近い管理が行われるケースもあるようである。

b　民事再生手続の場合

　民事再生手続は原則としてDIP型であるが、裁判所は、法人である再生債務者の「財産の管理又は処分が失当であるとき、その他再生債務者の事業の再生のために特に必要があると認めるとき」に、管理命令を発令し、再生債務者の業務及び財産に関し、管財人による管理を命ずることができるとされている（民再64条1項）。

　この点、東京地裁は、従来、民事再生手続がDIP型の自主再建手続であること等を理由として、管理命令の発令には極めて消極的とされてきた[5]。近時はこの運用も変化しており、いくつかの事案で管理命令が発令されているものの、依然として、管理命令を発令するのは、債務者の財産管理に大きな問題があり、DIP型としては手続を進めることが極めて困難な場合に限られるとの立場のようである。また、これまで債権者申立ての民事再生手続で管理命令が発令された事案は存しないようである。

　これに対して、大阪地裁は、東京地裁ほど、管理命令の発令を限定的には捉えておらず、これまでにも債権者申立ての民事再生手続で開始決定及び管理命令が発令された複数の実例が報告されている[6]。

　管理命令が発令されるのは開始決定時以降であり（民再64条1項）、申立て直後の段階で債務者の財産の管理処分権限を剥奪する必要がある場合は、保全管理命令によることになる（民再79条1項）。調査委員（民再62条1項）、監督委員（民再54条1項）の選任が可能である点も、会社更生手続と同様である。

　もっとも、前記同様、債権者申立ての場合、当初は開始原因、特に再生の見込みの有無が明らかでない場合が多い。東京地裁では、監督命令や保全管理命令が官報に公告され（民再55条1項・80条1項）、債務者の登記簿謄本に

---

[5]　『破産・民再の実務（下）』183頁〔中山孝雄〕等。
[6]　大阪地裁では、平成12年から平成21年まで、債権者申立ての事案で管理命令の発令がなされた事案が8件あり、いずれも手続開始と同時に発令されているとの報告がある（中井康之「管理命令の現状と課題」『民再の実務と理論』13頁）。

も記載されることから（民再11条2項）、これらの命令の発令により債務者に信用不安が生ずる弊害を重視して、債権者申立ての事案では、保全管理命令はもとより監督命令も発令することなく、調査命令のみを発令する運用とされる[7]。

c 破産手続の場合

破産手続においても、開始決定がなされるときは、同時に必ず管財人が選任される（破31条1項）。

破産手続の場合、手続開始にあたっては基本的に支払不能又は債務超過が認められれば足り、再建の見込みといった要件は課せられない。したがって、少なくとも債務者の財政状態等につき一定の資料を保有している金融機関からの申立てのケースにおいては、手続開始原因は再建型の手続に比べれば判断しやすいといえる。もっとも、債権者申立ての場合、通常の債務者申立て事案とは異なり、手続保障等のために債務者の審尋が実施されるのが通常であり[8]、債務者から申立原因を争われ、手続開始まで時間を要している間に財産が隠匿等されてしまうと、債権回収上大きなダメージとなりかねない。したがって、このようなおそれがある場合、債権者としては、申立てと同時に保全管理人（破91条1項）の選任を求めるべきであろう。

(3) 送　　達

前記のとおり、債権者申立ての事案においては、保全管理命令（あるいは監督命令及び調査命令）の発令を得られるかが、その後の手続のスムーズな進行にあたり重要なポイントとなる。もっとも、保全管理命令は債務者に送達されなければ効力を生じない（会更31条2項、民再80条2項、破92条2項）。監督命令・調査命令についても同様である（会更36条2項・39条の2第6項、民再55条2項・62条6項）。

送達については民事訴訟法の規定が準用される（会更13条、民再18条、破13

---

[7] 『破産・民再の実務（下）』182頁〔中山孝雄〕。
[8] 『破産・民再の実務（中）』262頁〔片山憲一・山﨑栄一郎・大野祐輔〕。

条)。送達を行うのは、原則として郵便集配人か執行官である(「送達実施機関」という。民訴99条)。郵便による送達とするか、執行官による「執行官送達」とするかは、裁判所書記官によって決められ(民訴98条2項)、通常の事件であれば郵便による送達となろうが、債権者申立事件であり、後記のとおり送達のタイミングを送達実施機関と入念に調整する必要があるといった事情がある場合、申立債権者としては執行官送達によるべき旨を願い出ることになろう。

　送達の相手方が会社である場合、原則として、①会社の営業所・事務所、又は②会社の代表者の住所・居所に赴き決定書を交付する方法により送達する(「交付送達」。民訴101条)。これらの場所で会社の代表者に出会わないときは、使用人その他の従業員又は同居者で、「書類の受領について相当のわきまえのあるもの」に送達書類を交付すれば足りる(「補充送達」。民訴106条)。「相当のわきまえのあるもの」というのは、送達の性質を理解し、受領した書類を送達名宛人に交付することを期待し得る程度の能力を備えている者をいう[9]。

　これらの者が正当な理由なく送達書類の受領を拒む場合、送達場所に書類を差し置くことによる送達も可能である(「差置送達」。民訴106条3項)。

　民事訴訟法上は、このほかに、補充送達も差置送達もできない場合の「付郵便送達」(民訴107条)や「公示送達」(民訴110条)といった方法も定められているが、債権者申立ての場合にこれらの方法によることは想定し難い。送達がいったん不奏功となれば、その間に申立ての動きを察知されて財産隠匿等が行われるリスクが高まるため、原則どおり、交付送達か補充送達により確実に送達がなされるようにする必要がある。

　実務上は、送達の確実を期すため、①そもそも誰に対する送達とするか、②会社に代表者・社員が確実に所在する日時はいつか、といった点を事前に確認した上で、執行官等との間で、当日の待合せ時間・場所等につき綿密なスケジュールを組むこととなる。

　なお、送達場所が店舗等で顧客が現に所在する可能性がある場合、送達に伴う混乱で顧客に迷惑がかからないような時間帯とする等の配慮も必要とな

9　『コンメ民訴法Ⅱ』388頁。

る。現場保全に混乱を来せば事業価値等の毀損に直結するため、回収額にも影響しかねないことを念頭に置いておく必要がある。

(4) 申立て以降のオペレーションの確保

送達ができたとしても、債権者申立てのケースにおいては、債務者の協力が直ちに得られるとは限らない。特に会社更生・民事再生といった再建型の手続の場合、送達直後の事業運営を如何に継続し、円滑に管財人等に承継できるかが重要なポイントとなる。

このため、①申立てに先立ち、同業他社等の代替的オペレーターを事実上、選定しておき、必要に応じ直ちに現場に臨場してもらえるよう手配しておく、②可能ならばプレパッケージ型とし、速やかにスポンサーに現場のオペレーションを承継する、といった工夫が必要となる。

また、再建型手続に限らず、破産手続においても、重要物（現金、金庫、鍵等）の保管場所、実務のキーマンや協力者ないし現場担当者の名前及び所在場所、オペレーションの体制等が把握できている場合には、これを管財人等の関係者に伝えておくことが、現場保全の確実を期すためには望ましいといえる。

(5) 資金繰りの維持

再建型の手続の場合、手続中の資金繰りが維持できなければ破産移行を余儀なくされてしまう。他方で金融機関としては、申立て直前の会社の真の資金繰り状況が正確につかめているケースはむしろ稀であろう。

事業性があり、一定のキャッシュフローが見込める場合でも、直前に（債権者申立てを察知される等して）資金が移動されるリスクはないとはいえない。事案にもよるが、申立債権者である金融機関としては、申立てと平行してDIPファイナンスの供与を検討しておく必要がある（もとより、申立て直後の正確な資金繰りの状況を把握した上でないと、融資判断は困難であるから、現実には「申立て後の状況を見て迅速にDIP対応ができるように準備しておく」ということになろう）。

なお、債権者申立ての場合、送達がなされないと各種決定の効力が生じないため、現預金残高の見通しは、申立日ではなく送達日を基準に、把握しておく必要がある。

(6) 信用不安の払拭

再建型の手続であっても手続につきまとう「倒産」というイメージにより、信用不安が拡がることは避けられない懸念事項である。もっとも、メインバンクや最大債権者といった立場の金融機関が、自ら再建型の法的整理手続開始の申立てを行う場合には、対外的にも「メインバンク等の協力の下で今後の再建手続が行われる」という、暗黙のメッセージが発せられることによって、取引先の動揺が抑えられる面も少なくないと思われる。

特に地域金融機関の場合、地元に与える影響ないし動揺を最低限に抑えるためにも、可能な限り積極的な情報開示が望ましいと考えられる。

なお、上場会社である金融機関の場合には、例えば東京証券取引所においては「債務者……について不渡り等、破産手続開始の申立て等その他これらに準ずる事実が生じたことにより、当該債務者に対する売掛金、貸付金その他の債権……について債務の不履行のおそれが生じたこと」が適時開示事由とされており（有価証券上場規程402条2号k）、軽微基準（同施行規則402条1項5号）に該当しない限り、申立て後直ちに申立ての事実を開示する必要がある。

債権者からの申立ては、ともすれば制裁的な性質のものと受け止められがちであるが、金融機関としては、いかなる判断の下に申立てに至ったか、守秘義務に抵触しない範囲で積極的に開示し理解を得ることが、金融機関自身として無用な風評被害を避けるためにも必要であろう。

債務者サイドとしても、申立ての報を受け現地にメディアが殺到するようなこととなれば営業に差し支えるおそれもある。そのような事態を避けるために、申立債権者として速やかに記者会見の場を設定し、必要な説明はそちらで行う旨を積極的にアナウンスすることも考慮に値しよう。

3 既存手続への対抗的申立て等

　既存の法的整理手続に対し、対抗的に別途の法的整理手続を申し立てる例は、これまではゴルフ場の再建手続において預託金債権者らが対抗的な計画案を提出したり、民事再生手続に対抗して会社更生手続を申し立てるといった場合が多く、金融機関からの対抗的申立ては多くない。

　しかしながら、例えば民事再生手続において、再生債務者が公平誠実義務に違反し、債権者への弁済率の極大化がなおざりにされるおそれがあるといった場合、対抗的申立てにより回収額の増加が見込めるのであれば、金融機関としては、自身の善管注意義務に従い対抗的申立てを検討すべきケースもあり得る。

　以下、DIP型故に公平誠実義務違反が相対的に生じやすい民事再生手続について、不誠実な手続遂行に対する債権者の対抗手段について論ずる。

(1) 債権者の対抗手段

　金融機関としては、例えば民事再生手続において再生債務者の行動に公平誠実義務違反があるといった場合、まずは再生債務者に対して（必要に応じ監督委員あるいは裁判所にも相談の上で）是正を求めることが第一義となろう。通常の事案では、裁判所ないし監督委員からの適切な指導等により改善が図られるケースが多いと思われる。特に金融機関が大口債権者である場合、その意向は再生計画の成否を左右し得るから、任意の上申等が奏功する可能性も相応にある。

　その上でなお改善がみられないといった例外的な場合に、債権者としてとり得る対抗手段としては、以下のようなものが考えられる。

　①再生債務者の提出する再生計画案に対し反対票を投ずること
　②再生計画認可決定に対して即時抗告を申し立てること（民再175条1項）
　③再生計画の取消しを申し立てること（民再189条1項3号）
　④再生手続の廃止を裁判所等に上申すること（民再191条・193条1項）
　⑤債権者の立場で対抗的計画案を提出すること（民再63条2項）

⑥管理命令の申立てをすること（民再64条1項）
⑦会社更生手続開始の申立てをすること（会更17条2項1号・50条1項）

①については、例えば金融機関が大口債権者である場合、反対票を投じた結果、計画案が否決されれば民事再生手続が廃止され（民再191条3号）、破産手続に移行する可能性が高い（民再250条1項）。したがって、特に事業性に問題ない事案の場合、公正な再生を果たすことができるとは限らない。

②即時抗告については、仮に不認可事由（民事再生手続又は再生計画の法律違反、再生計画遂行見込みの欠如、決議の不正な方法による成立、清算価値保障原則違反。民再174条2項各号）が存するとして即時抗告が容れられると、それにより認可決定は効力を失うこととなる。この場合に不認可決定がなされれば[10]、やはり①と同様の帰結を辿ることになる。

③再生計画の取消申立ては、再生計画が不正の方法により成立したことのほか、再生債務者が裁判所の許可又は監督委員の同意を得なければすることができない行為を許可・同意を得ずに行った場合にも申し立てることができる（民再189条1項）。再生手続終了前に再生計画の取消決定が確定した場合、民事再生手続が当然に終了すると解されるから[11]、再生債務者の事業再建の観点からは、やはり上記①②同様の限界がある。

④について、再生債務者の裁判所・監督委員に対する求許可・求同意義務違反は、再生手続廃止の事由ともなり得る（民再193条1項2号）。また、偏頗弁済があった場合、その程度や再生計画案の内容いかんによっては廃止事由になり得ると解されている[12]。債権者に直接の廃止申立権限はないため、裁判所及び申立権者である監督委員等に上申することになる。いずれにせ

---

[10] 不認可事由が認められる以上、原則的には、再生計画を不認可とすべきことが確定するから、抗告裁判所としては、原決定を取り消し、自ら不認可決定をすべきこととなろう（会社更生手続について、『条解会更（下）』681頁～682頁、『伊藤会更』636頁）。なお、再生計画認可決定について民事再生法174条2項3号・4号の不認可事由があるとしてこれを取り消した東京高決平19.4.11（金法1821号44頁）も、取消しと併せて自判により不認可決定をしている。

[11] 『破産・民再の実務（下）』308頁〔小河原寧〕。

[12] 再生計画案の内容が客観的に再生債権者の一般の利益に反する（民再174条2項4号）として、民事再生法191条1項1号（決議に付するに足りる再生計画案の作成の見込みがないことが明らかになったとき）の廃止事由に該当し得るとされる（『破産・民再の実務（下）』313頁～314頁〔小河原寧〕）。

よ、民事再生手続が廃止されれば、職権破産に移行する可能性が高い。

このように、①～④の方法は、最終的に債務者の破産を帰結する可能性が高く、債権者として公正な形での事業再建の完遂を目指す場合には、⑤対抗的計画案の提出、⑥管理命令の申立て、⑦会社更生手続の申立ての手法が検討される必要がある。

(2) 対抗的再生計画案の提出

民事再生手続はDIP型の手続であり、再生計画案は債務者が提出するのが原則であるが（民再163条1項）、届出再生債権者も再生計画案を提出することができる（民再163条2項）。

もっとも、この方法には以下のような難点があり、現実に債権者提出の再生計画案を認可まで持ち込むことは容易ではない。

① 再生債務者の内情を必ずしも知り得ない立場の債権者が、履行可能性の高い再生計画を作ることはしばしば困難である。再生計画が遂行される見込みがないとき（民再174条2項2号）は、裁判所はそもそも再生計画案を債権者集会に付する旨の付議決定をすることができない（民再169条1項3号）。

② 新株発行を内容とする再生計画案は債務者のみが提出可能であるため、債権者は減増資スキームを内容とする計画案を提出できない（民再166条の2第1項）。

③ 債権者が事業譲渡を内容とする再生計画案を提出したとしても、強制手段がないため、債務者が任意に履行しなければ実効性に乏しい。

④ 債権者集会に付議されたとしても、債務者案と債権者案をどのように付議するかについて法律の規定はなく、運用に委ねられる。この点、一般的には、「債務者案に賛成」、「債権者案に賛成」、「両案に反対」のいずれかに投票する方式とされることになると思われるが[13]、この場合、債務者案と債権者案が「共倒れ」となる危険性がある。

したがって、この方法による場合、債権者としては、自らの再生計画案の

---

13 『破産・民再の実務（下）』262頁〔西謙二・松井洋〕。

作成・提出を通じ、裁判所・監督委員の立会いの下に債務者との交渉を図り、付議決定前に債務者案の修正（民再167条）を目指すことが、多くの場合は現実的な目標ということになるのではないかと思われる。

(3) 管理命令の申立て

法人である再生債務者について、(ⅰ)財産の管理又は処分が失当であるとき、(ⅱ)その他再生債務者の事業の再生のために特に必要があると認めるときは、裁判所は利害関係人の申立てにより又は職権で管理命令を発令し得る（民再64条1項）。

東京地裁が管理命令の発令について謙抑的なスタンスであることは、前記のとおりである。他方、比較的、管理命令の発令が多いとされている大阪地裁において、管理命令が発令される事案は、①著しく不当な資産管理の実態がある場合、②監督委員の同意違反行為の程度が著しい場合、③多数の債権者から経営陣が信頼されていない事案、④代表者自身が経営について自信を喪失し、自らが管理型を申し出る事案、⑤債権者申立ての再生事案などがあるとされている[14]。

債権者からの管理命令申立てを行う場合は、基本的には①〜③のケースということになろうが、管財人となり得る監督委員の意向、再生債務者の手続遂行能力に対する他の債権者の見方ないし意向も、裁判所の判断にあたっては重視されるものと思われる。

(4) 会社更生手続の申立て

会社更生手続は、他の法的整理手続に優先する（会更50条）。会社更生手続が開始されれば、管財人が債務者の財産の管理処分権を有することとなる。

もっとも、会社更生手続申立てと破産手続、民事再生手続あるいは特別清

---

[14] 林圭介「企業倒産における裁判所による再建型倒産手続の実務の評価と展望」ジュリ1349号42頁。

算手続が競合する場合、後者の手続によることが「債権者の一般の利益に適合するとき」は、裁判所は更生手続開始決定をすることができない（会更41条1項2号）。

　過去の事例等に照らす限り、その判断にあたっては、
① スポンサー選定過程の不当性等、再生債務者側に事業価値を毀損し再生債権者の保護に欠ける事情がないか
② 再生計画案の可決状況を含む再生債権者の意向

が重視されていると考えられる（東京地決平20.5.15・同平20.6.10判時2007号96頁参照）。

第 5 章
債権調査手続

1 債権調査手続の概要

(1) 債権調査手続の意義

　債権調査手続とは、法的整理手続中の債務者に対する債権者の権利内容を調査し、確定する手続である。
　債権調査手続は、各債権者への弁済額を決定する基礎となる点で、債権者にとって法的整理における最も重要な手続の一つといえる。

(2) 債権調査手続の流れ

　債権調査手続は、①債権者が債権等の権利を届け出る「債権届出」、②届出のあった債権について債務者又は管財人が認めるか否かの態度を明らかにする「認否」、③認否に対して債権者が異議を述べる「債権調査期間」、④査定など異議ある債権を確定させる手続としての「確定手続」という流れで進行する。
　ここで、定められた期間内に、定められた様式で債権届出を行わない場合、債権者は手続に参加できず、弁済を受けることができない（失権）[1]。したがって、債権届出は必ず行わなければならない（届出の具体的な手続については、後に詳述する）。

---

[1] 会社更生法204条1項参照。ただし、民事再生手続においては、再生債務者が自認して認否書に記載した債権、及び再生債務者がその存在を知りながら認否書に記載しなかった債権については、届出がなくとも計画に基づく権利変更を当然に受け、弁済の対象となる（民再101条3項・179条1項・181条1項3号）。

(3) 金融機関としての対応

　金融機関の有する債権については、金銭消費貸借契約や手形等の証憑が整えられていることが通常であるため、債権調査手続においてその存在自体が争われることはさほど多くない。

　届出にあたっての留意事項として、まず、貸金債権の元本のみならず、利息や手数料等、貸付債権に付随する債権をもれなく届け出る必要があることが挙げられる。また、担保付債権における担保評価は配当に大きな影響を与える場合がある（とりわけ会社更生手続における更生担保権については、債権調査の結果が配当に直結する）ため、特に慎重を期する必要がある。更に、債務者や管財人による債権認否に単純な誤り（債権額の転記ミスや計算ミス等）が発見されることもあるから、そのような観点からも認否書をチェックし、誤りがあれば修正を求める必要がある。その他、他の債権者の届出内容や認否結果にも目配りを行い、必要があれば異議を述べる等の対応を要する。

　債権調査手続それ自体は、本来、事実に基づき粛々と行うべき手続ではあるものの、法的整理手続全体を俯瞰すると、弁済・配当につながる重要な交渉局面となる場合が少なくない。以下、具体的な手続について詳述する。

2　債権届出

(1) 債権届出の手続

a　債権届出の期間

　民事再生手続、会社更生手続又は破産手続について開始決定がなされると、当該決定と同時に、債権の届出をすべき期間（以下「債権届出期間」という）が、裁判所によって定められる（民再34条1項、会更42条1項、破31条1項1号）。また、債権を調査すべき期間（以下「債権調査期間」という）も同時に定められる（債権調査期間については後述）。

　債権届出期間は、民事再生、会社更生及び破産のいずれの手続においても、開始決定の日から2週間以上4ヶ月以下（知れている債権者で日本国内に

住所、居所、営業所又は事務所がない者がある場合には、4週間以上4ヶ月以内）の期間内で定められる（民再規18条1項1号、会更規19条1項1号、破規20条1項1号）。上記法令の範囲内でどの程度の期間が設定されるかは、個別案件の事情によるが、民事再生手続及び会社更生手続では、各裁判所の運用において標準的なスケジュールがある。具体的には、民事再生手続の場合、開始決定から1ヶ月～50日の間で裁判所ごとに標準スケジュールが定められている[2]。また会社更生手続における東京地裁の運用は、通常の事件については開始決定から2ヶ月後、短縮型の事件については開始決定から1ヶ月半後、DIP型更生手続については開始決定から6週間後とされている[3]。

特別清算の場合は、まず解散決議があって清算手続に入り、その後に特別清算開始の申立てを行うことになるが、債権届出の期間は特別清算の開始決定時に裁判所によって定められるのではなく、解散決議の後、清算株式会社が遅滞なく、官報公告及び知れたる債権者への個別催告の方法により、債権を申し出るべき期間を周知することとされている。（会499条1項）。この期間は2ヶ月を下ることができない（会499条1項ただし書）。

b 債権届出の催告

民事再生手続、会社更生手続及び破産手続においては、知れたる債権者に対し、裁判所から各手続の開始が通知される（民再35条3項、会更43条3項、破32条3項）。実務上は、開始決定通知とともに債権届出用の書式が送付される。なお、多くの場合は、開始決定後速やかに、債務者あるいは代理人からFAX等によって開始決定の内容が債権者に周知されるであろう。金融機関としては、債権届出期間の終期を確認した上で、債権届出書の作成にとりかかることになる。

万が一、裁判所から開始決定通知が送付されてこない場合は、裁判所に確認の上、債権届出書の書式を含めて送付を依頼する必要がある。金融機関の場合、典型的な「知れたる債権者」であり、開始決定通知や債権届出の書式が送付されてこないということは通常考えられないが、債務者の事務ミス等

---

[2] 『通常再生120問』332頁〔小林信明〕。
[3] 『最新実務会更』181頁。

で債権者のリストから漏れていたり、債務を完済したと誤解している場合もある。特に保証人が自らの手続開始を申し立てる場合、当該保証人が保証債権者の存在を失念したり、金融機関側も保証人の手続申立てに気付かないというケースが稀にあるので、注意が必要である。

　特別清算では、既に述べたように、解散決議の後、官報により債権を申し出るべき旨、その期間及び当該期間に申出をしないときは清算から除斥される旨が公告される。これに加えて、知れたる債権者に対しては、官報公告と同旨の催告がなされる。

c　債権届出書の作成

　債権届出書は、事務ミス等により届出期間を途過してしまうといったことがないよう、債権届出期間の終期までに十分な余裕をもって作成すべきである（届出すべき債権の範囲等については、⑵にて詳述する）。届出書様式に必要事項を正確に記載するのはもちろんのこと、利息や損害金などについては計算根拠等を添付することが一般的であろう。債権届出書とともに証拠書類の提出を求められる場合もあるため[4]、様式を確認の上、必要とされる添付書類に漏れがないようにしなければならない。なお、民事再生手続及び会社更生手続においては、届出書は、原本とともに写しも提出しなければならない（民再規32条、会更規37条。なお破産規則32条5項は、裁判所が写しの提出を求めることができるとする）。

　更生担保権の届出や別除権に関する記載にあたっては、金融機関としての担保評価等を前提に金額を記載すべき箇所がある。これに関する問題については後述するが、担保評価の取扱い一つをとっても熟慮を要する事項であり、金融機関内部での調整を要する場合もある。この点からも、実務担当者としては、時間的余裕をもって届出書の作成や内部決済の手続を進めることが肝要である。

d　債権届出書の送付・提出

　破産、民事再生及び会社更生の各手続における債権届出書は、法文上、裁

---

[4]　『最新実務会更』179頁。

判所に提出することとされているが、実務上は、管財人等に直接送付するよう指示される場合もある[5]。裁判所の指示に基づく管財人等への直送であれば、債権届出の効力に問題はない。なお、特別清算における債権申出書の送付先は、清算人である。

債権届出書等が届出期間内に受理されたことを確認するため、郵送であれば配達証明付郵便の方法により、また持参する場合は受取証又は届出書の写しに受領者の受取印を押印してもらうことが望ましい。

ところで、特別清算の場合、債権届出後の清算人による認否はあるが、民事再生・会社更生・破産のように債権調査・確定の手続は存せず、清算人が債権を認めない場合であって、任意の交渉も奏功しない場合は債権の確認訴訟等で債権額を確定するほかない[6]。

したがって債権調査に関する以下の記述は、民事再生・会社更生・破産の各手続について述べることとする。

e 債権届出の変更等

債権届出期間内に届出を行った後、届出内容について何らかの変更を行うことを「債権届出の変更」といい、このうち債権者の交代を「届出名義の変更」という。また、既に届け出た債権の全部又は一部を撤回すること（減額変更）を指して、「債権届出の取下げ」という。

これらの手続は、民事再生、会社更生及び破産の各手続においてほぼ共通だが、再建型法的整理手続である民事再生・会社更生と、清算型法的整理手続である破産とでは、債権届出の変更が可能な期間が異なることに注意が必要である。

ア 自由に変更が可能な期間

民事再生手続及び会社更生手続では、債権届出期間内に所定の届出を行った後、届出期間内であれば変更理由や変更内容の如何にかかわらず、自由に届出内容を変更できると解される[7]。

破産手続の場合、債権届出期間内はもとより、届出期間経過後であって

---

[5] 『破産管財の手引』244頁〔深瀬朋美〕。
[6] 『特別清算の理論と裁判実務』142頁～144頁。
[7] 『会更の実務（下）』124頁。

も、一般調査期間の経過又は一般調査期日の終了時までは、自由に届出内容を変更し得る[8]。

イ　他の債権者の利益を害しない場合

債権届出期間（破産手続の場合は、一般調査期間あるいは一般調査期日）の経過後であっても、他の債権者の利益を害しない変更は可能である。この場合、債権者は遅滞なく裁判所に変更を届け出なければならない（民再規33条、会更規38条、破規33条）。

「他の債権者の利益を害しない」とは、届出債権額が減少する場合、例えば債権の全部又は一部の放棄があった場合がこれに当たる（後述する債権の取下げは、債権額の減額変更の一場合である）。なお、連帯債務者や保証人、担保提供者からの弁済によって届出債権が減少しても、債権全額の弁済を受けた場合を除き、届出債権の変更を要しないので注意を要する（民再86条2項、会更135条2項、破104条2項。後述 h（180頁）の債権届出の取下げ参照。なお連帯債務者や保証人等を全部義務者と呼ぶが、これらの者との法律関係については、第3部第10章（364頁）を参照）。

届出債権者の氏名、名称又は住所等の変更は、届出債権の内容に変更がないため、「他の債権者の利益を害しない変更」に該当する。更に、合併、会社分割、弁済による代位及び債権譲渡等によって債権者自体が変更になった場合も「他の債権者の利益を害しない変更」に該当するが、この場合は届出名義の変更の手続によるので後記 g（179頁）において述べる。

届出債権額に変更はないが、手形債権を証書貸付債権に変更する場合のように、届出債権の請求原因（法律構成）を変更する場合はどうか。考え方が分かれるものの、債権者としては、他の債権者を害すべき変更として、後記ウに述べる制限を受け得ると考え対応しておくことが無難であろう。したがって、債権届出の段階で法律構成を一つに絞り込めない場合には、当初届出の段階で、両方の債権を届け出るか、又は主位的な届出の他に予備的な届

---

[8] 『条解破産』764頁。このように、民事再生手続や会社更生手続よりも、破産手続の方が債権者にとって緩やかな制限になっている理由については、「清算型である破産手続は、債権者にとって実際上最後の権利行使の機会となるために、破産手続の進行にとって重大な支障を生じさせる時点として、一般調査期間の経過時などまで失権効の基準時が繰り下げられたものである」と説明されている（『伊藤破産・民再』455頁）。

出（主たる届出に関する記載のほかに、変更可能性のある債権の内容についても記載する）をしておくべきであろう[9]。

　ウ　所定の期間経過後であって他の債権者の利益を害する場合

　債権届出期間（破産手続の場合は、一般調査期間あるいは一般調査期日）の経過後で、かつ、変更が他の債権者の利益を害する場合（典型的には、届出債権額を増額する場合）には、以下の条件を満たす場合に限り、変更届出が認められる。

　まず、変更が可能なのは、債権者の責めに帰すことができない事由があるときに限られる（民再95条5項、会更139条5項、破112条4項）。「責めに帰することができない事由」に該当する場合としては、例えば会社更生手続において条件付債権又は将来債権として届け出たが、債権届出期間経過後に当該条件が成就し、又は債権が確定して、現実の債権又は請求権になった場合等が挙げられている[10]。

　更に、変更が認められるのは「責めに帰することができない事由」が消滅してから1ヶ月以内に限られる。

　また、民事再生手続及び会社更生手続においては、計画案の付議決定後は、かかる変更をすることはできない（民再95条5項、会更139条5項）。

f　期間経過後の債権届出

　民事再生手続及び会社更生手続では債権届出期間の末日、破産手続の場合は（債権届出期間の経過後も）一般調査期間の末日又は一般調査期日の終了までの間は、債権届出を受け付けてもらえる。これらの期間内に債権届出ができなかった場合に、事後的に届出を行うこと（民事再生手続においては「追完」と呼ばれる）は、届出済みの債権について増額変更を行うことと等しい

---

[9] なお、実務においては、「その責めに帰することができない事由」（本文ウ参照）について、あまりに厳格な解釈による運用をすることは、当初の債権届出の段階で、法的構成の変更が認められないことによる失権を回避するために、不必要な予備的主張の頻発を招く可能性があるとの問題意識から（『新注釈民再（上）』556頁〔林圭介〕）、例えば他の法的構成による原因も黙示的に届け出られていると解釈したり、あるいは変更届出とはなるが「その責めに帰することができない」ものと緩やかに容認するといった形で（『条解破産』765頁）柔軟な運用が図られているともいわれる。

[10] 『会更の実務（下）』138頁。

ため、届出済み債権の不利益変更と同様の制限を受ける（民再95条1項、会更139条1項、破112条1項）。

すなわち、債権者の責めに帰すことができない事由があるときに限り、かつ、当該事由が消滅してから1ヶ月以内に限り、追加の届出が認められる（民再95条1項、会更139条1項、破112条1項）。

この「責めに帰することができない事由」とは、抽象的には「債権の届出をするにあたって通常用いられると期待されている注意を尽くしても避けられないと認められる事由」と解されている。具体的には、否認権行使がされた結果、当該行為によって消滅していた債権が復活した場合や、相殺の主張が否定されて債権が復活した場合がこれに当たるといわれている[11]。なお、民事再生手続においては、再生計画立案に支障がない限り、かかる事由を相当緩やかに解する立場もあるが[12]、これに批判的な見解もあるため[13]、金融機関としては厳格な立場を前提に保守的な対応を心がけるべきであろう。少なくとも、当初の債権届出を単に怠ってしまったという場合には、リカバリーは難しいと考えておくべきである。

なお、債権届出期間（破産手続の場合は一般調査期間又は一般調査期日）の経過後に債権が生じた場合には、その権利の発生した後1ヶ月以内であれば、届出を行うことができる（民再95条3項、会更139条3項、破112条3項）。

民事再生手続及び会社更生手続においては、上記いずれの追加の届出も、計画案の付議決定がなされた後は行うことはできないので（民再95条4項、会更139条4項）、注意が必要である。

g 届出名義の変更

届出名義の変更とは、債権を届け出た債権者が交代した場合に、その名義を変更することをいう。例えば、合併、会社分割、弁済による代位及び債権

---

[11] 『破産・民再の実務（中）』121頁〔西野光子〕。
[12] 『条解民再』514頁〔岡正晶〕。例えば金額が小さい場合や、認否書提出期限前の追完など遅れが短い場合には、追完が認められるとする。なお、東京地裁の運用上は、再生債務者に異議がないときは、一般調査期間開始前であれば認否書に届出と認否の追加記載を認めている（『破産・民再の実務（下）』206頁〔松井洋〕、『民再の手引』147頁〔西林崇之〕）。
[13] 『新注釈民再（上）』554頁～555頁〔林圭介〕。

譲渡等によって債権者が変更された場合がこれに当たる。

届出名義の変更は、債権の内容が変更されず、他の債権者を害することもないから、手続上、変更の内容や時期に特段の制限はない（民再96条、会更141条、破113条1項）。

h 債権届出の取下げ

既に届け出た債権の全部又は一部を撤回することを債権届出の取下げという。債権の取下げは債権額の減額変更という点で届出変更の一場合であるが、他の債権者を害するものではないため、手続上特段の制限はなく、届け出た債権のうち取り下げるものを特定した上で、裁判所に取下げの通知をすれば足りる。

取下げの典型的な例は、届出債権が弁済等によって消滅した場合であるが、保証人による保証債務の履行や物上保証に係る担保権の実行による回収では、保証人や物上保証人が債権者に代位するから（民499条〜504条）、債権者が届け出ていた債権もこれらの代位権者に名義変更する必要がある。つまり、代位が生じた場合には、債権届出の取下げはできないので注意しなければならない。なお、これらの者との法律関係については、前記eイ（177頁）及び第3部第10章（364頁）も併せて参照されたい。

(2) 届出債権等の種類

民事再生手続、会社更生手続及び破産手続では、債権届出の要否又は届出債権の種類について、①手続開始前の原因に基づき発生した債権か否か、②共益債権又は財団債権に該当するか否か、③担保付債権か無担保債権か等によって区分しており、かつ、それぞれの手続で届出債権の取扱いが異なる。以下詳述する。

a 届出を要する債権

手続上、届出を要するのは、民事再生手続では再生債権、会社更生手続では更生債権及び更生担保権、破産手続では破産債権である。

【図表3-5-1】に整理したとおり、再生債権、更生債権及び破産債権

については、「手続開始前の原因に基づいて生じた財産上の請求権」を原則としつつ、開始後の債権等であって届出をすべきものが追加されている。ただし、開始後の債権で届出債権とされるものの一部[14]については議決権がなく、平等原則の例外として、他の同種の債権と異なる取扱いが認められる（民再155条1項ただし書、会更168条1項ただし書、破99条1項1号）。一例として、手続開始後の利息がこれに当たるが、これらの債権については（更生担保権になるものを除き）全額カットとされることが多い。

共益債権及び財団債権は、届出を要する債権から除外されている。ただし、共益債権又は財団債権となるか否かが確定していない債権を保有している場合、債権者としては、後に共益債権性が認められなかった場合に失権しないよう、予備的に債権を届け出ておくことが必要となる。

【図表3-5-1】主な再生債権、更生債権及び破産債権

再生債権	更生債権	破産債権
① 再生債務者に対し手続開始前の原因に基づいて生じた財産上の請求権（共益債権又は一般優先債権であるものを除く）（民再84条1項）	① 更生会社に対し手続開始前の原因に基づいて生じた財産上の請求権であって更生担保権又は共益債権に該当しないもの（会更2条8項本文）	① 破産者に対し手続開始前の原因に基づいて生じた財産上の請求権であって財団債権に該当しないもの（破2条5項）
② 手続開始後の利息の請求権（民再84条2項1号）	② 手続開始後の利息の請求権（会更2条8項1号）	② 手続開始後の利息の請求権（破97条1号）
③ 手続開始後の不履行による損害賠償及び違約金の請求権（民再84条2項2号）	③ 手続開始後の不履行による損害賠償又は違約金の請求権（会更2条8項2号）	③ 手続開始後の不履行による損害賠償又は違約金の請求権（破97条2号）
④ 再生手続参加の費用の請求権（民再84条2項3号）	④ 更生手続参加の費用の請求権（会更2条8項3号）	④ 手続開始後の延滞税、利子税又は延滞金の請求権（破97条3号）
		⑤ 租税等の請求権であって、破産財団に関

---

14 民事再生手続及び会社更生手続では、開始後の利息の請求権、開始後の不履行による損害賠償及び違約金の請求権、手続参加の費用の請求権（民再87条2項、会更136条2項）、破産手続ではこれらに加え開始後の延滞税等も含まれる（破142条1項・99条1項1号）。

⑤ 手続開始後の為替手形の引受け等に係る債権（民再46条） ⑥ 双方未履行の双務契約を再生債務者等が解除した場合の損害賠償請求権（民再49条5項・破54条1項） ⑦ 否認権が行使された場合において受けた反対給付の価額償還請求権（民再132条の2第2項2号）	⑤ 手続開始後の為替手形の引受け等に係る債権（会更2条8項4号） ⑥ 双方未履行の双務契約を管財人が解除した場合の損害賠償請求権（会更2条8項5号） ⑦ 市場の相場がある商品の取引契約でその履行時期が開始後に到来すべきため契約解除がなされたものとみなされることに基づく損害賠償請求権（会更2条8項6号） ⑧ 更生会社を当事者の一方とする交互計算の相手方の残額支払請求権（会更2条8項7号） ⑨ 否認権が行使された場合において受けた反対給付の価額償還請求権（会更2条8項8号）	し、開始後の原因に基づいて生ずるもの（破97条4号） ⑥ 加算税又は加算金の請求権（破97条5号） ⑦ 罰金等の請求権（破97条6号） ⑧ 破産手続参加の費用の請求権（破97条7号） ⑨ 双方未履行の双務契約を管財人が解除した場合の損害賠償請求権（破97条8号） ⑩ 委任事務の処理により生じた債権（破97条9号） ⑪ 破産者を当事者の一方とする交互計算の相手方の残額支払請求権（破97条10号） ⑫ 手続開始後の為替手形の引受け等に係る債権（破97条11号） ⑬ 否認権が行使された場合において受けた反対給付の価額償還請求権（破97条12号）

　担保付債権については、会社更生手続では更生債権とは別に更生担保権を届け出る必要がある。一方、民事再生手続及び破産手続では、担保権を別除権として手続外での行使を認めているが、当該担保権の被担保債権の債務者が再生債務者又は破産者の場合は、担保権付きの再生債権・破産債権として届出を行う必要がある。なお、更生担保権及び別除権の届出に関しては、後記(4)（191頁）において詳述する。

b 届出を要しない債権

前記 a でみたように、民事再生手続、会社更生手続及び破産手続の各手続において、届け出るべき債権の範囲が異なる。届出を要する債権は、これらの手続における権利変更の対象となる債権であり、弁済時期や弁済金額（弁済率）の内容が各手続によって変更される。

他方、届出を要しない債権には、手続外で随時弁済される共益債権や財団債権（民事再生手続においては共益債権に加え一般優先債権も手続外で随時弁済される）のほか、開始後債権（手続開始後の原因に基づいて生じた財産上の請求権で、共益債権や財団債権等に該当しないもの）がある。

なお、民事再生手続における一般優先債権に相当する債権は、会社更生手続及び破産手続では手続に取り込まれ債権届出を要するが、それぞれ優先的更生債権及び優先的破産債権として、手続内で優先的な取扱いを受けるものとされている。

各手続における届出を要しない債権のうち主なものを整理すると、下表のとおりである。

【図表3－5－2】主な届出不要債権

民事再生手続	会社更生手続	破産手続
①共益債権 ⅰ）再生債権者の共同の利益のためにする裁判上の費用の請求権（民再119条1号） ⅱ）手続開始後の再生債務者の業務、生活並びに財産の管理及び処分に関する費用の請求権（民再119条2号） ⅲ）再生計画の遂行に関する費用の請求権（再生手続終了後に生じたものを除く）	①共益債権 ⅰ）更生債権者等及び株主の共同の利益のためにする裁判上の費用の請求権（会更127条1号） ⅱ）手続開始後の更生会社の事業の経営並びに財産の管理及び処分に関する費用の請求権（会更127条2号） ⅲ）更生計画の遂行に関する費用の請求権（更生手続終了後に	①財団債権 ⅰ）破産債権者の共同の利益のためにする裁判上の費用の請求権（破148条1項1号） ⅱ）破産財団の管理、換価及び配当に関する費用の請求権（破148条1項2号） ⅲ）手続開始前の原因に基づいて生じた租税等の請求権であって、手続開始当時まだ納期限の到来していないもの又は納期

（民再119条3号）
ⅳ）監督委員、調査委員、管財人等の活動に係る費用、報酬及び報償金の請求権（民再119条4号）
ⅴ）再生債務者財産に関し、再生債務者等が手続開始後にした資金の借入れその他の行為によって生じた債権（民再119条5号）
ⅵ）事務管理又は不当利得により手続開始後に再生債務者に対して生じた債権（民再119条6号）
ⅶ）再生債務者のために支出すべきやむを得ない費用の請求権で、手続開始後に生じたもの（前各号に掲げるものを除く）（民再119条7号）
ⅷ）申立て後、手続開始前の借入金で裁判所の許可により共益債権となったもの（民再120条）
ⅸ）社債管理者等の費用及び報酬で裁判所の許可により共益債権となったもの（民再120条の2）

②一般優先債権
　一般の先取特権その他一般の優先権がある債権

生じたものを除く）（会更127条3号）
ⅳ）管財人、保全管理人等の活動に係る費用、報酬及び報償金の請求権（会更127条4号）
ⅴ）更生会社の業務及び財産に関し管財人又は更生会社が権限に基づいてした資金の借入れその他の行為によって生じた債権（会更127条5号）
ⅵ）事務管理又は不当利得により手続開始後に更生会社に対して生じた債権（会更127条6号）
ⅶ）更生会社のために支出すべきやむを得ない費用の請求権で、手続開始後に生じたもの（前各号に掲げるものを除く）（会更127条7号）
ⅷ）保全管理人が開始前会社の業務及び財産に関し権限に基づいてした資金の借入れその他の行為によって生じた請求権（会更128条1項）
ⅸ）開始前の会社が申立て後手続開始前にする行為から生ずべき請求権で裁判所の許可により共益債権となったもの（会更

限から1年を経過していないもの（破148条1項3号）
ⅳ）破産財団に関し管財人がした行為によって生じた請求権（破148条1項4号）
ⅴ）事務管理又は不当利得により手続開始後に破産財団に対して生じた請求権（破148条1項5号）
ⅵ）委任の終了又は代理権の消滅の後、急迫の事情があるためにした行為によって手続開始後に破産財団に対して生じた請求権（破148条1項6号）
ⅶ）破産管財人が双務契約の履行をする場合において相手方が有する請求権（破148条1項7号）
ⅷ）双務契約の解約の申入れがあった場合において手続開始後その契約の終了に至るまでの間に生じた請求権（破148条1項8号）
ⅸ）破産管財人が負担付遺贈の履行を受けたときの当該負担により利益を受けるべき請求権（破148条2項）
ⅹ）使用人の給料等の

（共益債権であるものを除く）（民再122条） ③開始後債権 　手続開始後の原因に基づいて生じた財産上の請求権（共益債権、一般優先債権又は再生債権であるものを除く）（民再123条）	128条2項） x）源泉徴収所得税等に係る請求権で、手続開始当時まだ納期限の到来していないもの（会更129条） xi）使用人の給料等の一部（会更130条） xii）社債管理者等の費用及び報酬で裁判所の許可により共益債権となったもの（会更131条） ②開始後債権 　手続開始後の原因に基づいて生じた財産上の請求権（共益債権又は更生債権等であるものを除く）（会更134条）	一部（破149条） xi）社債管理者等の費用及び報酬で裁判所の許可により共益債権となったもの（破150条）

c　債権の取扱いに係る各手続の相違（小括）

　以上のとおり、それぞれの手続において、届出の要否や手続外での権利行使の可否等、債権の取扱いに相違がある。

　民事再生手続では、共益債権と一般優先債権は手続外で随時に弁済され、債権届出も要しない。担保付きの債権については届出を要するが、担保権は別除権として手続外で行使可能であり、確定した不足額（担保のアンカバー部分）が再生債権として配当の対象となる。

　会社更生手続では、共益債権は手続外で随時弁済がなされ、債権届出を要しない。民事再生手続では随時弁済の対象となる一般の優先権ある債権は、優先的更生債権として債権届出を要し、更生計画によらなければ弁済を受けることができない。また、会社更生手続では、担保付きの債権たる更生担保権も手続に取り込まれ、債権届出の上、原則として更生計画に従って弁済される。

破産手続では、民事再生手続や会社更生手続における共益債権に相当する債権が財団債権である。財団債権は手続外で随時に弁済され、債権届出も不要である。一般の優先権ある債権は、優先的破産債権として債権届出を要し、配当の対象となる。担保付きの債権は、民事再生手続と同様、破産債権の一種として届出を要するが、別除権自体は手続外で行使可能であり、不足額が確定すれば、破産債権として配当を受けられる。

(3) 届出債権の範囲

これまで債権届出の手続や届出すべき債権の種類についてみてきたが、以下では届け出るべき債権の範囲について述べる。

なお、ここでは無担保債権（担保付きだが不足額が生ずる場合のアンカバー部分を含む）を念頭に置くこととし、担保付債権の取扱いに関しては、後記(4)(191頁)にて詳述する。

a 貸付債権及びこれに関連する届出

ア 元本に関する届出

貸付債権残高のうち、原則として開始決定日現在の元本部分を届け出る。開始決定日以降に相殺により元本の一部を回収した場合、当該回収後の元本残高で届け出る。他方、開始決定日以降、連帯債務者や保証人、物上保証人からの回収金がある場合は、当該回収金充当前の残高で届け出る（第3部第10章1（364頁）参照）。なお債権届出の様式によっては、「債権額」の欄に元本のみを記載する趣旨の場合と、元利金の合計を記載すべき場合がある。

手形債権と原因債権がある場合、どちらの債権を届け出るかは債権者の選択による。双方を届け出た場合でも、いずれか一方は債権調査で認めないものとされるか、又は債権者が取り下げることとなる。なお、いずれか一方のみを届け出ている状況で、当該届出債権が認められなかった場合、これを取り下げて残る一方の債権を届け出るといったことは許されないので（債権届出期間等の経過後の届出となるが、債権者の責めに帰すことができない事由ありとは認められないであろう）、注意が必要である。

イ　利息及び遅延損害金に関する届出

　利息及び遅延損害金については、開始決定日の前日までの計算分（確定金額）と、開始決定日以降の分（金額未定）の区別を明確にする。

　開始決定日前日までの利息と遅延損害金は、民事再生、会社更生及び破産のいずれの手続でも、元本債権と合算した金額が配当の基礎になる。

　一方、開始決定日以降の利息と遅延損害金に関しては、将来にわたる計算期間が確定しないため、「額未定」として届け出る。もっとも、開始後の利息や損害金には議決権が認められず、配当においても劣後する（実務上は、全額カットになることが多い）。なお更生担保権としての利息及び遅延損害金については後記(4)ｂエ（196頁）を参照されたい。

ウ　その他貸付債権に関連する債権に関する届出

　元利金及び遅延損害金のほかにも、融資契約上、債務者が負担すべき金員が生ずる場合がある。債権保全のために金融機関が立て替えて支払った契約費用や登記費用等、約定により債務者の負担とされているものがこれに当たる。これらの費用に関しては、債権届出をすることができる。

　また、融資契約上の各種手数料（エージェントフィー等）につき未払い分があれば、債権届出が可能である。

　融資契約に関連して締結した金利スワップの解約清算金等についても、開始前の原因に基づいて生じた財産上の請求権として、債権届出が可能と考えられる。

b　手形貸付に係る債権の届出

　手形貸付とは、金融機関が融資を行うにあたり、金銭消費貸借契約証書の締結に代えて、借入人を振出人とする約束手形の交付を受けるものである。その法的性質は金銭消費貸借であるが、金融機関は原因債権としての融資債権に加えて手形債権を有することとなる。

　金融機関としては、手形債権と原因債権のいずれか一方のみを届け出た場合、万が一、届出債権が認められなかったときに他方の債権を追加的に届け出る（あるいは訂正する）ことはできないため[15]、両者を届け出る対応が保

---

[15] 『破産管財の手引』262頁参照〔片山健・原雅基〕。

守的といえよう。この場合、管財人等は一方の届出債権について異議を述べるか、あるいは一方の届出債権を取り下げるよう（他方の届出債権を認めることを前提に）促してくることが通常であろう。

　なお、破産手続においては、手形債権を届け出る場合、債権届出書に手形の写しを添付する必要がある（破規32条4項1号）。民事再生手続・会社更生手続における取扱いは裁判所の運用によるが、届出書と併せて手形の写しの提出を求められる例が多いと思われる（民再規37条、会更規44条1項参照）[16]。

c　手形割引・手形譲渡担保に関する届出

ア　手形割引

　手形割引とは、金融機関が、手形の所持人に対して、手形金額から満期日までの割引料を差し引いた金額を交付することと引き換えに、満期未到来の手形の裏書譲渡を受けることをいう。手形割引の法的性質については、売買説と金銭消費貸借説が分かれているが、判例・通説・銀行実務上、少なくとも銀行の行う手形割引は手形の売買と解されている[17]。

　売買説を前提とすると、割引依頼人について法的整理手続が開始した場合、銀行取引約定書等の契約上、割引依頼人には手形の買戻し義務が発生する。したがって、金融機関としては、かかる買戻代金債権（これが手続開始前の原因に基づく債権であることは争いがない[18]）につき、手形金の全額を再生債権・破産債権・更生債権として届け出ることになる。

　もっとも、かかる買戻代金債権が履行されない限り、金融機関としては手形に対する権利を失うものではなく、満期に手形を取り立てれば、買戻請求権は消滅し、届け出た債権は取り下げることになる。債権調査期日までに満期が到来していない場合、再生債務者等から届出債権につき異議を出した上で、後に手形が取立不能となったことをもって異議を撤回してもらうという扱いが、実務上は多いと思われる。

---

[16]　会社更生手続における東京地裁の実務運用について『最近実務会更』179頁。
[17]　東京高判昭27.10.31（判タ26号55頁）は、「手形の割引とは、通常、手形の所持人がその手形を他人に裏書譲渡し、その対価として手形金額中から満期に至るまでの利息その他の費用を控除した残額（割引金）を取得することをいうのであって、手形という有価証券の売買を目的とする行為にほかならない」とする。
[18]　最三小判昭40.11.2（民集19巻8号1927頁）。

イ　手形譲渡担保

　金融機関が、債務者の保有する受取手形につき裏書譲渡を受ける形で手形の譲渡担保権を有している場合、当該担保権の会社更生手続における取扱いについては、古くから争いがある（なお、民事再生手続・破産手続の場合は、担保権が別除権として扱われ、いずれにせよ手続外での取立て・充当が可能であるため、下記のような性質論は、理論上はともかく実務上は問題とならない）。

　現在の実務において、譲渡担保権は更生担保権として取り扱われるとの理解が一般的である。手形譲渡担保も更生担保権であるとすれば、譲渡担保権者は手形の取立てはできるが（むしろ、譲渡担保権者が手形を満期に取り立てることは、管財人に対する義務を構成するとも考えられる[19]）、取立金を弁済に充当することはできず、更生担保権として届け出た上で、更生計画案に従って（通常は取立金の全額につき）弁済を受けることとなる（更生担保権説）。

　これに対して、振出人等の手形上の支払義務者を、会社更生法203条2項にいう「更生会社と共に債務を負担する者」と捉え、金融機関は手形裏書人に対する貸付債権を更生債権として届け出た上で、別途手形の支払義務者から手形を取り立て更生債権の弁済に充当できるとする考え方もあり得るところであり（更生債権説）、かつての実務では更生債権説も有力であった（金融機関にとっては早期の回収ができる分、更生債権説のほうが有利である）。

　この点、近時の実務は基本的に更生担保権説に立ち、管財人から債権者に対し更生担保権としての届出を指導するケースが多いようである[20]。理論的にも、譲渡担保がその実質上は担保に過ぎないことや、指名債権の譲渡担保の場合（これが更生担保権であることはほぼ争いがない）との整合性といった観点からすれば、更生担保権説が妥当と思われる。

d　保証に関する届出

　取引先に対する第三者の貸付に関し、金融機関が支払承諾ないし保証を行っていた場合において、当該取引先が倒産した際の債権届出は、当該第三者（原債権者）に対する保証履行のタイミングによって異なる。

---

[19] 東京地判昭56.11.16（金法993号41頁）、『更生計画の実務と理論』132頁。
[20] 『更生計画の実務と理論』132頁。

ア　手続開始後の保証履行の場合

　手続開始の時点において保証履行前の場合、保証人たる金融機関は事前求償権を届け出ることは可能だが、既に原債権者が債権届出を行っている場合、保証人として手続に参加できない（破104条3項ただし書、民再86条2項、会更135条2項）。しかし、原債権者が届出を行わず、保証人としても届け出なければ失権してしまうおそれもあることから、原則として届出は行うべきである。なお、未届出による失権への対策として、原債権者が債権を届け出ない場合には保証債務が免除される旨の特約を、保証契約に定めておくことも考えられる。

　手続開始後に保証履行した段階では、保証人は原債権につき債権者に代位するので、債権届出期間中であれば自ら原債権を届け出、届出期間経過後であれば（届出済みの）原債権について名義変更の手続をする。なお、金融機関の取得する求償権（事後求償権）は、原債権とは別個の債権であるが、手続開始前の保証契約に基づき生じた債権と解されるから、これを届け出るとしても再生債権・更生債権・破産債権となる。当然ながら、両者は同一目的の債権であり、債権者としてはいずれか一方の満足しか受けられない（実務上は、いずれか一方の債権が認められ、他方は認めない旨の認否がなされるであろう）。

　なお、保証債務につき一部履行をした場合、原債権者は、手続開始時における債権全額について権利行使できることとされており（破104条2項、民再86条2項、会更135条2項）、保証人は原債権を代位して届け出ることはできない（破104条4項、民再86条2項、会更135条2項）。この場合、求償権を別途届け出ることも、原債権者の債権が残っている限り認められない（破104条3項ただし書[21]、民再86条2項、会更135条2項）。債務の全部を保証している場合において、保証人たる金融機関が保証債務の一部しか履行しないことは通常考えられないが、もともと一部保証をしている場合（例えば、債権額100に対して80を保証する旨の契約を締結した場合）は、保証債務の全部（80部分）を履行した時点において、当該部分について代位できる旨の特約を、保証契

---

[21] 破産法104条3項は事前求償権・事後求償権双方につき適用されることにつき、『条解破産』723頁参照。

約に定めておく必要がある（その場合、金融機関が保証債務の全部を履行した段階で、原債権者が届出債権の一部につき届出名義の変更を行うこととなろう）。

　　イ　手続開始前の保証履行の場合

　手続開始前に保証履行を行っていた場合、債務の全額を弁済していれば、原債権の全額につき代位行使が可能であるから、これを届け出ることとなる。一部履行の場合、一部代位によって原債権を原債権者とともに（民502条1項参照）届け出ることができるか否かは、契約上の定めによる。また、その保証履行の割合に応じて、求償権の全部又は一部を届け出て、手続に参加することもできる[22]。この場合、前記の手続開始後の保証履行のような制約は受けない。

　　ウ　物上保証の場合

　金融機関が物上保証（原債権者への担保提供）を行うことは稀だと思われるが、物上保証の場合も、前記の保証と同様の規律となる（破104条5項、民再86条2項、会更135条2項）。

(4) 担保付債権の取扱い

　既に述べたように、担保付債権の届出は、無担保の債権の場合と異なる。民事再生手続及び破産手続では、担保付債権は別除権付きの債権とされ、別除権は手続外で行使可能であるが、その被担保債権について届出を要する。また、会社更生手続では、担保付債権も手続に拘束され[23]、更生担保権としての届出を要する。

　以下、別除権と更生担保権に分けて、債権届出上の論点を述べることとする。

22　『条解破産』724頁。
23　例外として、担保権の実行禁止解除の制度があるが（会更50条7項）、これにより担保権を実行した場合も担保権者は配当金を受領できず（会更51条1項）、換価代金は更生計画に従って配当されることとなる。

a 別除権

ア 別除権の意義

別除権とは、民事再生又は破産の手続開始の時において、再生債務者の財産又は破産財団に属する財産につき担保権を有する者が、これらの権利の目的である財産について手続外で行使することができる権利をいう（民再53条1項・2項、破2条9項・65条1項参照）。具体的にどのような担保権が民事再生手続又は破産手続における別除権となるのか、その他担保権に関する事項の詳細は、第3部第6章（210頁）において述べる。

手続開始時点が基準時なので、手続開始前に担保対象財産が処分・移転されて再生債務者や破産財団に属しないことになった場合は、かかる担保権は別除権とはならない。また、手続開始後に担保対象財産が任意処分され、再生債務者や破産財団に属しなくなった場合でも別除権は存続する（民再53条3項、破65条2項）。

イ 担保権の対抗要件

別除権は手続開始時点で登記等の対抗要件を備えていることが必要であり、登記留保の状態では別除権として認められない（民再45条、破49条参照）。

仮登記に関しては、不動産登記法105条1号に基づく1号仮登記の場合は別除権として認められるが、2号仮登記の場合は説が分かれている[24]。金融機関の実務において2号仮登記を利用するケースは多くないと思われるが、担保権につき2号仮登記を有している場合は、2号仮登記であっても別除権に該当するものとして、債権届出を行うこととなろう。

ウ 不足額責任主義

民事再生手続及び破産手続では、担保権（別除権）の行使によって弁済を受けることができない債権の部分についてのみ、再生債権・破産債権として手続上の権利を行使することができる（民再88条、破108条1項）。これを不足額責任主義という。

---

[24] 『伊藤破産・民再』261頁〜262頁、『条解破産』374頁〜375頁、『大コンメ破産』197頁〜198頁〔大村雅彦〕、『条解民再』244頁〔畑瑞穂〕、『新注釈民再（上）』250頁〜251頁〔長沢美智子〕。

このため、債権届出においては、別除権の被担保債権を届け出るとともに、別除権の行使によって弁済を受けることができないと見込まれる債権額（予定不足額）の届出を要する（民再94条2項、破111条2項）。

　被担保債権の額が担保目的物の価額の範囲内で、被担保債権の全額の弁済を受けることができる場合は、当該担保権者は手続に参加できないし、参加する必要もないという見解があるが[25]、実際の担保目的物の処分代金が被担保債権を満足するに至らなかった場合、債権届出をしていなければ不足額について配当に与ることができなくなる。したがって、金融機関の実務としては、民事再生手続と破産手続のいずれにおいても、担保目的物の評価如何にかかわらず債権届出をすべきである。実務上も、予定不足額をゼロとする届出は少なくないものと思われる。

エ　担保目的物の評価と予定不足額

　予定不足額を届け出るためには、債権者において担保目的物を評価する必要がある。

　評価方法や評価の基準については、民事再生手続及び破産手続のいずれにおいても法令上の定めはない。民事再生手続における財産評定は、原則として、財産を処分するものとしてしなければならないが（民再規56条本文）、予定不足額の届出における評価は、財産評定のそれと同一にすべきとはされていない。また、債権者としては、債権届出期間の末日までという限られた時間の中で債権届出を行う必要がある以上、時間をかけて厳密な担保評価を行うことも予定されていないと思われる。

　なお、民事再生手続の場合、担保目的物を高く評価し、別除権協定の締結時に有利な金額を引き出すため（あるいは予定不足額の届出額が、後の別除権協定締結交渉の足枷となることを嫌って）、高めの評価額を前提に低額の予定不足額を届け出るケースがみられる。他方、債権調査手続を経て予定不足額が確定すれば、次に述べるとおり、当該予定不足額は再生計画案の決議にあたっての議決権となるため、議決権を確保する観点から、低めの評価額を前提とする予定不足額を届け出る場合もあるようである。しかしながら、債権の届出は本来客観的に金融機関の保有する債権額を把握するためのものであ

---

[25]　『新注釈民再（上）』469頁〔中井康之〕。

り、あまり戦略に偏り過ぎることは、適正な担保評価を歪めることにもつながりかねない。基本的には、不動産鑑定その他適切な評価方法を標準として、粛々と予定不足額の届出を行えば足りると思われる。

オ　予定不足額と議決権

民事再生手続においては、予定不足額はすなわち別除権付債権者の行使すべき議決権額となる。もっとも、届け出た予定不足額について債権調査手続で再生債務者等や他の債権者が異議を述べた場合は、裁判所が議決権の有無及び額を定める（民再170条2項3号・171条1項2号）。

前記エのとおり、金融機関としては、別除権は大きくしたい（＝後の交渉の便宜上、予定不足額は小さくしたい）が、同時に議決権も多い（＝予定不足額が多い）に越したことはないという中で、別除権付債権の届出額につき悩むこともある。

もっとも、いずれにせよ別除権は手続外で行使され、目的物を売却するにせよ、あるいは継続保有を前提に別除権協定を締結するにせよ、アンカバー部分の金額が確定した時点で、確定した不足額をベースに、計画に従った再生債権の弁済がなされる。その意味で、債権調査における予定不足額は、単に議決権を決めるだけのものに過ぎないともいえる。少なくとも、自らのシェアが低く、その議決権額如何にかかわらず大勢が決しているといったケースでは、議決権額の多寡について格別の注意を向ける必要はないであろう[26]。

なお、破産手続においても、予定不足額が議決権となり、異議が出れば裁判所が議決権を定める（破140条）。もっとも、破産手続における債権者集会

---

[26] なお、近時の東京地裁の運用上、担保付債権については、債権届出書の様式において、「担保権の実行で不足する見込額」の金額を記入する欄の下欄に、「議決権額」を「上記金額又は確定した不足額が上記金額を超えるときは当該確定不足額」とする旨の文言が、あらかじめ印刷されている。債務者の認否後、債権者集会までの間に、別除権協定の締結等によって、確定不足額が債務者の認めた議決権額を超えることとなった場合、再生債務者からその旨を裁判所に上申することにより、当該確定不足額が、債権者の行使し得る議決権額として扱われる運用である。また、東京地裁では、当該不足見込額の記載がない場合や、額未定と記載している場合は、議決権額を0円として届け出たものと取り扱う運用であり、この場合、債権者集会時までに不足額が確定しない限り、議決権額が0円として扱われてしまうので、注意が必要である（以上につき、『民再の手引』154頁～157頁〔西林崇之〕）。

の決議事項は限られており（破40条・159条）、議決権を確定するために予定不足額を認否する必要が乏しいことから、東京地裁では、予定不足額の認否は原則として留保して差し支えないとしているようである[27]。

カ 不足額の確定と債権の行使

既に述べたように、別除権者が別除権不足額について弁済を受けるためには、不足額が現実に確定していなければならない（民再88条、破108条1項）。

民事再生手続において不足額が確定するのは、①別除権を行使し、担保権実行の手続が終了したとき、②別除権協定の締結等により、不足額が確定したとき、③債権者が担保権を放棄したとき、④担保権消滅請求により担保権が消滅したとき、のいずれかである。民事再生手続では、再生計画案において、別除権付債権の不足額が確定した場合における、再生債権者としての権利の行使に関する適確な措置を定めなければならないこととされており（民再160条1項）、不足額の確定時期が多少遅れたとしても（例えば再生計画の認可決定後であっても）、法令上は不利益になることはない。

他方、破産手続では、管財人による財産の換価・処分が順次行われていくことから、不足額の確定が遅れると、中間配当及び最終配当に与れないこととなるので注意しなければならない（破198条3項・210条）。

b 更生担保権

ア 更生担保権の意義

更生担保権とは、会社更生手続開始当時、更生会社の財産につき存する担保権の被担保債権であって、①更生債権、又は②手続開始前の原因に基づいて更生会社以外の者に対して生じた債権のうち、担保目的物の価額が手続開始時点の時価であるとした場合の、当該担保された範囲のものをいう（会更2条10項本文）。

ただし、当該被担保債権（社債を除く）のうち、利息又は不履行による損害賠償若しくは違約金については、更生手続開始後1年を経過する時（その時までに更生計画認可の決定があるときは、当該決定の時）までに生ずるものに限る（会更2条10項ただし書）。

---

[27] 『破産管財の手引』252頁〔片山健・原雅基〕。

上記のとおり、更生担保権となるのは更生会社の保有資産について担保権が設定されている場合であり、これは物上保証を含む。すなわち、更生会社が第三者の債務のために物上保証を提供している場合も、当該物上保証人の会社更生手続において、当該物上保証人に対する更生担保権として届け出ることになる。

イ　担保権の対抗要件

　更生担保権となるためには、まず、会社更生手続開始当時に更生会社の財産に存する担保権の被担保債権であることが必要である。逆に、手続開始時点で担保権が存在すれば、その後に担保目的物が毀損・滅失あるいは譲渡されても、更生担保権としての性格は変わらない。

　担保権は手続開始時点で登記等の対抗要件を備えていることが必要であり、金融実務で多用される登記留保の状態では更生担保権として認められない。仮登記に関しては、会社更生手続の実務上、不動産登記法105条1号に基づく仮登記（いわゆる1号仮登記）の場合のみならず、同条2号に基づく仮登記（いわゆる2号仮登記）であっても、仮登記のままで更生担保権として取り扱うことに差し支えないとされている[28]。本登記には多額の登記費用を要するが、融資契約ではこうした費用を債務者負担としていることが通常である。仮登記のままにしておくことのリスクを回避するために、金融機関が本登記を要求することとなれば、会社更生手続開始前後において更生会社に多額の費用負担が生じ、ひいては債権者全体の負担となることから、上記の運用は実務の要請にも合致しているといえる。

ウ　更生担保権の範囲

　更生担保権の被担保債権は、①更生債権、及び、②会社更生手続開始前の原因に基づいて生じた更生会社以外の者に対する債権である。かかる債権のうち、担保権でカバーされている部分が更生担保権、更生会社に対する債権のうち担保権でカバーされていない部分があれば更生債権になる。

エ　利息及び損害金の範囲

　担保権の被担保債権である利息・損害金のうち、更生手続開始後1年を経過する時（その時までに更生計画認可の決定があるときは、当該決定の時）まで

---

[28] 『最新実務会更』154頁。

に生ずるものは、更生担保権となる（会更2条10項ただし書）。

　更生債権となる手続開始後の利息や遅延損害金については、実務上、更生計画において全額カットと定められることが通常である。その意味で、手続開始後の利息・損害金が更生担保権となる意義は大きい。手続開始後の利息・損害金を含む届出更生担保権額の全額が認められた場合はもちろん、一部がアンカバーとされても、利息・損害金の部分が優先的に更生担保権部分に充当されることによって、アンカバーの元金部分が計画に基づく弁済の対象となるからである（これに対して、更生担保権部分が元本から先に充当されると、アンカバーとなった利息・損害金部分が計画に基づき全額カットされ、総体としての回収額が減少してしまう）[29]。

　実務上、管財人は開始決定後の利息・損害金を更生担保権として「認めない」旨の認否をするケースが多く、そもそも金融機関側が開始決定後の利息・損害金部分を届け出ない例も散見される。しかしながら、更生担保権額が、元本に加え開始決定後の利息・損害金についてもフルカバーとなる場合に、利息・損害金部分を更生担保権として認めないとすることは、会社更生法2条10項ただし書の明文に反する。また、アンカバー部分が生ずる場合についても、更生担保権の行使は、法律に基づく担保権の実現手続という意味で競売に類似することからすれば、競売の場合に準じ、更生担保権額は法定充当により利息・損害金部分から優先して充当されるべきと考える[30]。

　管財人側からすれば、更生担保権者に開始後の利息・損害金を行使されるのは一般の更生債権者への配当という観点からも、事務手続簡素化の観点からも、避けてほしいという意向が働くことは理解できる。しかし、開始決定後の利息・損害金の更生担保権としての届出は、抵当権の効力を斟酌して会社更生法で制度化された[31]権利であり、金融機関としては原則としてこれを

29　具体的には、例えば元本100、開始決定後の損害金を10とし、合計110の債権に対して認められる担保評価額が80であるとする。この場合、80の担保評価額を損害金10から先に割り付ければ、残る元本30（110 − 80）が更生債権となり、その全額が計画に基づく権利変更・弁済の対象となる。他方、元本から先に割り付けると、残る元本20（100 − 80）のみが計画に基づく権利変更・弁済の対象となり、開始決定後の損害金は計画上「全額免除」と定められることにより弁済を受けられず、結果として金融機関の回収総額が減少することとなる。
30　競売の場合につき、最二小判昭62.12.18（民集41巻8号1592頁）。
31　民法375条を受けて、平成14年の改正時にかかる規定が置かれた経緯にある。

行使すべきであろう。個々の事件の事情は、届出後に管財人等と協議する中で斟酌すれば足りる。

　オ　担保目的物の評価

　更生担保権の担保目的物の評価基準は、「更生手続開始の時における時価」である（会更2条10項）。なお、「時価」の意義については、財産評定に関する第7章（269頁）にて詳述する。

　民事再生手続における別除権は手続外での行使が可能であり、前記aオ（194頁）のとおり、債権調査手続における予定不足額は、あくまで議決権を決める意義しか有しない。他方、更生担保権は手続外の行使は認められず、ほとんどの更生事件では更生担保権について100％弁済を行う運用であることを踏まえると、更生担保権額の確定は即ち弁済額の確定を意味するから、会社更生手続における更生担保権の届出・調査・確定の手続は格別の意味がある。

　したがって、更生担保権の届出にあたっては、担保目的物の評価が極めて重要になる。金融機関としては、①金額些少な物件を除いて、不動産鑑定その他適切な第三者の評価に基づき届出額を決めることが望ましく、②特殊な担保目的物（例えば、様々な在庫資産や航空機等）に関しては、後に管財人との間で価額の妥当性が争われる可能性があることから、専門性の高い評価業者等に評価を依頼することが重要である。また、③管財人が処分連動方式（詳しくは第3部第9章3（338頁）参照）によることを明言している場合を除いて、評価額は想定し得る価格帯の中で高めの水準で届け出るべきであろう。処分連動方式が採用されない限り、仮に担保目的物が届出額以上の価格で処分できたとしても、更生担保権額が確定した後は、更生担保権への配当は当該確定額が上限となるためである。

　カ　更生担保権と更生債権との関係

　担保付債権は、その全額が更生担保権となるものではなく、あくまでも担保目的物によりカバーされている範囲が更生担保権となり、担保付債権のうち担保でカバーされていない部分は、更生債権となる。更生担保権と更生債権は各別に届け出る必要があるので注意を要する。例えば、担保付債権と無担保債権を有している場合は、①担保付債権について更生担保権の届出用紙に届出内容を記載した上で、②担保付債権のうち担保でカバーされていない

と考える部分、及び無担保債権について、更生債権の届出用紙に記載・提出することになる。更に、③更生担保権のうち認否及び査定の手続で認められない部分が出たときに備え、「更生担保権として認められない部分が生じたときは、当該認められなかった部分は更生債権として届け出る趣旨である」旨を、更生担保権の届出用紙に付記しておくことが望ましい。

もっとも、東京地裁の運用では、更生担保権の届出用紙に「被担保債権額のうち、「財産の価額」欄記載の範囲内で、更生担保権の届出をし、同金額を超える部分については、更生債権（法138条１項）として届け出る。」との定型文言が付記されており、担保付債権について更生担保権の届出用紙で完結するよう配慮されている。また、更生担保権として届け出た額の全部又は一部が認められなかった場合においても、認められた部分以外の被担保債権については、予備的に更生債権としての届出意思があったものとして取り扱っているとのことである[32]。

3　債権認否と調査期間

(1)　債権認否の手続

a　再生債務者又は管財人による認否

ア　認否書の提出

再生債務者又は管財人は、債権届出期間内に届出がなされた債権について、認否を記載した認否書を作成し（民再101条１項、会更146条１項、破117条１項）、一般調査期間前の裁判所の定める期限までに、裁判所に認否書を提出しなければならない（民再101条５項、会更146条３項、破117条３項）。

ただし、破産手続において配当が見込まれない場合は、債権認否を留保したままで異時廃止とする運用もなされている[33]。

---

[32]　『最新実務会更』177頁。
[33]　『破産管財の手引』247頁〔片山健・原雅基〕。

イ　認否の内容

認否される内容は、手続に応じて異なる。民事再生手続では、届出債権の「内容及び議決権」である（民再101条1項）。

会社更生手続では、更生債権については「内容、一般の優先権がある債権又は約定劣後更生債権であること及び議決権の額」、更生担保権については「内容、担保権の目的である財産の価額及び議決権の額」につき、それぞれ認否がなされる（会更146条1項1号・2号）。

破産手続では、「破産債権の額」「優先的破産債権であること」「劣後的破産債権又は約定劣後破産債権であること」「別除権の行使によって弁済を受けることができないと見込まれる債権の額」について認否がなされる（破117条1項1号ないし4号）。

ウ　民事再生手続における自認債権

民事再生手続においては、再生債務者等は、届出がされていない再生債権があることを知っている場合には、当該再生債権を認否書において自ら認めなければならない（民再101条3項。自認債権）。

この場合、再生債務者等は、自認する内容に加え、再生債権者の氏名又は名称及び住所・再生債権の原因等、所定の事項（民再規38条2項参照）を、認否書に記載する。

確定した自認債権については、計画に従い権利変更及び弁済の対象となるが（民再181条1項3号）、債権者が届出を怠ったことを踏まえ、その弁済は計画上劣後的扱いとされる（民再181条2項）。また、自認債権者には、債権者集会等における議決権（民再170条1項・171条1項）、他の再生債権に対する異議権（民再102条1項）、再生計画案の提出権（民再163条2項）は認められない。

b　債権者に対する認否書の開示

債権者が認否に対して適切な対応をとるためには、認否書の内容を適時に確認する必要がある。

そのため、債権者は、①利害関係人として、裁判所に提出された認否書の閲覧・謄写が可能である。また、民事再生手続及び会社更生手続では、②一般調査期間内は、債務者の主たる営業所等で認否書を閲覧でき（民再規43条

1項、会更規45条1項)、③認否書の開示措置がとられた営業所等において、再生債務者又は管財人に対し、自己の届出債権に関する部分の内容を記録した書面の交付を求めることができる（民再規43条3項、会更規45条3項）。なお、東京地裁の運用上、民事再生手続においては、認否書において認めなかった再生債権について、認否書提出後速やかに再生債務者等から当該再生債権者に異議通知書を送付するものとされており[34]、会社更生手続においても、少なくとも管財人が否認した届出債権に係る債権者に対しては、交付請求の有無にかかわらず、原則として管財人が認否結果通知書を作成し、認否結果を通知することとしている[35]。

　実務上、金融機関としては、再生債務者や管財人に対し、認否書提出後できる限り速やかに、認否書の全体を任意に開示してもらうよう要請することが多い。自己の届出債権に関する認否の内容を確認するだけでなく、他の届出債権に対する異議の要否を検討し、あるいは計画案に対する議決権行使に備え、債権者全体の議決権状況を把握・検討（いわゆる票読み）するためである（もっとも実務上は、認否書の提出後、一般調査期間の始期が到来するまでの間は、再生債務者等が誤記等を理由に認否書の差替えを行うケースも多く、正確な認否書の速やかな開示を受けられない場合もある）。

　なお、再生債務者や管財人が認否書全体の写しの任意の交付に応じない場合（前記のとおり、規則上の交付義務は当該債権者の届出債権に関する部分の内容を記録した書面に限られる）は、裁判所での閲覧・謄写手続により、全体を把握することとなる。

c　認否の変更

　金融機関としては、認否の結果を受け、「認めない」とされた認否を「認める」に変更するよう、再生債務者等と交渉する場合がある。この点、民事再生手続・会社更生手続において、再生債務者・管財人が、いったん届出債権につき「認めない」旨の認否書を提出した後で、これを「認める」旨に変更することは可能とされている（民再規41条1項、会更規44条2項参照）。

---

[34] 『民再の手引』160頁〔西林崇之〕。
[35] 『最新実務会更』184頁。

これに対して、「認める」旨の認否を事後的に「認めない」に変更することは、上記規則がかかる場合の規定を置いていないことからも、許されないと解される[36]。したがって、例えば民事再生手続において、別除権付きの債権につき届け出た予定不足額がいったん認められた後、別除権協定により合意された不足額がこれを下回ることとなったとしても、認められた議決権が、認否の変更によって一方的に減少されることはない[37]。

(2) 一般調査期間等における対応

a 一般調査期間等の概要

一般調査期間において、届出債権者は、他の債権者から届出があった債権について異議を述べることができる（民再102条1項、会更147条1項、破118条1項）。また、この期間において、届出債権者は、自らの届出債権に対する再生債務者や管財人の認否を確認し、必要に応じ、後の査定手続に備えることとなる。なお、破産手続では、一般調査期間に代えて一般調査期日が定められる場合がある（破116条2項）。

一般調査期間は、開始決定時に債権届出期間とともに定められ（民再34条1項、会更42条1項、破31条1項3号）、その時期及び期間は、手続によって異なる。民事再生手続の場合、債権届出期間の末日から一般調査期間の初日までの間に1週間以上2ヶ月以下の期間をおき、調査期間はそこから1週間以上3週間以下で定められる（民再規18条1項2号）。同様に、会社更生手続の場合は、債権届出期間の末日から一般調査期間の初日までの間に1週間以上4ヶ月以下の期間をおき、調査期間はそこから1週間以上2ヶ月以下の範囲で定められる（会更規19条1項2号）。破産手続の場合は、民事再生手続と同様の定めとなっているが、一般調査期日の方式で行う場合は、債権届出期間の末日から一週間以上2ヶ月以内の日が定められる（破規20条1項4号）。

---

[36] 民事再生手続につき、『新注釈民再（上）』576頁〔久末裕子〕。会社更生手続につき、『会更の実務（下）』182頁〔鈴木和成〕。
[37] もっとも実務上は、別除権協定等において、別除権者が当該減少した不足額部分を任意に取り下げるものとされるケースが多いと思われる。

b　異議が出ている場合等の対応

　自らの届け出た債権に対して、再生債務者・管財人や他の債権者から異議が出ている場合、単純な誤記等のミスでない限り、後述する査定申立て（更生担保権の場合は査定申立てに加え、価額決定請求）等の手続に進むことになる。

　異議が誤解やミス等に起因すると思われる場合、異議を述べた者に確認の上、一般調査期間内（遅くとも査定申立ての期限内）には異議を撤回させる必要がある。さもなければ、届出をした金融機関としては査定申立てをせざるを得ないであろう。もちろん、異議を撤回した後は、撤回の事実を確認しておく必要がある。

　なお、異議が認否書における単純な転記ミス等に由来し、誤りであることが明らかであれば、単なる認否書の訂正で足りる場合もある。いずれにせよ、実務においては誤りが発生することが少なくないので、金融機関としては、自らの届出債権に対する認否等の状況は丁寧に確認しておく必要がある。

c　他の債権者に対する異議の検討

　前記のとおり、一般調査期間においては、届出債権者は、他の債権者の届出債権に対し異議を述べることができる（民再102条1項、会更147条1項、破118条1項・121条2項）。

　他の債権者による届出内容が、自らの認識している事実関係と大きく異なるような場合、まずは再生債務者や管財人等に状況を確認した上で、これらの者が異議を述べない場合には、自ら異議を述べるかどうか検討する必要がある。

d　そ の 他

　その他、自らが保証債務を負担しているケースでは、後の保証履行により原債権の名義変更を受けることとなる可能性があるため、原債権者による債権届出及び認否の状況を確認することが必要である。

4 債権確定の手続

(1) 確定の意義

　届出がなされた債権のうち、再生債務者又は管財人が認め、かつ、届出をした債権者ほか異議を述べることができる利害関係人から調査期間内に異議がなかったものについては、届出の内容どおりに確定する（民再104条1項、会更150条1項、破124条1項）。裁判所書記官は、調査の結果を債権者表[38]に記載しなければならない（民再104条2項、会更150条2項、破124条2項）。
　確定した債権についての債権者表の記載は、民事再生手続であれば再生債権者の全員に対し、会社更生手続では更生債権者等及び株主に対し、破産手続の場合は破産債権者の全員に対して、確定判決と同一の効力を有する（民再104条3項、会更150条3項、破124条3項）。また、確定した債権についての債権者表の記載は、再生債務者、更生会社、破産者が届出債権に異議を述べていない限り、一定の要件の下[39]、これらの者に対しても確定判決と同一の効力を有し、この場合、債権者は債権者表の記載により強制執行をすることができる（民再185条2項・189条8項・195条7項、会更235条1項・238条6項、破221条1項）。

(2) 査　　定

a　異議が出た債権の取扱い

　届出債権のうち、再生債務者若しくは管財人が認めず、又は他の届出債権

---

[38] 民事再生手続では再生債権者表、会社更生手続では更生債権者表及び更生担保権者表、破産手続では破産債権者表という。
[39] 民事再生手続では再生計画不認可の決定が確定したとき、再生計画の取消決定が確定したとき又は再生計画認可決定の確定前に再生手続廃止決定が確定したとき、会社更生手続では更生計画不認可決定が確定したとき又は更生計画認可前に更生手続廃止決定が確定したとき、破産手続では破産手続開始決定後の破産手続廃止の決定が確定したとき又は破産債権者の同意による破産手続廃止の決定が確定したとき。

者等から異議が出されたものは、そのままでは確定しない（以下、これらの否認・異議を合わせて「異議等」といい、かかる異議等を出した者を「異議者等」という）。

この場合、異議等を出された債権者は、異議者等を相手方として、裁判所に査定の申立てをすることができる（民再105条1項、会更151条1項、破125条1項）[40]。

b 査定の手続

ア 査定の申立て

査定の裁判は、異議等の出た届出債権の内容を簡易な手続により確定するものである。

異議等を出された債権者は、債権調査期間の末日から1ヶ月以内に査定申立てを行う必要がある（民再105条1項・2項、会更151条1項・2項、破125条1項・2項）。

査定の対象となるのは、債権の額や債権の種類であり（民再105条1項、会更151条1項、破125条1項）、届け出た議決権については異議等が出たとしても査定の対象にはならない。異議等の出た議決権については、裁判所が議決権額を定めることとなる（民再170条2項3号・171条1項2号、会更191条2項4号・192条1項2号、破140条1項3号・141条1項2号）。

査定の申立ては、異議者等の全員を相手方とし、債権届出を行った民事再生手続、会社更生手続又は破産手続が現に係属している裁判所に対して行う。申立ての方式は、申立書に申立ての趣旨及び理由その他所要の事項を記載し、かつ証拠書類の写しを添付するとともに、申立書等を相手方にも直接送付（直送）する（民再規45条、会更規2条、破規2条）。

イ 裁判所による審尋及び決定

査定の申立てがあった場合、裁判所は、これを不適法として却下する場合

---

[40] なお、届出債権が執行力のある債務名義又は終局判決のあるもの（いわゆる有名義債権）である場合は、異議者等は債務者・更生会社のすることができる訴訟手続によってのみ、異議を主張できるものとされ（民再109条1項、会更158条1項、破129条1項）、そもそも査定申立ての対象とならない。もっとも、債権者が執行力のある債務名義や終局判決を得ていることは稀であろう。以下では有名義債権でない場合を前提に述べる。

を除き、決定で、異議等のある債権の内容や存否を決定する裁判を行う（民再105条3項・4項、会更151条3項、破125条3項）。

当該決定にあたっては、裁判所は異議者等を審尋しなければならない（民再105条5項、会更150条4項、破125条4項）。審尋は、口頭と書面の両方があり得る。

ウ　査定の申立てがなかった場合

届出債権について異議等が出ているにもかかわらず、査定の申立てを行わなかった場合には、当該異議等のある債権についての届出は、なかったものとみなされる（会更151条6項。民事再生法及び破産法には同種の規定がないが、会社更生法と同様に解されている[41]）。すなわち、異議等が届出債権の全額にわたる場合には届出そのものがなかったものとみなされ、異議等が一部の場合には当該異議等に係る部分の届出がなかったものとみなされることとなる。

エ　金融機関としての対応

金融機関が届け出た債権に対し、異議等が出た場合においても、全ての場合に査定申立てに至るとは限らない。手続の経済という観点からは、届出債権者と異議者等との交渉による解決が望ましいのであり、少なくとも査定申立てが可能な期間（＝債権調査期間の末日から1ヶ月以内）においては、異議の撤回が可能であることに異論はないため[42]、かかる期間内に合意に至ることにより、異議者等に異議を撤回させ、届出債権を確定することが最も望ましい対応といえる。

また、査定の申立て後も、裁判所の決定に至るまでは、当事者間の合意により届出債権の一部取下げや認否の変更を行い、かつ届出債権者が査定申立てを取り下げることで、債権を確定させることが可能である[43]。

41　民事再生手続につき、『破産・民再の実務（下）』209頁〔松井洋〕。破産手続につき、『破産・民再の実務（中）』163頁〔大野祐輔〕。

42　異議の撤回の時的限界に関しては、地裁によって運用が異なる。例えば民事再生手続に関し、査定申立てが可能な期間までとする運用（東京地裁。『通常再生120問』91頁〔植村京子〕参照）と、再生計画案の変更が許される期間内、すなわち集会型又は併用型の場合は債権者集会当日の決議まで、書面決議型の場合には付議決定までとする運用（大阪地裁。『新注釈民再（上）』575頁〔久末裕子〕）がある。

43　民事再生手続につき、『新注釈民再（上）』598頁〔島崎邦彦〕、会社更生手続につき、『最新実務会更』188頁参照。

異議の撤回の時期的限界や、合意による査定申立ての取下げの方法等、具体的な運用は事件ごとに裁判所に確認する必要があるが、当事者間で合意の余地がある場合には、査定申立てを行う前（あるいは申立て後、決定前）において、和解的解決に向けた交渉を試みるべきであろう。

c　査定申立てについての決定に対する異議の訴え

　査定申立てについての裁判所の決定に不服がある者は、当該決定の送達を受けた日から1ヶ月以内に、査定異議の訴えを提起することができる（民再106条1項、会更152条1項、破126条1項）。

　査定異議の訴えは、それぞれの手続が係属している裁判所（手続が係属している裁判体を含む官署としての裁判所）が管轄を有する（民再106条2項、会更152条2項、破126条2項）。

　査定異議の訴えは、少なくとも査定申立ての決定後に行われ、かつ、口頭弁論は査定異議の訴えの出訴期間を経過した後でなければ開始することができないから（民再106条5項、会更152条5項、破126条5項）、判決までに相応の時間を要し、その間も手続が進行してしまうことを考慮に入れる必要がある。

(3)　会社更生手続における価額決定の申立て

a　価額決定の申立ての意義

　会社更生手続において、更生担保権の届出に対し異議等が出され、担保権の目的である財産の価額について異議等が述べられたときは、届出債権者は査定の申立てに加え、担保権の目的である財産について価額決定の申立てを行う必要がある。

b　価額決定の申立ての手続

ア　申立ての相手方及び裁判所

　価額決定の申立ては、異議者等の全員を相手方として、更生債権等査定申立てをした日から2週間以内に、手続が現に係属している裁判体に対して行う（会更153条1項）。裁判所は、やむを得ない事由がある場合に限り、更生

担保権者の申立てにより、申立期間を伸長することができる（会更153条2項）。

上記のとおり、価額決定の申立ては、更生担保権の届出に対し異議等が出ている場合で、かつ、異議等を受けた届出債権者が査定の申立てをしていることが前提となる。

イ　費　　　用

価額決定の申立てをする更生担保権者は、その手続費用として裁判所の定める金額を予納しなければならない（会更153条3項）。当該予納費用は、裁判所の選任する評価人の費用に充てられる。

なお、価額決定の申立てに関する決定では、最終的な費用負担についても決められることになる。この点、①決定価額（決定された財産の価額）が届出価額と等しいか、又はこれを上回る場合は異議者等の負担となり、②決定価額が異議等のない価額（異議者等が更生担保権の調査において述べた財産の価額のうち最も低いもの）と等しいか、又はこれを下回る場合には更生担保権者が負担し、③左記①②以外の場合は裁判所が裁量で決める額を更生担保権者及び異議者等がそれぞれ（又はいずれかが）負担することとなる（会更154条5項）。

ウ　価額決定の申立てについての決定に対する即時抗告

価額決定の申立てにおける当事者は、当該申立てについての裁判所の決定に対し、即時抗告をすることができる（会更154条3項）。

エ　価額決定と査定申立てに係る決定等との関係

価額決定により定められた価額は、査定申立て又は査定異議の訴えが係属する裁判所を拘束する（会更155条2項1号）。

また、確定した価額決定がない場合は、更生担保権について異議等のない価額（異議者等が更生担保権の調査において述べた財産の価額のうち最も低いもの）が、裁判所を拘束する（会更155条2項2号）。

c　金融機関としての対応

会社更生手続においては、更生担保権の額が金融機関としての回収額を大きく左右することとなる。この点、担保評価額をめぐって管財人と争いになるケースも多く、更生担保権者としては、必要に応じ査定申立て・価額決定

の申立てを余儀なくされる場合もある。

　もっとも、価額決定の申立てにおいては、予納費用のほか、決定額が低額にとどまった場合の費用負担も考慮に入れておく必要がある。金融機関としては、査定申立てや価額決定の申立てに至る前に、あるいはこれらの手続中においても、管財人との交渉により、適切な価額で和解できるよう努力することが肝要であろう。

第6章

担保権に関する諸問題

1　法的整理手続と担保権の行使

(1)　法的整理手続における担保権の行使

　債務者が法的整理手続開始の申立てを行った場合、法的整理手続の種類により担保権の取扱いは異なる。以下、手続ごとに担保権者としての権利行使のポイントにつき概説する。

a　破産手続

ア　別除権の行使

　破産手続上、担保権は、別除権として、破産手続によらずに行使できる（破2条9項・65条1項）。破産手続においては、民事再生手続・会社更生手続と異なり、別除権者による担保実行を中止する担保実行中止命令の制度も存在しない。なお、開始決定後における別除権の行使に対する制約として、担保権消滅許可の制度があるが（破186条1項）、これについては後記4（243頁）にて詳述する。

　破産手続における別除権の行使は、必ずしも競売等の法定の手続による必要はなく、管財人と合意の上で担保物件の任意売却を行うこともできる。破産手続においては、基本的に管財人による物件の処分が想定され、通常は競売よりも任意売却の方が高額での処分を見込めるので、実務上は任意売却により担保回収を図ることが多い。破産手続の場合、申立てからほどなく開始決定が発令されるのが通常であるから、開始決定を待って、選任された管財人との間で早期の任意売却につき協議することが、一般的には回収極大化に資する場合が多いであろう。

なお、任意売却による回収額が被担保債権の額よりも小さければ、別除権者としては、別除権の行使によって弁済を受けることができない不足額を破産債権として行使し、一般配当に与ることとなる（破108条1項本文）。もっとも、別除権不足額について中間配当を受けるためには、中間配当に関する除斥期間内に、管財人に対して担保目的物の処分に着手したことを証明し、かつ、当該処分によって弁済を受けることができない債権の額を疎明しなければならない（破210条1項）。その上でなお、当該中間配当額は管財人によって寄託され（破214条1項3号）、最後配当に関する除斥期間において、別除権者が確定した不足額を証明しなければ、別除権者は不足額につき配当から除斥され、中間配当時に寄託された配当金も他の債権者に配当されることとなる（破198条3項・214条3項）。このように、金融機関としては、不足額部分につき破産配当に与るためには、別除権不足額の確定が不可欠であるから、徒に任意売却に時間をかけることは必ずしも得策ではなく、早期に担保権実行に踏み切るべき場合もあり得る。

　イ　受戻し金の充当

　なお、破産手続において、別除権の受戻しに関する別除権協定を締結した場合、当該受戻し金の充当方法が問題となる（民事再生手続における別除権の受戻し金についても同様の問題がある）。

　この点、当該別除権協定上に充当に関する定めがある場合はそれに従うことになるし、かかる定めがない場合は、民法488条ないし491条の規定、又は、破産者と別除権者との間の別途の合意があれば、その内容に従うことになるのが原則である[1]。

　金融機関においては、破産者との取引約定書に金融機関の充当指定権の定めを置くのが通常であるため、別除権協定上に特段の定めがない場合、かかる充当指定権を行使して充当することになる。もっとも、債権者が弁済を受けてから1年以上が経過して充当指定権を行使した場合、信義則上その行使が許されないとした判例[2]もあるので、注意が必要である。

1　『破産管財の手引』153頁〔下田敦史〕。
2　最三小判平22.3.16（判時2078号18頁）。

b　民事再生手続

　ア　担保権の行使

　民事再生手続の場合、債務者による申立てであれば、通常は申立てから1週間程度で開始決定となるが、破産手続と同様、担保権は別除権となるので（民再53条1項）、別除権者は手続開始後も原則として自由に権利行使できる。

　もっとも、民事再生手続においては、破産手続と異なり、申立て後の担保実行を中止させることを内容とする、担保実行中止命令の制度が設けられている。具体的には、裁判所は、再生債権者の一般の利益に適合し、かつ、競売申立人に不当な損害を及ぼすおそれがないと認めるときは、相当の期間を定めて担保権の実行手続（競売手続等）の中止を命ずることができる（民再31条1項）。「相当の期間を定めて」とあるとおり、中止命令は永続するものではないが、担保権の行使に対する制約となる。

　また、開始決定後においては、担保権消滅許可の制度がある（民再148条）。担保権消滅許可の制度に関しては、後記4（243頁）にて詳述するが、破産手続とは異なり、売却処分を前提とすることなく、強制的に担保権を消滅させることが可能である。

　このような担保実行中止命令や、担保権消滅請求制度の存在を前提とすると、金融機関として早期に担保権を実行することが、必ずしも早期の債権回収に直結するとは限らない。もとより、競売を申し立て早期処分価格による回収を図るよりも、事業継続を前提とした継続価値評価により回収した方が、回収期間は長くなる反面、回収額を増大させ得る場合もある。

　したがって、民事再生手続において担保権実行を行おうとする場合には、金融機関としては、あらかじめ再生債務者や申立代理人の意向を確認し、担保物件の継続利用を希望しているかどうか、別除権協定による弁済合意が成立する可能性があるかといった点につき、慎重な検討を行うことが前提となろう。実務上は、民事再生手続で担保権の実行に至るケースはむしろ少なく、再生債務者との合意により別除権協定を締結し、別除権相当額について当該協定に基づく一括又は分割弁済を受けるのが通常である（なお、別除権協定に関しては、後記5（254頁）で詳述する）。

イ　別除権不足額の取扱い

　破産手続と同様、民事再生手続においても、別除権者は、別除権の行使によって弁済を受けることができない不足額についてのみ、再生債権者として一般配当に与ることができる（民再88条）。

　破産手続との大きな違いは、不足額の厳密な確定が配当の前提とはならない点である。前記のとおり、破産手続では最終配当に関する除斥期間までに不足額を証明できない限り、不足額について配当に加入できない。これに対して、民事再生手続では、再生計画案の作成・提出までに別除権不足額を確定することは難しい場合もあるため、再生計画において、不足額が「確定した場合における再生債権者としての権利の行使に関する適確な措置」を定めなければならず（民再160条1項）、かつそれで足りる。具体的には、再生計画において、不足額が確定した場合には、当該不足額について他の再生債権と同様の権利変更を受ける旨が定められることになる。実務上、不足額が確定した時点で、既に他の再生債権の全部が弁済されている場合は、不足額も即時に弁済され、また、他の再生債権の一部が弁済されている場合には、不足額も同様の一部弁済を受けた上で、以後、他の再生債権と同様の弁済を受けることとされるのが一般的である。

　なお、民事再生手続における別除権不足額は、担保権の実行による確定のほか、別除権協定の締結、担保権消滅請求、別除権の放棄（担保権の実行による回収可能性がない場合等）によって確定する。別除権協定に関する事項は、後記5（254頁）にて述べる。

c　会社更生手続

ア　保全段階における担保権の行使

　会社更生手続は手続開始の申立てから開始決定までの期間が事案に応じて様々であり、申立日に即日開始決定となる場合もあれば、開始決定までに数ヶ月を要する場合もある。

　申立て後、開始決定までの間において、担保権者が担保権を実行することは可能である。通常の債務者申立ての事案であれば、申立てと同時に保全管理命令が発令され、債務者（現経営陣）の権限は制約を受けることとなるが、これだけでは担保権者の担保実行（競売申立て）が制限されるものでは

ない。

####　イ　担保実行中止命令

裁判所は、更生手続開始の申立てがあった場合において、必要と認めるときは、利害関係人の申立てにより又は職権で、更生手続開始決定があるまでの間、担保権の実行を含む強制執行等の中止を命ずることができる（会更24条1項2号）。会社更生手続開始までの間に会社の財産が散逸し、事業の維持更生が困難となることを防ぐ趣旨である。

この中止命令により、対象となった個々の担保実行の手続は中止する。

####　ウ　包括的禁止命令

中止命令は個々の担保実行を事後的・個別的に中止させる効力しかもたないが、更に強力な手段として、包括的禁止命令が発令されれば、保全段階であっても以後の担保実行は須く禁止されることとなる（会更25条1項本文）。

包括的禁止命令は、多数の強制執行等の手続が繰り返されるような場合、その都度中止命令を発していたのでは手続負担が過大で、事業の継続に支障を来すおそれがあるため導入された制度である[3]。

一方、同命令が解除されるまでの間に債務者が自由に財産を処分したのでは、債権者を不当に害するおそれがある。そこで、包括的禁止命令は、保全処分、保全管理命令又は監督命令が発令されていることを、その発令の前提条件としている（会更25条1項ただし書）。なお、包括的禁止命令の制度は、民事再生にもあるが（民再27条）、民事再生手続における包括的禁止命令は担保実行を中止する効力を有しない（民事再生手続で担保権の実行を中止するためには、担保実行中止命令を個別に発動するほかない）。

####　エ　開始決定後の担保実行の禁止

会社更生手続の開始決定があったときは、原則として、担保権の実行に係る新たな申立てはできず、既に行われている担保権実行手続は当然に中止する（会更50条1項）。

なお、手続開始後においては、裁判所は、更生会社の事業の更生のために必要でないことが明らかな担保財産については、管財人の申立てにより又は職権で、担保権の実行の禁止を解除することができる（会更50条7項）。ただ

---

[3] 『会更の実務（上）』114頁〔池下朗〕。

し、これにより実行された担保権からの配当・弁済金は、管財人に交付され（会更51条2項）、更生計画に従って当該更生担保権者に弁済されることとなる。

上記のとおり、会社更生手続上は、保全段階・開始決定後を通じ、債務者の事業の維持更生を強力に推進すべく、担保権の実行が様々な手段により阻止され得る。したがって、担保権者にとり、会社更生手続の開始申立て後、手続開始決定前の段階において、拙速に担保権実行の申立てをする意味は現実的にほとんどないといってよい。

オ　担保不足額の取扱い

会社更生法上、更生担保権とは、更生手続開始当時更生会社の財産につき存する担保権の被担保債権であって、当該担保権によって担保された範囲のものをいう（会更2条10項本文）。つまり、担保付きの債権のうち、担保によってカバーされている部分のみが「更生担保権」であり、破産等における不足額に相当する部分は、更生債権となる。

更生担保権及び更生債権となる金額は、原則として、担保権の実行によって確定するのではなく、債権調査手続及び債権の確定に関する手続により決定する。通常は、更生担保権として認められた部分は更生計画上100%弁済となり、更生債権となった部分は更生計画に従った権利変更（一部免除・一部弁済）を受ける。

破産・民事再生においては、個別の担保実行や別除権協定によって担保不足額が確定したり、不足額の確定時期によって権利行使できる内容が変わるといった意味で、担保付債権の回収条件は変動の余地が比較的大きい。これに対して会社更生の場合、担保付きの債権に対する弁済条件は、債権調査及び債権の確定手続を経て、更生計画により一義的に決定されることとなる（なお、更生計画におけるいわゆる処分連動方式については、第3部第9章3（338頁）を参照されたい）。

d　特別清算

ア　担保権の行使

特別清算において、担保権の行使は原則として制約されない。

なお、裁判所は、特別清算の開始命令があった後において、債権者の一般

の利益に適合し、かつ、担保権の実行の手続等の申立人に不当な損害を及ぼすおそれがないものと認めるときは、清算人、監査役、債権者若しくは株主の申立てにより又は職権で、相当の期間を定めて、担保権の実行の手続等の中止を命ずることができる（会516条）。申立て後、特別清算の開始命令までの間においては、同様の制度はない。

　特別清算が清算型の法的整理手続であることからすれば、再建型の民事再生手続や会社更生手続の場合と比較して、担保権の実行の手続等の中止の必要性は低いはずである。もっとも、協定案の作成にあたり、担保物件の余剰価値やその処分方法等をめぐって担保権者と一般債権者の利害関係を調整する必要がある場合もあり、担保権者を含めた話し合いによる解決の手段を与え、これに助力する趣旨で、手続開始後における中止命令の制度が設けられているものである[4]。

　　イ　担保不足額の取扱い

　特別清算でも、担保不足額について協定債権として手続内で配当を受けるためには、不足額を確定する必要がある。担保不足額が生ずる見込みがある場合、債務者側と協議の上、担保権実行や任意売却等によって不足額を確定させ、協定に参加することになる。

e　まとめ（各手続の比較）

　以上、債務者について法的整理手続の申立て以降の担保権の行使に関し、考慮・検討すべき事項を述べた。実務における感覚として、いずれの手続であっても、開始決定前に殊更に担保権を実行しなければならないケースは、むしろ少ないと思われる。

　手続開始決定後の担保権の取扱いを含め、主な事項を整理すると、【図表3－6－1】のとおりである。

4　『入門新特別清算』160頁。

【図表3－6－1】法的整理手続における担保権の取扱い

	破産	民事再生	会社更生	特別清算
担保権の性質	別除権	別除権	更生担保権	担保権
担保権の行使	手続外で行使可能	手続外で行使可能	担保権実行手続は不可	手続外で行使可能
実行中止命令	－	開始申立て後から発令され得る	開始申立て後から発令され得る	開始命令後から発令され得る
包括的禁止命令	－	（担保権は対象としていない）	開始申立て後から発令され得る	－
担保権消滅請求	開始決定後から請求され得る（ハンコ代対策等が目的）	同左（事業継続に不可欠な財産の確保等が目的）	同左（事業継続に不要な財産の処分等が目的）	－
不足額の扱い	破産債権として行使可能。ただし中間配当、最終配当の除斥期間までに、不足額の疎明や証明を要する。	再生債権として行使可能。再生計画には、別除権の不足額が確定した場合の適確な措置を定めることとされている。	更生債権等として行使可能。更生担保権と担保価値を超過した更生債権等の額は、債権調査及び確定の手続で決まる。	協定債権として行使可能。

(2) 担保権行使の前提条件としての登記及び登録

a 登記及び登録の具備の必要性

　債務者と担保権の設定契約を締結していても、対抗要件を備えず、いわゆる登記留保の状態のままでは、担保権の効力を第三者に対して主張できない。管財人はもとより、民事再生手続における再生債務者も第三者性を有するから、登記等を備えない担保権は、手続上その効力を対抗できない。担保権が民事再生手続・破産手続における別除権として、あるいは会社更生手続における更生担保権として認められるためには、手続開始決定時までに登記又は登録を得ておく必要がある。

したがって、債務者の信用力が低下した時点において、既に約定した担保権の登記等が未了である場合、速やかに登記等を経由し対抗要件を備える必要がある。ただし、担保設定の日から15日を経過した後に、支払の停止等があった事実を知って対抗要件を具備した場合は、かかる対抗要件具備は法的整理手続において否認され得る（民再129条、会更88条、破164条。なお、対抗要件具備行為の否認については、第3部第3章3(1)d（148頁）も併せ参照されたい）。

開始決定後に登記を備えても、手続上、その効力を主張できない（民再45条1項、会更56条1項、破49条1項）。なお、登記権利者が手続開始の事実を知らないでした登記・登録は例外的に効力が認められるとされているが（各項ただし書）、金融機関が取引先等の法的整理手続開始につき善意を主張できるケースは極めて稀であろう。また、一般に申立て後は担保権設定者（債務者等）の協力は期待できず、特に破産や民事再生の場合は開始決定までの期間が短いことも考え合わせれば、申立て前に設定を受けた担保権について申立て後に対抗要件を具備できる可能性は低いといわざるを得ない。

なお、開始決定後の登記等の効力は、「その」法的整理手続において主張できないにとどまる。すなわち、例えば民事再生手続の開始後に登記を具備できたとして、その後に手続が頓挫し破産移行した場合には、後の破産手続においては、有効に登記を備えた担保権として認められ得る。もっとも、この場合でも対抗要件否認の対象となり得ることには変わりがない（民再252条1項、会更254条1項、破164条）。

b　仮登記の取扱い

開始決定後の登記等の効力を主張できないのと同様に、開始決定前の担保設定に基づき開始決定後にした仮登記（1号仮登記）も、法的整理手続との関係では効力を主張できない（民再45条1項、会更56条1項、破49条1項）。

これに対して、開始決定前に仮登記がなされていた場合については、少なくとも1号仮登記であれば、手続開始後に仮登記に基づく本登記請求をなすことも可能と解されている。通常、担保設定において本登記を留保し仮登記とする場合は1号仮登記によるので、この場合には手続上、担保権の効力を主張するのに支障はないこととなる。

なお、手続開始前の2号仮登記の効力については、かかる本登記請求を否定する説と肯定する説が対立している[5]。なお、会社更生手続における東京地裁の運用では、2号仮登記のままでも更生担保権として認めるとされている（第3部第5章2(4)bイ（196頁）参照）。

c　登記又は登録の種類

登記又は登録の効力に関する上記の制限は、不動産、船舶のほか、自動車、特許等の知的財産権についても準用される（民再45条2項、会更56条2項、破49条2項）。債権譲渡担保権における確定日付や動産・債権譲渡登記等についても、同様と考えられる。

2　各種の担保権の取扱い

以下では、担保権の種類に応じ、各種の法的整理手続における具体的な取扱いについて述べることとしたい。なお、集合動産・集合債権譲渡担保については議論となる点が多いため、別途項目を分けて検討する（3参照）。

(1)　抵　当　権

a　普通抵当権

ア　普通抵当権の行使

不動産[6]を担保目的物とする場合、普通抵当権又は根抵当権の方法によるのが通常である。

法的整理手続における普通抵当権の取扱いについては、前記1(1)（210頁）において述べたところが基本的にそのままあてはまる。すなわち、民事再生手続・破産手続においては、別除権として手続によらずに行使でき[7]、抵当権者は別除権の行使による不足額について、一般債権として弁済・配当に与

---

[5]　以上につき、『新注釈民再（上）』250頁〔長沢美智子〕。
[6]　抵当権の対象物たり得るのは、法律上、登記・登録の対象となる物に限られ、実務上は不動産のほか、航空機、工場財団、観光施設財団等にも抵当権の設定を受ける場合が多いが、以下では典型的な不動産を念頭に置く。

ることとなる。会社更生手続では、その評価額相当額が更生担保権として、アンカバー部分相当額が更生債権として、それぞれ更生計画に従った弁済の対象となる。

　なお、破産、民事再生、会社更生のいずれの手続においても、抵当権は担保権消滅請求の対象となる。

　イ　被担保債権の範囲

　利息・損害金については、民法上、最後の２年分のみが、抵当権に基づく優先弁済の対象となるのが原則である（民375条）。もっとも、同条の趣旨は後順位担保権者や一般債権者の保護にあるから、抵当権設定者に対する関係では被担保債権は制限されず、抵当権設定者は債務全額を完済しなければ抵当権を消滅させることはできないと解されている[8]。

　では、設定者が法的整理手続に入った場合はどうか。この点、前記のとおり、民法375条は一般債権者の保護のためにも機能する規定とされている。そして、法的整理手続においては、物件の価値が抵当権の範囲を超えれば、かかる超過部分は一般債権者に対する弁済原資となることが想定される。したがって、後順位抵当権者が存在しなくとも、設定者が法的整理手続に入った場合には、民法375条に基づき、利息・損害金の抵当権としての行使は最後の２年分に限られると解すべきであろう。

　なお、会社更生手続においては、被担保債権のうち利息・損害金部分は、会社更生手続開始後１年経過時（１年以内に更生計画認可決定があるときは、当該決定時）までに生ずるものに限り、更生担保権として扱われる（会更2

---

[7] なお、破産者が法人の場合、管財人により破産財団から放棄された不動産は清算法人にその管理処分権が復帰するものの（最二小判平12.4.28判タ1035号108頁）、当該清算法人は代表者が欠けた状態となるので（最二小判昭43.3.15民集22巻3号625頁）、当該放棄後に不動産の競売を申し立てる場合には特別代理人の選任を要することになる（民執20条、民訴35条・37条）。この点、別除権付き不動産の放棄に先立っては、その２週間前までに管財人から担保権者に通知がなされる（破規56条後段）。

　管財人によって既に放棄された不動産について、別除権者による別除権の放棄の意思表示の相手方は、破産者個人又は清算法人の代表者となるため、破産者が法人の場合、清算人を選任する必要がある（最二小判平16.10.1判タ1168号130頁）。

　また、東京地裁の運用では、別除権を放棄した別除権付破産債権者が、その破産債権につき配当を受けるためには、放棄の意思表示に加えて担保権の抹消登記をする必要がある（『破産管財の手引』253頁〔片山健・原雅基〕）。

[8] 『新版注釈民法(9)』297頁以下〔山崎寛〕。

条10項)。

b　根抵当権

　ア　破産手続

　債務者又は根抵当権設定者が破産手続開始決定を受けたときは、根抵当権の元本は法律上当然に確定する（民398条の20第1項4号）。極度額の範囲内である限り、最後の2年分の利息に限定されることなく、全ての利息・損害金が被担保債権に含まれることになる。なお、支払停止や破産手続開始の申立て後に、根抵当権者が債務者以外の第三者から取得した手形又は小切手上の債権は、根抵当権者が支払停止等の事実を知らないで取得した場合を除き、根抵当権の被担保債権に含まれない（民398条の3第2項）。

　根抵当権者は、その債権のうち根抵当権の極度額でカバーされない部分については、一般債権として配当に与ることになるが、この場合、①権利行使により弁済を受けられない債権額を証明する方法のほか、②確定不足額の証明がなくても、最後配当の許可のあった日における極度額を超える金額を確定不足額とみなして、配当を受けることができる（破196条3項・198条4項）。

　イ　民事再生手続

　民事再生手続の場合、破産と異なり、手続開始決定は当然には根抵当権の元本確定事由にならない。もっとも、根抵当権者は、いつでも元本の確定の請求ができるので（民398条の19第2項）、被担保債権額が極度額を超えていないときは、かかる空き枠部分を利用したDIPファイナンスを後に予定しているといった例外的な場合を除き、元本を確定させるのが通常である。なお、別除権協定の締結が未了等の理由により、別除権不足額部分の金額が確定していない場合であっても、元本が確定しているときは、極度額を超える部分について、再生計画において、再生債権の権利変更の一般的基準に従った仮払いを行う旨の条項を設けることができる（併せて、最終的に別除権不足額が確定した場合の精算条項が定められる。以上につき、民再160条2項）。

　ウ　会社更生手続

　会社更生手続の場合も、手続開始決定によっては、当然には元本は確定しない（会更104条7項参照）。したがって、仮に手続開始決定後に根抵当権者

第6章　担保権に関する諸問題　221

が共益債権を保有することとなった場合には、かかる共益債権部分も、手続開始前の債権（更生担保権となる）と合わせて、根抵当権によって担保されることになると解されている[9・10]。この場合、根抵当権は共益債権をも担保しているため、その実行は手続開始によっても妨げられず、根抵当権者は担保実行することが可能である。この場合、かかる実行に基づく売得金のうち、更生担保権に相当する部分は管財人に交付して、更生計画に基づく弁済を受けることになる[11]。

　もっとも、実務上は、極度額を超える被担保債権が存することが通常であり、開始決定後に管財人との間で元本を確定させる旨の合意を締結し、あるいは更生計画において計画認可決定日に元本が確定する旨を定める場合が多い[12]。

(2) 質　権

　金融機関において質権の設定を受けるケースとしては、①預金債権や株式を担保取得する場合、②債務者や物上保証人が保有する資産（不動産・動産）に対する抵当権や譲渡担保権等に付随して、これらの資産に損害が発生した場合に生じる保険金に対して保険質権の設定を受ける場合がある。

　保険質権については、特に火災保険金請求権質権について、項を改めて6で詳述することとし、以下では、預金債権質権及び株式質権について、それぞれ述べることとしたい。

9　『会更の実務（上）』253頁〔佐々木宗啓〕。かかる考え方に対しては、他の共益債権者との衡平の観点から、共益債権を被担保債権に含める場合は、裁判所の許可を得てその旨の合意が必要とする見解もある（田原睦夫「倒産手続と根担保」『谷口古稀』478頁）。

10　また、後順位担保権者が存在する場合、かかる後順位担保権者の更生担保権額の定め方が問題となるが、先順位担保権者の元本が確定しない以上、先順位担保権者の空き枠部分は更生会社のために残っているといえること等からすれば、後順位担保権者の更生担保権額は、担保目的物の時価から先順位担保権者の極度額全額を控除した金額とするのが論理的であり、東京地裁も同様の取扱いをしている（『会更の実務（上）』254頁〔佐々木宗啓〕）。実務上は、後順位担保権者との和解によって解決する例も多く見受けられる（『更生計画の実務と理論』151頁）。

11　以上につき、『会更の実務（上）』253頁〔佐々木宗啓〕、『伊藤会更』201頁。

12　『更生計画の実務と理論』149頁。

a 預金債権

ア 破産手続

　自行預金の上に質権の設定を受けた場合、担保実行により取立て充当することも可能であるが、通常は、相殺により回収することが多い。破産手続開始の申立てにより、銀行取引約定書等の定めに従って、債務者は期限の利益を喪失するので、銀行が預金債務について期限の利益を放棄すれば相殺適状となるからである。なお、手続開始後も、相殺禁止（破71条。詳細は第3部第2章2(3)bイ（125頁）を参照されたい）に該当しない限り、相殺の実行を妨げられることはない。また、判例上、預金が第三者により差し押さえられても、自行の債権が差押え前に取得したものでない限り、銀行は相殺をもって差押債権者に対抗することができるとされている[13]。

　なお、質権実行の方法による場合、質権は別除権として（破2条9項）破産手続外での権利行使が可能であるが（破65条1項）、手続との関係で担保権としての効力を主張するためには、第三者対抗要件（自行預金質権であれば、担保差入証等に確定日付を取得する方法によることになろう）を具備している必要がある。他行預金の上に質権の設定を受けている場合等には、質権実行の方法により回収することになる。

イ 民事再生手続

　民事再生手続の場合も、破産手続と基本的に同様であり、相殺あるいは（第三者対抗要件を具備している限り）別除権としての質権実行の方法により、回収が可能である。ただし、民事再生手続においては、相殺権の行使は債権届出期間内に限られるので（民再92条1項）、万が一、債権届出期間を経過してしまった場合は、質権実行の方法による他ない。

ウ 会社更生手続

　会社更生手続上、質権は更生担保権として取り扱われる（会更2条10項）が、自行預金質権であれば、相殺禁止（会更49条）に該当しない限り、相殺により回収することは妨げられない。他行預金質権等の場合、質権の実行は会社更生手続上、禁止され、更生計画によらなければ弁済を受けることがで

---

[13] 最大判昭45.6.24（民集24巻6号587頁）。

きない。この場合、通常は、更生手続開始決定時点の預金口座の残高相当額が更生担保権となり、かかる金額について更生計画の定めに従った弁済を受けることになる。

　b　株　　式

　　ア　破産手続・民事再生手続
　前記のとおり、質権は、破産手続・民事再生手続においては別除権として扱われるため（破2条9項、民再53条1項）、株式質権についても手続外での行使により回収を図ることになる。投資有価証券等の非事業資産であれば、通常は債務者において任意に売却した上、手取金を弁済充当することとなろう。

　　イ　会社更生手続
　前記のとおり、質権は会社更生手続では更生担保権として取り扱われるため（会更2条10項）、担保実行は禁止され、更生計画によらなければ弁済を受けることができない。したがって、管財人が更生計画認可前に株式を売却したとしても、直ちに売却代金からの弁済を受けることはできず、この場合、当該売却代金相当額の預金の上に代替担保として預金債権質権の設定を受け（担保変換）、更生計画認可後に、計画に基づいて当該預金相当額の弁済を受けるのが通常の取扱いである。

(3)　先取特権

a　一般の先取特権

　　ア　破産手続
　破産手続において、一般の先取特権は優先的破産債権として扱われ（破98条1項）、破産手続によらなければ権利行使をすることができない。したがって、一般の先取特権者は、債権届出を行った上で、配当手続による配当を受けることになり、免責の効力も及ぶ（破253条1項柱書）。
　優先的破産債権は、一般破産債権に優先する（破98条1項・194条1項1号）。配当における「優先」の意味は、優先的破産債権に対する配当が100％に達しなければ、次順位以下の債権者は配当を受けることができないという

意味での「絶対的優先」と解されている[14]。なお、優先的破産債権の間での優先順位は、民法、商法その他の法律の定めるところによる（破98条2項）。

　イ　民事再生手続

　民事再生手続においては、一般の先取特権は一般優先債権として取り扱われ、手続外で随時弁済を受けることができる（民再122条1項・2項）。一般の先取特権に基づく競売等の担保実行も一応可能であるが、再生に著しい支障を及ぼし、かつ、再生債務者が他に換価の容易な財産を十分に有するときは、担保実行の中止又は取消しを命じられることがある（民再122条4項・121条3項～6項）。

　なお、一般優先債権が完済されないまま民事再生手続が頓挫し、牽連破産手続に移行した場合、一般優先債権は先行する民事再生手続での債権届出の対象とされていないので、破産手続に参加するためには、新たに優先的破産債権の届出をする必要がある。

　ウ　会社更生手続

　会社更生手続においては、一般の先取特権は更生債権の一種として手続に取り込まれ、計画に基づく弁済の対象となるが、更生計画に基づく権利変更にあたっては、他の一般の更生債権よりも優先的に取り扱われる（会更168条1項2号・168条3項）。ここでいう「優先」の意味は、破産手続の場合と異なり、劣後する債権者よりも相対的に優先していればよい（端的には、劣後する債権者よりも弁済率が相対的に高いことを指す）という考え方（相対的優先説）が通説である[15]。

b　特別の先取特権

　特別の先取特権には、動産先取特権（民311条）や不動産先取特権（民325条）等があるが、金融機関において、これらの権利を取得することはそれほど多くないと思われる（なお、後述のとおり、商事留置権は破産手続上、特別の先取特権とみなされる。破66条1項）。以下、その取扱いについて簡潔に述べる。

14　『伊藤破産・民再』515頁等。
15　『最新実務会更』236頁。

ア　破産手続

　破産手続における特別の先取特権は、別除権として（破2条9項）、手続によらずに行使することができ（破65条1項）、担保実行も可能である（動産につき民執190条1項・2項、不動産につき民執181条1項3号）。

イ　民事再生手続

　民事再生手続においても、特別の先取特権は、別除権として手続によらずに行使することができる（民再53条1項・2項）。

ウ　会社更生手続

　会社更生手続における特別の先取特権は、更生担保権として扱われ（会更2条10項）、更生計画に基づく弁済を受けることになる。

(4)　商事留置権（投資信託受益権上の商事留置権）

　金融機関において商事留置権の行使が問題となるのは、債務者から手形の取立委任を受けて手形を取得している場合が多いと思われる。もっとも、近時は、金融機関が投資信託の販売会社と保護預り機関（又は振替信託受益権における口座管理機関）の地位を兼ねる場合に、約定担保権が設定されていない投資信託受益権の回収についても問題になっている。

　取立委任手形の取扱いについては、第3部第2章2(4)（127頁）で述べているので、以下では、投資信託受益権の権利行使について、特に破産手続・民事再生手続における解約金の弁済充当の可否を中心に述べることとする。

a　破産手続

ア　商事留置権の取扱い

　信託受益権について証券が発行されている場合（振替制度に基づく振替がなされていない場合）において、受益証券を保護預りしている金融機関は、当該有価証券を占有しているといえる。したがって、金融機関・受益者がともに商人である場合には、当該有価証券の上に（金融機関の受益者に対する債権を被担保債権とする）商事留置権が成立する（商521条）。商事留置権は、破産手続では特別の先取特権とみなされるので（破66条1項本文）、受益者について破産手続が開始した場合、金融機関は商事留置権を別除権として、破産手

続によらずに行使することができる（破65条１項）[16]。

　イ　解約・弁済充当の可否

　問題となるのは、投資信託受益権の販売会社兼保護預り機関の地位にある金融機関が、自ら投資信託の解約請求をした上で、解約金を弁済充当することができるかという点である。

　取立委任手形については、破産手続において、金融機関が銀行取引約定書に基づく取立て又は充当権限に基づき、取立委任手形を自ら取り立て、弁済充当することができるとした判例が存する[17]。そして、信託受益権についても、受益者自らが申込金を支払っており、販売会社がその証券を保護預りしている場合には、他の特別の先取特権が存在する事情もなく、かつ、解約金返還にあたっても販売会社の裁量等が介在する仕組みになっていないことから、上記判例と同様に考え得るとして、弁済充当を肯定する考え方が主張されている[18]。

　この点、破産管財人が解約請求したとしても、破産管財人の金融機関に対する当該解約返戻金の支払請求権と貸付金債権の相殺は有効とされていることも併せ考えれば[19]、金融機関による解約請求を否定する実質的な意義に乏しいともいえ、当該解約・弁済充当を肯定する考え方が実務の趨勢ではないかと思われる。

　ウ　振替信託受益権の場合

　なお、信託受益権が振替制度に基づく振替の対象となっている場合、かかる信託受益権はペーパーレス化しているため、金融機関による占有は認められない。もっとも、準占有（民205条）を肯定する考え方も有力であり、それを認めた下級審の裁判例も存在する[20]。

16　なお、破産手続における商事留置権は、商事留置権消滅請求の対象となり、破産管財人は、留置権の目的である財産に相当する金銭を弁済して、当該商事留置権の消滅を請求することができる（破192条）。
17　最三小判平10.7.14（民集52巻５号1261頁）。
18　坂本寛「証券投資信託において受益者に破産手続ないし民事再生手続が開始された場合の債権回収を巡る諸問題」判タ1359号22頁。
19　大阪高判平22.4.9（金法1934号98頁）。かかる原審に対する上告受理申立ては不受理決定がなされている（最二小決平23.9.2金法1934号105頁）。なお、民事再生手続において同様に相殺の有効性を認めた裁判例として、名古屋地判平25.1.25（金判1413号50頁）がある。

振替信託受益権に対する準占有が肯定されれば、占有に関する規定が準用され（民205条）、商事留置権の成立が認められるため、証券発行がなされている場合と同様に、担保実行の上、弁済充当することができると解される。

b 民事再生手続

信託受益権の上に商事留置権が成立する場合、民事再生手続においても、別除権として手続外での権利行使が可能である（民再53条1項）。

前記破産手続の場合と同様、投資信託受益権を保護預り（又は口座管理）している金融機関が、商事留置権及び銀行取引約定書に基づいて解約請求を行い、弁済充当できるかが問題となる。特に、民事再生法上は、商事留置権は別除権とされるものの、破産法と異なりこれを特別の先取特権とみなす規定が存在しない。そのため、民事再生手続上、商事留置権にはその本来の効力である留置的効力を超えた優先弁済効は認められず、したがって、銀行は取立金を弁済充当できないのではないか、という点が、取立委任手形の商事留置権の取扱いについて争われていた（第3部第2章2(4)（127頁）参照）。もっとも、近時の最高裁判例は、取立委任手形について商事留置権及び銀行取引約定書に基づく取立て及び充当を認めている[21]。

上記判決は、取立金が銀行の計算上明らかとなっている限り留置権の効力が及ぶとしており、この立場からすれば、信託受益権も解約返戻金に転化して金額が確定し、金融機関において計算上明らかとなる限り、弁済充当を認めてよいと思われる。もっとも、この点については必ずしも見解の一致を見ておらず、実務上は、かかる取扱いについて、債務者との間で別除権協定を締結した上で処理することが望ましい。

c 会社更生手続

会社更生手続においては、商事留置権は更生担保権とされるため（会更2条10項）、他の担保権と同様、更生計画に従った弁済の対象となる。通常、金融機関は信託受益権の解約返戻金相当額を更生担保権として届け出た上

---

20 大阪地判平23.1.28（金法1923号108頁）。
21 最一小判平23.12.15（金法1937号4頁）。

で、更生計画に基づく弁済を受けることになる。

　なお、商事留置権は、会社更生手続の申立て後、手続開始決定前までの間は、商事留置権消滅請求の対象となり（会更29条）、手続開始後は担保権消滅許可の対象となる（会更104条１項）。

3　集合動産・集合債権譲渡担保の取扱い

　担保権については、法的整理手続における取扱いをめぐって様々な論点があるが、特に議論が錯綜し実務的に問題に直面することが多いものとして、以下、集合動産・集合債権に対する譲渡担保権について述べることとしたい。

(1)　概　　説

a　譲渡担保権の意義

　譲渡担保とは、形式的には、譲渡担保権設定者が所有する財産の所有権を、債権者たる担保権者に対して移転させる方法により設定する担保権である。民法には規定されていない非典型担保であるが、古くから認められ、実務においても多く用いられている。

　担保権実行を行う場合は、①担保権者が目的物を自己に帰属させた上で、その価額をもって被担保債権に充当するか（帰属清算方式）、②担保権者が目的物を処分した上で、処分金を被担保債権に充当する（処分清算方式）。いずれの場合も、被担保債権充当後に残額があればこれを清算金として設定者に返戻する形で清算を行う。実務上、譲渡担保権設定契約においては、帰属清算・処分清算のいずれの方式による担保実行も可能とされることが通常である。

　質権との最も大きな違いは、質権の場合、質権設定者による代理占有が認められないため（民345条）、質権設定者である債務者にそのまま担保物を継続的に占有させて使用を認めることができないのに対し、譲渡担保ではこれが可能となる点にある。そこで、特に営業用の資産等、担保権設定者に担保物件を占有させて使用を認める必要がある場合、質権ではなく譲渡担保権が

第６章　担保権に関する諸問題　229

利用されることになる。近時、金融の一手法として定着した観のあるABL（Asset Based Lending）では、店舗・倉庫等にある一定の範囲の営業用資産（集合物）について譲渡担保権の設定を受けた上、その担保価値を定期的にモニタリングして、その範囲内で貸付けを行うということが行われる。そして、営業用資産（集合物）については、継続的にその構成物に入替りがあり、構成物が売却されれば、その価値は売掛債権に変わり、売掛債権が回収されて銀行口座に入金されれば預金債権に変わり、それがまた仕入代金等に変わっていくという一連のサイクルがあるため、営業用資産に譲渡担保権を設定するだけではなく、併せて売掛債権・預金債権についても質権等を設定するのが通常である。

b 有 効 性

在庫動産のように、流動する集合動産に譲渡担保権の設定を受ける場合、そのような譲渡担保権の成立については、そもそも目的物が特定しておらず無効ではないかとの問題がある。稀ではあるが、法的整理手続において債務者側からこの種の主張がなされるケースも見受けられる。

もっとも、この点につき判例は、「その種類、所在場所及び量的範囲を指定するなど何らかの方法で目的物の範囲」が特定されていれば有効とする（最一小判昭54.2.15民集33巻1号51頁）。

また、将来債権譲渡担保権の有効性について、判例（最三小判平11.1.29民集53巻1号151頁）は、将来の一定期間内に発生し、又は弁済期が到来すべきいくつかの債権を譲渡の目的とする場合には、適宜の方法により期間の始期と終期を明確にするなどして譲渡の目的とされる債権が特定される必要があるが、公序良俗違反などにならない限り、契約の締結時において債権発生の可能性が低かったことは、債権譲渡契約の効力を当然に左右するものではないとして、その有効性を認めている。

なお、将来生ずべき債権は、債権の発生時ではなく、譲渡契約時に譲渡されたことになり、対抗要件も譲渡時に有効に具備できるというのが判例（最一小判平13.11.22民集55巻6号1056頁、最一小判平成19.2.15民集61巻1号243頁）の立場と理解されている。

c　対抗要件

　集合動産譲渡担保権の場合、対抗要件は引渡しであり（民178条）、一般的には設定者に目的物を引き続き占有・使用させる必要性から、占有改定の方法によることが多い（民183条。なお、判例（最一小判昭30.6.2民集9巻7号855頁）も、占有改定による対抗要件具備を認めている）。他方、集合債権譲渡担保権の対抗要件は当該債権の債務者に対する通知又は承諾である（民467条）。これらの方法に加え、集合動産・集合債権いずれについても、譲渡特例法に基づき、登記（動産譲渡登記・債権譲渡登記）によって対抗要件を具備することも可能である。

　実務上は、動産については占有改定の方法によると担保権の公示が不十分となり得ること、また売掛債権については第三債務者である取引先に対する通知によって債務者の信用不安が生ずるおそれがあること等から、登記の方法により対抗要件を具備することが多い。ただし、債権譲渡の第三債務者対抗要件としては、登記事項証明書を交付して通知し、又は第三債務者が承諾をすることが必要である（譲渡特例法4条2項）。

　なお、かつては、債権譲渡予約契約により、譲渡人（債務者）の支払停止等を条件に、債権譲渡の効力が発生するものと定める保全方法がとられる場合があった（債権譲渡を先行して行いながら、対抗要件の具備だけを留保した場合、後の法的整理手続において対抗要件否認の対象となり得ることから、かかる事態を回避しつつ、第三債務者にサイレントで債権譲渡担保を設定するためである）。しかしながら、このような方法により、危機時期に至るまで譲渡人の責任財産に属していた債権を、危機時期が到来すると直ちに譲受人である債権者に帰属させることによって、これを譲渡人の責任財産から逸出させることをあらかじめ意図し、これを目的として当該契約を締結している場合、破産法162条1項1号の否認の対象となるとするのが判例である（東京地判平22.11.12金判1365号56頁、旧破産法72条2号に関して最二小判平16.7.16民集58巻5号1744頁）。現在では、債権譲渡登記により第三債務者に対しサイレントで債権譲渡の対抗要件を備えられるようになったこともあり、この方法はほとんどみられない。

d　担保実行

　譲渡担保権の実行方法は、実行通知及び処分である。帰属清算方式によれば、清算金がある場合は清算金の交付の時点、清算金がない場合は担保権者から債務者に対し清算金がないことの通知をした時点で、担保実行が終了し担保権が消滅する。処分清算方式によれば、処分時に担保実行が終了し、担保権が消滅する。

(2)　**後順位譲渡担保権**

　実務においては、債務者の破綻時に、後順位の譲渡担保権の取扱いをめぐり問題が生ずることがある。

a　有　効　性

　そもそも、譲渡担保において後順位担保権の成立が認められるかは、譲渡担保権の法的性質と絡んで議論があり、学説・判例上も必ずしも決着をみているわけではない。この点、譲渡担保が所有権の譲渡であるという形式に着目すると、後順位担保権の設定は二重譲渡となり認められないこととなる。しかしながら、判例（最一小判平18.7.20民集60巻6号2499頁）は、いけす内の養殖魚を対象とする集合動産譲渡担保の目的物について、譲渡担保権設定者による処分の効力が争われた事案で「このように重複して譲渡担保を設定すること自体は許されるとしても、劣後する譲渡担保に独自の私的実行の権限を認めた場合、配当の手続が整備されている民事執行法上の執行手続が行われる場合と異なり、先行する譲渡担保権者には優先権を行使する機会が与えられず、その譲渡担保は有名無実のものとなりかねない。このような結果を招来する後順位譲渡担保権者による私的実行を認めることはできないというべきである。」と判示して、その私的実行権限を否定しつつ、後順位譲渡担保権の概念自体は一応承認した。

　シニアローン・メザニンローンなど、優先劣後関係にある複数の貸付人がいる場合に、後順位譲渡担保権の設定を行うニーズは現実に存する。借入人側からみれば、後順位譲渡担保権の成立を認めることで、先順位担保の余剰

分を引当てに新たな借入れをすることが可能となり、資金調達の途が拡がるであろう。思うに、後順位譲渡担保権があえて「後順位」として設定される場合は、当事者の合理的な意思としては、先順位担保権の余剰分を担保価値として把握し、順位上昇の利益を期待しているものと思われる。すなわち、このような場面においては、当事者は、まさに担保権としての側面を重視しているのであって、所有権的な側面を期待して設定するものではない。更に、後順位譲渡担保権を否定する理由が、先順位担保権者の保護にあるとしても、そのためには前掲判例のように先順位担保権者の意思に反した実行を否定すればよく、あえて所有権的構成に立ち、二重譲渡を理由として後順位担保権の有効な成立までを否定する理由はないというべきである。

b　法的整理手続における取扱い

以上のとおり、後順位担保権の成立を認めるべきと考えるが、法的整理手続における後順位譲渡担保権の実務上の取扱いは、必ずしも固まっていない。債務者（申立代理人等）によっては、後順位担保権の有効性あるいは担保価値を認めず、例えば民事再生手続などの場合、ハンコ代のみの支払により担保解除するよう求められるケースもある。

この点、前掲判例のとおり、後順位譲渡担保権者には担保実行権限がないので、債務者としては、別除権協定の締結が不調に終わったとしても担保実行されるリスクがなく、したがって別除権協定を締結し担保実行を抑制するインセンティブが見出し難いことは確かである。しかしながら、担保設定当時の当事者の合理的意思として、後順位譲渡担保権が先順位の譲渡担保権実行後の余剰部分を引当てとして設定され、これにより資金を調達している以上、当該余剰分については後順位担保権者の把握分として担保権の成立を認め、適正な対価が支払われるべきである。

金融機関としては、後順位譲渡担保権の設定を受けた場合、当然ながらその有効性を前提に、粘り強く交渉していくことが必要である。

(3) 法的整理手続開始と集合動産譲渡担保権の対象物件の固定化の問題

実務上、集合動産譲渡担保の取扱いをめぐり大きな問題となる論点として、対象物の固定化の問題がある。

a　固定化の時期

集合動産譲渡担保は、担保の対象が集合動産を構成する個々の物なのか、それとも集合物が一体として担保の対象とされているのかについて議論があるものの、判例（最一小判昭54.2.15民集33巻1号51頁、最三小判昭62.11.10民集41巻8号1559頁）は集合物が一体として担保の対象となるという集合物論の立場をとっている。

集合動産を構成する個々の物については、担保権設定者が、通常の業務の範囲内で処分することは認められ、通常の業務の範囲内で処分された動産には当該集合動産譲渡担保権の効力は及ばない。

このように、集合動産譲渡担保の場合、集合物の構成物が、通常の業務の範囲内で、入替りを繰り返していることが前提であるので、担保権者が担保実行する場合には、そのままでは実行できず、構成物を固定化して特定動産にする必要がある。固定化された動産については、債務者は処分権限を失う反面、固定化以降に仕入れられた動産については譲渡担保権の効力が及ばなくなる。

固定化の時期について、実務上は、譲渡担保権の実行、すなわち実行通知により、集合動産が固定化されるものと取り扱うのが一般である。また、譲渡担保権設定契約により別途の固定化事由を定めた場合は、当該契約に定められた事由の発生により固定化すると考えられている。

問題は、債務者が倒産した場合である。学説上は、法的整理手続（破産・民事再生・会社更生）の開始決定を固定化事由として捉える考え方と、法的整理手続の開始決定に至っても当然には固定化せず、実行通知（あるいは契約上の固定化事由の発生）が必要とする考え方がある。

実務上の取扱いも、いずれの説によるか必ずしも固まっていないため、担保権者である金融機関として、いかなる実務対応をとるかが問題となる。

b　破産手続における対応

　まず、破産手続においては、裁判所の事業継続許可を得て事業継続が図られるような例外的場合を除き、管財人が開始決定時点における資産を清算的に換価処分することになり、在庫動産等について爾後の新陳代謝が起きることは基本的に想定されない。したがって、集合動産譲渡担保の目的物は、開始決定の時点で固定化されるものとして扱うことが整合的であり、敢えて固定化しないものとして取り扱うメリットは担保権者にも管財人にもないといえる。もっとも、金融機関としては、担保財産が固定化し担保権者の管理下に入っていることを明確化するため、破産手続が開始した時点で速やかに実行通知を送付しておくことが望ましい。

c　民事再生手続における対応

　これに対し、民事再生手続においては、債務者は原則として事業を継続し、在庫動産も、既存在庫の販売と新規在庫の流入という新陳代謝を繰り返すことが前提となる。ここで在庫動産が当然に固定化し、その換価金を担保権者に支払う必要があるとすれば、債務者の資金繰りは枯渇し、事業継続を図ることが困難となり得る。担保権者としても、牽連破産への移行を前提に、スクラップ価格による在庫品の処分代金の支払を受けるより、事業継続を前提に、引き続き集合物としての担保財産の上に担保権を残しながら、その処分代金の一部につき内入れ弁済を受けるといった回収方法の方が合理的といえる場合がある。

　このような場合には、集合動産譲渡担保の目的物を固定化させないことが、債務者と担保権者の双方にとってメリットがあるといえる。そこで、債務者・担保権者間で速やかに別除権協定を取り交わし、①目的物が固定化していないことの確認、②債務者による通常の事業上の処分の継続、③処分代金の一定割合等を内入れ弁済すること（別除権の受戻し）、④当該弁済が継続する限り担保実行をしない旨の約束、といった内容を合意することが考えられ、実務では実際にこのような別除権協定が締結されている例も多い。

　金融機関としては、このような別除権協定を結ぶ場合、債務者の事業継続の見通しが立つか否かが最大のポイントとなる。その上で、担保実行による

破産移行のリスク・破産手続上の回収額と、当該別除権協定を締結した場合の回収額（当然ながら、別除権不足額が生ずる場合は、その一般配当見込みも勘案する）とを比較し、経済合理性を検証することとなる。

　債務者の事業継続の見通しが不透明である等、担保実行を控える合理的な理由が見出し難い場合は担保実行に踏み切らざるを得ない。もっともこの場合、債務者側から担保実行中止命令が申し立てられることも考えられる（後述のとおり、集合動産譲渡担保についても担保実行中止命令の発令は可能と解されている）。

　なお、別除権協定を締結する場合、在庫価値の維持を如何に図るかという点も、債務者との交渉上の争点となり得る。すなわち、債務者が過剰在庫を抱えているような場合、債務者は経営合理化の一策として当該在庫の圧縮を図ることとなろうが、これは担保権者にとっては、把握している集合物の担保価値の目減りを意味する。担保権者の立場としては、従前同様の在庫の維持義務を課したいところであるが、債務者側としては、事業再建上のマイナスとなる過剰在庫の維持までは約束できない。なお、設定時の譲渡担保権設定契約において在庫水準の維持義務を課していたとしても、かかる特約が民事再生手続上有効といい得るか判然としないという問題がある（いわゆる倒産解除特約[22]と同様、民事再生手続の趣旨、目的に反するものとして無効とされる可能性を否定できないように思われる）。

d　会社更生手続における対応

　会社更生手続においては、担保権者は担保実行を禁止され、開始決定時点における担保価値について更生計画に基づく弁済がなされることが原則である。その意味では、担保実行は手続が継続する限り想定されず、また担保価値自体は開始決定の時点で（バーチャルな評価として）固定するから、物理的な財産そのものが固定化するか否かは、必ずしも本質的な問題ではないようにも思える。

　しかしながら、手続が頓挫し牽連破産に移行すれば、別除権の効力は破産移行時の担保財産にしか及ばない。その意味で、開始決定により集合動産が

---

[22] 最三小判平20.12.16（民集62巻10号2561頁）。

固定化すると解した場合、かかる固定化した担保財産を管財人が処分すること、及び当該処分代り金を管財人が更生会社の事業資金に充てることは、いずれも担保権の侵害を構成するというべきである。また、固定化しないと解した場合にも、管財人が在庫の圧縮を図れば、担保権者にとっては牽連破産移行時の回収不能リスクが増大することは、前記民事再生手続の場合と同様である。

　したがって、担保権者としては、管財人との協議の結果、集合動産の固定化を前提とする場合には、その処分代金の上に代わり担保としての預金質権の設定（担保変換）を受ける必要がある。これに対して、集合動産が固定化しないことを前提とするのであれば、管財人による通常の事業継続に従った処分を認めることとなるが、牽連破産移行リスクを勘案して、①在庫の販売代金の一部につき同様の担保変換を受けるか、②在庫維持義務の有効性（民事再生の場合と同様、従来の集合動産担保契約に基づくこのような特約は、会社更生手続の趣旨、目的を害するものとして無効とされる可能性がある。最三小判昭57.3.30民集36巻3号484頁参照）を確認する、といった内容を合意することを目指すべき場合もあると思われる。

(4) 法的整理手続と将来債権譲渡担保の効力の及ぶ範囲

a　総　説

　前記のとおり、将来の一定期間内に発生する債権を譲渡担保の目的とすることも可能であり、かつ、このような将来債権は、債権の発生時ではなく譲渡契約時に譲渡され、対抗要件も有効に備え得るというのが判例である。

　将来債権に関するこの考え方を推し進めれば、法的整理手続前に将来債権である売掛債権について譲渡担保権の設定を受けた債権者は、法的整理手続後に事業継続の中で発生する全ての売掛債権に対しても、担保権者としての権利を主張し、担保実行等によりその回収金の支払を求めることが可能となり得る。もっとも、そのように解すると、法的整理手続中の債務者は売掛債権の回収金をことごとく担保権者に引き渡さねばならなくなり、資金繰りが維持できず、再建目的を達することができなくなってしまう。

　このような問題意識から、再建型の手続においては、学説上あるいは実務

上、将来債権譲渡担保の効力が及ぶ範囲を、いずれにせよ何らかの形で制限しようとする見解が有力である。もっとも理論構成は論者によって様々であり、(a)このような将来債権については、担保実行がなされれば、その時点で存在する債権にのみ効力が及ぶこととなり、その後に発生する債権には効力が及ばない（一種の「固定化」を認め、担保実行がなされない限り、債務者は将来債権を回収し使用する権限を失わない）とする見解、(b)譲渡担保契約の合理的意思解釈の問題として、手続開始以降に発生する債権には担保権の効力が及ばないと解する見解、(c)手続開始後に第三者の新たな資金によって発生した債権には譲渡担保の効力は及ばないとする見解等があり、実務上も統一的な取扱いは存在していないようである[23]。

以下、再建型の法的整理手続である民事再生手続と会社更生手続について、この点の実務対応を考えることとする。

b 民事再生手続における対応

担保実行がなされていないことを前提として、まず、民事再生手続の申立て等により債務者が担保対象債権の回収権限を喪失するのか、という問題がある。通常の売掛債権譲渡担保契約では、債務者に事業継続の中で売掛金の回収権限を認めつつ、法的整理手続開始の申立て等があった場合にこれを当然に剥奪する旨の条項が設けられている。近時、このような条項は倒産解除特約と同様、民事再生法の趣旨、目的に反するものとして無効たり得るとの見解が有力であるが[24]、いずれにせよ、担保実行がなされてしまえば債務者は回収権限を喪失することに変わりはないから、この点は民事再生手続では本質的な問題とならない。

もっとも、担保権者が担保実行に踏み切った場合、前記のとおり将来発生する売掛債権全ての回収金を担保権者に支払えと主張していくことは非現実的であり、かかる主張に固執すれば、却って牽連破産への移行により回収額の減少を招くおそれがある。

---

[23] 中島弘雅「ABL担保取引と倒産処理の交錯―ABLの定着と発展のために―」金法1927号76頁〜77頁参照。
[24] 小林信明「非典型担保権の倒産手続における処遇―譲渡担保権を中心として―」『新担保執行法講座(4)』233頁。

そこで、担保権者としては、債務者の事業継続が見込まれる限り、前記 a (a)説をベースに、担保権の効力が（抽象的には）将来の債権に及ぶことを前提としつつ、回収額の全部又は一部（例えば一定割合）について内入れ弁済を受けることを条件に、かかる弁済が継続する限り担保実行を保留する旨の別除権協定を締結することも考えられる。実務においては、このような協定が締結されている例も多い。

　この場合、協定により合意する別除権評価額を如何に計算するかが問題となる。担保権の効力が将来債権に及ぶことを前提とする以上、将来債権まで含めた債権の現在価値評価によることが妥当と考えられる。ただし、売掛債権のように、ある回収金を原資として仕入れられた在庫の販売により、再び新たな債権が発生する、といった循環型の債権の場合は、当該新たな債権を生み出すために必要とされる費用としての仕入代金等を控除した上で、その現在価値を算定することにより、合理的な価格が算出され得ると思われる。

c　会社更生手続における対応

　前記民事再生手続において述べたのと同様、会社更生手続においても、手続開始の申立て等を理由として債務者の担保対象債権の回収権限を剥奪する旨の特約は、会社更生法の趣旨、目的に反するものとして無効と解されている[25]。したがって、手続開始前に既に回収権限が剥奪されていない限り、管財人は従前どおり、担保対象債権を回収できる。もっとも、全ての将来債権に担保権の効力が及んでいると解する以上、管財人がこの回収金を事業のために費消することは担保権侵害となり得る。会社更生手続においては担保実行が禁止されていることから、担保権者としては、牽連破産への移行に備え、担保価値を如何に維持するかが、担保評価の問題に加え重要なポイントとなる。

　この点、全ての将来債権に担保権の効力が及んでいることを前提とすれば、回収金の全額について預金質権への担保変換を受けるとすることが理論的である。もっとも、これでは資金繰りが維持できず、事業継続が図り得ないといった場合には、担保権者としても、回収金の一部を事業資金として利

---

[25] 『会更の実務（上）』268頁〔真鍋美穂子〕、『伊藤会更』277頁。

用することで、新たな担保対象債権の発生に振り向けてもらった方が、全体として回収の極大化を図り得る場合もある。

このような場合には、担保権者と管財人の間で、上記のような回収金の一部の担保変換に関する合意を締結することとなる。なお、管財人が担保変換に全く応じようとしない場合には、担保権者としては、管財人による回収金の費消が担保権侵害に該当する旨を主張して争うこととなろう。

上記担保変換の範囲も含め、更生担保権としての評価については、基本的には前記 b において述べたのと同様の考え方が妥当すると思われる[26]。

(5) 各法的整理手続における対応

以上を踏まえ、集合動産・集合債権譲渡担保の担保権者として、債務者が法的整理手続の申立てを行った場合の対応全般について概説する。

a 初動対応

譲渡担保権者たる金融機関としては、債務者が倒産したとの情報を察知した場合、直ちに担保財産（特に在庫動産）の保全状況を確認する必要がある。倒産時においては混乱の中で在庫動産が債務者の下から持ち出されるといったことが生じ得るためである。実務的には、弁護士が代理人として申し立てている場合は、当該代理人等において現場保全が図られることを期待できる。他方で事実上の倒産といったケースでは、取付け騒ぎ等により在庫動産等が持ち出される危険性が高く、場合によっては直ちに現場に赴き財産の保全を図る必要も生ずる。

その上で、在庫動産や売掛債権といった財産は日々、換金あるいは回収がなされるという性質を有するため、漫然と放置しておくと担保対象財産が減少・減耗していくおそれがある。したがって、譲渡担保権者たる金融機関としては、早期に管財人又は再生債務者と連絡をとり、保全及び回収のために必要な措置を講ずることとなる。以下、それぞれの手続における対応等を論じることにする。

---

[26] 『会更の実務（上）』272頁〔真鍋美穂子〕に同旨。

b　民事再生手続

　民事再生手続上、譲渡担保権は、担保権としての実体を重視して、別除権（民再53条1項）として取り扱われるのが一般的と思われる。したがって、譲渡担保権は、民事再生手続によらないで行使することができる。

　もっとも、前記のとおり、集合動産譲渡担保については固定化の有無が、将来債権譲渡担保についてはその効力の及ぶ範囲が、それぞれ問題となり、担保実行によりスムーズに決着する事案はむしろ少ないと思われる。担保実行をしたとしても、債務者側から担保実行中止命令が申し立てられる可能性があり、いずれにせよ、前記のような別除権協定の締結に向け、再生債務者と一定の交渉が必要となる可能性が高い。

　そこで、担保権者としては、早期に再生債務者の代理人に対して連絡をとり（場合によっては、申立人から申立て前に連絡があることもある）、今後の事業再生ないし事業継続の見通し、経済合理性等を見極めた上、別除権協定の交渉を行うことが、却ってスムーズな回収につながる場合が多いと思われる。

　なお、別除権協定を締結できず、再生債務者が任意の引渡しにも応じない場合の対応は如何にすべきか。この点、譲渡担保権者としては、清算金が発生しないことが明らかである場合、その旨を明記した担保権実行通知を債務者に到達させることにより、確定的に所有権を取得した上、取戻権を行使することが考えられる。他方、清算金が発生するかどうか不明である場合は、譲渡担保権に基づき、執行官保管を伴う占有移転禁止の仮処分や処分禁止の仮処分等を申し立て、強制的に物件の占有を保全した上、譲渡担保権を実行するしかない場合もあろう。

c　会社更生手続

　会社更生手続では、譲渡担保権は、更生担保権（会更2条10項・135条）として取り扱われる（最一小判昭41.4.28民集20巻4号900頁）。

　したがって、更生担保権者は、債権届出期間内に、更生担保権の内容等を届け出る必要がある（会更138条2項）。会社更生手続においては、担保実行は禁止され、更生担保権の評価額について更生計画に従った弁済がなされる

こととなるため、担保権者にとって最も重要な問題は、この担保権の評価額を如何に適正な価額とするかであるといえる。

もっとも、前記のとおり、牽連破産に移行した場合に別除権となり得る担保対象財産が目減りすることを防ぐ観点からは、担保権者としては可及的に速やかに保全管理人と協議を開始し、集合動産については固定化の有無、将来債権については担保権の効力の及ぶ範囲等について合意を形成することが肝要といえる。

なお、更生担保権としての評価は開始決定の時点の在庫動産ないし売掛債権が基準となる。この点、売掛債権譲渡担保においては、保全管理命令の発令期間中に、担保実行が禁止されている中で保全管理人が回収した回収金についても、実質的に担保権の効力が及んでいるものとして、当該回収金額を含めて更生担保権評価を行うのが実務上の取扱いである[27]。

d 破産手続

破産手続上、譲渡担保権は、担保権としての実体を重視して別除権（破2条9項）として取り扱われるのが、一般的な取扱いである。したがって、譲渡担保権は破産手続によらずに行使することができる（破65条）。破産手続の場合、事業継続が図られることは例外であり、担保権者としても原則的には担保実行することになろう。

売掛債権等の集合債権については、必要に応じ債権譲渡登記通知を第三債務者に送付する等して直接取立てを行えば足りる。これに対し、動産譲渡担保については、譲渡担保権を実行する場合、強制執行の方法が認められるか明確ではなく、私的実行によらざるを得ない。

譲渡担保権者としては、自ら動産譲渡担保を実行する場合、まず、破産管財人に対して、実行通知を行い、その後、対象動産の保管場所への立入り、債務者の店舗での処分等を行うことになる。もっともその際、破産管財人の協力を求める必要が出てくる場面も少なくない。このような協力義務については、通常、譲渡担保権設定契約において定めていると思われるが、第三者性を有する破産管財人がこれに拘束されるかどうかは疑問もないわけではな

---

[27] 『会更の実務（上）』271頁〜272頁〔真鍋美穂子〕。

く、破産手続の遂行上、過度な負担となる場合は協力義務規定の効力を主張できない可能性もある。

このように考えた場合、動産譲渡担保については、担保権者が自ら実行するのではなく、破産管財人において目的物を換価処分してもらうことが簡便かつ合理的たり得る場合も多い。この場合、譲渡担保権者と破産管財人との間で、換価処分代金の一定割合を破産財団に組み入れることが条件とされることが通常と思われる。

なお、別除権を受け戻して任意売却しても費用倒れとなってしまう場合や、別除権者の弁済に充てられるのみで破産財団にとってプラスとならない場合には、破産管財人が当該財産を破産財団から放棄することもあり得る。この場合、譲渡担保権者としては、既に破産管財人の管理権を離れている以上、もはや破産管財人を相手にして実行通知を行うことはできない。また、譲渡担保権を実行するとしても、会社が破産した場合は、取締役はその地位を失っているので（会330条、民653条2号）、意思表示の相手方が存在しないということになる（旧法下のものとして最二小決平16.10.1判時1877号70頁）。そこで、意思表示の相手方として、破産会社に清算人を選任してもらった上、清算人を相手に実行するか、特別代理人（民執20条、民訴35条・37条）を選任する必要があり、相当な労力が必要となる。その意味でも、譲渡担保権者としては、破産手続が申し立てられた場合には、早期に担保実行に着手し、手続開始決定後速やかに管財人との交渉等を開始する必要がある。

4 担保権消滅請求への対応

(1) 破産手続における担保権消滅許可

a 制度趣旨

担保権消滅許可申立て（以下「担保権消滅請求」という）の制度は、破産手続開始決定時に破産財団に属する財産に設定された担保権を、破産管財人の申立てに基づく、裁判所の許可決定により消滅させるものである（破186条1項）。

破産管財人は担保権が設定された財産を担保付きで任意売却することは妨げられないが、通常は担保権の抹消を受けなければ任意売却は成立しない。担保権消滅請求は、別除権者との間で協議が調わず（特に無剰余の後順位担保権者との間で担保抹消に関して協議が成立しない場合が典型である）、任意売却ができない場合に、破産手続の迅速処理を確保するべく、裁判所の許可を得て、当該担保権を消滅させることができる制度として設けられた。

b　商事留置権に対する消滅請求

なお、破産手続では、商事留置権について別途の消滅制度を設けている（破192条）。一般の担保権消滅請求は、担保目的物の第三者に対する任意売却を伴うものであるが、商事留置権に対する消滅請求は、商事留置権が付着する担保物件そのものを破産財団に回復させることを目的とする制度である点が異なる。以下では通常の担保権消滅請求を中心に論ずることとする。

c　対象となる担保権

破産法上、担保権消滅請求の対象となる担保権は、破産手続開始決定時に破産財団に属する財産に設定された担保権のうち、特別の先取特権、質権、抵当権又は商事留置権とされる（破186条1項）。

なお、上記以外の非典型担保（譲渡担保権、所有権留保等）についても、担保権消滅請求が可能か（類推適用・準用が認められるか）が問題となる。非典型担保の場合も、前記担保権消滅請求の趣旨が妥当することを理由に類推適用・準用を認めるべきという考え方も主張されている。他方、①譲渡担保や所有権留保が付された財産についてそもそも破産管財人は任意売却する権限を有するのか、②担保権者側の対抗手段としての担保権の実行について法律上の手当てが必ずしも保障されていないのではないか、③これらの担保権について嘱託登記・登録（破190条5項等）が可能か、④担保権の存在や配当順位をどのように確定すべきかといった問題があり[28]、類推適用・準用を否定すべきとの意見も強い。このように、学説上は未だ見解の一致をみない状況である以上、金融機関としては、仮に非典型担保について担保権消滅請求が

28　『新破産法の基本構造と実務』184～185頁。

申し立てられた場合、かかる申立ての有効性自体を争うだけでなく、類推適用・準用されることを前提とした上で後記の対抗手段（担保権の実行の申立て・買受けの申出）を含めた対応を検討するべきである。

d　要件等

ア　要　件

担保権消滅請求の要件として、担保目的物を任意に売却して担保権を消滅させることが、(i)「破産債権者の一般の利益に適合」し（積極的要件）、かつ(ii)「担保権を有する者の利益を不当に害することとなると認められ」ないこと（消極的要件）が必要とされる（破186条1項）。

この点、(i)「破産債権者の一般の利益に適合」することとは、本請求により担保目的物を売却し、担保権を消滅させることが、破産財団の拡充に資することを意味する。これは、売得金の一部を破産財団に組み入れる場合（破186条1項1号参照）だけでなく、迅速な換価によって固定資産税のような担保目的物の所有に伴う負担を免れる場合も含むとされている。したがって、財団不足により異時廃止となることが予想される場合であっても、担保権消滅請求が直ちに(i)の要件を欠くものではないと解されている[29]。

また、(ii)「担保権を有する者の利益を不当に害することとなると認められるとき」とは、①担保権者に対する弁済原資を減少させる場合、②担保権の消滅許可の対象となる担保権者に対する保護措置が実施されない場合等があり、①の典型例は、組入金額が明らかに過大で、それに伴い担保権者に対する弁済原資が著しく減少する場合、②の典型例は、申立て前の破産管財人と別除権者との間の事前協議を全く行わずに不意打ち的な申立てが実施される場合等が挙げられる[30]。

なお、担保権消滅請求の対象となる財産は、民事再生手続及び会社更生手続と異なり、特段制限されておらず、破産手続開始決定時に破産財団に属する財産であれば、あらゆる性質・種類の財産が対象となる（実務上は、不動産が対象となる場合が多い）。また、対象となる財産が複数である場合、それ

---

[29] 『破産・民再の実務（上）』215頁〔山﨑栄一郎〕。
[30] 『大コンメ破産』775頁〔沖野眞已〕。

らを一括して請求することも可能とされる（破186条3項2号・6号・188条2項3号・4項）。もっとも、担保目的物でない財産を含めて申し立てることはできない。

　　イ　行使期間

　担保権消滅請求が可能な期間について、破産法上、特段の制限は設けられていない。

　　ウ　消滅時期

　担保権消滅請求の対象となった担保権は、財産の価格に相当する金銭が裁判所の定める期限までに裁判所に納付された時点で消滅する（破190条4項）。当該納付金は、民事執行法上の配当手続に基づき、担保権者に対して弁済される（破191条）。

　　e　担保権者による対抗手段

　担保権消滅請求に異議がある担保権者は、対抗手段として、申立書等の送達を受けた日から1ヶ月以内（破187条1項参照）に、①担保権の実行の申立て又は②買受けの申出をすることができる。

　①担保権の実行の申立ては、異議がある担保権者が自ら担保権を実行[31]して換価する手段であり、担保権者が担保実行申立てをしたことを証する書面（競売申立ての受理証明書、開始決定正本、開始決定の記載のある不動産登記簿謄本等[32]）を裁判所に提出することにより、担保権消滅は不許可となる（破189条1項）。破産管財人との間で売得金及び組入金の額についての合意をした担保権者による申立ては禁止される（破187条3項）。また、無剰余の後順位担保権者であって後に担保実行手続が取り消された場合は、担保権者による担保実行を証する書面の提出はなされなかったものとみなされ、担保権消滅が許可される（破187条5項・189条）。

---

[31]　かかる担保権の実行には、私的実行も含まれると解される。なお、担保権の私的実行の場合の担保目的物の評価額又は処分価格は、売得金の額（組入れがある場合には売得金額から組入金額を控除した額が基準となる）を上回る必要があるとされる（『大コンメ破産』771頁～772頁〔沖野眞已〕）。

[32]　譲渡担保権等の非典型担保の私的実行を含めるとした場合、譲渡担保権等の実行の申立てを証する書面は、配達証明の付された譲渡担保権等の実行通知書などである（『条解破産』1203頁）。

②買受けの申出は、担保権者又は他の者が当該財産を買い受ける旨を申し出るものであり、適法な買受申出がなされれば、管財人は当該買受希望者に対して当該財産を売却しなければならない（破188条8項）。買受申出の金額は、担保権消滅許可申立書に記載された売得金の額に5％相当額を加算した額以上であることを要する（破188条3項）。

そのほか、担保権消滅の許可・不許可決定に対しては、即時抗告が可能である（破189条4項）。

担保権者としては、自らの担保資産につき破産管財人との間で任意売却の合意がまとまらず、担保権消滅請求を受けた場合、上記期間内に、担保実行あるいは買受申出の要否を判断しなければならない。具体的には、競売あるいは第三者の買受け等により売得金額が管財人主張の金額よりも増加する可能性があるかを、合理的に見極める必要がある。

なお、競売の場合、任意売却よりも売却代金は低額となることが通常であるが、例えば、管財人が高額の立退料負担や、本来担保権者に対抗できない敷金債務の買主への承継を前提として任意売却を行う意向を有しており、その結果として売得金が不当に低額となっているというようなケースでは、競売手続によった方が、担保権者としての回収額は増大する可能性がある。

これに対して、買受けの申出については、管財人の想定する売却先よりも高額での購入が可能な第三者が存在するのであれば、通常は任意売却に関する交渉の中で、当該第三者への売却の可能性について、担保権者から管財人に対し打診しているはずであり、管財人としても、より高額な売却が可能であればこれを拒絶する理由はない。したがって、組入金額について管財人との間で争いが生じている場合等を除いて、金融機関が買受申出により対抗する局面は多くないと思われる。

(2) 民事再生手続・会社更生手続における担保権消滅請求

a 制度趣旨

民事再生手続・会社更生手続においても、担保権消滅請求制度が設けられている（民再148条以下、会更104条以下）。もっとも、破産手続と異なり、民事再生手続・会社更生手続は原則として事業継続を目的とすることから、担

保権消滅請求制度の制度趣旨も破産手続のそれとは異なる。

具体的には、民事再生手続の場合、再生債務者の事業に欠くことのできない財産が担保実行されることによって事業継続に支障が生じる事態を防ぐための手立てとして、会社更生手続の場合、計画外で早期に事業譲渡を実現したり、あるいは運転資金の捻出や保管コストの軽減等のために（更生計画認可前に）担保目的物を早く処分するための手立てとして、それぞれ位置付けられる。

b　民事再生手続の場合

　ア　要件等
i　実体的要件

担保権消滅請求の要件は、①再生手続開始時点において再生債務者の財産につき存する担保権であって、かつ、②当該財産が再生債務者の事業の継続に欠くことのできないものであることである（民再148条1項）。

①について、再生債務者以外の者が所有する財産は、担保権消滅請求の対象とならないが、実質的に再生債務者所有の財産であれば足り、かかる財産の登記名義が再生債務者名義であることまでは要しないとされている（福岡高決平18.3.28判タ1222号310頁等）。

②について、「事業の継続に欠くことのできないもの」とは、対象となる財産がなければ再生債務者が行っている事業の継続が不可能となるような代替性のない財産であることを要する、として厳格に解するのが通説であり[33]、典型例としては再生債務者の事業に係る工場や機械設備等が挙げられる。もっとも、近時の裁判例で、遊休資産について、その売却取得金が事業継続に必要な場合に担保権消滅請求を許可した事例（名古屋高決平16.8.10判時1884号49頁）や、土地付きの戸建分譲を主業とする再生債務者について、その所有する販売用土地を「事業の継続に欠くことができないもの」と認めた事例（東京高決平21.7.7金法1889号44頁）などもある。このように、実務上、担保権消滅請求の対象は、必ずしも継続保有予定の事業用資産に限られるわけではなく、事業継続不可欠性の要件は、具体的な事案に応じ実質的に判断されているといえる。また、事業継続不可欠性は、再生債務者自身による事業継続を要件とするものではなく、事業譲渡の対象となっている財産であっ

ても、再生手続開始決定時に再生債務者に属する財産であれば、担保権消滅請求の対象となり得る。

なお、対象となる「財産」については、その種類に特段の制限は設けられていない。

ⅱ　行使期間

担保権消滅請求が可能な期間について、民事再生法上、特段の制限は設けられていない。すなわち、手続開始後であれば、再生計画認可決定前後を問わず請求が可能であるが、実務上は、事業継続不可欠性が要件とされていることとの関係上、再生計画の認可決定前になされる場合が多い。

ⅲ　消滅時期

担保権消滅請求の対象となった担保権は、担保目的物の財産の価格に相当する金銭が、再生債務者により裁判所の定める期限までに納付された時点で消滅する（民再152条2項）。なお、当該納付された金銭は、民事執行法上の配当手続に基づき担保権者に対して弁済されることになる（民再153条）。

　イ　対象となる担保権

担保権消滅請求の対象となる担保権は、民事再生手続開始決定の時点で再生債務者の有する財産の上に設定されている担保権で、特別の先取特権、質権、抵当権又は商事留置権である（民再148条1項・53条1項）。根抵当権は「抵当権」に含まれるが、消滅のためには元本の確定を要するところ、根抵当権者が担保権消滅請求の申立てに係る送達を受けた時から2週間の経過により元本が確定する（民再148条6項）。

なお、民事再生法53条1項に規定がない非典型担保（譲渡担保等）が担保権消滅請求の対象となるか否かについては、破産手続の場合と同様に争いがあり、見解の一致をみない状況である（東京地裁において、動産譲渡担保権の成立及びその内容に当事者間に争いがなく、競合する担保権も存在せず、かつ、譲渡担保権者も担保権の実行を事実上控えている事案において、担保権消滅許可決定をした例も存在するようである[34]。なお、担保権実行中止命令（民再31条）についても、非典型担保である集合債権譲渡担保権に対して発令がなされた裁判

33　『破産・民再の実務（下）』169頁〔松井洋〕、『新注釈民再（上）』852頁〔木内道祥〕等。
34　『民再の手引』246頁～247頁〔中村悟〕。

例（東京高判平18.8.30金判1277号21頁、大阪高決平21.6.3金判1321号30頁等が存在する）。したがって、破産手続と同様、非典型担保についても担保権消滅請求の適用があり得ることを前提として、対応を検討すべきである。

ウ 価額決定請求
ⅰ 価額決定請求の手続

担保権消滅許可申立書に再生債務者が記載した財産の価額について、担保権者として不服がある場合、担保権者は申立書の送達を受けてから1ヶ月以内に、裁判所に対して価額決定請求をすることが可能である（民再149条1項）。

価額決定請求にあたっては、請求を行う担保権者が、裁判所の定める金額の予納金（東京地裁の実務運用上は、実際に内定した評価人候補者の費用見積もりを受けて、予納金額が決定される）を納付しなければならないが（民再149条4項）、裁判所による決定額が再生債務者の申出額を超える場合は、当該費用は再生債務者の負担とされ、再生債務者による納付金から優先的に回収可能である（民再151条1項・3項。もっとも、決定額が申出額を超えない場合は担保権者の負担となる）。

価額決定請求がなされた場合、裁判所は（請求自体が不適法であり却下すべき場合を除いて、）評価人を選任し財産の評価を命じた上で、その評価に基づき財産の価額を決定する（民再150条2項）。この決定は確定により再生債務者を拘束し、再生債務者は当該金額を担保権消滅請求に係る財産の価額として、裁判所に納付しなければならない（民再152条1項）。

ⅱ 財産の評価基準

価額決定請求手続における財産の評価は、「財産を処分するもの」として行うべきとされている（民再規79条1項）。

不動産の場合、民事再生規則79条2項で「当該不動産の所在する場所の環境、その種類、規模、構造等に応じ、取引事例比較法、収益還元法、原価法その他の評価の方法を適切に用いなければならない」とされる。この点、社団法人日本不動産鑑定協会「民事再生法に係る不動産の鑑定評価上の留意事項について」（判タ1043号82頁以下参照）では「早期の処分可能性を考慮した市場を前提とする適正な処分価格」とされており、この基準が実務における一つの指針として用いられている。

その他の担保目的物（自動車、リース、機械設備等）に関しても、かかる基準に準じて評価すべきことになろうが（民再79条4項参照）、不動産のように安定的な市場が存しない場合等には、早期の処分を前提として不当に低い評価がなされる可能性もある。しかしながら、処分価格とは、少なくとも「投げ売り」や、債務者の破産清算を前提とする清算価値を意味するものではないはずであり、担保権者としては適正な処分価格が実現するよう、必要な主張を適宜適切に行っていく必要がある。

　また、担保目的物の価額算定の基準時点について、民事再生法上は特段の規定が設けられていない。この点、「担保権の消滅と引き換えに支払われるべき対価」という趣旨からすれば、担保権消滅時点を算定基準時点とすることが論理的ではあるが、これでは算定が困難になることから、実務上は、価額決定請求がなされなかった場合は申立ての時点、価額決定請求がなされた場合はその請求時点、価額決定に対する即時抗告（民再150条5項）があった場合は抗告審における決定時点を、それぞれ基準時点とすることが一般的である[35]。

エ　担保権者による対抗手段

　担保権消滅請求に対する担保権者の対抗手段としては、①価額に不服がある場合は上記の価額決定請求により、②それ以外の理由（事業継続不可欠性要件の欠如等）に基づく場合は、担保権消滅許可決定に対する即時抗告（民再148条4項）により、それぞれ争うこととなる。

　これとは別に、担保権消滅請求に基づき担保権が消滅する以前に、担保権実行手続が終了し、担保財産が担保権者の所有物となったような場合には、これにより担保権は消滅する（当該財産について担保権者の取戻権が成立する）から、もはや当該財産は担保権消滅請求の対象でなくなる。この意味において、譲渡担保権や流質特約付の質権等、担保実行の容易な財産については、（前記のとおり、譲渡担保については、担保権消滅請求の対象となり得るか争いがあるが、仮に対象となり得るとしても）担保権消滅請求手続の終了前の担保権実行が、担保権者による事実上の対抗手段として機能し得る。

　なお、担保財産の一部のみを担保権消滅請求の対象とすることについて、

---

[35]　『新注釈民再（上）』870頁〔木内道祥〕、『詳解民再』418頁〔山本和彦〕。

残余部分の担保価値を大きく低減させ、担保権者に著しい不利益を被らせる場合は、申立権の濫用としてその請求が制限されると解されている（札幌高決平16.9.28金法1757号42頁等）。例えば、一体利用され共同担保に供されている一団の土地及び建物であって、担保権者としても一体的にその価値を把握し、競売申立てをすれば一括売却されるような複数の不動産の一部のみについて担保権消滅請求がなされたといった場合には、担保権者としては、申立権の濫用として担保権消滅請求の却下を求めることが考えられる。

実務上、東京地裁の運用では、担保権消滅許可の申立てがあった場合は直ちに申立書を担保権者に送付した上で、おおむね1週間後に審尋期日を指定し、担保権者からの意見を聴取することとされている[36]。担保権者としては、この審尋の機会に、担保権消滅請求の要件該当性や、価額の適正性ないし価額決定請求を行う意向の有無等について意見を述べることができる。

c 会社更生手続の場合

ア 要件等

i 実体的要件

担保権消滅許可の要件は、①更生手続開始時点において更生会社の財産につき存する担保権であって、②担保権の消滅が更生会社の事業の更生のために必要であると認められることである（会更104条1項）。

②については、会社更生手続では民事再生手続と異なり、担保権者による担保実行が一律に制限されていることと相俟って、事業継続上不可欠な財産に限らず、運転資金の捻出のため、あるいは更生会社による維持管理コストの軽減のために売却が必要である資産であっても、担保権消滅請求の対象となると解されている[37]。このように、会社更生手続における担保権消滅請求は、民事再生手続の場合（「当該財産が再生債務者の事業の継続に欠くことのできないものである」ことを要する）と比較して、その要件は緩和されている。

ii 行使期間

更生計画案を決議に付する旨の決定があった後は、担保権消滅の許可決定

---

[36] 『破産・民再の実務（下）』172頁〔松井洋〕。
[37] 『伊藤会更』530頁、『最近実務会更』170頁参照。

ができない（会更104条2項）。これは、更生計画が決議されれば、更生計画に基づき担保権の消滅や代替担保への担保変換が可能となるため（会更205条1項）、担保権消滅請求制度を利用する必要性が乏しくなることによる。

ⅲ　担保権の消滅時期

担保権消滅請求に基づき担保権が消滅する時期は、他の手続と同様、担保目的物の価額に相当する金銭が納付された時点である。なお、かかる納付金の金額及び使途は、更生計画で定めなければならない（会更167条1項6号）。

金銭が納付されたとしても直ちに担保権者に対する弁済等がなされるわけではなく、更生計画認可決定（あるいは、認可決定前に更生手続が終了する場合は当該終了時）まで裁判所に留保された上で（会更109条・110条）担保権者に配当されることになる。

イ　対象となる担保権

担保権消滅請求の対象となる担保権は、会社更生手続開始決定時点で更生会社に属する財産に係る特別の先取特権、質権、抵当権又は商事留置権である（会更104条1項）。根抵当権は「抵当権」に含まれ、根抵当権者が申立てに係る送達を受けた時から2週間の経過により元本が確定する（会更104条7項）。

なお、非典型担保について担保権消滅請求の対象となるか否かについては、破産手続・民事再生手続の場合と同様、争いがあり、見解の一致をみない状況であるため、債権者としては類推適用・準用されることを前提とした対応についても併せて検討をすべきである。

ウ　担保目的物の価額

担保権者は、担保権消滅許可申立書に記載された財産の価額について不服がある場合には、申立書の送達を受けてから1ヶ月以内に、裁判所に対して価額決定請求をすることができる（会更105条1項）。

会社更生手続の場合も、民事再生手続と同様、担保目的物の価額の評価基準が問題となる。この点、会社更生規則は民事再生規則79条を準用しているため（会更規27条）、民事再生手続におけるのと同様、原則として早期処分価格に基づくことになる[38]。

---

[38] 『会更の実務（下）』55頁〔村松忠司〕、『伊藤会更』535頁。

なお、価額決定請求がなされた場合において、裁判所による価額決定の基準時は、当該決定の時点とされている（会更106条2項）。

エ　担保権者による対抗手段

担保権消滅請求に不服のある担保権者の対抗手段としては、民事再生手続と同様、①価額に不服がある場合は価額決定請求（会更105条1項）が、②それ以外の理由（必要性の欠如等）に基づく場合は担保権消滅許可決定に対する即時抗告（会更104条5項）が、それぞれ可能である。

なお、会社更生手続においては担保実行が一律に禁止されているため、民事再生手続のように、担保実行により担保権消滅請求に事実上対抗する、といった手段はとれない。

5　民事再生手続における別除権協定

法的整理手続における担保権の取扱いに関しては、民事再生手続における別除権協定の締結が、担保権者である金融機関にとってしばしば大きな問題となる。

(1)　別除権協定の法的性質

a　法的性質

ア　意　義

「別除権協定」とは法律上の用語ではないが、実務上、民事再生手続において、別除権者と再生債務者等の間で、①別除権の基礎となる担保権の内容の変更、②被担保債権の弁済方法、③順調に弁済がなされている間の担保権実行禁止、及び④弁済完了時の担保権の消滅等を定める合意[39]をいう。

別除権は、民事再生手続によらずに権利行使が可能であるため（民再53条2項）、担保権者は、例えば抵当権であればいつでも競売申立てが可能である。なお、譲渡担保権については、民事再生法53条1項の文言上、別除権の範囲に含まれないものの、担保実行前の段階では別除権として扱われること

---

[39]『民再入門』97頁。

に現在では異論がない。したがって、譲渡担保権者は、再生手続開始決定後も、別除権を行使し、担保目的物の引渡し（帰属清算方式の場合は、担保実行手続終了後、取戻権者として所有権に基づく担保目的物の返還）を請求することができる（民再52条）。

しかし、別除権者による自由な担保実行を許容すれば、特に担保目的物が事業継続に不可欠な場合（事業用不動産のほか、在庫品や原材料等）、再生債務者の再建に重大な支障が生じる可能性がある。この点、再生債務者による対抗手段として、前記のとおり担保権消滅請求（民再148条）が用意されているものの、担保権消滅請求によった場合、担保目的物の価格に相当する金額を裁判所に一括して納付する必要があり（民再152条1項参照）、不動産等の高額な物件の場合には、資金の手当てができず制度の利用が困難なことも少なくない。このような場合、再生債務者としては、別除権者との間の合意により、担保実行を留保してもらった上で、一定額の分割弁済等により別除権の担保目的物を受け戻すことが必要となる。

別除権者にとっては、別除権協定の締結により、競売によった場合の減価を回避しつつ、手続コストも削減できる場合[40]がある。また、担保実行により再生債務者の事業継続が不可能となり破産移行を余儀なくされるとすれば、別除権協定により再生債務者の事業継続を可能とすることで、貸出債権の総体としての回収の増加も見込むことが可能となる。別除権者としては、再生債務者の事業再建可能性を前提として、別除権協定の履行確実性、別除権協定を締結した場合の回収額と破産移行した場合の回収額の比較等により、その経済合理性が確保できる場合には、別除権協定を締結する方が有利との判断が成り立つ。

この点、民事再生法上は別除権協定に関する直接の規定は存在しないが、別除権の目的である財産の受戻し（民再41条1項9号）や担保権実行中止命令（民再31条）等が認められていることからすれば、別除権協定の締結は当然に許容されると解される。

---

[40] 特に集合動産譲渡担保では、競売によるとすると担保目的物の範囲の確定が困難な場合が多い。

イ 内　　容

別除権協定の主な内容としては、以下のものが挙げられる。

①別除権の担保目的物の評価額
②当該評価額を前提に算出した別除権の受戻し金額及びその支払方法
③②に基づく支払が行われている限り、別除権者が担保実行しない旨
④②の支払が完了した場合の担保解除又は別除権の消滅
⑤別除権の被担保債権額が①の額を上回る場合の不足額（別除権不足額）について、再生債権として議決権の行使を認めること
⑥別除権不足額について、（協定上の弁済が完了して担保権が消滅する以前であっても）再生債権として再生計画に基づく弁済を行うこと

なお、別除権協定において合意した担保目的物の評価額が、被担保債権額を下回る場合、この別除権不足額については、担保権の消滅を待たなくても再生債権者として権利行使できる（民再88条ただし書）。すなわち、別除権不足額部分については、再生計画に基づく再生債権として、再生計画に従った弁済を受けることになる。これに対して、合意された担保評価額部分の支払債権は、別除権協定の締結すなわち開始決定後の再生債務者との間の和解に基づき生じた債権として、共益債権となると解される[41]。

別除権協定においては前記の他、後記ウのとおり、協定の効力が監督委員の同意を停止条件として発生する旨を規定することとなる。なお、協定上の弁済が不履行となった場合の取扱いについて定める場合もあるが、この点については後述する。

ウ 手　　続

別除権協定は、担保目的物をその評価額で再生債務者に受け戻すことを条件として、別除権者がその権利を行使しない旨を約する一種の和解契約と解

---

[41] 松下淳一「共益債権を被担保債権とする保証の履行と弁済による代位の効果―大阪高判平22.5.21をめぐって」金法1912号25頁、井田宏「民事再生手続におけるリース料債権の扱い―大阪地裁倒産部における取扱い及び関連する諸問題の検討」判タ1102号4頁、『新注釈民再（上）』472頁〔中井康之〕等。もっとも、近時の裁判例で、当事者間で締結された別除権協定が「新たな権利を発生させる更改又は和解契約であると解することは困難であるといわざるを得ない」とした上で、同協定上の債権は共益債権ではなく再生債権であるとしたものもあり（東京地判平成24.2.27金法1957号150頁）、今後の議論や裁判例の展開に留意が必要である。

される[42]。したがって、別除権協定の締結は、裁判所の許可事項又は監督委員の同意事項である（民再41条1項6号・9号・54条2項。なお、実務上は、監督委員の同意が得られれば、別途、裁判所の許可を必要としない運用がなされている）。かかる許可又は同意なくして締結した別除権協定は、原則として無効になる（民再41条2項本文・54条4項本文）。すなわち、監督委員の同意等に先立って別除権協定を締結する場合、当該同意等の取得が協定の効力発生の条件となる。

b 根担保権に関する特則

別除権である担保権が根抵当権等の根担保権である場合、民事再生手続の開始によっても（担保実行がなされない限りは）当然に元本が確定するわけではない（民事再生手続の開始は根抵当権の元本確定事由ではない。民398条の20第1項参照）。

別除権協定を締結する主な目的の一つが、被担保債権額のうち担保目的物の評価額相当の部分と、別除権不足額部分とを明らかにすることにある関係上、根担保権に係る別除権協定は、被担保債権の元本を確定させた上で締結することが多い。

もっとも、例えば再生手続開始決定時において既存の被担保債権額が目的物の評価額以下である（担保フルカバーである）ような場合に、計画認可前あるいは認可後の新規融資（DIPファイナンス）等が予定されるときは、敢えて元本を確定させず、担保目的物の評価額を合意した上で、開始決定後の貸付債権（共益債権）を当該根担保権によって併せ担保させることも可能である。

c 集合動産譲渡担保の場合

集合動産譲渡担保については、法的整理手続の申立てにより当然に目的物が固定化するとの見解もあり、目的物が固定化するとした場合、当該集合動産を再生債務者が処分することは、別除権者に対する担保権侵害を構成する可能性がある。他方で、集合動産譲渡担保権の担保目的物は、在庫品や原材

---

[42] 『新注釈民再（上）』472頁〔中井康之〕。

料等、再生債務者等の事業継続に不可欠なものであることが多く、申立て時点の在庫を再生債務者が処分できないとすると、再生債務者の事業の維持・継続が困難となり、破産移行となって結果的に担保目的物の価値を低減させてしまう可能性もある。このようなことから、集合動産譲渡担保権に関する別除権協定においては、目的物が固定化しないことを明記した上で、再生債務者による担保目的物の従前どおりの処分（通常の事業遂行に伴う在庫品の売買等）を認めるとともに、申立て以後に購入・搬入される財産についても集合動産譲渡担保権の目的物となる旨を合意することが多い。併せ、在庫価値の維持義務や、当該在庫動産の処分代金の一部を別除権者に対して（別除権の担保目的物の受戻しとして）弁済すべき義務を盛り込む場合もある（なお、民事再生手続における集合動産譲渡担保の取扱いについては、前記3(3)（234頁）も併せ参照されたい）。

d　変更登記の要否

別除権に係る担保権が抵当権である場合、別除権協定に基づき担保権によりカバーされる別除権部分と、カバーされない別除権不足額部分が確定すると、この別除権不足額部分は抵当権の被担保債権ではなくなり、通常の無担保債権（再生債権）となる。この場合、抵当権について被担保債権の減額に関する変更登記を要するかについて争いがある。これは、別除権者が別除権不足額部分について再生債権者として権利行使するための要件の問題であり、変更登記必要説に立てば、登記をしない限り、別除権者は、別除権不足額部分について再生債権者として権利行使できないとされる。

この点、手続運用の明確性等の理由から、変更登記必要説も有力に主張されている[43]。これに対して、担保権には付従性があること、別除権協定締結後に別除権付きの債権が当該協定の存在を知らない第三者に譲渡された場合でも、担保権は随伴性によって移転する一方、再生債務者との関係では、再生債務者が異議をとどめない承諾（民468条）[44]をしない限り、別除権協定の内容（具体的には、別除権不足額部分が担保によってカバーされていないこと）

43　『伊藤破産・民再』701頁。
44　なお、再生手続開始決定後に再生債務者等が異議なき承諾をすることは、民事再生法38条の公平誠実義務に反すると解する考え方もある（『詳解民再』321頁〔山本和彦〕）。

を譲受人に対抗できる以上、変更登記は不要であるとする見解もある[45]。

実務上は、別除権協定の交渉において、別除権者と再生債務者との間で担保目的物の評価に関して大きな乖離が生じることが多く、変更登記まで要するとすれば合意締結の更なるハードルになりかねないという実質的な理由により、変更登記不要説に立って変更登記をしない（別除権不足額部分については変更登記なくして再生債権としての行使を認める）場合が多いようである[46]。

(2) 別除権協定締結にあたってのポイント

別除権は、民事再生手続によることなく権利行使をすることが可能である。もっとも、別除権者にとっては、別除権協定を締結する方が、別除権を行使して競売手続による回収を図るよりも経済合理性等を確保できる場合がある。また、特に金融機関である別除権者にとっては、経済合理性に加え、自らが別除権協定の締結に応じず、別除権の行使を強行した結果、民事再生手続が頓挫し債務者が破産した場合の、レピュテーショナルリスクあるいは地域経済や取引先への影響等も考慮することになろう。なお、経済合理性の判断にあたっては、担保目的物の価値はもとより、再生債務者等の事業継続の見通し（牽連破産への移行可能性を含む）等も勘案しつつ、担保目的物の評価、受戻し弁済の条件等を、主な考慮要素として検討することになる。

a 担保目的物の評価

担保目的物の評価の方法としては、一般に不動産の評価方法には正常価格と早期処分を前提とした早期処分価格が存在するが、再生債務者等としては、当然ながらできる限り評価額を低く抑えたいので、早期処分価格での評価を基準とする財産評定（民再124条1項、民再規56条1項）上の価格に基づき、担保目的物の評価額を主張されることが多い。

しかし、民事再生法上、別除権の担保目的物の評価方法を定める規定は存在しないし、また、民事再生手続における財産評定は、清算価値保障原則

---

45 『新注釈民再（上）』473頁〜474頁〔中井康之〕。
46 深沢茂之「別除権をめぐる問題」銀法595号59頁。

（民再174条2項4号）との関係で、再生債務者等が保有する財産の清算価値を評定するもの[47]に過ぎない。本来、民事再生手続は事業の維持継続を前提とする手続であるから、特に事業用の不動産については、早期処分価格ではなく継続保有を前提とした正常価格により評価することが適切と考えられる。これに対して、遊休不動産であり早期の処分が確定しているといった場合には、早期の処分価格をもって評価額とすることも妥当たり得る。なお当然のことながら、適正価格を大きく上回る評価をすることは、他の一般再生債権者等の利益を害するため、かかる評価額により別除権協定を締結することは再生債務者の公平誠実義務（民再38条2項）に反することになるし、監督委員の同意も得られない可能性が高い。

b 受戻しの支払条件

再生計画に基づく再生債権の弁済期間が最長10年とされていること（民再155条3項）と異なり、別除権の受戻しの支払条件に関して特段の制限はない。したがって、別除権額の受戻弁済期間は、再生債務者のキャッシュフローを勘案しつつ、再生債務者等と別除権者との間で任意に決定することができる。もっとも、例えば継続保有目的の事業不動産について、余りに長期の弁済期間を定めることは、別除権者にとって将来の弁済の確実性を見通しづらいばかりでなく、そもそもの評価額自体が債務者のキャッシュフローに比し過大となっていることを疑わせるものであり、そのような協定の締結につき監督委員の同意が得られない場合もあろう。

なお、支払期間が長期にわたる場合には、一括支払の場合とのバランスから、分割弁済すべき元本に利息を付ける例も見受けられる。

c 締結時期

別除権の担保目的物が事業用の不動産であり、特に収益弁済型の再生計画案が立案される場合には、当該担保目的物の継続使用を前提として収益予想を算出する関係上、再生債務者等としては当該不動産の継続使用が確保される必要がある。また、監督委員は、再生債権者が再生計画案に対する賛否の

---

[47] 『伊藤破産・民再』753頁。

意思を決定するための参考として意見書を提出する運用であるところ[48]、別除権が行使された場合には、担保目的物の継続使用を前提とした再生計画案自体の遂行可能性に大きな影響を与えることから、意見書において別除権者との協議の見込み及びその内容について指摘する必要があるとされている[49]。

　このため、再生債務者等からは、再生計画案の提出（遅くとも再生計画の認可決定）までに別除権協定を締結するよう希望されることが多い。

　もっとも、別除権協定に係る交渉が難航し、再生計画案の提出（又は再生計画の認可決定）までに別除権協定を締結できないこともある。この場合、再生債務者は、再生計画において、別除権不足額が確定した場合における権利行使に関する適確な措置を定めなければならない（民再160条1項）。具体的には、不足額の確定がどのような結果になっても、別除権を有する再生債権者の地位が他の再生債権者との間で、有利・不利に扱われることなく、かつ、再生計画を確実に遂行できる措置[50]を定めることになる。また、監督委員の意見書においても、別除権協定の締結可能性等を評価しつつ、再生計画の前提たる利益・資金計画との整合性等の検討を経た上で計画の遂行可能性に対する意見が記載されることになる[51]。このように、別除権協定が再生計画案の提出前に締結されなくても、必ずしも民事再生手続の帰趨に致命的な影響を与えるものではない。

　別除権者としては、別除権協定を早期に締結する方が、早期の回収を実現できることもあり望ましいことはいうまでもないが、再生計画案の提出時期等に徒に拘泥することなく、再生債務者等との間で合理的な合意形成ができるまで交渉を続けることが肝要である。

d　後順位担保権者が存在する場合

　担保目的物について後順位担保権が設定されている場合、再生債務者等としては、別除権の実行を回避するために、後順位担保権者を含む全ての担保

---

[48] 『破産・民再の実務（下）』179頁〜180頁〔中山孝雄〕、『新注釈民再（上）』342頁〔石井教文〕。
[49] 印藤弘二「別除権協定に対する監督委員の視点」金法1721号4頁、『破産・民再の実務（下）』180頁〔中山孝雄〕。
[50] 『新注釈民再（下）』33頁〔加々美博久〕。
[51] 印籐前掲注49・5頁。

権者との間で別除権協定を締結する必要がある。

　もっとも、後順位担保権については、先順位の担保権への充当後の担保目的物からの回収が見込めず、無剰余となる場合も多い。

　もとより、先順位の担保権者に対する受戻し弁済が完了すれば、先順位の担保権が消滅する結果として、後順位者の順位が上昇し、回収見込みが生ずる可能性も出てくる。別除権者によっては、この点を主張して無剰余を前提とする別除権協定の締結に応じないとする例もみられないではない。しかしながら、破産手続との比較という観点からすれば、後順位抵当権者と再生債務者等との間で、いわゆる抹消料（ハンコ代）の支払により担保解除を行う旨の別除権協定を締結することも、担保目的物の評価額が適正である限り、当該後順位者にとって経済合理性を有しないものではないと思われる。

(3) 協定不履行時の帰趨

　別除権協定においては担保目的物の評価額相当の弁済が合意されるが、特に事業用の不動産等の場合、弁済期間が長期にわたることも多い。ここで後に再生債務者の再建が頓挫し、協定に基づく弁済が不履行となった場合に、別除権者の権利はどのように取り扱われるか。以下、民事再生手続が廃止され破産手続に移行（牽連破産）する前と、牽連破産手続に移行した場合に分けて検討する。

a　他の法的整理手続への移行前

　再生債務者が別除権協定に基づく合意別除権額の支払（目的物の評価額相当の受戻し弁済）を怠った場合、別除権者は、再生債務者の期限の利益を喪失させて合意別除権額の残額の支払を求め、更には別除権に係る担保権を実行して債権回収を図ることになる。また、別除権者としては当該別除権協定を債務不履行に基づき解除した上で（民541条・543条）、別除権を民事再生手続によらずに行使することも可能なはずである。

ア　別除権協定が解除されない場合

　この点、別除権協定が解除されることなく維持される限り、合意別除権額に係る請求権は、民事再生手続開始決定後の再生債務者の行為により発生し

た債権として、その法的性質は共益債権となり（民再119条5号）、別除権者は民事再生手続によらずに随時弁済を受けることができる[52]。

イ　別除権者が別除権協定を解除した場合

他方、別除権者が債務不履行に基づき別除権協定を解除した場合はどうか。この場合、別除権として行使できる被担保債権の範囲について、①別除権協定により縮減される前の債権全体が被担保債権として復活するという考え方（復活説）と、②復活を認めず縮減した被担保債権額のままとする考え方（固定説）がある。

ⅰ　復活説

復活説は、民事再生法189条7項において、再生計画が不履行となり再生計画の取消しがなされた場合に、再生計画によって変更された再生債権が原状に復するとされていることとのバランスや、解除には遡及的効力が認められること（民545条1項）を根拠とする[53]。

復活説によれば、別除権協定が解除された場合、被担保債権額の縮減の効果は消滅し、債権全体が被担保債権額となるため、別除権者は別除権の行使としての担保実行により、当初の被担保債権の範囲で満足を受けることができる。すなわち、別除権者にとっては、別除権協定の締結後に担保目的物の価値が増加したり、あるいは合意別除権額の分割弁済が進んだ段階で不履行となった結果、現在の担保目的物の価値が合意別除権額の残額を上回っている場合には、別除権協定を解除することにより、合意別除権額の残額を上回る部分についても担保権からの回収を図ることが可能となる。

他方、担保実行による処分価額が合意別除権額の残額よりも低かった場合、復活説の考え方を徹底すれば、別除権協定の解除により、合意別除権額に係る債権の共益債権性も失われることになるため、担保実行により合意別除権額の回収不能が生じたとしても、この回収不能部分は通常の再生債権として取り扱われることになると考えられる。

---

[52] ただし、共益債権性については、前掲注41のとおり、これを否定する裁判例もある点に留意が必要である。
[53] 『詳解民再』386頁〔須藤英章〕、深沢前掲注46・60頁、遠藤元一「別除権協定の後に破産手続が開始された場合の効力」事業再生と債権管理139号19頁。

ⅱ　固　定　説

　固定説は、民事再生法182条が確定した別除権不足額についてのみ再生計画に基づく弁済を認めており、復活説によるといったん確定したはずの別除権不足額が事後的に変動し不合理である等として、別除権協定の債務不履行解除にもかかわらず、いったん確定した別除権不足額の範囲は変動せず、したがって縮減した被担保債権の範囲にも変更は生じないとする考え方である[54]。

　固定説によれば、債務不履行に基づき別除権協定を解除して別除権を行使した場合でも、被担保債権の範囲は縮減したままなので、別除権者は縮減された被担保債権の範囲でしか別除権行使による満足を受けることができず、その余の部分は再生計画に基づく弁済によって満足を受けることになる。他方、別除権の担保実行に基づく担保目的物の換価代金が、縮減された被担保債権額にも満たない場合、解除によって影響を受けない以上その差額部分は共益債権として取り扱われ[55]、少なくとも再生手続が継続する限りは、再生計画によらずに満足を受けることができると解される。

　別除権者にとっては、別除権協定の締結後に担保目的物の価値が減少した場合等、合意別除権額の残額が現在の担保目的物の価値を上回る場合には、固定説による限り、少なくとも当該差額分について共益債権として弁済を受けられる可能性がある。

　他方、合意別除権額の弁済がある程度進んだ段階で不履行となったケースのように、合意別除権額の残額を上回る処分代金となることが見込まれる場合には、再生債務者としては、固定説であれば当該差額部分を他の債権者に対する配当等に回すことが可能になるため、この場合、再生債務者からは固定説によるべきとの主張がなされることが多い。

ⅲ　実務対応

　実務対応としては、現状においては復活説・固定説の間で見解の一致をみないこともあり[56]、別除権協定において、この点につき一定の定めを置くこ

---

[54] 『詳解民再』314頁〔山本和彦〕、『Q&A民再法』253頁〔難波修一〕等。
[55] ただし、近時、共益債権性を否定する裁判例もあることにつき、前掲注41参照。
[56] 復活説をとるものとして、松山地判平23.3.1（金判1398号60頁）、固定説をとるものとして、上記の控訴審である高松高判平24.1.20（金判1398号50頁）。

とが考えられる。すなわち、協定が債務不履行により解除された場合に、被担保債権の範囲を協定締結前の状態に戻すのか、それとも合意別除権額のままとするか、また、処分価格と被担保債権の差額を共益債権とするか再生債権とするかといった点を規定しておくという方法である。別除権協定の本質が再生債務者と別除権者との間の和解であり、監督委員の同意等を経て締結されるものである以上、民事再生手続が継続している限りは、かかる合意もなお、有効と解してよいと思われる。もっとも、牽連破産手続に移行した場合に、当該条項が破産管財人に対して対抗できるかは別問題であり、後述のとおり、破産手続の趣旨に照らし無効とされる可能性も否定できない。

なお、復活説・固定説のいずれを採用するにせよ、既に別除権協定に基づき一定額の弁済がなされてから別除権協定が解除された場合に、当該既弁済部分を如何に取り扱うかという問題が生ずる。すなわち、本来、解除には遡及効があるため、既弁済部分は原状回復の対象となるはずであるが、これだと再生債務者は、当該解除までに担保目的物を使用した利益に加えて、別除権協定に基づいて支払った分も返還を受けられることになり、再生債務者を不当に利する結果となる。また、いったん当該部分を原状回復した後、別除権の行使によって当該部分を新たに換価代金から充当するとすれば、当事者にとって二度手間となり煩雑である。このような観点から、別除権協定が解除されたとしても、既に弁済がなされた合意別除権額については被担保債権額から控除される（あるいは、原状回復の対象とならない）等の取扱いを、別除権協定において明記しておくべきであろう[57]。

b　破産移行時

別除権協定に基づく弁済が不履行に陥っているような場合には、再生計画の履行も頓挫し、牽連破産に移行する可能性が高い。民事再生手続から破産手続に移行した場合、別除権協定の帰趨はどうなるか。

まず、別除権協定において、民事再生手続の廃止や牽連破産手続への移行を協定の当然解除事由として定めていれば、当該事由の発生によって別除権協定が解除されることになる。この点、民事再生手続が廃止されるような場

---

[57]　高井章光「牽連破産に関する諸問題」『民再の実務と理論』259頁。

合は、別除権協定に明文の規定がなくても、別除権協定は解除されるとすることが、再生債務者と別除権者との間の合理的意思であり、民事再生手続の廃止により別除権協定が当然に解除されると解すべきであるという考え方も存在するが[58]、本来、手続外で行使可能な別除権について、その内容や権利行使の条件等を合意したものである別除権協定が、手続の廃止・牽連破産移行により当然に失効すると解する理由はないように思われる。したがって、別除権協定に特段の定めがない限り、牽連破産により当然に期限の利益が喪失したり、協定が終了するものではないと考える。もっとも、このように解したとしても、別除権協定は破産手続の開始決定時点で双方の履行が完了していない契約である（なお、破産法53条1項は民事再生法252条1項の適用を受けない）から、破産管財人は、破産法53条1項に基づき、双方未履行双務契約の解除権を行使して、別除権協定を解除することができると解される[59]。

このように、牽連破産移行後に、破産管財人が、破産法53条1項に基づき双方未履行双務契約として別除権協定を解除した場合には、未履行債権は損害賠償請求権に転化し、破産債権として取り扱われるに過ぎないと考えられる（破54条1項）。この点、例えば未履行債権が財団債権として扱われる旨を別除権協定に定めておいたとしても、この合意が牽連破産手続の破産管財人を拘束するかは別問題であり、上記破産法の規定の趣旨に照らし無効と主張される可能性が高いのではないかと思われる。

なお、先行する民事再生手続において既に別除権協定が（別除権者により）解除されていた場合、当該未履行部分の債権や解除に基づく損害賠償請求権が、どの範囲で発生し、その法的性質が再生債権か共益債権かという点をめぐり、復活説と固定説の間で対立があることは前記のとおりであるが、仮に共益債権と解した場合、民事再生法252条6項が、牽連破産手続においては先行する民事再生手続上の共益債権を財団債権として取り扱うと定めていることからすれば、これらの別除権協定に基づく未履行債権等も、牽連破産手続上、財団債権として取り扱われることになりそうである。もっとも、前記

---

[58] 松下淳一「共益債権を被担保債権とする保証の履行と弁済による代位の効果—大阪高判平22.5.21をめぐって」金法1912号25頁。
[59] 高井前掲注57・259頁、井田宏「民事再生手続におけるリース料債権の扱い－大阪地裁倒産部における取扱い及び関連する諸問題の検討」判タ1102号7頁。

のとおり有力な反対説として、民事再生手続が廃止されるような場合には、再生債務者等と別除権者の合理的意思として、別除権協定上の解除規定の有無にかかわらず別除権協定は解除され、別除権協定に基づき発生した共益債権も消滅するため、未履行債権等が牽連破産手続において財団債権となることはない、とする考え方も主張されており[60]、実務上も、別除権協定が不履行により解除された後で牽連破産に至った場合に、別除権行使に基づく回収額以外の部分が共益債権として取り扱われるかは、なお不明な状況にあるといわざるを得ない。

c まとめ

以上のとおり、別除権協定不履行時の帰趨をめぐる議論はやや錯綜しているが、別除権者としては、牽連破産に至った場合、固定説あるいは復活説いずれの立場を前提としても、別除権者の回収上不利な（破産管財人にとって有利な）取扱いがなされる可能性を意識せざるを得ない。したがって、別除権協定の締結に際しては、上記の可能性を念頭に置いて経済合理性等の判断を行うとともに、別除権協定においては取扱い上の疑義ができる限り発生しないよう、条項の明確化に努めるべきであろう。

6 火災保険金請求権質権の取扱い

担保目的物が不動産や事業用動産である場合、所有者は火災その他の事故による滅失等に備えて火災保険に加入していることが通常である。この場合、当該資産に対する担保権の設定にあたり、債務者が加入している火災保険について（加入していない場合は、火災保険に加入させた上で）、火災保険金請求権に対する質権の設定を受けることが多い。本来、担保権者には物上代位権が認められており[61]、質権の設定を受けずとも保険金に対して担保権を行使することは可能であるが（民372条・304条1項）[62]、物上代位は債務者に対する払渡し前の差押えを要するため（民304条1項ただし書参照）、担保権の

---

60 松下前掲注58・26頁。
61 大判大12.4.7（民集2巻209頁）、最一小決平22.12.2（金判1356号10頁）等。

実効性を確保する観点から、重ねて質権の設定を受けるものである。

この火災保険金請求権質権は、質権である以上、各種法的整理手続において別除権又は更生担保権として取り扱われる。もっとも、火災保険金請求権質権の担保評価にあたっては、火災保険が担保目的物の損害を填補する性質のものであることから、担保目的物から離れて独自に評価することはなく、火災保険金請求権質権自体の評価はゼロとされる場合が多い（ただし、担保権者が保険金請求権質権のみを有し、当該保険の対象物に対する担保権を有しない場合、保険金請求権質権の評価をゼロとすることは困難と解されている[63]）。

なお、特に事業用物件等について保険事故が発生した場合、債務者としては、事業継続のため、かかる保険金を当該事業用物件の復旧又は代替物件の取得のために用いる必要がある。また、担保権者としても、保険金の使用の結果、保険対象物である担保目的物の価値が復活し、あるいは従前の目的物と同等の価値を有する新規物件の上に担保権の設定が受けられる限り、直ちに当該保険金の使用を禁ずる理由はない。このような観点から、特に会社更生手続においては、①保険契約の更新の都度、同一内容の質権を設定すること、②管財人が保険金を用いて事業用物件の復旧や代替物件の取得をできるものとし、その場合、当該復旧した事業用物件や代替物件に対して担保権設定を行うこと、③事業用物件の復旧や代替物件の取得をしない場合には、管財人が受領した保険金に係る預金債権質権への担保変換を行うこと、等を更生計画において定める例が見受けられる。

---

62 なお、会社更生手続においても、かかる差押えは、物上代位権の実行ではなく、更生担保権の基礎である物上代位権を保全するための差押えであるため、会社更生手続開始の効力に基づく強制執行等の禁止や中止（会更50条等）によって妨げられることはないとされる（『伊藤会更』203頁）。

63 『更生計画の理論と実務』144頁。

第7章

財産評定

1 財産評定の意義

　財産評定とは、法的整理手続において、債務者の財産について行われる価額の評定のことを指す（民再124条1項、会更83条1項、破153条1項）。なお、特別清算においては、財産の評定という用語は使われていないが、清算人は清算会社の財産目録及び貸借対照表を作成し、裁判所に提出するものとされる（会492条1項・521条）。以下では、民事再生手続・会社更生手続・破産手続における財産評定を中心に述べる。

　財産評定は、利害関係人に対して債務者の財産状況に関する情報を提供するという点において、法的整理に共通の手続である。もっとも、手続ごとにその意義・目的は異なり、評定の基準も異なるから、債権者としては各手続における財産評定の目的及び効果に照らし適切な対応をとっていく必要がある。その詳細は、3以下に述べるとして、まずは各法的整理手続における財産評定の特徴を確認する。

2 財産評定における評価の基準

(1) 民事再生と会社更生、破産の違い

　財産評定における価額評定の基準は、各手続における財産評定の目的・機能に応じ異なっている。

　民事再生手続の場合、財産評定は債務者にとって再生計画立案の前提資料となるとともに、債権者にとっては、計画案に基づく弁済額が清算価値保障原則を満たすものであるかどうかを判断するための基礎資料となるから、原

則として処分価額を評定の基準とし、必要ある場合にこれと併せて事業継続価値での評価もできることとされている（民再規56条1項）。

これに対して、会社更生手続の場合、財産評定の目的・機能は、①管財人が更生会社の財産状態を正確に把握すること、②更生会社の会計に具体的基礎を与えること、③更生担保権の範囲（会社更生法2条10項により、開始決定時の時価とされる）を画することにあるとされ[1]、そのため評価の基準は「時価」による（会更83条2項）。

破産手続においては、評価基準につき明文の規定はないものの、財産評定は破産管財人の換価業務の基礎資料としての意義を有することから、処分価額を基準とする。ただし、事業譲渡の方法により換価がなされる場合には、その構成財産が一体として評定の対象となると解される[2]。

(2) 処分価額と時価との関係

民事再生手続・破産手続では、財産評定の基準はいずれも原則として「処分価額」であり、両者は基本的に同趣旨と解される[3]。前記のとおり、民事再生手続における財産評定の主要な目的が、開始決定時に破産した場合の配当額を示すことにある以上、両者は概念的には一致するはずである。

これに対して、会社更生手続における「時価」は、一般に処分価額よりも高く、少なくとも時価が処分価額を下回ることはない（両者の具体的な内容については後述する）。

同じ再建型の手続でありながら、会社更生手続が時価であるのに対し、民事再生手続が処分価額である理由としては、①民事再生手続は個人や中小企業等も対象となるため、継続企業を前提とした時価評価を債務者に義務付けるのは現実的でないこと[4]、②民事再生手続では担保権が別除権として手続外で行使され、更生担保権の場合のように、優先権の範囲を確定するための担保目的物の時価評価が必要ないこと[5]等が挙げられている。

---

1 中井康之「更生手続における財産評定」『新会社更生法の理論と実務』147頁。
2 『伊藤破産・民再』487頁。
3 『条解破産』988頁。
4 『新注釈民再（上）』688頁〔服部敬〕。

以下では、民事再生手続、会社更生手続、破産手続の順に、財産評定の手続等と債権者としての対応につき述べることとする。

3　民事再生手続における財産評定

(1)　民事再生手続における財産評定の目的・機能

a　財産評定の目的と機能

　民事再生手続における財産評定の目的は、①債務者が再生計画案を立案する前提として、債務者の財産状況を正確に把握すること、②債権者・裁判所にとって、再生計画案に基づく弁済額が債務者の清算価値を上回っているか否かを判断するための資料とすることにあるとされる[6]。

　上記②のとおり、財産評定は再生計画案が清算価値保障原則を満たすか否かの判断資料となることから、再生債務者等としては、再生計画による一般債権の弁済率を低く抑えるために、基準となる財産評定をできるだけ低い水準で行うインセンティブが働くことに留意が必要である。

　これに対して、債権者の有する担保権に関しては、民事再生手続においては担保権は手続に取り込まれず、財産評定による目的物の評価結果に担保権者が拘束されることもない。

　ただ、別除権者は、その再生債権の届出にあたって、別除権の目的である財産及び別除権の行使によって弁済を受けることができないと見込まれる額（予定不足額）を届け出なければならず（民再94条2項）、この予定不足額相当額が民事再生手続における議決権として別除権者に与えられる。予定不足額と議決権の問題の詳細は、債権調査に関する部分（第3部第5章2(4) a オ（194頁））に譲るが、再生債務者等による予定不足額の認否が財産評定の結果を参照しつつ行われることにより、財産評定の結果が別除権者の議決権に影響を与える可能性がある。

5　『伊藤破産・民再』752頁。
6　『破産・民再の実務（下）』230頁～231頁〔中山孝雄〕参照。

b 財産評定と清算価値保障原則

　上記のとおり、民事再生手続における財産評定は、再生計画案が清算価値保障原則を満たすか否かを判断するための資料となる。

　もっとも、財産評定は開始決定時を基準として行われるところ、民事再生手続において清算価値保障原則が満たされるべき基準時はどの時点かについては争いがある。この点、見解は分かれているものの[7]、東京地裁の運用では、原則として手続開始時点とされる。その理由は、手続を開始し、債権者の権利行使を制限することによって、再生債務者に再建のチャンスを与えているのだから、手続開始の時点で手続を許すことなく破産していたと仮定した場合と同等以上の弁済を確保すべきであるという点にある[8]。

　民事再生手続の場合、手続期間が（会社更生手続に比して）短いこと、民事再生手続を利用する債務者の中には、計画案提出時点における財産評定の時点修正を行うことが事実上困難な者もいること等から、現実的にも、開始決定時点の財産評定額をもって保障されるべき清算価値とみなす扱いが妥当性を有する場合が多いであろう。

---

[7] ①手続開始時点とする考え方（開始時説）、②計画認可の時点とする考え方（認可時説）、③原則的に開始時としつつも認可時までに違法でない事情により資産が減少したときはその基準時を計画提出時又は認可時まで繰り下げることができるとする考え方（折衷説）、④特定の基準時を観念せず、それが問題となるその時々において清算価値が保障されていなければならず、かつこれで足りるとする考え方（判断時説）が提唱されている（民事再生手続での清算価値保障原則と財産評定の基準時との関係について、『新注釈民再（上）』690頁以下〔服部敬〕）。

[8] 『破産・民再の実務（下）』243頁〔中山孝雄〕。「再生債権者に一定の債務免除を強いながらその協力の下に再生手続の進行を図り得るのは、再生手続開始時に再生債務者が破産した場合に比べて有利な弁済ができる見通しがあるからであり、その見通しが立たなくなった場合は、一刻も早く手続を廃止するという厳しい自律が再生債務者に求められているのであり、その自律を支える概念が清算価値保障原則である」とする。

　なお、デフレの進展等によって資産価値が下落している場合は、破産手続を選択したとしても、手続の進行によって予想破産配当率は下落していくことから、このような場合にまで開始時主義を厳格に貫くことが相当とはいえないとの指摘もある（『通常再生120問』243頁〔小畑英一〕）。

(2) 民事再生手続における財産評定の基準

a 処分価額による評定

　民事再生手続における財産評定は、「財産を処分するものとして」すなわち処分価額により行われなければならない（民再規56条1項本文）。

　処分価額の内容については諸説ある。最も低い価額になるのは、強制競売の手続における売却価額相当として評価する場合であり、その評価で足りるとする説もある[9]。しかしながら、財産評定の目的に即して、清算価値保障原則の趣旨に立ち返った場合、破産手続における資産の処分は強制競売により行われるわけではなく、管財人が（限られた手続期間の中で）市場売却により処分していくことが通常のはずである。したがって、競売価額とすることは行き過ぎであり、「通常の市場価格に早期の処分をすることによる減価を考慮した、いわゆる早期処分価額を基準とすべき」とする説[10]によることが妥当と思われる。

　もっとも、競売価額にせよ早期処分価額にせよ、一義的に明確な数値基準があるわけではなく、両者の差異は観念的なものともいえる。実務上は、再生債務者側において、計画上の想定弁済額との兼ね合いで、清算価値保障原則を満たし得るよう、いわば合目的的な見地から財産評定が行われていると思われるケースもあり、債権者からみれば競売並みと感じられる価額により財産評定が行われることも多いのが実情である。

b 事業継続価値による評定

　再生債務者は、必要がある場合、処分価額による財産評定に併せて、財産の全部又は一部について、事業を継続するものとして評定することができる（民再規56条1項ただし書）。これは、処分価額による評定に代えて二者択一的に行われるものではなく、あくまで処分価額による評定に加えて行われるものである。

　「必要がある場合」とは、再生債務者の事業の全部又は一部の譲渡が行わ

---

[9] 『条解民再』644頁〔松下淳一〕。債権者に保障すべき清算価値は、債務者の協力なしの強制的な売却を通じて得られる価値であると考えられることを理由とする。
[10] 『伊藤破産・民再』753頁。

れる場合に、当該譲渡価額の妥当性を明らかにすることや、再生計画案に基づく収益弁済の水準の妥当性を再生債権者に示すこと等が考えられる[11]。

再生債権者にとっては、計画案に基づく弁済金額等の妥当性を検証するための有益な資料となることから、事業継続価値による評定の併用は望ましいものといえる。条文から明らかなとおり、事業継続価値による評定は義務的なものではないし、債務者の規模等によっては事業価値の算出が過大な負担となり得るが、金融機関としては、再生計画案に対する賛否の判断資料として事業継続価値による評定が必要と考えられる場合には、再生債務者に対し、かかる評定の併用を促すべきであろう。

(3) 民事再生手続における財産評定の手続

a 財産評定の時期

再生債務者等は、再生手続開始後遅滞なく財産評定を実施しなければならず（民再124条1項）、評定を完了したときは、直ちに再生手続開始時の財産目録及び貸借対照表を作成し、これらを裁判所に提出しなければならない（民再124条2項）。

財産目録・貸借対照表には、作成に関して用いた財産の評価の方法その他の会計方針を注記しなければならない（民再規56条2項）。債権者による財産評定結果の正しい検証を可能ならしめる趣旨である。

実務上、再生手続開始決定において財産評定書の提出期限が定められる。東京地裁では、再生手続開始の申立てから2ヶ月以内に財産評定書を提出するよう求める運用である[12]。

同じく東京地裁では、標準スケジュールとして債権調査期間（一般調査期間）を申立てから10週〜11週の1週間としているから[13]、遅くとも債権調査期間の初日前には、財産評定は終えられていることになる。

---

[11] 『伊藤破産・民再』754頁。
[12] 『破産・民再の実務（下）』231頁〔中山孝雄〕。
[13] 『民再の手引』162頁〔西林崇之〕。

【図表３−７−１】民事再生手続における財産評定の時期

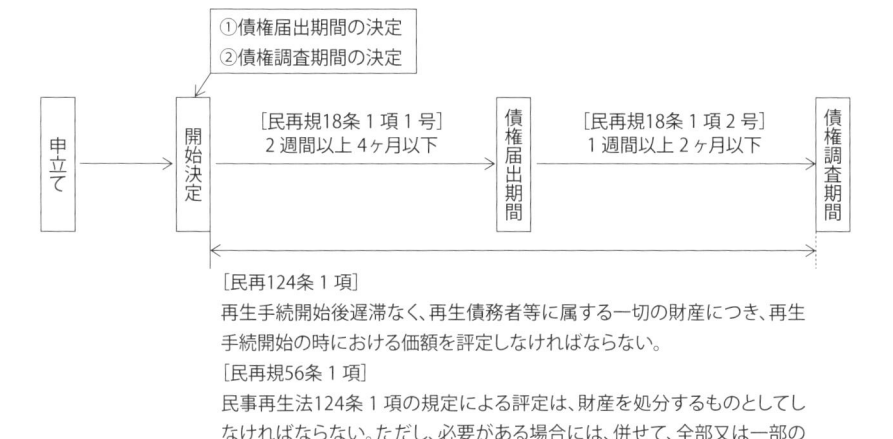

```
                    ①債権届出期間の決定
                    ②債権調査期間の決定
                         │
          ┌──────┐  ┌──────┐ [民再規18条1項1号]  ┌──────┐ [民再規18条1項2号]  ┌──────┐
  申立て →│      │→│ 開始 │ 2週間以上4ヶ月以下  │債権届│ 1週間以上2ヶ月以下  │債権調│
          │      │  │ 決定 │─────────────────→│出期間│─────────────────→│査期間│
          └──────┘  └──────┘                      └──────┘                      └──────┘
```

[民再124条1項]
再生手続開始後遅滞なく、再生債務者等に属する一切の財産につき、再生手続開始の時における価額を評定しなければならない。

[民再規56条1項]
民事再生法124条1項の規定による評定は、財産を処分するものとしてしなければならない。ただし、必要がある場合には、併せて、全部又は一部の財産について、再生債務者の事業を継続するものとして評定することができる。

b　財産評定結果等の開示

　財産評定の結果は裁判所に提出され、提出された書類は、債権者その他の利害関係人が裁判所で閲覧し、謄写することができる（民再16条、民再規62条）。

　また、再生債務者等は、裁判所に提出した財産目録・貸借対照表に記録されている情報の内容を表示したものを、債権者が再生債務者の主たる営業所又は事務所において閲覧することができる状態に置く措置をとらなければならない（ただし、再生債務者が営業所又は事務所を有しない場合は、この限りでない。以上につき、民再規64条1項）。また、再生債務者等は、再生債務者の主たる営業所又は事務所以外の営業所又は事務所においても、上記の措置その他これらの情報の内容を周知させるための適当な措置をとることができる（民再規64条2項）。

(4)　**債権者としての対応**

a　財産評定結果に対する信頼性

　民事再生手続における財産評定は、再生計画案が清算価値保障原則を満た

第7章　財産評定　275

しているか否かの判断資料としての意味合いが強い。この観点からみた場合、財産評定結果に対する信頼性については、債権者の立場から問題がないわけではない。特に、民事再生手続においては再生債務者等が自ら評定を行うため、再生債務者が再生計画において希望する弁済率から逆算する形で、清算価値保障原則を満たすような恣意的な評定がなされる懸念もある。また、法的整理に至った会社においては何らかの粉飾決算等が行われていることも多く、その実態が手続開始後の短期間で全て解き明かされるとも限らない。

通常、財産評定の結果は、監督委員により第三者の立場から（必要に応じ公認会計士等の補助を受けつつ）厳しくチェックされる（民再125条3項参照）。問題があれば、再生債務者に対し是正等の指導がなされ、あるいは再生計画案提出後に債権者に送付される監督委員の意見書の中で指摘されることとなるため、実務上、大きな問題が放置されることは考え難い。もっとも、再生債権者として財産評定書の内容が著しく信頼性を欠くと考える場合には、再生計画案に対して不同意の議決権行使をすることも一つの方法ではあるが、必要に応じ、評価人の選任（民再124条3項）を裁判所に申し立てることも検討すべきである。評価人の評価結果が当然に再生債務者等の財産評定に組み込まれるわけではないが、少なくとも清算価値保障原則の充足判断においては、評価人の評価結果が参考とされることになろう。

b 債権者が財産評定の結果を争う手段

債権者が財産評定の結果を直接、争うための方法は設けられていない。財産評定結果が不当であり、実際の清算価値を下回る恣意的な評価がなされていると判断した場合、債権者としては、かかる財産評定結果を踏まえた再生計画案に対して不同意の議決権行使をするほか、計画案が可決・認可された場合には、清算価値保障原則を満たしておらず、「再生計画の決議が再生債権者一般の利益に反するとき」に該当するとして、再生計画認可決定に対する即時抗告（民再175条1項）等により争うこととなる。

4　会社更生手続における財産評定

　会社更生手続における財産評定も、民事再生手続と同様、手続開始時を基準時とし、財産評定の結果は裁判所に提出しなければならない。債権者に対する開示の仕組みも基本的に民事再生手続と同じである。もっとも、債権者からみた場合、民事再生手続における財産評定が、再生債務者の清算価値を示すものとして、計画への同意・不同意を決定する根拠資料としての意味合いを有するのに対し、会社更生手続における財産評定の主要な機能が、債権者の有する更生担保権の価額を決定することにあるという点において、両者は大きく異なる。

　民事再生手続では、担保権は手続に取り込まれず、財産評定の結果にも左右されないため、担保目的物に係る財産評定の結果と実際の担保回収額は一致しないのが通常である。これに対して、会社更生手続では、原則として財産評定による財産の評価と更生担保権の目的物の評価（会更2条10項）は一致するものと解されている。そのため、財産評定の結果が更生担保権者の議決権や債権回収額を事実上決することになる。

(1)　会社更生手続における財産評定の目的・機能

a　財産評定の目的と機能

　会社更生手続における財産評定の目的・機能は、①管財人が更生会社の財産状態を正確に把握すること、②更生会社の会計に具体的基礎を与えること、③更生担保権の範囲（会更2条10項により、開始決定時の時価とされる）を画することにあるとされる[14]。

　①については、更生会社は、申立て前の窮境状態の中で粉飾決算を行い、あるいは実態と乖離した甘い財産評価をしている場合が多い[15]。管財人にとってはもとより、債権者たる金融機関としても、その正確な財産状態を把

14　中井前掲注1『新会社更生法の理論と実務』147頁。
15　『会更の実務（下）』2頁〔木村史郎〕。

握することは、手続に対する自行の方針を決定するための不可欠の前提といえる。

③は債権者にとってより重要な機能であり、財産評定により更生担保権の範囲が決せられる。財産評定の基準（会更83条2項）と更生担保権の目的である担保財産の評価（会更2条10項）は、いずれも更生手続開始時点の「時価」であり、管財人のする財産評定は更生担保権に関する管財人の認否の基礎数値と一致することとなる[16]。

したがって、更生担保権を有する債権者としては、債権調査における認否もさることながら、管財人の行う財産評定の内容にも関心を払う必要がある。債権者としての具体的な対応については、後記(4)（282頁）において述べる。

b　清算価値保障原則との関係

会社更生手続においても清算価値保障原則は妥当するが[17]、民事再生手続と異なり、会社更生手続においては、財産評定額はそもそも清算価値保障原則における弁済額の総額を画する機能を有していない[18]。

この点、財産評定とは別の制度として、会社更生規則51条に基づき、裁判所は管財人等に対して、更生計画案の作成・提出時期に接着した一定の時点における、①更生会社の将来の収益を基礎に算定した事業全体価値による評価と、②更生会社に属する一切の財産についての処分価額（清算価額）による評価を提出させることが予定されている[19]。

実務上は、更生手続開始決定において、管財人は更生計画作成の時点における清算貸借対照表（あるいは、これに加えて継続企業価値による資産総額を記載した書面）を、裁判所に提出する旨が定められることが通常である。

---

[16] もっとも、財産評定における「時価」と、更生担保権の目的財産を評価する場合の「時価」が同一かについては議論がある。両者は異なるとする見解も有力であるが、通説は両者は一致すると考えている（『伊藤会更』513頁、『講座倒産の法システム(3)』243頁以下〔出水順〕）。
[17] 『会更の実務（下）』241頁〔真鍋美穂子〕、『伊藤会更』632頁。
[18] 中井前掲注1『新会社更生法の理論と実務』147頁。
[19] 『会更の実務（下）』4頁〔木村史郎〕。

(2) 会社更生手続における財産評定の基準

a 時価の意義

　会社更生法及び関連法令において、「時価」を定義した規定はない。もっとも、会社更生手続における財産評定の評価額は、認可時貸借対照表における取得価額（会社計算規則5条1項参照）とみなされることにより（会更83条4項・5項、会更規1条1項・2項）、更生会社の会社法上の会計に取り込まれ、その基礎となる（前記(1) a ②の機能）。そのため、財産評定は、会計上許容される公正妥当な方法による必要がある。具体的には、日本公認会計士協会「財産の価額の評定等に関するガイドライン（中間報告）」（2007年改訂版）が参考にされている。

　同ガイドラインによれば、①企業会計の時価とは公正な評価額をいい、通常、それは観察可能な市場価格をいい、市場価格が観察できない場合には合理的に算定された価額をいう（ガイドライン53項）、②公正な評価額とは、独立した当事者間による競売又は清算による処分以外の現在の取引において、資産（又は負債）の購入（又は負担）又は売却（又は弁済）を行う場合のその取引である（ガイドライン54項）、③市場価格が存在しない場合には、類似資産の市場価格や現在価値による評価方法、その他の評価方法により合理的に算定された価額を適用する（ガイドライン56項）とされている。

b 事業継続価値と処分価格

　ある資産の時価として、「当該資産を使用するとの視点」に基づく事業継続価値（使用価値）も時価の一つであるし、単純に処分することを前提とした処分価格も当然ながら時価である。管財人は、許容され得る評価方法の中から、「最も公正妥当と認められ、かつ、更生担保権の範囲を画する基準としても正当化できるものを選択して評価すべきである」とされる[20]。

　この点、特定の事業や用法を前提とした使用価値が、単純に処分する場合の処分価格を下回ることはあり得る。例えば、事業用不動産について、収益性の低い事業の継続を前提とする収益還元価格よりも、事業を廃止して不動

---

[20] 『会更の実務（下）』6頁〔木村史郎〕。

産として売買した場合の処分価額の方が高いと見込まれる場合が典型である。しかしながら、更生担保権の範囲を画する機能に照らせば、処分価額を下回るような事業継続価値を時価として容認することはできない[21]。当該資産の更生担保権者として、処分価額よりも低いと見込まれる事業継続価値が付された場合には、そのような収益性の低い事業や用法を前提とした評価そのものが許されないとして、更生担保権の認否の段階で、目的物の価額決定手続（会更153条）により争うことになろう。

(3)　会社更生手続における財産評定の手続

a　財産評定の時期

　管財人は、更生手続開始後遅滞なく財産評定を実施しなければならず（会更83条1項）、その評定を完了したときは、直ちに更生手続開始時の貸借対照表及び財産目録を作成し、これらを裁判所に提出しなければならない（会更83条3項）。なお、裁判所は、併せて、①財産評定の基礎となった資料や、②資産の評価方法等を記載した書面で、「更生手続の円滑な進行を図るため利害関係人の閲覧に供する必要性が高いと認めるもの」を管財人に提出させることができる（会更規23条）。

　会社更生手続においては、民事再生手続の場合と異なり、貸借対照表・財産目録の提出期限は「作成後速やかに」「財産評定完了後直ちに」などと定められることが通常であり、確定期限が開始決定書に記載される運用とはなっていない。

　もっとも、会社更生手続上、裁判所は開始決定と同時に債権届出期間と債権調査期間を定め（会更42条1項）、特別の事情がある場合を除き、債権届出期間は更生手続開始決定から2週間以上4ヶ月以下、債権調査期間は債権届出期間の末日から1週間以上4ヶ月以下の期間をおいて1週間以上2ヶ月以下の期間を定めることとされている（会更規19条1項）。そして、前記のとおり財産評定結果と更生担保権の評価とは一致する以上、管財人が債権調査期間において債権認否を行うためには、それ以前に財産評定を終えて更生担保

21　『会更の実務（下）』6頁〔木村史郎〕。

【図表3－7－2】会社更生手続における財産評定の時期

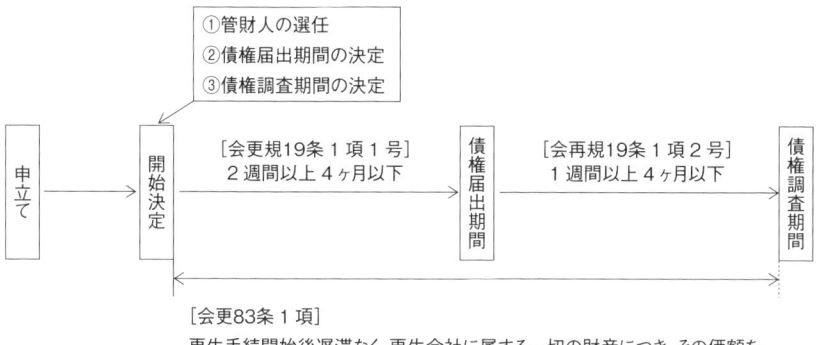

```
                    ①管財人の選任
                    ②債権届出期間の決定
                    ③債権調査期間の決定
                          ↓
 ┌───┐    ┌───┐ ［会更規19条1項1号］ ┌───┐ ［会再規19条1項2号］ ┌───┐
 │申立│ → │開始│  2週間以上4ヶ月以下  │債権│  1週間以上4ヶ月以下  │債権│
 │て │    │決定│                      │届出│                      │調査│
 │   │    │   │                      │期間│                      │期間│
 └───┘    └───┘                      └───┘                      └───┘
```

［会更83条1項］
更生手続開始後遅滞なく、更生会社に属する一切の財産につき、その価額を評定しなければならない。

［会更83条2項］
前項の規定による評定は、更生手続開始の時における時価によるものとする。

権の目的物の価額を決めておく必要がある[22]。すなわち、財産評定の結果は遅くとも債権調査期間の初日より前に提出されることになる。

ただし、手続開始後の事情で債権調査期間自体が延長される可能性もあり、その場合は、財産評定の提出時期も併せて後ろ倒しになることが通常であろう。

b　財産評定結果等の開示

財産評定の結果は、管財人により裁判所に提出され、提出された書類は、債権者その他の利害関係人が裁判所で閲覧し、謄写することができる（会更11条、会更規8条）。

また、管財人は、裁判所に提出した貸借対照表・財産目録等に記録されている情報の内容を表示したものを、更生債権者等又は株主が更生会社の主たる営業所において閲覧することができる状態に置く措置をとらなければならない（会更規24条1項）。更に、管財人は、主たる営業所以外の営業所においても、上記の措置その他これらの情報の内容を周知させるための適当な措置

---

[22] 東京地裁では、認否書の提出に遅れることなく貸借対照表・財産目録の提出を求める運用である（『最新実務会更』103頁）。

をとることができる（会更規24条2項）。

(4) 債権者としての対応

a　早期対応の必要性と準備事項

　手続外で別除権を行使できる民事再生手続や破産手続とは異なり、会社更生手続における財産評定は、債権者にとって、その更生担保権の額を決定する基礎となる。

　更生担保権の額は、債権調査手続並びに更生債権等査定申立て（会更151条）及び担保権の目的物の価額決定の申立て（会更153条）で争うことができるが、これらの手続は、管財人と債権者の双方に手続コストを強いることになるから、可能であれば事前に十分な交渉を行い、合意点を見出しておくことが望ましい。

　そのためには、財産評定の作業段階から管財人の方針をヒアリングした上で、債権者としての意見を述べておく必要がある。そのタイミングは財産評定結果の提出時期との関係で、手続開始後、相当に早い段階で管財人との接触が必要になると考えておかねばならない。

　また、管財人との交渉においては、債権者の側も担保権の価額等に関する資料（不動産鑑定評価書等）を準備しておく必要がある。自行内部の資産査定等のために普段から利用している資料がそのまま使えれば問題ないが、評価を見直すべき場合も多い。

　以上、あくまで案件ごとの判断ではあるが、金融機関としては、手続開始申立ての段階から、鑑定評価の再取得の必要性を含め、管財人との交渉のための資料を検討・準備し、開始決定後は遅滞なく、管財人との交渉をスタートすることが望ましい。

b　開示情報の活用

　財産評定提出前において、管財人との交渉が奏功しなかった場合、財産評定の結果に関する開示情報を詳細に検討し、債権調査手続や価額決定申立て等に備える必要がある。

　前記(3)bで述べた開示の方法以外にも、実際の手続では、管財人から任意

に資料の提供を受けられることが多い。

　管財人による任意の協力が得られない場合、債権者としては、裁判所に対して、会社更生規則23条に基づく資料の提出（財産評定の基礎となった資料や、資産の評価方法等を記載した書面）を管財人に命ずるよう、上申することが考えられる。更に、場合によっては関係人集会の招集（会更114条1項。ただし、更生債権者委員会、更生担保権者委員会又は届出総債権額の10分の1以上の債権を有する更生債権者等の申立てが必要である）を申し立てる方法もある。

　なお、更生債権者委員会又は更生担保権者委員会（会更117条。更生担保権者委員会については会社更生法121条の準用規定を参照。以下これらを「更生債権者委員会等」という。）がある場合、管財人は、①更生会社の業務及び財産の管理状況について更生債権者委員会等の意見を聴かなければならず（会更118条2項）、②裁判所に提出した報告書についても、閲覧制限部分を除いて更生債権者委員会等に提出し、③更生債権者委員会等からの申出により裁判所が命じたときは、更生会社の業務及び財産の管理状況その他更生会社の事業の更生に関し必要な事項について報告しなければならない（会更120条）。

c　債権者が財産評定の結果を争う手段

　民事再生手続と同様、財産評定の結果そのものを債権者が争う手段は設けられていない。

　前記のとおり、自らの更生担保権の目的物の評価に不服があれば、価額決定の申立て（会更153条）により争うこととなるが、それ以外の不当性等については、かかる財産評定結果を前提として作成された更生計画案に対し不同意とするか、更生計画認可決定に対する即時抗告（会更202条1項）により争うほかない[23]。

23　『会更の実務（下）』9頁〔木村史郎〕。

5 破産手続における財産評定

(1) 破産手続における財産評定の目的・機能

　破産手続は、債務者の財産（破産財団に属する財産）を換価・処分し、債権者に適正な配当をすることを目的とする手続であり、財産評定の目的も、配当財団の規模及び予想配当率についての資料を得ることにあるとされる[24]。

　債権者にとって、破産手続における財産評定は、①破産債権の配当率を予想するための資料として、また、②別除権の予定不足額を把握するための資料として、重要であることには相違ない。

　もっとも、民事再生手続においては財産評定の結果が清算価値保障原則の充足判断の基礎となり、また会社更生手続においては財産評定により更生担保権の額が決められるのに対し、破産手続の場合、いずれにせよ全ての財産は換価処分され、現実の処分価格により金融機関の一般債権・別除権の回収額が必然的に確定するから、財産評定の結果が債権者にとって決定的な重要性をもつことはあまり考えられない。

(2) 破産手続における財産評定の基準

　破産法153条は、「破産手続開始の時における価額を評定しなければならない」と規定するのみで、評定の基準を示していないが、破産手続における財産評定の目的に照らせば、個々の目的物の処分価値により評定することになる。もっとも、事業譲渡の方法により換価がなされる場合には、当該事業の構成財産が一体として評定の対象になるとされる[25]。

---

[24] 『伊藤破産・民再』486頁。
[25] 『伊藤破産・民再』487頁。

(3) 破産手続における財産評定の手続

a 財産評定の実施時期

　破産手続における財産評定の手順も、会社更生手続・民事再生手続のそれと構造的には同じである。

　すなわち、破産管財人は、破産手続開始後、遅滞なく財産評定を実施しなければならず（破153条1項）、その評定を完了したときは、直ちに破産手続開始時の財産目録及び貸借対照表を作成し、これらを裁判所に提出しなければならない（破153条2項）。ただし、破産財団の財産の総額が1000万円に満たない場合は、裁判所の許可を得て、貸借対照表を作成しないことができる（破153条3項、破規52条）。

　実務上、財産評定の結果は、破産法157条の報告書と合わせて提出され、157条報告書は、財産状況報告集会前に提出することが、法文上、当然の前提とされている（破158条参照）。なお、財産状況報告集会の期日を定めない場合は、裁判所は、破産管財人の意見を聴いて、破産管財人が157条報告書を提出すべき期間を定める（破規54条1項）。したがって、破産管財人による財産評定の作業は、財産状況報告集会の開催期日前、あるいは集会が開催されない場合は裁判所の定める157条報告書の提出期限までに終えられることになる。

b 財産評定結果の開示

　財産評定に係る財産目録及び貸借対照表は裁判所に提出され（ただし、貸借対照表については破産法153条3項により提出不要とされる場合がある）、裁判所に提出された書類は、債権者がこれを閲覧・謄写することができる（破11条）。なお、民事再生手続や会社更生手続と異なり、主たる営業所等への備置は義務付けられていない。

(4) 債権者としての対応

　既に述べたように、破産手続においては、民事再生手続や会社更生手続と比較すれば、財産評定の重要性はやや低い。もっとも、提出された書類は配

当率の目安等を知る上で重要な資料であり、債権者としては、財産評定の結果が提出された場合は速やかに、裁判所への閲覧・謄写請求をして確認するとともに、内容に不明な点等があれば適宜、破産管財人からその説明を受ける必要がある。

6 特別清算における財産目録・貸借対照表の作成

　特別清算においては、民事再生手続・会社更生手続・破産手続におけるのと同様の意味での財産評定手続は存しないが、類似の手続として、清算人は清算会社の財産目録及び貸借対照表を作成し、株主総会の承認を得た上で、特別清算が開始した場合にはこれを裁判所に提出しなければならない（会492条1項・3項・521条）。裁判所に提出された財産目録等は、清算会社の本店において、債権者・株主が閲覧できる状態に置く措置がとられる（会社非訟事件等手続規則25条）。

　実務上は、会社の解散後、特別清算の申立てまでの間に、清算人において財産目録・貸借対照表を作成の上、特別清算の申立書に添付することが通常である[26]。

　財産目録等における評価は、原則として、清算の開始原因が生じた日における各財産の個別的な処分価値による（会492条1項、会社法施行規則144条・145条）。

26　『入門新特別清算』133頁〔小林信明〕、『特別清算の理論と裁判実務』132頁。

第8章

計画外事業譲渡への対応

「計画外事業譲渡」とは、再建型の法的整理手続において、計画の定めによらずに債務者の事業譲渡を行うことをいう。これに対して、再生計画又は更生計画に定めることにより事業譲渡を行う方法は「計画内事業譲渡」といわれている。なお、計画内事業譲渡は、民事再生法上、明文の規定はないものの当然に許容されると解されており、この場合、後述する民事再生法42条の適用はないと一般に考えられている[1]。

計画外事業譲渡を実施するには、所定の要件を満たした上で裁判所の許可を得る等の手続を履践する必要がある。以下、民事再生手続と会社更生手続における計画外事業譲渡について、順に述べることとする。

1 民事再生手続の場合

(1) 民事再生手続における計画外事業譲渡の意義

a 譲渡の対象

民事再生手続において計画外事業譲渡の対象となるのは「営業又は事業の全部又は重要な一部」である（民再42条1項）。ここでいう「営業」「事業」とは、一定の営業目的のため組織化され、有機的一体として機能する財産をいう[2]。なお、「営業」と「事業」の違いは、個人商人が商号1個ごとに営むのが「営業」であり、1個の商号しかもち得ない株式会社等が営むものの総体が「事業」であるとされる[3]。

---

[1] 『新注釈民再（上）』236頁～237頁〔三森仁〕。
[2] 最大判昭40.9.22（民集19巻6号1600頁）。
[3] 『条解民再』228頁〔松下淳一〕。

「重要な」一部に該当するか否かは、
① 譲渡により企業全体の運命にどの程度の影響があるか、すなわち、その譲渡によって会社がその営業を維持できなくなるか、又は少なくともその営業規模を大幅に縮小せざるを得なくなるかという基準
② 再生債権者の弁済に与える影響の大小の基準
を総合的に判断するべきとされる[4]。

b 計画外事業譲渡の意義

法的整理手続では、取引先からの取引拒絶や風評被害等により、債務者の事業価値が急速に低下することが多い。この点、スポンサーに対する事業譲渡により再建を図ろうとする場合、早期に事業譲渡を実施することにより、事業価値の劣化を防ぎ、速やかに再建を軌道に乗せることができれば、債権者のみならず従業員その他の利害関係人の利益につながることになる。

実際に、民事再生手続において事業譲渡が行われた例をみると、計画内事業譲渡よりも計画外事業譲渡の件数が多く[5]、事業譲渡が再建方針となる場合には早期の事業譲渡が志向される傾向にあることが窺われる。

(2) 計画外事業譲渡の許可の要件

a 事業再生のための必要性

後述のとおり、計画外事業譲渡にあたっては裁判所の許可を要する（民再42条1項）。また、裁判所は、再生債務者の事業の再生のために必要と認める場合に限り許可をすることができる（民再42条1項）。そこで、「事業の再生のために必要」とはどのような状況を指すのかが問題となる。

この点、①事業の一部譲渡により残存する事業の再生・継続に必要な資金を得る場合、②現在の経営陣に対する信用が失われたが、第三者の下で事業を継続すれば取引の継続が望まれ、事業の再生が可能になる場合、③再生債務者による事業の再生も不可能とはいえないが、第三者に譲渡した方が再生

---

[4] 『新注釈民再（上）』223頁〔三森仁〕。
[5] 『新注釈民再（上）』222頁〔三森仁〕。

がより確実で、それが再生債権者や従業員に有利な場合、等が挙げられている[6]。つまり、事業の全部譲渡の場合は当該譲渡事業の再生可能性が高まり、一部譲渡の場合は当該譲渡事業と残された事業の双方の再生可能性が高まるのであれば、裁判所の許可に必要な要件を満たし得ると考えられる。

b 事業譲渡の条件の相当性

再生債務者の事業譲渡は、再生債権者や株主の利害と密接に関連するため、裁判所が民事再生法42条1項の許可をするにあたっては、譲受人の選定過程の公正さ、譲渡代金や譲渡条件の相当性なども斟酌されるべきであるとされる[7]。

再生債権者としては、計画内事業譲渡であればその是非について再生計画案の決議で議決権を行使できるし、より高額での譲渡が可能な別のスポンサーが存在する場合には、当該スポンサーに対する事業譲渡を内容とする対抗的計画案を提出することも可能である。これに対し、計画外事業譲渡の場合、譲渡される資産に対し担保権を有している場合は別として、後述する意見聴取以外は基本的に再生債権者の関与の手段がない（許可決定に対する即時抗告は許されていない）。したがって、計画外事業譲渡の許可にあたっては、再生債権者に不測の損害を与えないよう、単に当該事業譲渡により事業の再生可能性が高まるのみならず、恣意的な譲渡先の選定や譲渡価格の設定がなされていないか、より高額のスポンサーに対する事業譲渡の可能性が現実的に存在するかといった点が、裁判所により厳しくチェックされる必要があるといえよう。

(3) 計画外事業譲渡の手続

a 計画外事業譲渡の時期

ア 保全段階

計画外での事業譲渡が認められるのは、再生手続開始後である（民再42条

---

6 『破産・民再の実務（下）』128頁〔中山孝雄〕。
7 東京高決平16.6.17（金法1719号51頁）。

1項)。再生手続開始申立て後、開始決定前の段階において、事業譲渡を行う必要がある場合も否定できないが、実務上は、早期に開始決定をすることで解決し得るため、かかる保全段階の計画外事業譲渡の可否については消極的に扱う運用とされている[8]。

　イ　手続終結後

　計画外事業譲渡の規定が適用される終期については特に規定がないが、少なくとも民事再生手続の終結後は裁判所の許可は観念できないため、民事再生法42条の適用はないと考えられる(株主総会決議等、会社法所定の手続を経れば足りるが、事業譲渡に伴う再生債権の繰上弁済については、原則として債権者の個別同意が必要になる)。

　ウ　認可決定後、手続終結前

　再生計画認可決定後、手続終結までの間に事業譲渡が行われる場合については、民事再生法42条に基づく裁判所の許可の要否につき争いがある。

　この点、事業譲渡に伴い再生債権の繰上弁済がなされる場合で、かつ、再生計画において再生債権の繰上弁済を認める条項がないとすれば、再生計画の変更の手続(民再187条)を要するが、単なる弁済時期の繰上げは「再生債権者に不利な影響を及ぼす」ものではないから、債権者多数の決議にかける必要まではなく、裁判所の変更決定のみで足りると考えられる。もっとも、この場合、当該変更決定にあたり事業譲渡の手続や対価の相当性についてまで裁判所が判断するのか、法文上も判然とせず、そもそも債権者はかかる手続に何ら関与できないことにも鑑みれば、別途、民事再生法42条の許可手続が必要と考えるべきであろう[9]。

　他方、再生計画において再生債権の繰上弁済を認める条項がある場合には、そもそも計画に記載のない事業譲渡の実施それ自体について、敢えて計画変更の手続を経る必要があるかが問題となり得るが、必要と解した場合(前記同様、債権者多数の決議までは不要であろう)はもとより、計画変更の手続そのものを要しないとした場合も、上記同様の理由から民事再生法42条の許可手続は履践すべきと考える。

---

[8] 『破産・民再の実務(下)』128頁〔中山孝雄〕参照。
[9] 『新注釈民再(上)』226頁〔三森仁〕も結論において同旨。

これらに対して、事業譲渡に伴う繰上弁済が（例えば計画上、再生債権につき利息を支払うものとされている場合に、当該利息に係る得べかりし利益を喪失させることとなる結果、）「再生債権者に不利な影響を及ぼす」ものとして、計画変更に係る債権者多数の決議を要する場合には、債権者による判断を経る以上、重ねて民事再生法42条の許可手続は要しないと解してもよいであろう。

b　債権者からの意見聴取

　裁判所が計画外事業譲渡の許可をする場合には、知れている再生債権者の意見を聴かなければならない。債権者委員会があるときは、その意見を聴けば足りる（民再42条2項）。

　なお、再生手続開始時を基準として、約定劣後再生債権に優先する債権（約定劣後以外の再生債権だけでなく、共益債権や一般優先債権を当然に含む）に係る債務を完済できないときは、当該約定劣後再生債権者への意見聴取は要しない（民再42条2項）。

c　労働組合等からの意見聴取

　裁判所は、計画外事業譲渡の許可をする場合には、労働組合等の意見を聴かなければならない（民再42条3項）。「労働組合等」とは、具体的には、①再生債務者の使用人その他の従業者の過半数で組織する労働組合があるときはその労働組合、②再生債務者の使用人その他の従業者の過半数で組織する労働組合がないときは再生債務者の使用人その他の従業者の過半数を代表する者をいう（民再24条の2）。

d　再生債務者における会社法上の手続

　再生債務者が株式会社の場合、事業の全部又は重要な一部の譲渡を行うに際しては、株主総会の特別決議を要する（会467条1項1号及び2号・309条2項11号）。しかし、会社の倒産により、株主はその権利行使に関心を失うことから、株主総会決議の成立が危ぶまれるし、そもそも株主権の価値は失われていると考えられる。

　そこで、株式会社の計画外事業譲渡に際しては、①債務超過であること、

②当該事業譲渡が事業の継続に必要であること、を要件に、裁判所の許可をもって株主総会の特別決議に代えることができる（民再43条。代替許可）。

e 不当な計画外事業譲渡に対する是正手段

万が一、不当な計画外事業譲渡がなされた場合、（無担保である）債権者としての対抗手段は極めて限られている。

まず、計画外事業譲渡に対する裁判所の許可は、債権者による即時抗告の対象とならない。したがって、債権者としては、かかる事業譲渡を前提とする再生計画案を不同意とするか、あるいは認可決定に対する即時抗告くらいしか争う手段がない。しかしながら、いったん裁判所の許可を得て事業譲渡がなされた後で、再生計画案が否決され、あるいは認可決定が取り消されたとしても、事業譲渡そのものが覆るわけではなく、かかる事業譲渡は、牽連破産手続においても原則として否認の対象とならないと解されている[10]。

したがって、債権者にとっては意見聴取の手続がほぼ唯一の是正手段であり、これを梃子に、任意の交渉により事前に是正を図ることが第一義となる。なお、明らかに有利な譲渡先として他のスポンサーを用意できるような例外的な場合においては、対抗的な会社更生手続を申し立てるという手段もないわけではない。

(4) 金融機関の対応

a 計画外事業譲渡の適否に関する判断

金融機関にとって計画外事業譲渡を容認し得る場合とは、すなわち当該譲渡が債権回収上有利な場合にほかならない。したがって、事業の価値に照らし低廉な事業譲渡となっていないかという観点から、まず譲渡価格の適正さを検討すべきことは当然である。かかる検討にあたっては、譲渡事業の収益性や譲渡事業に含まれる不動産の資産価値等を踏まえた、定量的な検証を行うことが、裁判所からの意見聴取への対応上も望ましいであろう。

---

10 『新注釈民再（上）』234頁〔三森仁〕。裁判所の許可の判断の前提となった重要な情報に虚偽があった等の例外的な場合でない限り、否認権行使の対象とならないとされる。

また、より高額かつ適切な譲渡先がいないかをチェックする意味で、譲渡先の選定が適正な手続によってなされているかどうかも重要である。具体的には、原則として入札等の手続によるべきことはもちろん、入札者が幅広く募られているかどうか、また入札の条件が適切に設定されているかも確認すべきであろう。適正な範囲の従業員の引受け等、再生の趣旨に沿った入札条件の設定は問題ないが、実質的に譲渡の対価を引き下げるような不当な条件は債権者として容認し難い。

　債権者として計画外事業譲渡の適否を検討するためには、当該譲渡の条件や譲渡先選定のプロセスに関する情報の開示を受けることが前提となる。もっとも、必ずしも十分な情報が開示されるとは限らないし、意見聴取の直前に説明を受けても検討が間に合わないこともあり得るから、再生債務者に対して早期にアプローチを行い、積極的に情報開示を求めていく必要がある。

b　意見聴取への対応

　意見聴取の方法について、民事再生法には特段の規定がない。意見聴取期日を開催して再生債権者を招集する方法のほか、書面による意見聴取もあり得る[11]。

　前記のとおり、意見聴取は、計画外事業譲渡に対して再生債権者が関与し得る唯一の手段といってよい（別除権を有する場合については、後記c参照）。そこで、債権者としては、前記aで述べたように早期に情報を収集し、必要な分析を行った上で、計画外事業譲渡に反対し、又は条件付きとするよう求める場合には、然るべき合理的な理由を付して意見を述べる必要がある。単独で意見を述べるだけでなく、他の金融機関と連名で、あるいは歩調を合わせて意見を述べることも有効である。

c　計画外事業譲渡と再生債権等の取扱い

　計画外事業譲渡が行われ、その対価が払い込まれても、即時に再生債権者

---

[11]　この点、東京地裁では、許可申立ての約2週間後に意見聴取期日を指定する運用であるが、その前に、再生債務者において監督委員が同席する債権者説明会を開催することを求めている（『民再の手引』13頁〔鹿子木康〕）。

への弁済が行われるものではなく、原則として、再生計画の確定後、当該計画に従った弁済が行われるに過ぎない（民再85条1項）。対価の一部が、残された債務者会社の事業継続に必要な資金に充てられることも当然にあり得る。したがって、計画外事業譲渡の対価がどのように取り扱われるか（いくらが債権者への弁済に充てられるか）も確認する必要がある[12]。

　この点につき、別除権は再生債権と取扱いが異なる。すなわち、事業の譲受人としては、事業用の資産につき担保権が設定されている場合、かかる担保付きの資産を取得した後、当該担保権を実行されたのでは譲受けの目的を達成できないから、あらかじめ関係者の間で別除権の取扱いに関する合意（別除権協定）を締結する必要が生ずる。具体的には、①事業譲渡の対価をもって別除権者に一括弁済し、担保権を消滅させる方法、②事業とともに別除権付きの債務を譲受人が引き受けて弁済する方法、等が考えられる。別除権者である金融機関としては、①の方法であれば、弁済額が適切である限り、特に不利益になることは考えられない。他方、②の方法の場合は、債務の引受先である譲受人の信用力も検討する必要がある。

　なお、上記において別除権者が同意しない場合、担保権消滅請求制度が利用される可能性がある（民再148条〜153条）。その場合、必要な資金は事業の譲受人が提供することになる（担保権消滅請求制度に関しては、第3部第6章4（243頁）を参照されたい）。

2　会社更生手続の場合

(1)　会社更生手続における計画外事業譲渡の意義

a　譲渡の対象

　会社更生手続において計画外事業譲渡の許可の対象となるのは、「事業の

---

[12] 東京地裁の実務運用では、再生債権者に対し、意見聴取期日前の債権者説明会において、事業譲渡の必要性、スポンサー選定過程の公正性、譲渡対価の適正性、事業譲渡を行った場合に再生計画案で予定する弁済の内容、当該弁済が清算配当率を上回ることについて、監督委員の確認を得た資料を作成し、これに基づき、債権者に説明することを求めている（『民再の手引』13頁〔鹿子木康〕）。

全部の譲渡又は事業の重要な一部の譲渡」である（会更46条1項）。「事業」の意義は民事再生手続と同様と考えられる。

「重要な一部」の意義については、「会社法467条1項2号に規定する事業の重要な一部」と明文で定められている（会更46条1項）。会社法上、何をもって「重要」とするかは、量・質の両面から実質的に判断するとの考え方が一般的であるが、具体的な水準感については諸説ある。有力な説は、量的基準として、売上高・利益・従業員数等を総合的にみて事業全体の10％程度を目途としつつ、質的基準は、譲渡対象部分が量的に小さくても、沿革等から会社のイメージに大きな影響がある場合等を「重要」とする[13]。もっとも、これらにより「重要」とされた場合でも、譲渡資産の帳簿価額が会社の総資産額の5分の1（これを下回る割合を定款で定めた場合は、その割合）を超えなければ、法文上「事業の重要な一部」には該当しない（会467条1項2号）。

b 計画外事業譲渡の意義

会社更生法上は、事業譲渡は原則として更生計画の定めによらなければ行えないものとされており、計画外事業譲渡は例外としての位置付けである（会更46条1項）。もっとも、その制度趣旨は民事再生法と同様であり、更生計画を待たずに事業譲渡を実行することで、法的整理手続による事業価値の低下を抑制し、もって更生債権者等や従業員その他利害関係人の利益に資することを目的としている。

(2) 計画外事業譲渡の許可の要件

計画外事業譲渡の許可の要件として、民事再生法と同様、「事業の更生のために必要である」ことが定められている（会更46条2項）。具体的には、早期に事業を譲渡しなければ事業が著しく劣化するおそれが高い場合や、更生会社の資金繰りが逼迫していること等の事情を考慮するとされている[14]。

---

13 『江頭株式会社法』885頁。
14 『最新実務会更』143頁。

なお、民事再生手続と同様、事業譲渡の条件の相当性が確保されていることも、裁判所の許可にあたり重要な判断要素となろう。

(3) 計画外事業譲渡の手続

a 計画外事業譲渡の時期

会社更生手続では、計画外事業譲渡が可能な時期は、更生手続開始決定から更生計画案の決議に付する旨の決定がなされるまでの間である（会更46条2項）。

保全管理段階での計画外事業譲渡については、明文の規定がない以上できないと解するのが一般的である[15]。早期の事業譲渡が必要であれば、実務上はできるだけ早く開始決定を得ることで解決を図るべきものと考えられる。

更生計画認可決定後の事業譲渡は、更生計画変更の手続によることとなる。付議決定後は計画外事業譲渡によることはできず、前記のとおり、会社更生手続が終了するまでの間は、更生計画によらなければ事業譲渡はできないと定められている以上（会更46条1項）、計画に記載のない事業譲渡を行う場合は、計画変更の手続が必要となる。

b 債権者からの意見聴取

会社更生手続では、更生債権者と更生担保権者が意見聴取の対象となる（会更46条3項1号・2号）。更生手続開始の時点を基準として、約定劣後更生債権に優先する債権に係る債務を完済できない場合は、当該約定劣後更生債権者は意見聴取の対象から除かれる（会更46条3項1号）。

更生債権者及び更生担保権者について、それぞれ更生債権者委員会、更生担保権者委員会があるときは、個々の債権者に意見聴取せず、当該委員会に意見を聴けば足りる（会更46条3項1号ただし書・2号ただし書）。

---

[15] 『会更の実務（上）』170頁〔真鍋美穂子〕。ただし、『伊藤会更』525頁は、緊急に事業譲渡をしなければ更生会社の事業価値が著しく毀損されるなど、価値保全行為とみなされる場合には、例外的に保全管財人による事業譲渡も許されるとする。

c 労働組合等からの意見聴取

　事業譲渡の許可にあたり労働組合等からの意見を聴取しなければならない（会更46条3項3号）ことは、民事再生手続と同様である。

d 株主保護手続

　管財人が裁判所の許可を得て事業譲渡を行う場合、株主総会の特別決議を必要とする旨の会社法467条1項その他会社法第2編第7章の規定は適用されない（会更46条10項）。

　なお、株主の権利保護として、①当該譲渡の相手方、時期及び対価並びに当該譲渡の対象となる事業の内容、②当該譲渡に反対の意思を有する株主は、当該公告又は通知から2週間以内にその旨を管財人に通知すべき旨を、あらかじめ公告又は株主に通知しなければならないが（会更46条4項）、更生会社が債務超過の場合は、これらの公告又は通知を要しない（会更46条8項）。

(4) 金融機関の対応

　計画外事業譲渡の適否に関する判断、及び意見聴取への対応については、基本的に民事再生手続の場合と同様である。以下では、計画外事業譲渡と更生担保権の取扱いについて補足して述べる。

　まず、計画外事業譲渡が行われた場合、その対価は更生会社に留保され、原則として更生計画の認可後に、当該計画に従い弁済される（会更47条1項）。これは更生債権だけでなく、譲渡事業に含まれる資産に係る更生担保権も同様である。他方、事業譲渡に際しては、通常、担保付資産の担保解除を求められる。

　担保権者として、事業譲渡に際し担保権の解除に応ずるか否かの判断にあたっては、譲渡価格の当該担保資産への割付けが適正になされているだけでなく、当該割り付けられた対価がきちんと担保権者への弁済に充てられるよう、適切な保全措置がとられているかも重要である。更生計画の認可までは相応の時間がかかるため、その間に更生会社が事業譲渡の対価を費消してし

まうと、結果として更生担保権者は担保財産に対する優先権を失うことにもなりかねないからである。この点、事業譲渡に伴い担保の解除を受けつつ、当該担保目的物の代価を管財人が費消してしまうことは、更生担保権の侵害に当たる。

　実務的な対応としては、①譲受人に更生担保権相当額の債務を引き受けさせる方法、②事業譲渡の対価が振り込まれる口座に質権を設定する方法（預金質権への担保変換）、③事業譲渡の対価を更生会社において利用することを認める代わりに、更生担保権の100％弁済について確約を得る方法、等が考えられる。①の方法は、譲受人の信用力に問題がなければ比較的安全な方法である。②の方法は、例えば不動産抵当権が預金質権に変換されることになるので、債権者として特段のリスクはない。③の方法は、更生会社から要請されることがあるものの、事業の状況等によっては承諾しかねる場合もあろう。

　なお、事業譲渡につき更生担保権者の協力が得られない場合、管財人としては担保権消滅請求により対抗することが考えられる。

3　プレパッケージ型とスポンサー選定

(1)　プレパッケージ型手続の意義

　プレパッケージ型手続とは、手続申立て前にスポンサーを選定した上で、再建型法的整理手続を申し立てる手法である。

　そのメリットとしては、①早くからスポンサーの存在を公表することにより、事業価値の毀損を最小限にとどめることができること、②事前にスポンサーの探索・選定の手続を終えているため、手続を早期に進めることができること、等が挙げられる。

　これに対し、プレパッケージ型のデメリットとして、スポンサー選定の公平性や透明性に欠けることとなる可能性が指摘される。裁判所による監督や債権者による監視が開始する前にスポンサーを決定するため、より有利な支援をするスポンサーが存在する可能性が、十分に検証されていないのではな

いかという批判が常に想定し得る。

　近年、法的整理手続においてもスピードが重視される傾向にあり、金融機関にとっても、プレパッケージ型は望ましい方向性といえよう。他方、デメリットとして指摘される不透明性の問題を克服するために、プレパッケージにより選定されたスポンサーが手続において承認されるための、一定の基準を設けるのも一案である。かかる基準としては、いわゆる「お台場アプローチ」が広く知られているが[16]、一般論として述べれば、金融機関として最も重要なことは、債務者がスポンサーを適切に選定することを前提としつつ、その選定手続や支援条件等について、債権者が合理性を判断し得るだけの十分な情報が、タイムリーに開示されることであるといえよう。

(2)　プレパッケージ型手続と計画外事業譲渡

　手続前からスポンサーを内定し、手続開始後に速やかに債務者の事業を全部譲渡すれば、極めて短期間で法的整理手続を終了することが可能となる。
　この場合、スポンサーの役割は、①スポンサーとしての内定後、手続開始までの人的及び資金的支援、②手続開始後、事業譲渡までの人的・資金的支援、③事業譲渡の対価の支払（又は応分の債務引受け）、であるといえる。
　このうち、②の資金支援については、DIPファイナンスの共益債権性等、手続内で一定の保護があるが、①については、法的整理手続が頓挫したり、手続開始後にスポンサー内定を取り消される場合があり、スポンサー側も相応のリスクを負担することになる。

(3)　プレパッケージ型における金融機関の対応

　金融機関からみた場合、プレパッケージ型の法的整理手続におけるスポンサー選定のポイントは、①入札を原則としつつ、非入札の方法であっても広くスポンサー候補者を募り、複数の候補者と交渉すること、②選定手続の適

---

[16]　須藤英章「プレパッケージ型事業再生に関する提言」『プレパッケージ型事業再生』101頁。

正性及びスポンサーによる支援条件の適切性について、第三者たる専門家（事業再生に詳しい弁護士や会計士、コンサルタント等が考えられる）の意見が付されていること、にある。

　内定しているスポンサーが不適切であると判断した場合、①計画外事業譲渡に対する意見聴取（民再42条2項、会更46条3項1号・2号）において反対の意見表明を行うこと、②別除権者又は更生担保権者である場合には担保解除を拒絶すること、等の対応が考えられる。

　もっとも、内定しているスポンサーが交代することとなれば、従前のスポンサー契約は（双方未履行の双務契約として）解除され、契約上、定められた損害賠償を要することとなる（もっとも、かかる損害賠償請求権は、手続開始前の原因に基づく債権として再生債権・更生債権となる）。また、スポンサー選定のやり直しによって、手続全体のスケジュール見直しが避けられず、その間に事業価値の劣化が進むおそれもある。金融機関としては、プレパッケージによるスポンサーの選定に反対するのであれば、選定手続の不備や支援条件の不適切性等、反対の合理的な理由を示すことはもとより、代替スポンサーの候補に関する提案等、爾後の手続の進め方についても、自らの意見を明確にする必要があろう。

第9章

計画案と議決権の行使等

　再建型法的整理手続である民事再生手続と会社更生手続では、それぞれ再生計画案、更生計画案が作成・提出され、債権者の決議の対象となる。再生債権や更生債権等の権利変更・弁済は計画に従って行われるから、計画案の決議における議決権の行使は、債権者にとって再建型法的整理手続における最も重要な権利行使であるが、既に述べてきたように、金融機関としての対応は議決権の行使のみにとどまるものではない。利害関係人にとって適正・公平であり、かつ、実現可能な計画案の提出を促すため、まず金融機関として必要な対応について論じ、次いで計画案の評価のポイントを述べる。

1　計画案の作成・提出と金融機関の対応

　計画案の作成・提出・決議に対し、金融機関が適切に関与していくためには、「計画案とは何か」「どのような事項が定められるのか」「誰が作成・提出するのか」について理解しておく必要があろう。また再生債務者や管財人との交渉を前提とすると、「計画案の作成時期はいつか」「計画案の修正・変更はどのような場合に可能なのか」を押さえておくことも重要である。

(1)　再生計画と更生計画

a　再建型法的整理手続における計画の位置付け

　再生計画とは、民事再生手続において、再生債権者の権利の全部又は一部を変更する条項その他所要の条項を定めた計画をいう（民再2条3号）。更生計画とは、会社更生手続において、更生債権者等又は株主の権利の全部又は一部を変更する条項その他所要の条項を定めた計画をいう（会更2条2項）。

　民事再生法、会社更生法とも、計画の作成により関係者の利害関係を適切

に調整し、もって事業再建を図ることを目的としており（民再1条、会更1条参照）、債権者の権利について定め、事業再建への方途を示す計画案の作成・提出・決議は、再建型法的整理手続において最も重要な手続である。

　b　計画の記載事項

　再生計画と更生計画には、必要的記載事項（必ず記載しなければならない事項）と、任意的記載事項（必要な場合に定めることができる事項）がある。

　これらの記載事項のうち、最も重要なのは債権者の権利変更に関する事項であり、債権のカットやカット後の弁済の条件など、その変更内容が明確になるよう詳細な条項が定められる。

　なお、記載事項の中には、必要的記載事項であっても簡素な記載内容にとどまるものもある。例えば、更生計画の必要的記載事項のうち「更生計画で予想された額を超える収益金の使途」については、「予想を超過した収益金が生じた場合は、更生計画の遂行上必要な運転資金及び設備資金に充て、さらに余裕があるときは、裁判所の許可を得て繰上弁済に充てる」といった趣旨の簡素な条項が置かれることが通常である。

　ア　民事再生手続

　再生計画の記載事項は、【図表3－9－1】のとおりである（民再154条）。

　必要的記載事項のうち、再生債権者の権利の変更に関するルール等については、民事再生法155条～160条に詳しく定められている。弁済率や弁済期間、別除権の不足額が確定した場合の措置等、金融機関にとって重要な論点となり得る事項に関しては後述する。

　また任意的記載事項は、会社の資本政策に関する事項であり、本来はその実施にあたり会社法上の手続を要する行為を、再生債務者が債務超過の場合には、裁判所の許可により、再生計画の中で定めることによって実施できるとするものである（民再154条3項及び4項・166条・166条の2・183条・183条の2参照。なお譲渡制限株式の募集に関しては、取締役会の決議を要する）。

　なお、民事再生法においては、上記の資本政策に関する規定と、事業譲渡に関する株主総会決議に代わる裁判所の代替許可の規定（民再43条1項）を除き、会社法上の手続を省略できる旨の特則は置かれていない。その点で、同種の特則を多く有する会社更生法と異なる。

【図表3-9-1】再生計画の記載事項（民再154条）

【必要的記載事項】
① 以下の事項に関する条項
　(a)　再生債権者の権利の変更
　(b)　共益債権及び一般優先債権の弁済
　(c)　知れている開始後債権があるときは、その内容
② 債権者委員会が再生計画で定められた弁済期間内にその履行を確保するため監督その他の関与を行う場合において、再生債務者がその費用の全部又は一部を負担するときは、その負担に関する条項

【任意的記載事項】
① 再生計画の定めによる以下の事項に関する条項
　(a)　再生債務者の株式の取得
　(b)　株式の併合
　(c)　資本金の額の減少
　(d)　再生債務者が発行することができる株式の総数についての定款の変更
② 募集株式（譲渡制限株式に限る）を引き受ける者の募集（株主割当ての場合を除く）に関する条項

イ　会社更生手続

　更生計画の記載事項は、【図表3-9-2】のとおりである（会更167条）。
　会社更生手続においては、民事再生手続上は手続外で取り扱われる各種の権利（租税債権、労働債権、各種担保権等）も手続内に取り込まれ、更生計画に従い弁済される。これら権利の変更に関する事項については後に詳述する。
　また、会社更生手続では、会社の様々な組織的事項について、これを（必要的記載事項あるいは任意的記載事項として）更生計画に定めることにより、会社法上の機関決定手続や債権者保護手続等を経ることなく実施することができる（会更210条～232条）。

【図表3-9-2】更生計画の記載事項（会更167条）

【必要的記載事項】
以下の事項に関する条項
　①全部又は一部の更生債権者等又は株主の権利の変更
　②更生会社の取締役、会計参与、監査役、執行役、会計監査人及び清算人
　③共益債権の弁済
　④債務の弁済資金の調達方法
　⑤更生計画において予想された額を超える収益金の使途
　⑥中止した強制執行等の手続・企業担保権の実行手続・国税滞納処分が続行された場合、又は担保権の実行の禁止が解除され担保権の実行が申し立てられた場合における、当該手続又は処分における配当等に充てるべき金銭の額又は見込額及びその使途
　⑦担保権消滅請求手続において管財人が裁判所に納付した金銭の額及びその使途
　⑧知れている開始後債権があるときは、その内容

【任意的記載事項】
以下の事項に関する条項
　①株式の消却、併合若しくは分割、株式無償割当て又は募集株式を引き受ける者の募集
　②募集新株予約権を引き受ける者の募集、新株予約権の消却又は新株予約権無償割当て
　③資本金又は準備金の額の減少
　④剰余金の配当その他の会社法461条1項各号に掲げる行為
　⑤解散又は株式会社の継続
　⑥募集社債を引き受ける者の募集
　⑦持分会社への組織変更又は合併、会社分割、株式交換若しくは株式移転
　⑧定款の変更
　⑨事業譲渡等（会社法467条1項1号から4号までに規定する以下の行為）
　　(a)　事業の全部の譲渡
　　(b)　事業の重要な一部の譲渡
　　(c)　他の会社の事業の全部の譲受け
　　(d)　事業の全部の賃貸、事業の全部の経営の委任、他人と事業上の損益の全部を共通にする契約その他これらに準ずる契約の締結、変更又は解約
　⑩株式会社の設立
　⑪その他更生のために必要な事項

⑵　計画案の作成・提出

a　計画案の作成・提出の主体

　民事再生手続及び会社更生手続において、計画案の作成・提出の主体として認められているのは、以下の者である（民再163条、会更184条）。

	民事再生手続	会社更生手続
計画案の提出義務がある者	・再生債務者（管財人が選任されていない場合） ・管財人（管財人が選任されている場合）	・管財人
計画案を提出できる者	・再生債務者（管財人が選任されている場合） ・届出をした再生債権者	・更生会社 ・届出をした更生債権者又は更生担保権者 ・株主

　民事再生、会社更生のいずれの手続でも、届出をした債権者による計画案の提出が認められているが、債権者が計画案を提出することは極めて稀である。特に金融機関の場合、経営に直接携わっていない金融機関が再生債務者や管財人に対抗して計画案を提出することは現実的に難しく、再生債務者や管財人との交渉により、計画案に自らの意見を反映させていくことが通常と思われる。仮に金融機関が債権者として計画案を提出する場合、再生会社や更生会社の再建を進め得る有力なスポンサーを擁しており、かつ、他の債権者（他行や商取引債権者など）や従業員の納得し得る計画案を提案できることが大前提となろう。

　なお、計画案の提出主体以外の関係者の意向によって、実質的な計画案の内容が左右されることは往々にしてあり得る。例えば、メインバンク主導で民事再生手続や会社更生手続が申し立てられた場合、策定される計画案の内容も、メインバンクの方針が多かれ少なかれ反映されたものとなることが多いし、スポンサー型の計画であれば、スポンサーの再建方針等が計画に強い影響を及ぼす。また、債務者が第三セクターの場合、株主や大口債権者たる自治体が、計画案の作成に影響力を行使する場合が見受けられる。

債権者としては、自らの意見を計画案に反映させるよう交渉する場合、計画案の作成にあたり実質的に強い影響を及ぼし得る者を適切に見極め、必要に応じてこれらの者も交渉の相手方とする必要がある。

b 計画案の作成時期

敢えて単純化するならば、再生計画、更生計画のいずれにおいても、事業から得られる弁済原資はまず担保権者に配分され、次いで共益債権やそれに準じて優先的取扱いを受ける債権等、無担保の優先債権への弁済がなされ、最後に無担保の一般債権への弁済に充てられる。したがって、弁済原資と弁済対象となる債権の内容を見積もることができた段階で、計画案は作成可能な状態になるといってよい。

この点、収益弁済型の計画案を作成しようとするケースでは、債権者への弁済期間に見合った事業計画が立案できるまでは計画案を作成するのは難しい。もっとも、債権調査手続の終了時点で、計画案の骨子程度は作成されている場合が多いと思われる。

これに対して、スポンサーへの事業譲渡等により一括弁済する旨の計画となる場合、譲渡価額が決まれば弁済原資がほぼ確定するため、計画案の実質は入札等で事業譲渡先と譲渡価額が決定したタイミングでほぼ決していることになる。なお、いわゆるプレパッケージないしプレネゴシエーション型の民事再生手続や会社更生手続においては、計画案が固まるタイミングも早い。

c 計画案の提出

ア 提出時期

民事再生手続及び会社更生手続における計画案の提出時期は、提出主体に応じて【図表3-9-3】のとおり定められている。

民事再生手続も会社更生手続も、実務上は、開始決定と同時に計画案の提出期間が定められる。

なお、民事再生手続の再生債務者等や会社更生手続の管財人のように計画案の提出義務がある者の計画案提出期間と、再生債権者や更生債権者等のように計画案の提出権限があるに過ぎない者の計画案提出期間は、必ずしも同

【図表3−9−3】計画案の提出時期

民事再生手続		会社更生手続	
提出主体	提出時期	提出主体	提出時期
・再生債務者（管財人が選任されていない場合） ・管財人（管財人が選任されている場合）	・債権届出期間の満了後、裁判所の定める期間内（民再163条1項） ・上記期間は、特別の事情がある場合を除き、一般調査期間の末日から2ヶ月以内（民再規84条1項）	・管財人	・債権届出期間の満了後、裁判所の定める期間内（会更184条1項） ・上記期間は、更生手続開始決定の日から1年以内（会更184条3項）
・再生債務者（管財人が選任されている場合） ・届出をした再生債権者	・裁判所の定める期間内（民再163条2項）	・更生会社 ・届出をした更生債権者又は更生担保権者 ・株主	・裁判所の定める期間内（会更184条2項） ・上記期間は、更生手続開始決定の日から1年以内（会更184条3項）

一の期間に定められるとは限らない。実務上、民事再生手続においてはこれらを同じ期間とし、会社更生手続においては更生債権者等の計画案提出期間を管財人の提出期間よりも早めに設定する運用である[1]。会社更生手続のように、更生債権者等による計画案の提出時期を管財人のそれに先行させる運用がなされている場合、やむを得ざる事情で提出期間を伸長しなければならないときに一定の制約が生ずる（イで詳述する）。

イ 提出期間の伸長

手続の状況等により、当初の計画案の提出期間内には計画案を提出するこ

---

1 『新注釈民再（下）』48頁〔小林信明〕、『会更の実務（下）』252頁〔神戸由里子〕。

とが困難となることがある。このような場合、裁判所は、申立てにより又は職権で計画案の提出期間を伸長することができる（民再163条3項、会更184条4項）。

　提出期間の伸長については、民事再生法、会社更生法とも一定の制約を設けている。民事再生手続においては、計画案の提出期間の伸長は、特別の事情がある場合を除き、2回を超えてすることができない（民再規84条3項）。会社更生手続においては、計画案の提出期間は特別の事情があるときに伸長できるが（会更184条4項）当該伸長は、やむを得ない事由がある場合を除き、2回を超えてすることができない（会更規50条2項）。なお、伸長する場合の期間は、前記アで述べたような期間の制限に服さない（民再規84条2項、会更184条3項参照）。

　事業価値の劣化など手続期間の長期化による悪影響もあり得る以上、計画案の提出期間の伸長にも限度があることは当然といえる。ただし、民事再生でも会社更生でも、裁判所が2回を超えて伸長することを全く否定するものではない。

　実務では、計画案提出期間の伸長はさほど珍しいことではない。既に述べたとおり、提出期間は開始決定時に定められるのが通常であるが、開始決定時には想定されていなかった事態がその後に生ずることは十分にあり得る。例えば、①スポンサー型の計画立案を進める中で、スポンサーの選定や支援契約の締結交渉に時間がかかっている場合や、②開始決定時以降において、事業環境の極端な悪化や規制変更等があり、当初予定していた再建計画を練り直す必要が生じた場合、あるいは、③主要債権者や主要担保権者との交渉が難航し、このまま計画案を作成・提出しても、当該債権者の賛成が得られない可能性がある場合等が典型であろう。また、④債権調査その他の手続に時間を要する等、事務的な要素で提出期間が伸長されることもあり得よう。

　ウ　管財人のみの提出期間の伸長

　提出期間の伸長の決定は、伸長前の期間内に行われる。例えば開始決定時に10月末までを提出期間と定めていた場合は、10月末までに伸長するか否かの決定がなされることになる。

　この点、会社更生手続では、更生債権者等による計画案の提出期間は管財人のそれよりも前に設定される運用であるため、更生債権者等の計画案提出

期間が経過した後に、管財人の提出期間だけを伸長することができるのかという問題が生じ得る。

更生債権者としては、この場合、自らの計画案提出期間も伸長されて然るべきとも思われるが、更生債権者等が計画案を提出する可能性がない場合であって、管財人による計画案提出の蓋然性が認められ、かつ、会社更生手続を続行することが総債権者の利益になると認められる場合には、管財人の提出期間のみを伸長することもあり得よう。

d 計画案提出と計画案の修正・変更

計画案が提出されると、裁判所は、当該計画案について不認可事由が存する等、一定の消極的条件に該当しない限り、これを決議に付する旨の決定をする（付議決定。民再169条1項、会更189条1項）。

再生計画案や更生計画案は、その提出後、付議決定までの間であれば、裁判所の許可を得て自由に修正できる（民再167条、会更186条）。

他方、付議決定がされた後で計画案の内容を変更する必要が生じた場合には、民事再生法172条の4・会社更生法197条の認める場合に限り、計画案の変更が可能である。具体的には、①債権者の議決権行使の方法として集会が開催される場合、あるいは集会と書面投票が併用される場合において、②債権者（会社更生の場合は債権者及び株主）に不利な影響を与えないときに限り、裁判所の許可を得て計画案を変更することができる。付議決定において議決権行使の方法が書面投票のみと定められた場合には、付議決定後の計画案の変更はできない。

(3) 金融機関の対応

a 計画案に関する交渉とタイミング

金融機関は再生債務者や管財人が提出した計画案を評価し、議決権を行使することを通じてその是非を判断することもできるし、自ら計画案を提出することもできる。

しかし、前記(2)b（306頁）でみたように、計画案が実質的に検討されるタイミングは相当に早く、計画案の正式な提出直前に説明を受けたとして

も、その内容は相当程度、スポンサーなど他の利害関係人の意向を踏まえて固められている。したがって、そのタイミングで多くの修正・変更を容認させることは極めて困難である。更に、前記のとおり、計画案の付議決定後は、計画案を変更できる場合が限られており、集会が開催されない場合（議決権行使が書面投票のみの場合）はそもそも変更自体が不可能である。

　したがって、金融機関としては、民事再生手続や会社更生手続の開始申立てがあった段階で（あるいは債務者の窮境状況を把握した時点から）計画案の実質的作成者を見極めた上で、極力早期に要望・要求事項を具体的に相手方に伝達し、計画案に反映するよう交渉すべきであろう。さもなければ、自らに不利な計画案が策定された場合、これを容認するか、牽連破産のリスクを前提としつつ計画案に反対票を投じるかの二者択一を余儀なくされることとなる。

b　交渉以外の対応

　再生債務者や管財人との交渉が不奏功に終わり、最終的に提出された計画案では事業再建が困難と考える場合、金融機関のとり得る手段は以下のようなものに限られる。

　　ア　不同意の議決権行使

　一つには、（大口債権者としての立場で）計画案に反対票を投じ、牽連破産の手続に移行させることである。計画案に基づく弁済額が形式的に清算配当率を上回る場合であっても、実質的に二次破綻のリスクが高ければ、即時に破産させた方が結果的には回収額の極大化に資する可能性があり、牽連破産への移行の方が金融機関にとって経済合理性を有し得ることとなる。

　もっとも、債務者の破産移行は商取引債権者や従業員に与える影響等も甚大であり、金融機関の社会的責任を勘案すれば、このような事態とならないよう、事前にできる限り手を尽くすことが金融機関に求められる役割といえる。

　　イ　対抗的申立て

　また、進行中の手続が民事再生手続である場合、金融機関自らが対抗的に会社更生手続を申し立てる方法もある（会社更生手続が開始すると、会社更生手続が既存の民事再生手続に優先し、民事再生手続は中止する。会更50条1項）。

会社更生手続によって、より多くの利害関係人を手続に取り込み、裁判所の強力な関与の下で、適正な計画案の作成・提出を目指す方法である。

対抗的な会社更生手続の申立ては、手続の長期化により事業価値が毀損する可能性について慎重な検討を要するほか、申立てに賛同する金融機関その他の債権者の存在、会社更生手続が奏功するために必要なDIPファイナンスの提供や、有力なスポンサーの存在等が前提条件となる。

なお、民事再生手続の係属中に対抗的な会社更生手続の申立てがあった場合、実務上は、民事再生手続における監督委員が会社更生手続の保全管理人及び管財人に就任することになるため、民事再生手続中から監督委員に債権者としての立場を説明し、一定の理解を得ておくことも重要である。

ウ　対抗的計画案の提出

このほか、（前記のとおり実務上は困難も多いが）金融機関自らが計画案を作成し、提出する方法もある。対抗的計画案の提出に関しても、他の債権者の賛同やDIPファイナンスの提供、有力なスポンサーの存在等が前提条件となろう。

いずれにしても、上記ア～ウの各対応は、その合理性に加えて、綿密な検討と周到な準備が必要である。金融機関としては、あくまでも交渉による計画案への意見反映を第一義的なものとし、かかる対応は、交渉が奏功しない場合の予備的手段と考えておくべきであろう。

なお、対抗的申立てや対抗的計画案の提出については、第3部第4章3（167頁）及び後記4（342頁）を併せ参照されたい。

2　計画案の評価

再生計画案・更生計画案を評価する場合、どのような点に着目すべきかを以下に述べる。

(1)　計画案が満たすべき諸原則

a　計画案の遂行可能性の原則

民事再生手続や会社更生手続は、事業の再生（民再1条）や事業の維持更

生（会更1条）を目的としており、計画が遂行されてはじめてその役割を果たしたことになる。したがって、計画案が遂行可能であること、すなわち計画案のとおりに事業が継続し、債権者への弁済が行われる見込みがあることが最重要である。

計画案が遂行可能であるかの判断は、個別事案に即して審査することになるが、民事再生手続と会社更生手続とでは、対象とする債務者の違いや立法経緯等から、やや事情を異にする。

民事再生手続の場合、申立てから比較的短期間で開始決定の判断がなされること（1～2週間程度）、及び「再生計画案の作成若しくは可決の見込み又は再生計画の認可の見込みがないことが明らか」でない限り開始決定が可能であること（民再25条3号）等からして、手続利用の門戸は比較的広く開かれているといえる。また、再生計画の不認可事由として、「再生計画が遂行される見込みがないとき」（民再174条2項2号）があるが、遂行の「見込み」があれば認可され得る。

このように、民事再生手続は入口も出口も広いのが特徴で、開始決定後にスポンサー不在等の事情により計画案の策定が困難となって牽連破産に移行したり、計画案の認可決定後、さほど時間を置かずに二次破綻する例も決して珍しくない。

これに対して会社更生手続の場合、平成14年改正前の旧法では「更生の見込みがないこと」を申立ての棄却事由としていたため、裁判所による開始決定は更生の見込みがあることが前提であると理解されていた。改正後の会社更生法では、民事再生法と同様に、「事業の継続を内容とする更生計画案の作成若しくは可決の見込み又は事業の継続を内容とする更生計画の認可の見込みがないことが明らかであるとき」（会更41条1項3号）を申立ての棄却事由とすることに改められているが、現実の運用をみる限り、入口の段階で事業再建の可能性を見極めた上で事件の受理・開始決定がなされており、手続開始後、あるいは計画の認可決定後まもなく二次破綻に至る例は少ない。すなわち、更生計画の認可の見込みについて、開始決定時点から慎重な判断がなされているものと考えられる。また、更生計画認可の要件は、「更生計画が遂行可能であること」（会更199条2項3号）であり、遂行可能性について積極的な認定を要することから、民事再生手続よりも出口の要件が厳しい。

このような事情を踏まえれば、一般論としては、金融機関が計画の遂行可能性を審査・判断する場合、会社更生手続よりも民事再生手続の方が、より慎重な検討を要するというべきであろう。ただし、計画案の遂行可能性に疑問がある場合でも、これに反対して直ちに牽連破産に移行するより、できるところまでやってみるという現実的な判断が合理的といえる場合もある。

　なお、後述する事業譲渡型の場合、事業譲渡代金を配当して債務者は清算となるため、計画の実行可能性に関する問題はほとんど生じないといってよい。

b　清算価値保障原則

　ア　清算価値保障原則の意義

　再建型法的整理による債権者への配当は、債務者が破産した場合の配当を上回る必要があるとされ、かかる原則を清算価値保障原則という。ここでいう配当は、配当の額面金額や配当率だけでなく配当時期等も総合的に勘案した実質価値を指す。すなわち、計画上の弁済が長期分割払いの場合には、配当額の実質価値は割引率を使用した現在価値によることが論理的であろう。

　民事再生法上、再生計画の不認可事由である「再生計画の決議が再生債権者の一般の利益に反するとき」（民再174条2項4号）は、一般に清算価値保障原則を定めたものとされている[2]。会社更生法においては明文の規定がないものの、清算価値保障原則は「法的整理手続全般を支配する原則として」会社更生手続にも適用されると解されている[3]。なお、清算価値保障原則は、債権者全体への弁済総額が破産の場合より多いというだけでなく、個々の債権者の弁済額についても妥当すると解される[4]。

　イ　充足の判断時期

　前記第3部第7章3(1)b（272頁）において述べたとおり、計画案が清算価値保障原則を満たすかどうかの判断時期については諸説あるが、民事再生

---

[2]　『条解民再』922頁〔三木浩一〕、『民再の手引』274頁〔鹿子木康〕。
[3]　『会更の実務（下）』241頁〔真鍋美穂子〕、『伊藤会更』632頁。
[4]　会社更生手続について、『最新実務会更』236頁、『伊藤会更』632頁。なお、民事再生手続についても、争いはあり得るが（東京高決平19.4.11金法1821号44頁参照）、別異に解する理由はないというべきである（『民再の手引』276頁〔鹿子木康〕は同旨を前提とすると思われる）。

手続の場合、東京地裁の運用は原則として手続開始時点である。これに対して会社更生手続の場合、更生計画案作成時における清算貸借対照表が管財人により提出されるのが実務上の運用であり、清算価値保障原則の判断時期は、基本的に更生計画案作成時と考えられていると思われる。

　ウ　実務対応

清算価値保障原則を満たさない計画は認可されないから、再生債務者・管財人としてはこれを充足する計画案を作成せざるを得ない。したがって、実務上、清算価値保障原則が満たされない計画案が作成・提出されることはおよそ考えられない。

もっとも、計画による弁済額の総額は破産による清算配当よりも多いが、事業継続に不安があり、将来の二次破綻リスクを考えると、現状での換価・配当（別除権の実行や牽連破産への移行）の方が債権者にとって経済合理的という場合があり得る。その場合、金融機関としては計画を不同意にせざるを得ない。あらゆる手段を尽くしても実現可能な計画案が策定できず、清算配当を上回る弁済の実行可能性が見出せないという場合は、そもそも選択した手続が誤っていたと考えるべきであり、計画案を否決した上で牽連破産への移行を進めることも否定されるものではない。

c　平等原則

　ア　平等原則の内容

計画案による権利変更の内容は、同一の種類の権利の間では平等でなければならない（民再155条1項本文、会更168条1項本文）。民事再生手続の場合、再生債権者間（約定劣後再生債権を除く）での平等が要求される。会社更生手続の場合は、更生担保権、優先的更生債権、一般更生債権、約定劣後更生債権、残余財産に関する優先株式、左記以外の株式の種別ごとに、同一種類の権利を有する者の間で平等であることが要求される。ここでいう「平等」とは、債権調査手続で確定した同種の債権について、弁済率や弁済時期、弁済方法等について同じ内容の権利変更がなされることをいう。

ただし、①不利益を受ける者の同意がある場合、②少額の債権について別段の定めをしても衡平を害しない場合、③開始後の利息債権や損害賠償請求権等について別段の定めをしても衡平を害しない場合、④その他差異を設け

ても衡平を害しない場合は、例外的に異なる内容の権利変更を定めることができる（民再155条1項ただし書、会更168条1項ただし書）。

イ　金融機関としての視点

　金融機関として計画案を評価する場合、まずは形式的に平等原則が貫かれているかをチェックする必要がある。次に、同種の債権にもかかわらず別異の優先的取扱いを受けているものがあれば、それが実質的衡平の観点から許容し得るか否かを検討する必要があろう。他方、形式的に平等な取扱いがされている債権の中に、実質的衡平の観点から別異の劣後的取扱いをすべき債権（典型的には、経営関与の認められる親会社の債権等が考えられる）がないかも確認が必要である。

　形式的平等を大前提として、実質的衡平の観点からの修正を加えることは、経済合理的かつ納得感のある計画に仕上げていくために極めて重要な作業であるが、他方、平等原則の例外は、法的整理になった場合の債権の取扱いについて当事者の予測可能性を奪うことにもなる。金融機関としては、実質的衡平の名の下に平等原則の修正を要求する場合であっても、それが同種の他の事件で妥当するかどうか、総債権者の利益のために必要な修正かどうかといった点につき、慎重に検討する必要がある。

　なお、実質的衡平の観点から修正を行う場合の手法やバリエーションについては、権利変更の内容に関するものとして後記(3)（322頁）にて述べる。

d　公正・衡平の原則

ア　公正・衡平の原則の内容

　異なる種類の権利を有する者の間においては、その種類の権利の順位を考慮して、公正かつ衡平な差を設けなければならないとする原則を、公正・衡平の原則という。

　民事再生手続では、再生債権と約定劣後再生債権との間で公正かつ衡平な差異を設けるものとされている（民再155条2項）。会社更生手続の場合、一般更生債権や約定劣後更生債権だけでなく、更生担保権や優先的更生債権も計画案により権利変更の内容が定められるところ、会社更生法168条1項所定の順位に従い、各種類の権利の間で公正かつ衡平な差異を設けるものとされる（会更168条3項）。

イ　絶対的優先と相対的優先

　公正・衡平の原則に従い、異なる種類の権利の間に差異を設ける場合、上の順位の権利が完全に満足された後、下の順位への弁済が行われるという考え（絶対的優先説）と、上順位の権利と下順位の権利との間で弁済率に差異があればよいとする考え（相対的優先説）があり得る。民事再生手続の場合、前記のとおり、下位の債権となるのは約定劣後再生債権であり、約定劣後再生債権については100％免除の定めがなされるのが通常である[5]。その意味で、絶対的優先か相対的優先かが問題となるのは、主に会社更生手続においてである。

　この点、実務は相対的優先説により運用されている[6]。したがって、会社更生手続においては、例えば優先的更生債権が100％弁済でなくとも、一般更生債権への弁済が可能ということになる。もっとも前記のとおり、更生計画は清算価値保障原則を満たさなければならない。そして、破産手続における各債権（優先的破産債権・一般破産債権・劣後的破産債権・約定劣後破産債権。破194条1項）に対する配当については、絶対的優先原則により、優先する債権者への配当が100％に達してはじめて次の順位の債権者に配当するものと解されている[7]。すなわち、会社更生手続上の優先的更生債権が破産手続上は優先的破産債権となる場合、当該債権については、清算配当上、弁済原資の範囲内で100％の優先弁済がなされることとなるから、更生計画においても、清算価値保障原則との関係で相応の弁済率が確保される可能性が高い[8]。

　なお、更生担保権についても、法律上は、優先的破産債権と同様に、清算価値保障原則に反しない限り、担保価値全額の弁済がなされなくともよい（更生担保権の一部をカットしつつ、優先的更生債権や一般更生債権への弁済が可能）ということになる。しかしながら、更生担保権をカットするような計画案が安易に認められ、事業継続価値に基づく担保価値の弁済すら確保されな

---

[5]　『伊藤破産・民再』779頁。
[6]　『最新実務会更』236頁。
[7]　『伊藤破産・民再』515頁。
[8]　この点、『最新実務会更』236頁は、「相対的優先説によると、優先的更生債権について免除を求めていても、それに劣後する一般更生債権の免除率が優先的更生債権の免除率よりも大幅に大きければ、公正・衡平の原則に反しないと判断される場合もある。」と述べる。

いということになれば、担保のもつ効用そのものに疑問が生じ、正常な金融活動が阻害されるおそれすらある。金融機関としては一般的に、更生担保権について確定更生担保権額の一部カットを定める更生計画案に対しては、反対票を投ぜざるを得ないことが多いと思われる。

(2) 事業計画案の評価

a 自主再建型と事業譲渡型

民事再生手続も会社更生手続も事業再建を目的としているから、計画案には原則として事業計画に関する内容が盛り込まれることになる。

事業に関する計画には、大別して、債務者自身が（必要に応じスポンサー等からの出資を受けつつ）事業再建に取り組む方法（便宜上、以下「自主再建型」と呼ぶ）と、第三者に事業を譲渡して再建を委ねる方法（以下「事業譲渡型」と呼ぶ）がある。

前者は事業収益を原資として長期・分割して弁済を行う収益弁済型と結び付きやすく、後者は事業譲渡代金を原資とした一括弁済型になることが多い。

b 自主再建型の評価ポイント

自主再建型は、従来の債務者の法人格その他の経営資源を活かして、事業を再建していくものである。スポンサーの支援を受ける場合、第三者割当増資等によりスポンサーから出資を受け入れることが通常である。もっとも、1度は倒産した事業体であり、倒産原因を十分に除去できなければ二次破綻のリスクもある点に注意を要する。

以下、自主再建型の事業計画の評価ポイントを示す。

ア 経営体制

経営体制については、DIP型を原則とする民事再生手続では計画案の必要的記載事項とはされていないが、管財人を選任する会社更生手続の場合は計画案の必要的記載事項である（会更167条1項2号）。

自主再建型の計画案では、先の倒産の反省を踏まえた経営が行われることが再建の前提条件であり、金融機関としても債権カットに応じる以上は原則

として経営者責任を問う必要があるため、DIP型の民事再生手続であっても申立て前の経営者が残存するケースはそれほど多くない。

　この点、スポンサー企業や資金を提供するファンド等があれば、当該スポンサー企業等から債務者に対して新たな経営者が派遣されることが多い。他方、スポンサー企業等が存在しない場合、外部からの経営陣の招聘は困難なことが多く、やむを得ず旧経営者の親族や旧経営陣の一部に再建を委ねる場合もある。この場合は、新経営体制が旧経営陣の影響力を排除し得るかどうか、再建の舵取り役として相応しいかどうか等を慎重に検討する必要がある。

　イ　事業収支と配当原資

　自主再建型の場合、債権者への配当は、原則として事業収益を原資とする分割弁済によることとなる。

　事業性の評価は、通常の審査と変わらない。倒産原因や法的整理手続の申立てに伴う事業価値の毀損の状況等を踏まえ、計画期間中の売上高が達成可能であるか、経費に関する見込みが適正であるか、キャッシュフローは計画上予定される弁済を行いつつ資金繰りを維持し得る水準であるか等を検討する。

　自主再建型における一つの傾向として、債務者側には収益をできるだけ低く、保守的に見積もることで債権者への配当額を抑えようとするインセンティブが働きやすい。当然、債権者側では配当額の増額を望み、販管費の削減や、時には売上計画の上方修正を要求することもある。債権者は議決権を背景とした交渉力を有するため、場合によっては計画案における配当額の増額に成功するかもしれないが、その場合でも、遂行可能性を欠く計画案とならないよう、適正な配当水準を見極めることが重要である。特に、事業用設備の維持更新に必要な投資資金や、事業価値の維持に必要な人件費（従業員のモチベーションを維持するための適切な水準の賞与を含む）等、再建のために不可欠な資金は、債務者に留保しなければ、二次破綻のリスクを高める結果となりかねない。

　ウ　資金調達

　自主再建型の場合、債務者が事業資金を確保するためには、①スポンサー企業やファンド等から提供を受け、又はスポンサー企業等の信用で調達す

る、②自らの信用で、メインバンク等からDIPファイナンスによって調達する、③手元資金と収益で何とか繰り回すといった方法によることになる。

　金融機関としては、当面の資金調達の確実性（スポンサー等の支援姿勢を含む）、手元現預金の水準、季節資金の確保の可能性等のポイントについて、計画案の内容を精査しておく必要がある。その結果、資金繰りがタイトで二次破綻のリスクがある場合等は、再生債権や更生債権等の弁済方法に関し、工夫が必要となる（詳細は後述する）。

c　事業譲渡型の評価ポイント

　近時、再建型法的整理手続の計画において事業譲渡型が採用されることが多くなっている。事業譲渡型のメリットとしては、①倒産企業から早期に事業を分離・承継することで、事業価値の保全が図られること、②不測の債務や係争を引き継ぐことなく、雇用関係を含めて新たな事業体を一から設計できること、③譲渡代金による一括弁済の計画案とすれば二次破綻のリスクもなく、多くの債権者から賛同を得やすいこと、等が挙げられる。もちろん、債権調査手続を伴う民事再生手続や会社更生手続では、スポンサーにとって②のようなリスクは限定的であるが、それでもなお承継する資産・負債を明確に限定できる点で、事業譲渡型は魅力がある。

　他方、事業譲渡型の最大のデメリットとして、譲渡資産等の移転コストの問題がある。

　こうした問題を踏まえながら、事業譲渡型の評価ポイントを以下に示す。

ア　適切な手続の選択・実行

　事業の安売りを防止するためには、極力多くの買い手候補を集め、競争入札等によって適正価格を形成することが望ましい。中小企業の民事再生では困難なケースも多いが、入札によることが可能である場合、①早期にＦＡを選定し（後記ウ参照）、②複数の買い手候補と接触し、③情報開示と一次入札を実施し、④候補者を絞り込んだ上で二次入札を実施し、⑤優先交渉権者を決定し、⑥価格等の最終条件を詰めた上でスポンサー契約を締結する、という手順（又はこれに準ずる手続）が適正に行われているかが重要である。

　ごく稀ではあるが、旧経営陣の関係者が安値で事業を譲り受ける等、債権者の利益につながらない事業譲渡が行われるケースがある。債権者たる金融

機関としても、譲受先の選定やスケジュール等について関心を払っておくことが必要である。

　イ　入札等の前提条件

入札においては、形式的に手続を実施することだけでなく、その内容が適切かどうかが重要である。

最も大きなポイントは、入札の条件（譲受先に要請する前提条件）をどのように設定するかである。例えば、重要な事業（価値ある事業）を他の事業と切り離して売却するのか、不採算の事業とセットで譲渡するのかによって、譲渡価格は大きく変わり得る。また、雇用のほか、地元の取引業者との取引の維持を重視するかどうかという点は、譲渡価格だけでなく、取引先債権者の計画案に対する賛否にも影響し得る。

金融機関としては、入札の条件がどのように設定されているかもチェックし、必要な場合は再生債務者や管財人に意見を述べ、交渉する姿勢が重要である。

　ウ　FA（フィナンシャル・アドバイザー）

事業譲渡にあたり入札を実施する場合、円滑に手続を進めるためにFAが起用されることがある。民事再生手続の申立代理人や会社更生手続の管財人は通常、法的整理手続に精通した弁護士であるが、譲渡先となる候補者の探索や入札手続の管理にあたっては、FAの専門的知識が有用である。

FAを起用することで、有力な候補者を多数集め、効率的に入札の手続が進められれば、それだけ早期・高額での事業譲渡により再建を進めることが可能たり得るから、債権者にとっても有益である。ただし、FAの費用が高額に過ぎないか、譲渡する事業内容がFAの専門性に合致しているかといった点については、金融機関としてもモニタリングしていく必要があろう。他方、コストを抑制するためにFAを使わずに入札を進めることとされた場合、手続に時間がかかったり、あるいは入札者が十分に集まらないといった結果とならないか、金融機関としても注意を払い、必要に応じFAの起用を促すこともあり得よう。

FAの選定に疑問がある場合、民事再生手続ではFA契約の締結を監督委員の同意事項にしている場合もあり[9]、監督委員に意見を述べる等の対応が必要となろう。また会社更生手続の場合は、管財人に疑義を質し、疑問が解消

されなければ裁判所への上申等で対応することが考えられる。

エ 譲渡価格

　事業の譲渡代金は主として債権者への弁済原資となるが、その内訳は、担保権が設定されている譲渡対象資産の対価である部分と、その余の残額（のれんを含む）に大別できる。基本的には、前者は担保権者である別除権者や更生担保権者への弁済に充てられ、後者が一般債権者への弁済原資となる。したがって、担保権を有する金融機関にとっては、譲渡価格そのものもさることながら、その内訳（担保対象資産への割付額）が重要となる。

　割付けにあたって一律のルールはないが、担保資産への割付額は、最低限、当該資産の清算価値（早期処分ベースでの処分価値）を上回る必要があることは当然である。更に、事業譲渡である以上、担保権者としては、事業用資産については事業継続を前提とした時価により適正に評価される必要があり、譲渡により実現した事業価値が適切に配分される必要がある。具体的な配分額は、当該資産の事業上の重要性（すなわち、譲受人にとっての重要性）によっても変わってくるが、実務においては、入札にあたり、主要な資産の評価内訳額を入札者に明記させる取扱いとする場合もある。

　他方、譲渡代金を担保資産に割り付けた結果、一般債権者への弁済が困難になっては、そもそも計画の成立に必要な債権者の同意が得られなくなってしまう。その意味で、一般債権者に対する必要弁済額の最低限（清算配当率＋α）が、事実上、担保資産への割付額を画することもある。典型的には、債務者がホテルや旅館である場合等、担保資産に事業価値そのものが化体している場合に、このような問題が起きやすい。

　いずれにせよ、スポンサーの内定と譲渡価格の交渉は、債権調査手続や財産評定と並行して行われる。金融機関としては、債務者・管財人とスポンサーの間の交渉が継続している段階から、譲渡価格の割付けについて債務者側と交渉しておく必要がある。

9　鹿子木康「東京地裁における再生計画案の審査について（下）」NBL 979号66頁。

(3) 権利変更の内容（債権者への弁済率・弁済時期等）

　計画案においては、必ず債権者の権利変更の内容を定める条項が置かれる。これにより、債権調査手続によって確定した債権の元本や利息・損害金の全部又は一部がカットされ、弁済時期や弁済方法、利息の取扱い等が新たに設定されることになる。

　計画案における大原則については、前記(1)（311頁）において既に述べた。すなわち「計画の遂行可能性の原則」「清算価値保障原則」「平等の原則」「公正・衡平の原則」である。これらの原則に忠実に従えば、どのような事案であれ、一定のパターンで権利変更が行われることになるが、実際には事案に即して、上記原則に反しない限り様々な修正が加えられることとなる。

　金融機関にとっても、これらのルールやバリエーションを熟知しておくことは、債務者や管財人との交渉力を保持し、よりよい計画案の策定を促す上で重要である。

a 権利変更の基本パターン

　再建型の法的整理手続における計画案の原則を、権利変更の局面に当てはめると、【図表3-9-4】のような基本パターンとなる。

　会社更生手続における「公正・衡平の原則」に関し、先順位の権利と後順位の権利との関係は、相対的優先説が実務の考え方であることは既に述べた。もっとも、現状、基本パターンは絶対的優先説に近い運用になってい

【図表3-9-4】権利変更基本パターン

> 1．弁済額は収益又は事業譲渡の対価の範囲内で、かつ、事業再建に支障を生じない範囲で設定される【遂行可能性の原則】
> 2．弁済の価値（弁済額だけでなく弁済時期等も考慮した総合的な弁済価値）は、債務者が破産した場合の配当額を上回る必要がある【清算価値保障原則】
> 3．同種の債権を有する者への弁済額は債権額残高に比例して決定され（いわゆるプロラタ配当）、弁済時期等の条件も横並びとなる【平等の原則】
> 4．異なる債権の間では、法定の優先順位に従って弁済が行われる【公正・衡平の原則】

る。例えば、更生担保権への配当は債権調査での確定額に対し100％弁済とする計画がほとんどであるし、優先的更生債権をカットして一般更生債権への配当を増加させる計画案も極めて少ない。

b 弁済率の検討・評価

　計画案による権利変更のうち、債権者の関心が最も高いのは弁済率である。

　弁済率は、債務者の資産の現状と将来的な収益等により合理的に算出されるべきものであるが、弁済可能な総額に制約がある以上、異なる種別の債権間での配分を調整したり、同種の債権においても差異を設けることで、担保権部分も含めた最終的な回収総額が変動するのが実情である。

　以下では、まずアにおいて弁済率の基本的評価について述べた後、次いでイにおいて異なる種別の債権間での配分に触れ、ウ以下では同種の債権における差異の設定と平等原則との関係を述べることとする。

　ア　弁済率の基本的評価

　再建型法的整理手続における弁済率は、清算価値保障原則により、破産の場合における弁済率よりも高いことが要求される。また当然ながら、債権者の多数の同意を得るためには、計画に遂行可能性があることを前提に、できるだけ高い弁済率が要求されることとなる。

　破産の場合の弁済率がせいぜい数％にとどまることを勘案すると、再建型法的整理手続において、無担保の再生債権や更生債権の弁済率が10％台に至れば一応の評価は可能であるし、更に低い弁済率であっても、清算価値保障原則を満たしていれば他に方途がない限り事実上容認せざるを得ない。もっとも、例えば会社更生手続において、総弁済額（更生債権だけでなく更生担保権や共益債権を含む）が、財産評定上の資産総額を下回る場合は、その理由を精査する必要がある[10]。

　イ　異なる種別の債権と弁済率

　再建型の法的整理手続では、まず弁済原資となる総額が決まり、それを担保権者、共益債権者、優先的債権者、一般債権者、劣後債権者という順で配

10　資産総額を下回る弁済については、『更生計画の実務と理論』302頁参照。

分していくことになる。もちろん、民事再生手続と会社更生手続では配分の方法が異なり、民事再生手続では、担保権は別除権として手続外で行使可能であり、共益債権のほか一般優先債権（租税債権や労働債権等）も随時弁済となるため、これらの債権について100％弁済がなされた後の弁済原資を無担保の再生債権に配分することとなる。他方、会社更生手続では、更生担保権も含めて手続に取り込まれ、異なる種別の債権の優先劣後関係（相対的優先）に従って弁済原資の配分がなされる。

金融機関としては、担保からの回収に主眼を置くのか、再生債権や更生債権の弁済率を重視するのか、まず全体の方針を検討する必要がある。自行債権に担保付債権が多ければ担保からの回収を重視することになり、無担保債権が多ければ他行の担保回収額が適正な範囲を超えていないかをチェックする。その際、担保の評価は不動産鑑定その他適切な評価方法によるべきことはいうまでもない。

会社更生手続では、優先的更生債権と一般更生債権との配分も論点となり得る。優先的更生債権の典型例は租税債権と労働債権であるが（その一部は共益債権となり、また一般更生債権となる部分もある）、租税債権は徴収権者の同意を得ない限り権利に影響を及ぼせない範囲が広く（会更169条1項本文）、大幅なカットは期待できない。労働債権については、大幅なカットを迫ることは、従業員の士気ひいては事業価値の保全の観点からも適切ではないが、既に退職した従業員の退職金の一部等については減免事例もあるようである。また、実務上は、更生計画外での合意により労働債権が縮減される等、従業員の協力が行われる例もある[11]。

　ウ　不利益を受ける債権者の同意がある場合

平等原則の例外として、衡平を害しないことを前提に、同種の債権について弁済率に差異を設けることも可能である（民再155条1項ただし書、会更168条1項ただし書）。以下、いくつかの手法を述べる。

まず、不利益を受ける債権者の同意があれば、異なる弁済率の設定も可能である。

例えば、債務者の親会社や旧経営陣（これらの者を「内部者」と呼ぶことが

11　『更生計画の実務と理論』338頁参照。

ある）が有する債権について弁済率を大幅に下げたり、劣後化することがある。内部者の有する債権については、経営責任等を背景として、他の債権者から劣後化が要求されることもある。この点、内部者が株主としての立場で債務者を切り離して倒産させたような場合には、比較的単純に劣後化を求めやすいが、内部者もまた法的整理手続にある場合はやや複雑となる。内部者である親会社や旧経営陣に対して固有の債権を有する債権者の利害を考慮する必要があるほか、金融機関にとっても、自行が当該内部者に対しても債権を有している場合、内部者の債権を劣後化することにより、当該内部者からの回収額が減少するためである。更に、当該内部者が連帯保証（又は連帯債務）をしていた場合の処理も問題となるが、この点については第3部第10章（364頁）を参照されたい。

なお、メインバンクというだけで、当該金融機関の債権を直接劣後化したり弁済率を下げる例はみられない。実質的にメインバンクの負担を求めることが相当とされる場合においても、後述の段階的弁済率方式が用いられることが通常である。

エ　少額の債権に関する平等原則の例外

少額の再生債権又は更生債権については、衡平を害しない限り、他の債権よりも有利な弁済率を設定することも可能とされる。

どの程度の債権が「少額」といえるのかは、事業規模、負債総額、弁済資力、債権額の分布等により事件ごとに決するとされる[12]。統計的な裏付けはないが、中小企業の民事再生事件の場合、「少額債権」は10万円～数十万円程度に設定されることが多い。大規模な民事再生事件や会社更生事件では、数百万円から億円単位の債権でも「少額債権」として有利な取扱いを受ける可能性がある。

ところで、少額の債権が手続上特別な取扱いを受ける例としては、①保全処分における弁済禁止の例外（民再30条、会更28条）、②手続の円滑な進行又は事業継続のための少額債権の弁済（民再85条5項、会更47条5項）、③上述の計画案における少額債権の例外（民再155条1項ただし書、会更168条1項ただし書）があるが、実務上、これらの取扱いは相互に均衡するよう配慮され

---

[12] 『新注釈民再（下）』17頁〔岡正晶〕。

ている[13]。すなわち、保全処分において弁済禁止の対象外として設定された金額以下の債権は、手続上も少額弁済許可の対象となり得るし、計画上も100％弁済とされることが多い。

　少額債権の弁済は、取引先の連鎖倒産を回避することで債務者の事業価値を保全したり、少額債権を弁済することにより債権者数を減らして手続の進行を円滑にする等、債権者全体にとっての効用が認められる。他方で当然のことながら、少額債権の弁済は、金融機関等の大口債権者を相対的に劣後扱いするものであることは否定できず、限られた弁済原資の配分においても、大口債権者への弁済原資を相対的に減少させるほか、少額債権の範囲が不相当に拡がれば、債務者の手元現預金水準を減少させ、二次破綻のリスクに繋がる懸念もある。

　前記のとおり、保全命令の中で弁済禁止の対象外として設定された少額債権は、手続全体を通じて100％弁済がなされる可能性が高いため、金融機関としては、保全処分の段階から、当該事案における「少額」の意味を検討し、大口債権者への弁済率に悪影響を及ぼす可能性等がある場合には、「少額」のハードルを下げるよう、債務者等と交渉することが肝要である（なお、商取引債権の包括的弁済の問題については、第3部第2章1(3)（114頁）を参照のこと）。

　　オ　段階的弁済率の設定
　本来、同種の債権については、債権額の多寡にかかわらず一定割合の弁済を行うのが原則である。段階方式とは、以下に述べるとおり、債権の金額部分ごとの弁済率又は免除率を定め、高額になればなるほど弁済率を低くする（＝免除率を高くする）方式である（【図表3－9－5】参照）。

　弁済率が100％となる債権額の設定においては、保全処分での少額弁済の例外や、手続中の少額弁済許可の水準と、金額の平仄を合わせることが多い。

　この方式によれば、比較的少額の債権者に対する弁済が厚く、金融機関等の大口債権者の負担が大きい。実務上、段階方式はしばしば使われているが、特に計画案の決議において頭数要件のある民事再生手続や、メインバン

---

[13] 『新注釈民再（下）』17頁〔岡正晶〕。

【図表3-9-5】段階的弁済率の設定例

債権額50万円以下の部分	弁済率100%
債権額50万円超1千万円以下の部分	弁済率10%
債権額1千万円超10億円以下の部分	弁済率5%
債権額10億円超の部分	弁済率3%

クの責任を問う場合等において活用の意義が大きい。

　段階方式は、いずれの債権者にとっても、債権額に応じて等しく所定の弁済率が適用される以上、直ちに衡平を害するものではないと考えられる。もっとも、突出した特定の大口債権者のみが、狙い打ち的に低額の弁済率を適用される結果となるような場合には、当該債権者にとっての合理性が説明困難となる可能性もある。大口債権者となることの多い金融機関としては、個別事案ごとに慎重に当否を判断する必要があろう。

　カ　私的整理において優先性が確認された債権

　事業再生ADRや地域経済活性化支援機構による私的整理手続において優先性の確認がなされた債権について、他の債権との間に差を設ける計画案が提出・可決されたときは、裁判所は当該確認がなされていることを考慮した上で、衡平を害しないかどうかを判断するものとされている（いわゆる衡平考慮規定。産活法52条～54条）。

　詳細はプレDIPファイナンスに関する第2部第2章（49頁）に譲るが、かかる取扱いも平等原則の例外の一つである。

C　弁済時期の検討・評価

　ア　弁済時期のバリエーション

　再建型法的整理手続においては、計画により弁済時期に関する権利変更も行われる。これにより、債権の弁済期は当初約定から計画に定めた弁済時期に変更される。

　弁済時期は、スポンサー等が資金を拠出することで一括弁済を行う一括弁済型、事業収益等から定期的に分割弁済を行う分割弁済型のいずれかを基本とする。これに加え、債権者が一括弁済か分割弁済かを選択するオプションを有する選択型や、弁済原資が当初予定よりも増加した場合の追加弁済を定

める追加型が、基本形のバリエーションとして存在する。また、繰上弁済条項が設けられる場合がある。繰上弁済条項においては、債権者側と債務者側のどちらにオプションがあるか、また繰上弁済を行う場合の割引率等につき様々なバリエーションが存在する。

債権者の立場からすれば、債務者の二次破綻のリスクがあるため、分割弁済型であっても極力早期に弁済が行われることが望ましい。

弁済時期には、【図表3－9－6】のとおり、その最長期間について一定の制限があることにも留意が必要である。

民事再生法155条3項にいう「特別の事情」とは、①弁済期間が10年を超えれば弁済率が大幅に高まる場合、②本来の弁済期が10年を超える債権が多い場合、③会社更生手続の適用対象となるような大規模な事業規模の法人で弁済期間を長期にとって弁済額を増加させることが債権者の利益に合致する場合等が該当し得るものとされ、その場合は10年を超える弁済期間を定め得る[14]。

【図表3－9－6】最長期間の比較

民事再生手続	会社更生手続
・特別の事情がある場合を除き、再生計画認可の決定の確定から10年を超えない範囲で、その債務の期限を定める（民再155条3項）。	・債務の期限は、次に掲げる期間を超えてはならない（会更168条5項）。 ①担保物（その耐用期間が判定できるものに限る。）がある場合は、当該耐用期間又は15年（更生計画の内容が更生債権者等に特に有利なものになる場合その他の特別の事情がある場合は20年）のいずれか短い期間 ②①に規定する場合以外の場合は、15年（更生計画の内容が更生債権者等に特に有利なものになる場合その他の特別の事情がある場合は20年）

---

[14] 『民再法の理論と実務（下）』119頁〔中島弘雅〕、『民再の手引』288頁〔鹿子木康〕。

会社更生法の場合、更生担保権の弁済期間は担保種別によって変わり得ることが前提であるが、例えば不動産の場合でも原則として最長15年弁済である。「更生計画の内容が更生債権者等に特に有利なものになる場合その他の特別な事情がある場合」は20年の弁済期間を設定することが可能だが、その場合の「特別な事情」は、概ね上記で述べた民事再生法155条3項における「特別な事情」①②と同様に考えて差し支えないものと思われる[15]。

　なお、更生計画の定めにより社債を発行する場合については、償還期間は15年の制限に服さない（会更168条6項）。

イ　分割弁済における利息の定め

　実務上、収益による長期分割弁済が定められる場合においても、その間の利息は付されない（すなわち、計画で定められた元本が単純に分割弁済されるだけである）場合が多いと思われる。もっとも、近時、一定の金利を付す実例も増えているとされる[16]。

　なお、利息が付されている場合に、余剰資金等による繰上弁済がされると、債権者としては当該元本につき（これを再運用した場合の利息と、所定の利息との差額について）得べかりし利益を失うこととなる。したがって、計画上、利息の定めが置かれる場合には、後の争いを生じないように、債務者が余剰資金をもって自由に繰上弁済できるとするか、あるいは債権者の承諾等、繰上弁済に一定の制限を設けるか検討の上、適宜の条項を置くべきである。

ウ　異なる種別の債権と弁済時期

　同種の債権では弁済時期も同時期とするのが平等原則であるが、異なる種別ではどうか。

　一括弁済型の計画の場合、担保付債権（別除権や更生担保権）と無担保債権（再生債権や一般更生債権）が一括して弁済されるので、弁済時期に差異は

---

[15] 『伊藤会更』561頁に同旨。なお、須藤英章「更生計画による権利変更の基準」『新会社更生法の理論と実務』223頁は、「特別の事情」について、「例えば、18年後に定期借地権の目的物の返還を受け、更地としての売却が可能になるので、その売却代金によって弁済するとか、当初10年間は利益が上がらないが、その後高収益が期待できる事情がある等の場合が考えられる」とし、「これに対して、収益による弁済の総額を増やすために分割弁済の期間を伸張することは、特別の事情には当たらない」とする。

[16] 『新注釈民再（下）』24頁〔岡正晶〕。

生じない。

収益弁済型の計画の場合、担保付債権も無担保債権も同じ分割弁済時期を定めることもあるが、担保付債権については耐用年数等を勘案して長期の分割弁済としつつ、無担保債権については弁済率を低めに設定した上でより早期に弁済する内容とされるケースもある。

　エ　不利益を受ける債権者の同意がある場合

弁済率と同様、弁済時期についても、衡平を害しないことを前提に、同種の債権の中で差異を設けることが可能である（民再155条1項ただし書、会更168条1項ただし書）。まず、不利益を受ける債権者の同意があれば、当該債権者の弁済時期を他の同種債権者よりも後とすることが可能である。

具体的には、親会社や旧経営陣等の内部者について、これらの者の同意を得て、他の債権者よりも弁済時期を遅らせる権利変更条項を定めるケースが典型である。内部者の債権の弁済時期を、他の再生債権や更生債権の弁済終了後とすることもある。

　オ　少額の債権に関する平等原則の例外

少額の再生債権又は更生債権若しくは更生担保権については、衡平を害しない限り、他の債権よりも有利な弁済時期を設定することも可能である。大口債権者である金融機関としては、弁済率における優遇の場合と同様に、「少額債権」の具体的意義や資金繰りへの影響等を精査し、金融機関への弁済に悪影響を及ぼすようであれば、早い段階から債務者や管財人と交渉する必要がある。

　カ　保証債務に関する平等原則の例外

再生債務者・更生会社の負担している債務が保証債務である場合、主債務者が弁済を継続し期限の利益が維持されている限り保証債務は顕在化しない。この場合、主債務者が約定弁済を続けている限り、再生債務者・更生会社からの弁済は行われない旨の計画案が定められることがある。これも弁済期における平等原則の例外といえる。

　キ　私的整理において優先性が確認された債権

事業再生ADRや地域経済活性化支援機構の私的整理手続において優先性の確認がなされた債権については、弁済率と同様、弁済時期に関しても、衡平考慮規定に基づき、他の債権に優先して弁済を受ける内容の計画案が認可

される可能性がある。

(4) その他の権利変更

債権者の権利変更は、多くの場合、債権のカットと残債権の分割（あるいは一括）弁済を定める内容とされるが、会社更生手続においては、以下に述べるとおり、債権の消滅と引き換えに株式の割当てを受ける旨（DES）、あるいは社債の発行を受ける旨を定めることも可能である。

なお、民事再生手続においては、上記のような制度的手当ては存在しない。理論的には、再生債務者が自社株式をもって再生債権を弁済する旨を定めることによりDESと同等の効果をもたらすことも可能とされるが、平等・衡平原則との関係で説明が難しくなること等から実例は少ないとされる[17]。

a DES

会社更生手続においては、更生債権者等又は株主の権利の全部又は一部の消滅と引き換えに、発行する株式をこれらの者に割り当てる旨を定めることができる（会更177条の2第1項）。この場合、更生債権者等又は株主は、当該定めに従い、更生計画認可の決定の時に、当該発行される株式の株主となる（会更217条の2第1項）。

また、新株発行の条項において、「更生債権者等又は株主の権利の全部又は一部が消滅した場合において、これらの者が会社法第203条第2項の申込みをしたときは、募集株式の払込金額の全部又は一部の払込みをしたものとみなす」旨を定めることも可能である（会更175条2号）。これは、更生債権者等にDESのオプションを与えるものである。

いずれの場合も、新株発行等に関する株主総会の決議は不要である（会更210条1項）。

なお、いわゆるDESではないが、上記と同様の定めにより、新株予約権を割り当てることも可能である（会更176条2号・177条の2第2項）。

---

[17] 『新注釈民再（下）』24頁〔岡正晶〕。

b 社債の発行

　DESと同様、会社更生手続においては、更生債権者等又は株主の権利の全部又は一部の消滅と引き換えに、社債を発行する旨を定めることができる（会更177条の2第3項）。この場合、更生債権者等又は株主は、当該定めに従い、更生計画認可の決定の時に、当該社債の社債権者となる（会更217条の2第3項）。

　また、社債発行の条項において、「更生債権者等又は株主の権利の全部又は一部が消滅した場合において、これらの者が会社法第677条第2項の申込みをしたときは、募集社債の払込金額の全部又は一部の払込みをしたものとみなす」旨を定めることも可能である（会更177条3号）。

(5) その他の条項

　再建型法的整理手続における計画には、事業計画に関する条項、権利変更に関する条項のほかに、様々な条項が置かれるのが通常である。
　以下、民事再生手続、会社更生手続に分けて、これらの条項につき金融機関として留意すべき点について述べる。

a 民事再生手続

　ここでは、既に取り上げた権利変更以外の条項で、再生計画案において金融機関にとって重要と思われる条項を取り上げる。

　ア 別除権者の権利に関する条項

　民事再生手続において、別除権者は計画外での権利行使を認められているが、別除権を行使しても回収できなかった部分（不足額）が確定したときは、当該不足額について手続上の権利行使が認められる（民再88条）。

　不動産の売却等には時間がかかり、再生計画案の決議の段階で不足額が確定しているとは限らないため、計画案においては、未確定の別除権付再生債権について、不足額が確定した場合における適確な措置を定めなければならない（民再160条1項）。不足額の確定時期によって権利行使が制限され得る破産手続と異なる点である。

また、別除権者と再生債務者の間で別除権協定（別除権協定については、第3部第6章5（254頁）を参照のこと）を締結することにより、担保によってカバーされる別除権部分と、アンカバーとなる不足額部分とが合意されれば、（実際の別除権行使による不足額の確定前であっても）当該合意された不足額について再生債権としての弁済を受けることが可能である（民再88条ただし書）。

なお、根抵当権の元本が確定している場合であって、当該根抵当権の被担保債権額が極度額を超える場合には、当該超える部分を再生債権に関する権利変更の一般的基準に従って仮払いできることとされている（民再160条2項）。

イ　再生債務者による株式の取得及び増減資

再生債務者が株式会社の場合、特に債務者の法人格を維持するケースにおいては、株主責任という観点から、またスポンサーによる信用補完の方法として、既存株主の権利を消滅させた上で新たに株式が発行されること（減増資）が多い。

この点、再生債務者による自己株式の取得、株式の併合、資本金の額の減少又は再生債務者が発行することができる株式の総数についての定款変更に関する条項を、再生計画に定めることができる（民再154条3項）。募集株式の募集に関する事項も、同様に計画に定めることが可能である（民再154条4項）。

再生計画にこれらの条項を定めるためには、裁判所の許可を要する。当該許可は再生債務者が債務超過であることが必要条件とされる（民再166条2項・166条の2第3項）。民事再生法に定める要件を満たす場合、再生計画によるこれらの自己株式取得や減増資の手続にあたり、株主総会の特別決議等の会社法上の手続は不要となる（民再183条・183条の2）。

なお、募集株式の募集に関する条項を定めた計画案の提出は、再生債務者のみが可能とされている（民再166条の2第1項）。管理型の民事再生手続ではこの点に留意を要する。

b　会社更生手続

更生計画案には、権利変更以外にも様々な条項が定められるが、これらの

中から、金融機関にとって留意すべき条項について述べる。

　ア　更生会社の取締役、会計参与、監査役、執行役、会計監査人及び清算人（会更167条1項2号・173条）

　会社更生手続では、実務上、申立て時に申立代理人が旧経営陣から辞表の提出を受けるのが一般的である。旧経営陣が辞任しても、会社の事業の経営並びに財産の管理及び処分をする権利は保全管理人に専属し（会更32条1項）、開始決定後は管財人がその権限を有するから（会更72条1項）、経営面での問題は生じない。なお、旧経営陣は退任後も、新たな経営陣が就任するまでは、引き続き役員としての権利義務を有し（会346条1項）、保全管理人又は管財人の権限に属しない組織法的な権限は有するものの、実際にその活動が必要となる場面は想定されない。

　一方、更生計画認可決定の時点における更生会社の取締役、会計参与、監査役、執行役、会計監査人又は清算人は、当該決定時に法律上当然に退任となり（会更211条4項）、この時点で新たな経営陣が選任されることになる。新経営陣の選任後も、更生会社の経営権は引き続き管財人が有することが原則であるが、計画認可以前に比べれば現場の役職員に委ねられる業務の範囲も増えてくるであろうし、更生計画の定め又は裁判所の決定により、新経営陣の経営権が回復されることもあるため（会更72条4項）、金融機関としても適切な経営陣が選任されるよう留意する必要がある。

　イ　債務の弁済資金の調達方法（会更167条1項4号）

　更生担保権及び更生債権の弁済資金をどのように調達するかを定める条項であるが、スポンサーの有無や、収益弁済型かどうか等によって定め方が異なる。

　具体的には、手元資金、営業収益金、資産処分による売得金、新株払込金、借入金等であるが、実務上、計画においてこれら資金の種別は明示されるものの、それ以上に詳細な内容を定める例はみられない。

　ウ　更生計画において予想された額を超える収益金の使途（会更167条1項5号）

　超過収益をどのように取り扱うかは債権者の大きな関心事であるが、多くの事例では、単に「運転資金」や「設備投資」に充てる旨が定められるにとどまる。

更に余裕金が生じた場合の措置として、裁判所の許可を得て繰上弁済に充てる旨や、あるいは追加弁済を行う旨を定める例も存在するようである[18]。

エ　会社の組織に関する事項

更生手続開始後その終了までの間においては、更生計画に定めるところによらなければ、更生会社について、①株式の消却、併合若しくは分割、株式無償割当て又は募集株式を引き受ける者の募集、②募集新株予約権を引き受ける者の募集、新株予約権の償却又は新株予約権無償割当て、③資本金又は準備金の額の減少、④剰余金の配当等、⑤解散又は株式会社の継続、⑥募集社債を引き受ける者の募集、⑦持分会社への組織変更又は合併、会社分割、株式交換若しくは株式移転を行うことができない（会更45条1項）。また更生計画の定め又は裁判所の許可を得なければ、定款の変更（会更45条2項）や事業の全部の譲渡又は重要な一部の譲渡（会更46条1項）もできない。

これら会社の組織に関する事項の変更は、裁判所の許可を得て行う定款変更と事業譲渡を除いて、更生計画の定めに従い実施されるが、弁済原資の確保や計画の遂行可能性、スポンサーの支援内容等に密接な関係を有する内容であるため、金融機関としても内容を確認の上、適切な条項となっているかチェックする必要がある。

(6) **総合的評価**

計画案の評価に関する小括として、議決権を行使するに際し、金融機関として何を同意・不同意の判断材料にするべきかを述べてみたい。

a　諸原則の充足性

計画案に同意するためには、前記(1)（311頁）で述べた諸原則（計画案の遂行可能性の原則、清算価値保障原則、平等原則、公正・衡平の原則）を充足していることが必要条件となる。

与信を業とする金融機関にとって、計画案の遂行可能性の判断が重要であることはいうまでもない。具体的には、前記(2)（317頁）で述べたとおり、

18　『最新実務会更』230頁。

自主再建型であれば、主として「経営体制」「事業収支と配当原資」「資金調達」の各項目を精査し、計画どおりに事業再建・配当が可能かどうかを判断する。仮に遂行可能性がないとなれば、計画案自体が「絵に描いた餅」に過ぎないことになる。ところで、経営体制や事業性等に何らかの課題があり、遂行可能性になお合理的な疑義がある場合もあり得る。この場合、当該課題を解決し得る計画案の修正が可能であれば当然それを促すことになるが、修正自体が困難なときは、計画案を否決して牽連破産とした場合と計画案を可決した上で二次破綻した場合の回収可能性等を比較衡量して判断することになる。また計画が途中で頓挫する可能性がある場合には、弁済時期を極力前倒しすること等により、回収可能性を高めておくこと等の工夫が考えられる。他方、事業譲渡型の場合は、入札方法や手続の適正性・ＦＡの評価等を踏まえ、事業譲渡価格とそれによる配当額・配当時期が適切かを判断することになる。適切性・経済性と実現可能性を総合判断するという点では、自主再建型と事業譲渡型で何ら変わるところはない。

　清算価値保障原則は、既に述べたように、計画案が例外なく満たすべき必要条件である。計画案による配当額が清算価値に満たない場合、計画案それ自体が失当であるとの評価を免れず、計画案を否決して破産に移行させることが経済合理的である。

　平等原則、公正・衡平の原則に関しては、これらを形式的に満たすことを原則としつつ、実体面から修正すべき場合があることは既に述べた。実体面からの修正は、適正かつ合理的な範囲の主張にとどめるべきことも既述のとおりである。

b　計画案よりも高い配当が見込める場合

　再生債務者若しくは管財人又は他の債権者等が提出した計画案よりも高い配当が見込める場合がある。具体的には、①計画案の事業収支等が過度に保守的で、合理的な範囲で配当財源を増加することが可能な場合、②計画案による手元現預金残高が過大であり、資金繰り上も追加配当が可能な場合、③遊休資産等、処分可能な資産があり、当該資産を処分すれば配当財源が捻出可能な場合、等がある。

　このように、計画案よりも高い配当が見込める場合には、計画案の提出前

に、当該計画案の提出者に問題点を伝え、付議決定前に適切な修正を図ることが必要である。付議決定がなされた後は計画案の修正ができなくなるが、議決権の行使方法として集会が開催される場合は、債権者に不利な影響を与えない限りにおいて変更が可能であるので、配当を増額する計画変更を促すべきである（本章1⑵d参照）。それでもなお計画案の修正・変更が行われない場合は、計画案を否決し、かつ、集会期日を続行することにより当該続行期日における計画案の変更を交渉する方法がある（民再172条の5、会更198条）。ただし、集会の期日を続行するためには所定の要件（民再172条の5第1項、会更198条1項）を満たす必要があるため、計画案の否決によって牽連破産に移行してしまう可能性も否定できない。やむを得ずいったん計画案を不同意とする場合には、少なくとも、その意図をあらかじめ関係者（民事再生手続においては再生債務者と監督委員、会社更生手続においては管財人）に周知し、可能な限り最初の集会で計画案を変更するよう交渉する必要があろう。

　なお一定の設備投資や人件費等、再建に不可欠な資金まで債務者から奪うことは二次破綻のリスクを高めるため、適正な配当水準の見極めが重要であることは既に述べたとおりである。

c　その他計画案の同意に問題があると認められる場合

　形式的には計画案の諸原則を満たし、かつ、配当水準が適正な場合であっても、なお金融機関として計画案に同意し難いという場合もあり得る。こうしたケースは、特にDIP型を原則とする民事再生手続に多い。例えば、再生手続開始申立て前において粉飾・偏頗弁済その他の背信的行為があり、かつ、再生手続開始後の交渉においても不誠実な対応が繰り返される場合等である。このような場合、多くは実質的に計画案の遂行可能性がない場合であり、そもそも金融機関として同意すべき前提条件を満たしていないと判断すべき事案であろう。また本来は、管理命令の申立てや対抗的会社更生手続の申立て等、議決権行使に至るまでに債権者として必要な措置を講ずるべきである。

3　会社更生手続における処分連動方式の留意点

　会社更生手続における更生担保権の権利変更に固有の方式として、処分連動方式がある。

　近時、会社更生手続において処分連動方式が多用されていることから、当該方式の意義や論点について、以下に述べる。

(1)　処分連動方式の意義

a　処分連動方式とは

　処分連動方式とは、更生計画において処分すべき財産について、当該財産に係る更生担保権者への弁済額と実際の処分価格とを連動させる更生担保権者への弁済の方式をいう。

　典型的な処分連動方式においては、実際の売却価額（手取り額）が確定した更生担保権額を上回った場合には、その超過額を被担保債権の範囲内で更生担保権者に弁済し（既に免除を受けた一般更生債権部分については免除が一部撤回されることになる）、逆に更生担保権額を下回った場合には、実際の売却価額（手取り額）を更生担保権者に弁済し、不足分については一般更生債権と同様の弁済を行う（一般更生債権と同様の弁済率を超える部分につき追加で免除がなされる）ものとされる[19]。

　更生会社に遊休資産その他事業の継続に不要な担保付きの財産が存在する場合の処理方法としては、処分連動方式のほか、①当該資産について早期処分をした上で、処分代金を預金担保に担保変換し、更生計画に従って更生担保権者に弁済する方法や、②当該資産について担保権の実行禁止の解除をする方法（会更50条7項）、あるいは、③担保権消滅請求により担保権を消滅さ

19　なお、このように下振れの場合は更生担保権額の一部につき免除がなされることから、東京地裁の実務運用においては、かかる更生計画案の可決にあたっては、「更生担保権の減免を定めその他期限の猶予以外の方法により更生担保権者の権利に影響を及ぼす定めとする更生計画案」（会更196条5項2号ロ）に該当するものとして、対象となる更生担保権者がいる組における4分の3以上の議決権者の同意が必要とされている（『最新実務会更』262頁）。

せる方法（会更104条）が考えられる。しかし、①については時間的制約の中で安値による処分となるリスクがある。②③については手続の負担が大きい上、特に③については管財人が資金を準備する必要がある。そこで、時間的にも手続的にも、また弁済額の調整も柔軟に行い得る処分連動方式が活用されることとなる。

b　処分連動方式のメリット・デメリット

金融機関にとってのメリットは、担保物件について更生担保権額を上回る売却が実現した場合には、弁済額が増額される点にある。処分連動方式が採用されていない場合、仮に更生担保権が確定した後で担保物件がより高額で処分できたとしても、当該超過額について更生担保権者として弁済を受けることはできない。

逆に、安値処分となった場合には更生担保権の確定額よりも回収額が減少するリスクがあり、これが処分連動方式のデメリットということになる。処分連動方式を採用していなければ、少なくとも確定した更生担保権の額は100％回収できる可能性が高いからである。

金融機関としては、処分連動方式のメリットを享受しつつ、安値処分による回収額減少のリスクをどのように低減するかがポイントとなる。

(2)　処分連動方式に関する論点

a　処分連動方式の一般的な定め方

処分連動方式の条項例としては、【図表3－9－7】のようなものが考え

【図表3－9－7】売却予定の担保財産に関する更生担保権の権利変更の特則（例）

> 1．売却予定の担保財産については、更生計画認可決定後に売却し、売却代金から費用を控除した後の金額（実質売却金額）のうち、確定した更生担保権額を当該担保財産に係る更生担保権者に一括弁済する。
> 2．実質売却金額が確定した更生担保権額を上回る場合には、その超過額を更生担保権者に追加弁済する。
> 3．実質売却金額が確定した更生担保権額を下回る場合には、不足額について、一般更生債権と同内容の権利変更を行い、弁済する。

られる。

　もっとも、実際の更生計画では以下に述べるような様々な定めを置く必要があり、いずれも担保権者である金融機関にとって重要なチェックポイントである。

b　売却額から控除すべき費用に関する定め

　処分連動方式では、売却による手取金の全額が弁済に充てられるものではなく、売却費用を控除した金額が実際の弁済原資となる。控除されるべき売却費用の範囲を更生計画上、明確にすることは当然であるが、内容的にも、売却に必要と考えられる合理的な費用に限定すべきである。具体的には、不動産の場合、土地調査費用や測量費用、登記手続費用、売却時までの租税公課、仲介手数料等が考えられる。また動産であれば売買契約によって売主負担とされる費用にもよるが、梱包費用や輸送費用等も費用として控除し得る。

c　売却の手続に関する定め

　適正な売却活動がなされるよう、売却のルールを定めることも多い。更生担保権者にとって最も強力なのは、売却にあたり当該物件に係る更生担保権者の同意を必要とする定めを置く場合である。ただし、この場合、当該同意取得に時間を要するが故に売却時期を逸するといった弊害も生じ得るため、実務上は、基準金額を定めた上で、当該基準金額以上の売却については更生担保権者の同意を不要としたり、あるいは一定期間に限り更生担保権者の同意を必要とする等の工夫が必要となる。

d　売却額が更生担保権額を上回った場合の配当に関する定め

　そもそも、売却による超過額の取扱いについては、①更生担保権者に弁済する、②更生担保権者と更生会社で配分する、③更生会社が受領する等の方法が考えられる。もっとも、担保権は本来目的財産の価値を排他的に把握する権利であることから、債権者として③は受け容れ難い。②については、（破産手続の実務と同様に）管財人による売却活動への貢献を勘案するという考え方があり得るものの、別除権者の別除権行使に代わり管財人が担保物件

を任意売却する破産手続と異なり、会社更生手続においては担保権者の権利行使が拘束され、管財人が担保物件の一義的な処分権者であること等からすれば、このような一部組入れといった取扱いの当否について、金融機関としては通常は消極的に解さざるを得ないと思われる。

e　売却額が更生担保権額を下回った場合の配当に関する定め

　売却額が更生担保権額を下回った場合、当該下回った金額の取扱いについては、①一般更生債権として扱う（一般更生債権としての弁済を受ける）、②一定額を弁済し、残額の免除を受ける、③全額の免除を受ける等の方法が考えられる。もっとも、会社更生手続において担保権の不足額は一般更生債権として取り扱われる以上、担保権者として③は受け容れ難い。②は個別案件の実態に応じた弁済方法が設定できるのであれば検討し得るが、原則としては①の方法によることとなろう。

f　同一の担保物件に複数の異なる順位の担保権が設定されている場合

　同一の担保物件に複数の異なる順位の担保権が設定されている場合、更生担保権者への弁済は、担保権の原則どおり、担保順位に従う方法とするべきである。

g　売却が不調の場合の定め

　担保財産の処分が奏功しない場合の措置としては、一定期間を経過しても売却できない場合、①確定した更生担保権額を一括又は分割して支払う、②担保財産を代物弁済する、③一般更生債権と同様の弁済を受けるといった定め方が考えられる。

　①は更生担保権の原則に則った解決方法といえよう。②の方法は、対象とし得る担保財産が事実上、限定されようが、担保財産の代物弁済は金融機関が処分の手続負担等を負うこととなるため、原則として望ましい方法ではない。③も、更生担保権の趣旨からは遠い解決方法である。

h　収益物件の弁済に関する定め

　売却対象となった担保財産が収益物件（例えば賃貸不動産）の場合、売却

活動が長びくと、その間は更生担保権の弁済が受けられないだけでなく、担保価値が減少する。また物件の収益力が高ければ高いほど、更生会社としても早期に売却するインセンティブが低くなる懸念がある。

物上代位の例を出すまでもなく、担保権の実行局面では、担保物件の収益は担保権者に帰属して然るべきである。したがって、売却期間が相当な期間（概ね1年程度であろう）を超える場合には、売却代金だけでなく担保物件の収益から費用を控除した金額もまた更生担保権者に弁済する旨、定めることを要請することが考えられる。

4 対抗的計画案の提出

再生債務者又は管財人が作成する計画案が債権者の意向にそぐわず、双方の交渉も奏功しない場合、①計画案を否決して牽連破産に移行させたり、②進行中の手続が民事再生手続であれば、債権者による会社更生手続の申立てにより対抗する方法も考えられる。しかし、手続負担ないし経済性の観点からは、進行中の民事再生手続又は会社更生手続を活かしつつ、債権者として対抗的計画案を提出するという方法も検討に値する。

もっとも、実務上は、交渉材料として対抗的計画案の提出を匂わせることはあっても、実際に提出することは稀である。

以下、対抗的計画案の提出に関し、いくつかのポイントを述べる（なお、民事再生手続における対抗的計画案の提出については、第3部第4章3(2)（169頁）も併せて参照されたい）。

(1) 対抗的計画案の提出時期

既に述べたように、債権者による計画案は、開始決定の際に定められる提出期限までに提出することができる。

当該提出期限は、再生債務者又は管財人による計画案の提出期限と同一とは限らず、会社更生手続では、管財人の提出期限よりも早い時期に定められる場合が多い。また、債権者等の計画案提出期限を過ぎてから、管財人の提出期限のみが伸長された場合、債権者等の提出期限が再設定される保障はな

いことに留意する必要がある。

(2) 付議決定

　債権者の提出した計画案も、付議決定の要件を満たさなければ決議に付されないことは、債務者提出の場合と同様である（民再169条1項、会更189条1項）。

　付議決定の要件に照らし、計画案を提出するにあたっては、少なくとも以下の点を満たす必要があろう。

a　スポンサーその他事業経営に必要な体制が整備される見込みがあること

　金融機関は経営のプロではないから、通常は、事業経営を行うスポンサー等の第三者を確保した上で、その支援を前提に対抗的計画案を策定することになろう。

b　再建期間中の資金繰りに支障を生じないこと

　再建期間中の資金繰りは、メインバンク等の金融機関又はスポンサー等が支えることとなる。スポンサーとの協議によるが、提出金融機関が自らDIPファイナンスを行うことも検討しておく必要がある。

c　債権者の一般の利益に反しないこと（公正・衡平な計画案であること）

　金融機関や担保権者にのみ有利な計画案では、債権者の一般の利益に反するものとして付議決定が得られない可能性がある。

　債権者として計画案を提出する場合には、他の債権者の賛同を集め、あるいは他の債権者と共同で提出する等の方法により、多くの債権者にとって実際に当該計画案が利益となることについて、裁判所の十分な理解を得る必要があろう。債権者提出の計画案に賛同する債権者の数や議決権数が法定の可決要件を満たすようであれば、より一層、計画案の説得力が増すこととなる。

5 計画案に対する議決権の行使及び認可

　ここまで計画案の作成・提出及び計画案の評価等について述べてきたが、以下では、債権者による議決権の行使及び裁判所による認可等のポイントについて述べる。

(1) 計画案の付議

a　付議決定

ア　計画案の提出と付議決定

　計画案の提出があったときは、裁判所は、一定の要件の下で、計画案を債権者等の決議に付する旨の決定（付議決定）をする（民再169条1項、会更189条1項）。付議決定の要件の一つとして、計画の不認可事由が存在しないことが求められており（民再169条1項3号、会更189条1項3号）、可決しても認可できない計画案は、そもそも付議されない仕組みとなっている。

　民事再生手続においては、実務上、監督委員の「決議に付するのが相当と思料する」との意見書の提出を待って付議決定をしている[20]。また会社更生手続では、利害関係人の申立てにより又は職権で、更生計画案の当否を対象として、調査委員による調査を命ずる処分をすることができる[21]（会更125条1項3号）。

　債権者である金融機関としては、望ましくは計画案の提出前に再生債務者又は管財人と交渉し、適切かつ自らが同意し得る計画案が提出されるよう努めるのが第一義であるが、このような調整点を見出すことができず、提出された計画案に問題があると考える場合、民事再生手続の場合は監督委員と裁判所に、会社更生手続の場合は裁判所に（調査命令が出ている場合は、裁判所

---

[20]　『破産・民再の実務（下）』269頁〔伊藤聡〕。なお東京地裁では、再生計画案提出から1週間程度を監督委員の意見書の提出期限とすることが多いとされている（『民再の手引』332頁〔吉井篤〕）。
[21]　エルピーダメモリの会社更生手続において、更生計画案の当否についての調査命令がなされたことが、同社のホームページで公表されている。

に加えて調査委員にも）意見書や上申書の形式で意見を申し述べ、又は利害関係人として調査命令を申し立てること[22]も検討すべきであろう。

イ 複数の計画案が提出されている場合の付議決定

前記1(2)（305頁）で述べたように、計画案は、再生債務者や管財人以外に、債権者など一定の者も提出することができる。複数の計画案が提出されている場合には、その付議決定がどのようになされるかが問題となる。付議決定の内容次第で、提出された計画案が可決されるか否かに大きな影響があるため、金融機関が債権者として計画案を提出する際には留意が必要である。

まず、複数の計画案を付議するのか、それとも付議する計画案を一つに絞るのかが論点となる。複数の計画案についていずれも不認可事由がなく、付議の要件を満たしている場合は、全ての計画案が付議されるべきであろう[23]。

次に、複数の計画案が付議された場合に、議決権者（債権者等）による同意の方法としては、①再生債務者又は管財人提出の案と債権者等が提出した案のいずれに同意するかを選択する方法、②複数の計画案それぞれについて同意の有無を問う方法のいずれかがあり得る。①は票が割れる結果、いずれの計画案も可決要件を満たさないリスク（共倒れのリスク）があり、②では複数の計画案が可決された場合に、いずれを認可すべきかの問題が残る。実務では、①②のいずれも前例があるようだが[24]、最終的には議決権を行使する者の意思で計画案が一つに絞られるべきであり、原則として、①の選択方式が望ましいものと思われる[25]。

b 議決権行使の方法等

裁判所は、計画案を決議に付する旨の決定において、議決権行使の方法及び議決権者が議決権の不統一行使をする場合における裁判所に対する通知の

---

[22] 民事再生手続における調査命令（民再62条）も、会社更生手続における調査命令（会更125条1項）も、利害関係人が申し立てることができることとされている。債権者もかかる利害関係人に該当するものと考えられるが、実務的には、債権者申立てによる調査命令は例がないか、極めて稀であると思われる。
[23] 民事再生手続につき、『民再の実務と理論』202頁〔高木裕康〕参照。
[24] 『民再の実務と理論』202頁〔高木裕康〕参照。
[25] なお会社更生手続につき『伊藤会更』616頁脚注122参照。

期限を定めなければならない（民再169条2項、会更189条2項）。

　　ア　議決権行使の方法

　議決権行使の方法としては、以下の三つがある。

①民事再生手続の債権者集会又は会社更生手続の関係人集会の期日において議決権を行使する方法（民再169条2項1号、会更189条2項1号。以下「集会方式」という）。

②書面等投票により裁判所の定める期間内に議決権を行使する方法（民再169条2項2号、会更189条2項2号。以下「書面等投票方式」という）。

③①②の方法のうち議決権者が選択するものにより議決権を行使する方法（民再169条2項3号、会更189条2項3号。以下「併用方式」という）。

　いずれの方法が望ましいかは、個別事案の状況によるが、一般論として、①の集会方式は、裁判所、再生債務者又は管財人、議決権者が一堂に会して意見を陳述できるほか、可決されなかった場合の期日の続行が可能であること（期日の続行については後述する）、集会における計画案の変更の可能性があること（民再172条の4、会更197条）等のメリットがある反面、遠方の議決権者にとって参加の負担が大きいことや、議決権者が多い場合には大きな会場を確保する必要があり再生債務者や更生会社のコストとなる等のデメリットもある。

　②の書面等投票方式は、参加の負担も会場確保のコストも生じないが、万が一否決された場合に、期日の続行ができず牽連破産のリスクがあるし、集会当日における計画案の変更もできない。

　③の併用方式は、会場確保のコストは生ずるものの、議決権者が書面等投票を選択することで参加の負担は回避できるし、期日続行や計画案の変更も可能なため、集会方式と書面等投票方式のメリットを併せ持っている。

　金融機関としては、付議決定された計画案をなお変更し得る余地があること、また計画案が否決されても期日続行の可能性が残ること等から、併用方式が望ましいケースが多いように思われる。

　なお、書面等投票方式によることが定められた場合、債権者として集会の招集を申し立てることも可能である。申立てを行えるのは一定の大口債権者等に限られるが[26]、集会招集の申立てがあった場合には、裁判所は書面等投票方式によることを取り消し、集会方式又は併用方式を定めなければならな

い（民再169条5項、会更189条5項）。

東京地裁の実務上、民事再生手続においては併用方式が原則とされている[27]。会社更生手続ではかつては併用方式が原則とされていたが、近時は書面等投票方式によることが多い[28]。

イ　議決権の不統一行使

議決権者は、議決権を統一して行使せず、議決権の範囲内で、同意とそれ以外の票に分けて投ずることができる。不統一行使をする者は、付議決定において裁判所が定める期限までに、裁判所に対してその旨を書面で通知しなければならない（民再172条2項、会更193条2項）。不統一行使が想定されるのは、主として、複数の債権者から債権回収を受託しているサービサー等である。

(2)　議決権の行使

a　議決権の確定

第3部第5章4(2)（204頁）で述べたとおり、債権調査手続において届け出た議決権について異議等が出た場合でも、当該議決権については査定手続の対象とならない。具体的には、以下のとおり扱われる。

ア　議決権行使の方法につき集会方式又は併用方式が採用された場合

集会方式又は併用方式が採用された場合、債権調査手続で異議等が出されたため確定しなかった議決権でも、集会で異議が出なければ、届け出た額で議決権を行使できる。これに対して、債権調査手続で異議等が出され、かつ、集会においても異議が出された議決権については、裁判所が決定で議決権を定める。なお、そもそも債権調査手続で異議等が出されずに確定した議

---

[26] 集会招集の申立権者は、民事再生手続の場合、①債権者委員会、又は②再生債権者の総債権について裁判所が評価した額の1/10以上に当たる債権を有する再生債権者であり（民再114条前段）、会社更生手続の場合は、①管財人、②更生債権者委員会、③更生担保権者委員会、④株主委員会、⑤更生債権等の全部について裁判所が評価した額の1/10以上に当たる更生債権等を有する更生債権者等、⑥更生会社の総株主の議決権の1/10以上を有する株主である（会更114条1項前段）。

[27] 『民再の手引』335頁〔吉井篤〕。

[28] 『最新実務会更』251頁。

決権に対しては、集会で異議を出すことができない。

【図表3−9−8】集会方式又は併用方式での議決権の確定

債権調査手続で異議等が出なかった届出議決権	確定した額を行使できる（民再170条2項1号、会更191条2項1号）	
債権調査手続で異議等が出た届出議決権	集会で異議が出ない場合	債権届出をした議決権額を行使できる（民再170条2項2号、会更191条2項2号）
	集会で異議が出た場合	裁判所が決定する議決権額を行使できる（民再170条2項3号、会更191条2項4号）

イ　議決権行使の方法につき書面等投票方式が採用された場合

　書面等投票方式が採用された場合、集会が開催されないため、集会での異議の有無は問題とならない。債権調査手続で異議なく確定した議決権はその確定した額を（民再171条1項1号、会更192条1項1号）、債権調査手続で異議等が出たために確定しなかった議決権については裁判所が定める額を（民再171条1項2号、会更192条1項2号）、それぞれ議決権として行使できる。

ウ　金融機関の留意点

　議決権について異議等が出るのは、①そもそも債権額について争いがある場合、あるいは、②債権額については争いがないが、別除権の不足額が確定していない場合であり、いずれも再生債務者や管財人から異議が出されることが多いと思われる。

　民事再生手続上、債権調査手続において、別除権の不足額が確定していないことを理由に再生債務者等が議決権に対し異議を述べた場合、後日、担保実行や別除権協定の締結により不足額が確定したときは、再生債務者等が異議の全部又は一部を撤回し、議決権を認める旨の変更を行うことで、集会や書面等投票の前に議決権を確定させることになろう[29]。なお、近時の東京地裁の運用では、議決前に別除権不足額が確定していない場合、①債権者の届け出た議決権額と再生債務者等が認めた議決権額とに差異がある場合はその

---

[29]　東京高決平13.12.5（金判1138号45頁）参照。

中間値を議決権額とし、②債権者が届出議決権額を「額未定」とし又は議決権額を記載せずに届出を行った場合には、議決権額を0円として届け出たものとして扱うこととしているようである[30]。

b　議決権の行使

議決権行使は、再建型の法的整理手続における債権者の最も重要な権利行使である。

裁判所によって付議決定がなされると、債権者には計画案の内容又は要旨が通知される（民再169条3項、会更189条3項）。債権者としては、通知された計画案がそれまでに交渉してきた内容と齟齬がないか等を確認の上、同意又は不同意に関する方針を決定し、議決権を行使する。

以下、集会方式、書面等投票方式又は併用方式に分けて、具体的な対応方法を述べてみたい。

ア　集会方式の場合

議決権行使の方法が集会方式とされた場合、裁判所から届出債権者その他集会に参加すべき者に対し、期日を指定して呼出しが行われる（民再115条1項、会更115条1項）。具体的には、集会の通知書、計画案、議決票、必要に応じて作成される裁判所や再生債務者等からの事務連絡が同封された書面が送付される。また、集会の期日及び会議の目的である事項が、裁判所により公告される（民再115条4項、会更115条4項）。ただし、期日の延期又は続行については、呼出し及び公告は行われない（民再115条5項、会更115条5項）。

集会は裁判所が指揮する（民再116条、会更116条）。議決権行使後、集計が行われ、可決要件を満たしているかどうかが発表される。民事再生手続においては、可決された計画案は同日付で認可される場合が多い（東京地裁の運用について後記(4)（356頁）参照）。

通常、集会に至るまでに債権者と債務者等の間では議論が尽くされており、集会自体は淡々と進行するケースが多いと思われる。もっとも、集会においては、計画案の変更がなされたり、裁判所による議決権の決定が行われたり、時に債務者等と債権者との間で議論の応酬がなされる等、流動的に議

---

[30] 『民再の手引』342頁〔吉井篤〕。

事が進行する可能性もある。このため、金融機関としては、集会に出席することは当然として、更に事案の状況によっては、集会当日の様々な事態を想定した方針を予め決めておく必要が生ずる場合もあろう。

　なお、事務的な事柄ではあるが、集会の場所が近隣とは限らないし、大型の事件では会場の混雑も予想されることから、担当者としては余裕を持って出席できるスケジュールを組んでおく必要がある。また金融機関から出席する人数は、議事のメモや本部との連絡等も勘案すると複数の方が便利ではあるが、会場のキャパシティの関係で制限が加えられることも多いと思われる。

イ　書面等投票方式の場合

　書面等投票方式の場合も、集会方式の場合と同様に、付議決定後に議決票等が議決権者に送付されてくる。

　書面等投票方式では、集会が開催されないため、計画案の変更も期日の続行も想定されないことは、前記(1)ｂア（346頁）において述べたとおりである。

　なお、東京地裁では、書面等投票（書面等投票方式だけでなく併用方式における書面等投票を含む）について、議決権者による議決票の提出後は、投票意思の変更・撤回は、一切認めない扱いとしているようである[31]。

ウ　併用方式

　併用方式の留意点は、概ね、集会方式及び書面等投票方式において述べたとおりである。

　なお、併用方式においては、事前に提出された議決票により、集会の時点では議決の大勢が決していることも多いと思われる。しかしながら、前記集会方式において述べたとおり、集会の場において計画案の変更がなされる等、事態が変動することもあり得る。したがって、金融機関としては、併用方式の場合でも、議決権の行使は事前の書面投票によるのではなく、集会当日の議決票提出とすることが原則となろう。

---

[31]　民事再生手続につき『民再の手引』346頁〔吉井篤〕、会社更生手続につき『最新実務会更』258頁〜259頁参照。

(3) 可決要件

　再建型の法的整理手続においては、原則として、法定の可決要件を満たせば、（不認可事由がない限り）裁判所の認可決定を経て、計画が効力を有することとなる。
　既に述べたとおり（第3部第1章2(3)（90頁）参照）、債権者が協同して手続に影響を与えていくためには、常に可決要件を意識しながら「票読み」をし、多数債権者の意見形成を図る必要がある。
　以下、民事再生手続と会社更生手続に分けて、可決要件の要点を述べる。

a　民事再生手続

ア　組分け

　民事再生手続では、議決権を有するのは再生債権者のみであり、下記の約定劣後再生債権を有する者がいる場合を除き、決議における組分けがなされることはない。
　約定劣後再生債権（資本性のメザニンローンやDDSにより資本化された債権等）の届出がある場合には、原則として、一般再生債権を有する者の組と約定劣後再生債権を有する者の組に分けて決議が行われ（民再172条の3第2項本文）、それぞれについて可決要件を満たす必要がある（同条6項）。もっとも、再生債務者が再生手続開始の時においてその財産をもって約定劣後再生債権に優先する債権に係る債務を完済することができない状態にあるときは、当該約定劣後再生債権を有する者は、議決権を有せず（民再87条3項）、議決権を有する約定劣後再生債権を有する者がないときは、組分けを要しない（民再172条の3第2項ただし書）。

イ　可決要件

　民事再生手続における再生計画案の可決の要件の特徴は、議決権額（債権額）を基準とした多数決だけでなく、債権者数を基準としたいわゆる「頭数要件」が課されるところにある。
　すなわち、再生計画案を可決するには、①議決権者（債権者集会に出席し、又は書面等投票をした者に限る）の過半数の同意（頭数要件）、②議決権者の議決権の総額の1/2以上の議決権を有する者の同意（議決権数要件）、のいずれ

の要件も満たす必要がある（民再172条の3第1項）。

　議決権数要件に加えて頭数要件を課した民事再生手続は、大口債権者の同意のみでは計画案を可決できず、少額債権者の保護に資する制度設計になっているといえよう。大口債権者たる金融機関の側としては、可決要件を満たすためにも、計画案の内容において少額債権者の利益に配慮する必要がある。例えば、貴重な弁済原資の大宗を別除権付きの債権に対する弁済に充て、一般再生債権への配当率を極端に低く抑えるような計画案は、少額債権者の同意を取り付けづらい。金融機関として別除権からの回収額を譲歩することは容易ではないが、諸事情を勘案して、可決可能な計画案を作り上げていくことも時には重要であろう。

　なお、頭数要件は、集会に出席し又は書面等投票をした者の過半数を要求していることから（民再172条の3第1項1号）、集会の欠席や書面等投票の不実施は、「過半数」の分母にも分子にも加算されず、実質的な棄権となる。これに対して議決権数要件は、単に議決権の総額の1/2以上の同意を求めていることから（民再172条の3第1項2号）、集会の欠席又は書面等投票の不実施は、実質的に反対票となる。

b　会社更生手続

　ア　組分け

　更生計画案の決議は、権利の種類によって組分けし、それぞれに分かれて行われる（会更196条1項）。権利の種類とは、会社更生法168条1項各号に掲げる種類を指し、①更生担保権（会更168条1項1号）、②優先的更生債権（同項2号）、③一般更生債権（同項3号）、④約定劣後更生債権（同項4号）、⑤優先株式（同項5号）、⑥一般株式（同項6号）である。ただし、約定劣後更生債権について、更生会社が更生手続開始の時においてその財産をもって約定劣後更生債権に優先する債権に係る債務を完済することができない状態にあるときは、当該約定劣後更生債権を有する者は議決権を有しない（会更136条3項）。更生会社が更生手続開始の時において債務超過である場合の株主についても、議決権は認められない（会更166条2項）。

　組分けの原則は上記のとおりであるが、裁判所は、相当と認めるときは、二つ以上の組を一つにまとめたり、一つの組を二つ以上に分けることもでき

る（会更196条2項本文）。ただし、更生債権、更生担保権、株式はそれぞれ別の組としなければならない（同項ただし書）。実務上、東京地裁では、細かな組分けは行わず、更生債権者と更生担保権者の二つの組に分けて決議をするのが通例とされる[32]。

イ　可決要件

会社更生手続の可決要件は、議決権数要件に一本化されており、頭数要件は課されていない（会更196条5項各号）。原則として、全ての組において法定の要件を満たした同意がなされることが必要である（なお、一部の組における不同意の場合のクラムダウンについては、後記(4) c（360頁）において述べる）。

可決要件は「議決権の総額」を基準に定められているため、債権者が関係人集会に欠席し又は書面等投票を実施しなかった場合は、実質的に反対票となる。

各組の可決要件は、【図表3－9－9】のとおりである。

【図表3－9－9】会社更生手続における計画案の可決要件

更生債権者の組	議決権を行使できる更生債権者の議決権の総額の1/2を超える議決権を有する者の同意（会更196条5項1号）
更生担保権者の組	①更生担保権の期限の猶予の定めをする更生計画案の場合（会更196条5項2号イ） 議決権を行使できる更生担保権者の議決権の総額の2/3以上に当たる議決権を有する者の同意
	②更生担保権の減免その他期限の利益の猶予以外の方法により更生担保権者の権利に影響を及ぼす定めをする更生計画案の場合（会更196条5項2号ロ） 議決権を行使できる更生担保権者の議決権の総額の3/4以上に当たる議決権を有する者の同意
	③更生会社の事業の全部の廃止を内容とする更生計画案の場合（会更196条5項2号ハ） 議決権を行使できる更生担保権者の議決権の総額の9/10以上に当たる議決権を有する者の同意
株主の組	議決権を行使できる株主の議決権の総数の過半数に当たる議決権を有する者の同意

---

[32] 『最新実務会更』259頁。

ウ 可決要件が問題となる場合

　更生担保権の組においては、上記イのとおり、更生計画案の内容によって可決要件が3種に区分されている。そこで、以下のような更生計画案の場合、更生担保権の組の可決要件をどのように扱うかが問題となる。

ⅰ　更生担保権を無利息で期限猶予する場合

　更生担保権について確定した全額を弁済するが、金利を付さずに弁済期限を猶予する計画案を決議する場合、これを単なる期限の猶予とみるか、現在価値に割り引いた実質的価値に着目して更生担保権の減免とみるかで、可決要件が異なる。

　一般に、超長期の弁済を内容とする計画案の場合、更生担保権者にとって無利息の負担は非常に重いものとなるので、実質面を重視すれば更生担保権の減免とみて可決要件を加重すべきとも考えられるが、一律の線引きは難しい。

　なお東京地裁の実務では、無利息の場合も一律に期限の猶予として扱っている[33]。

ⅱ　処分連動方式の場合

　更生担保権について、処分連動方式を採用する計画案の場合、実際の処分価額によっては、確定した更生担保権額を下回る（この場合、差額は一般更生債権と同等の減免を受けることとなる）可能性が否定できない。そこで、このような処分連動方式を採用する計画案の場合、「更生担保権の減免その他期限の利益の猶予以外の方法により更生担保権者の権利に影響を及ぼす定め」とみて、可決要件を加重するかが問題となる。

　この点、債権者としては、確定更生担保権額を上回る弁済を受けられる可能性があるという意味でも、一律に不利な影響を受けるものではないが、他方で通常の更生担保権の弁済と比較すれば、減免の可能性がある点で不安定な状況に置かれることには相違ないので、減免等の場合に該当するものとして、可決要件を加重（3/4以上）すべきと考える[34]。

---

[33] 『最新実務会更』261頁。

[34] 前記脚注19（338頁）で述べたとおり、最近の東京地裁の運用においては、処分連動方式は「減免等」に該当し、可決要件は3/4以上とする扱いであるが（『最新実務会更』262頁）、裁判所によっても異なり得る。

c　期日の続行

　集会方式又は併用方式で議決権の行使が行われた場合に、計画案の決議の結果、可決要件を満たさなかったときは、原則として手続は廃止されるが（民再191条3号、会更236条3号）、一定の要件の下で、集会の期日を続行し、即時の手続廃止を回避し得る余地がある（民再172条の5第1項、会更198条1項）。

　なお、既に述べたとおり、書面等投票方式の場合は、期日の続行はできない。

　　ア　期日の続行の意義

　計画案が否決されるにも様々な理由が考えられる。集会当日の悪天候や交通機関の乱れで議決権者の一部が出席できなかった場合もあれば、債権者側の計画案に対する理解不足の場合もあろう。また、債権者が期日の続行を前提としつつ再生債務者等の翻意（計画案の変更）を狙って戦略的に否決するということも考えられる。

　これらの場合、直ちに牽連破産手続に移行するのではなく、既に行われてきた手続を活用し、期日を続行して計画案の可決の可能性を残すことが合理的といえる。

　　イ　続行の要件

　期日を続行しても、計画案が可決される見込みがないことが明らかである場合は、期日は続行されない（民再172条の5第1項ただし書、会更198条1項ただし書）。

　さらに、期日を続行するためには以下の要件を満たすことを要する。

ⅰ　民事再生手続

以下のいずれかの同意があることが要件である。

①再生計画案に対する議決権者（債権者集会に出席し又は書面等投票をした者に限る）の過半数の同意（民再172条の5第1項1号）

②再生計画案に対する議決権者の議決権の総額の1/2以上の議決権を有する者の同意（同上）

③債権者集会の期日における出席した議決権者の過半数であって出席した議決権者の議決権の総額の1/2を超える議決権を有する者の期日の続行

についての同意（同項2号）

ⅱ　会社更生手続

関係人集会の期日の続行につき、以下のすべての同意があることが要件である。

①議決権を行使することができる更生債権者の議決権の総額の1/3以上に当たる議決権を有する者の同意（会更198条1項1号）

②議決権を行使することができる更生担保権者の議決権の総額の1/2を超える議決権を有する者の同意（同項2号）

③議決権を行使することができる株主の議決権の総数の1/3以上に当たる議決権を有する者の同意（同項3号。ただし、更生手続開始時において更生会社が債務超過のため、株主が議決権を有しない場合は、③の同意は不要である）

ウ　続行の手続

期日続行の要件を満たす場合には、裁判所は続行期日を定めて言い渡さなければならない（民再172条の5第1項本文柱書、会更198条1項本文柱書）。

期日が実行された場合の計画案の可決の期限は、最初の集会から2ヶ月以内である（民再172条の5第2項、会更198条2項）。裁判所は、必要があると認めるときは、計画案の提出者の申立てにより又は職権で、可決期限に係る期間を延長することができるが、当該延長する期間は1ヶ月を超えることができない（民再172条の5第3項、会更198条3項）。

(4)　認　　可

a　民事再生手続

ア　再生計画の認可決定

再生計画案が債権者の法定多数の同意を得て可決されると、裁判所は民事再生法所定の不認可事由に該当しない限り、再生計画の認可決定をする（民再174条1項）。

東京地裁の実務では、裁判所は債権者集会前に、不認可事由の有無について既に検討を済ませており、集会で計画案が可決されれば、（不認可事由がない限り）その場で認可決定が言い渡される[35]。

民事再生法上、再生計画の認可決定・不認可決定については、届出をした再生債権者に対して決定の主文及び理由の要旨を記載した書面が送達されるものとされているが（民再174条4項）、かかる送達は官報公告により代用可能であり（民再10条3項参照）、東京地裁の実務では例外なく官報公告の方法によっている[36]。なお、再生債務者から「認可決定のお知らせ」等といった書面が債権者に送付される場合もある。

　イ　再生計画の不認可事由

不認可事由は、以下のとおりである（民再174条2項）。

①再生手続又は再生計画が法律の規定に違反し、かつ、その不備を補正することができないものであるとき。ただし、再生手続が法律の規定に違反する場合において、当該違反の程度が軽微であるときは、この限りでない。

②再生計画が遂行される見込みがないとき。

③再生計画の決議が不正の方法によって成立するに至ったとき。

④再生計画の決議が再生債権者の一般の利益に反するとき。

上記のうち、①の再生手続の法律違反には、再生手続開始後になされた裁判所や再生債務者等の行為が違法である場合も含まれると解されている[37]。また、再生計画の法律違反の例としては、再生計画が平等性（民再155条1項）を欠いている場合が挙げられる。④は計画上の弁済率が破産配当率を下回る場合（清算価値保証原則を満たさない場合）が典型である[38]。

　ウ　認可決定の確定と効力

認可決定が官報に公告され、掲載日の翌日から2週間（民再9条）の即時抗告期間（民再175条1項）を、即時抗告がなされることなく経過すると、認可決定が確定する。この確定をもって再生計画の効力が生じ（民再176条）、再生債権者の権利は再生計画の定めに従って変更されることになる（民再179条1項）。

35　『破産・民再の実務（下）』288頁〔西謙二・小河原寧〕。
36　『破産・民再の実務（下）』288頁〔西謙二・小河原寧〕。
37　『伊藤破産・民再』803頁。
38　『破産・民再の実務（下）』286頁〜287頁〔西謙二・小河原寧〕、『新注釈民再（下）』112頁〔須藤力〕。

なお、再生計画は、保証人による保証や、物上保証人により提供された担保には、影響を及ぼさない（民再177条2項）。すなわち、再生計画により再生債務者の主債務・被担保債務が減免されたとしても、保証人・物上保証人に対する債権者の権利が附従性等により減免されるものではない。

　エ　即時抗告

再生計画の認可決定・不認可決定に対しては、即時抗告をすることができる（民再175条1項）。金融機関が不認可事由ありと考えて計画案を不同意としたにもかかわらず、これが賛成多数で可決され、認可決定がなされた場合には、即時抗告を検討することとなる。

なお、別除権者も、再生債権となるべき別除権不足額があれば、即時抗告が可能である[39]。

b　会社更生手続

　ア　更生計画の認可決定

更生計画案が全ての権利者の組の同意を得て可決され（なお、一部の組で不同意とされた場合のクラムダウンについてはｃで述べる）、かつ、会社更生法所定の認可事由がある場合には、裁判所は更生計画の認可決定をする（会更199条1項・2項）。民事再生手続では消極的な不認可事由がない限り認可決定がなされるのに対し、会社更生手続では所定の認可事由が全て満たされていることが計画認可の要件とされ、それ以外の場合には裁判所は原則として不認可決定をすることになる（会更199条4項）。

実務上は、更生計画案の決議があった月の末日に認可決定がなされることが多い。会社更生法上、更生会社の事業年度は更生手続開始決定があった時に終了し、これに続く事業年度は、更生計画認可の時に終了するものとされていることに鑑み（会更232条2項）、次の事業年度の初日を区切りのよい月初日とするためである[40]。

更生計画の認可決定があった場合には、その主文、理由の要旨及び更生計画又はその要旨が公告される（会更199条6項）。

39　『伊藤破産・民再』808頁、『新注釈民再（下）』116頁〔須藤力〕。
40　『会更の実務（下）』309頁〔鹿子木康〕、『最新実務会更』266頁。

イ　更生計画の認可事由

更生計画の認可事由は、以下のとおりである（会更199条2項）。

①更生手続又は更生計画が法令及び会社更生規則の規定に適合するものであること。

②更生計画の内容が公正かつ衡平であること。

③更生計画が遂行可能であること。

④更生計画の決議が誠実かつ公正な方法でされたこと。

⑤他の会社と共に会社更生法45条1項7号に掲げる行為（組織変更・合併・会社分割・株式交換・株式移転）を行うことを内容とする更生計画については、認可決定の時において、当該他の会社が当該行為を行うことができること。

⑥行政庁の許可、認可、免許その他の処分を要する事項を定めた更生計画については、会社更生法187条に基づき裁判所が聴取した当該行政庁の意見と重要な点において反していないこと。

上記のうち、①の更生手続の適法性には、管財人の手続上の義務違背がないことを含む[41]。なお、更生手続が法令又は会社更生規則の規定に違反している場合であっても、その違反の程度、更生会社の現況その他一切の事情を考慮して更生計画を認可しないことが不適当と認めるときは、裁判所は、更生計画認可の決定をすることができる（会更199条3項）。

また、更生計画の内容について平等原則（会更168条1項）が満たされていることは、①の更生計画の適法性に関する事項である。他方、更生計画が公正・衡平の原則を満たしていることは、②で独立の要件として定められている。なお、清算価値保証原則については、民事再生法と異なり明文では定められていないものの、会社更生手続においても当然に妥当すべき準則と考えられている[42]。

ウ　認可決定の効力

民事再生手続と異なり、会社更生手続においては、更生計画の効力が生ずるのは更生計画認可決定の時であり（会更201条）、認可決定が確定する必要

---

41 『伊藤会更』625頁。
42 『伊藤会更』632頁、『会更の実務（下）』241頁、『最新実務会更』236頁。

はない。

　更生計画認可の決定があったときは、届出をした更生債権者等の権利は、更生計画の定めに従い変更される（会更205条１項）。

　担保権は、更生計画において「存続する担保権」として定められない限り（会更204条１項１号参照）、更生計画の認可決定により全て消滅する（会更204条１項）。もっとも、実務上は、更生計画上、確定した更生担保権については（認められた更生担保権額を被担保債権とする限度で）従前の担保権が存続する旨が定められることが多い[43]。

　なお、民事再生手続と同様、会社更生手続においても、更生計画による権利変更は、更生会社の債務を主債務とする保証や、更生会社の債務を担保するために物上保証人により提供された担保には影響を及ぼさない（会更203条２項）。

　　エ　即時抗告

　更生計画の認可決定・不認可決定に対しては、即時抗告をすることができる（会更202条１項）。もっとも、前記のとおり、更生計画の効力は認可決定が確定しなくても、決定時に生ずるのであり、即時抗告は更生計画の遂行に影響を及ぼさないのが原則である（会更202条４項本文）。

　ただし、抗告裁判所又は更生計画認可の決定をした裁判所は、決定の取消しの原因となることが明らかな事情及び更生計画の遂行によって生ずる償うことができない損害を避けるべき緊急の必要があることにつき疎明があったときは、抗告人の申立てにより、当該即時抗告につき決定があるまでの間、担保を立てさせて、又は立てさせないで、当該更生計画の全部又は一部の遂行を停止し、その他必要な処分をすることができる（会更202条４項ただし書）。

　ｃ　会社更生手続における権利保護条項（クラムダウン）

　　ア　権利保護条項の意義

　一部の種類の権利の組において、更生計画案が多数決要件（会更196条５項）を満たさず不同意とされた場合においても、裁判所は更生計画案を変更

---

[43] 『更生計画の実務と理論』388頁。

して、不同意とされた種類の権利者のために一定の権利保護条項を定めた上で、更生計画認可の決定をすることができる（会更200条1項）。なお、このような認可の方法を指して「クラムダウン」と呼ぶことがある。

更生計画案の提出に至るまでには管財人をはじめとする手続機関及び各種の利害関係人の努力が積み重ねられていることから、決議における一部の者の不同意が直ちに会社更生手続の廃止を導くのを防ぐために、このような制度が設けられている[44]。

なお、「一部」の組における不同意が要件とされているから（会更200条1項柱書）、全ての組で不同意とされた場合には、権利保護条項による認可をすることはできない。

　イ　権利保護条項の内容

権利保護条項の内容は、更生担保権者・更生債権者・株主について、それぞれ定められているが、このうち更生担保権者と更生債権者に係るものを示すと、【図表3－9－10】のとおりである（会更200条1項）。

更生担保権者に関する②の「公正な取引価額」とは、担保権の目的財産を売却する以上、継続企業を前提とした評価はできないことから、清算価格を意味することになると解されている[45]。評価の時点については、更生手続開始時とするか、あるいは更生計画案作成時に接着した時点とするかにつき争いがあるものの、東京地裁は後者の考え方に立つようである[46]。

また、更生担保権者に関する④の具体例としては、更生担保権の弁済期を繰り下げ、その代償として金利相当分を支払う場合や、売却困難な物件を代物弁済する場合が挙げられる[47]。

なお、不同意の組について更生計画で定められている条項が、既に会社更生法200条1項所定の要件を満たしているときには、裁判所は職権で権利保護条項を設けるまでもなく、更生計画を認可することができると解されている[48]。

---

[44] 松下淳一「一部の組の不同意と権利保護条項」『新会社更生法の理論と実務』239頁。
[45] 松下前掲注44『新会社更生法の理論と実務』240頁、『会更の実務（下）』314頁〔池下朗〕、『最新実務会更』269頁。
[46] 『最新実務会更』269頁。
[47] 『伊藤会更』641頁、『会更の実務（下）』314頁〔池下朗〕、『最新実務会更』269頁。

【図表3-9-10】権利保護条項の内容

更生担保権者	①その更生担保権の全部をその担保権の被担保債権として存続させること（会更200条1項1号前段）。
	②その担保権の目的である財産を裁判所が定める公正な取引価額（担保権による負担がないものとして評価するものとする）以上の価額で売却し、その売得金から売却の費用を控除した残金で弁済し、又はこれを供託すること（会更200条1項1号後段）。
	③裁判所の定めるその権利の公正な取引価額を支払うこと（会更200条1項3号）。
	④その他上記に準じて公正かつ衡平に当該権利を有する者を保護すること（会更200条1項4号）。
更生債権者	①破産手続が開始された場合に配当を受けることが見込まれる額を支払うこと（会更200条1項2号）。
	②裁判所の定めるその権利の公正な取引価額を支払うこと（会更200条1項3号）。
	③その他上記に準じて公正かつ衡平に当該権利を有する者を保護すること（会更200条1項4号）。

　　ウ　権利保護条項の事前設定

　一部の組で更生計画案に対する同意が得られないことが明らかである場合、裁判所は、更生計画案の作成者の申立てにより、あらかじめ、かかる種類の権利を有する者のための権利保護条項を定めて更生計画案を作成することを許可することができる（会更200条2項）。この申立てがあったときは、裁判所は、申立人及びかかる種類の権利を有する者のうち1人以上の意見を聴取するものとされている（会更200条3項）。

　この許可を受けて更生計画案が作成された場合、権利保護条項が定められた権利を有する者は、計画案の決議において議決権を行使することができない（会更195条）。

48　東京高決昭56.12.11（判時1032号124頁）、『条解会更（下）』648頁、松下前掲注44『新会社更生法の理論と実務』239頁、『最新実務会更』271頁。

エ　実務対応

　実務上、更生計画案における権利保護条項の事前設定が利用される例は少なく、事後的に権利保護条項を設定する場合においても、原更生計画案の条項が会社更生法200条１項所定の要件を満たすとして、原計画案をそのまま認可することが多いと指摘されている[49]。

　金融機関が大口の更生債権者等である場合、通常は、更生担保権に係る債権調査や計画案策定の過程で、自らの求める更生担保権額あるいは弁済率等の条件を実現すべく、管財人と交渉することになろう。その中で、管財人側がいわば交渉上の最終手段として、クラムダウンの可能性に言及し、更生債権者等としては、清算価値での弁済がなされるリスクを念頭に置きつつ、交渉上の適切な調整点を模索するといったケースが多いと思われる。

　クラムダウンの制度は、本来は事業継続を前提とする会社更生手続において、更生債権者等に対し、清算価値での弁済を強制的に甘受させる結果をもたらすものであるから、その現実の利用は抑制的であるべきである。あくまでも、バランスのよい計画案を策定するための、一つの交渉のツールとして利用することを第一義とすべきであろう。

---

[49] 安部公己「クラムダウン、権利保護条項」『展望』556頁～557頁参照。

第10章

連帯保証をめぐる諸問題

1 法的整理手続における全部義務者の取扱い

　連帯債務者や連帯保証人のように、複数の債務者が同一の債務全額についての支払義務を負担する場合（このような債務者のことを全部義務者と呼ぶ）において、一部の債務者に破産手続、民事再生手続又は会社更生手続（以下「法的整理手続」という）が開始されたときには、その他の全部義務者と債権者との権利関係を処理・調整する必要が生じる。物上保証人についても同様である。

　以下では、このような多数当事者の権利関係についての法的整理手続における取扱いについて、主に連帯保証人について説明する。

(1) 開始時現存額主義

　債権者は、主債務者について法的整理手続が開始した場合、主債務者以外に全部義務を負担する連帯保証人等や物上保証人が存在する場合であっても、手続開始時点の債権額全額について、主債務者に対する破産債権、再生債権又は更生債権（以下「再生債権等」という）として権利行使（法的整理手続に参加）することができる（破104条、民再86条2項、会更135条2項）。また、債権者は、連帯保証人等の全部義務者や物上保証人に法的整理手続が開始した場合も、手続開始時点の債権額全額について、連帯保証人等に対する再生債権等として権利行使（法的整理手続に参加）することができる。

　この原則を開始時現存額主義といい、この帰結として、主債務者の法的整理手続開始後に、債権者が連帯保証人から一部弁済を受けたとしても、債権者が債権全部の弁済を受けるまでの間、主債務者の法的整理手続において行使できる債権額は減少しない（破104条2項、民再86条2項、会更135条2項）。

【図表3−10−1】開始時現存額主義

[主債務者について再生手続開始]

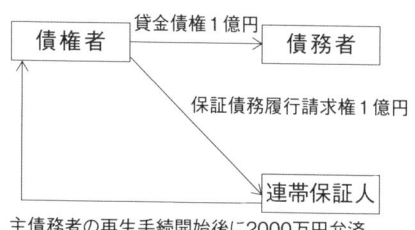

債権者 →(貸金債権1億円)→ 債務者
債権者 →(保証債務履行請求権1億円)→ 連帯保証人
主債務者の再生手続開始後に2000万円弁済

債権者は、債務者の再生手続において1億円全額を再生債権として行使できる。

[連帯保証人について再生手続開始]

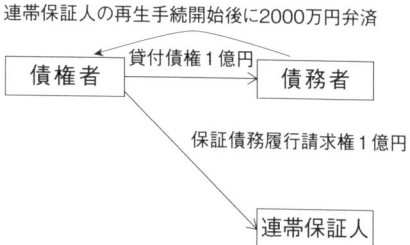

連帯保証人の再生手続開始後に2000万円弁済
債権者 →(貸付債権1億円)→ 債務者
債権者 →(保証債務履行請求権1億円)→ 連帯保証人

債権者は、連帯保証人の再生手続において1億円全額を再生債権として行使できる。

同様に、連帯保証人の法的整理手続開始後に、債権者が主債務者から弁済を受けたとしても、連帯保証人の法的整理手続において行使できる債権額は減少しない。

(2) 将来の求償権を有する全部義務者の手続参加

　将来の求償権を有する全部義務者（委託を受けた連帯保証人等）は、債権者が貸付債権を再生債権等として権利行使している間は、事前求償権を再生債権等として権利行使することはできず、債権者が権利行使しない場合に限り、事前求償権全額を再生債権等として権利行使することができる（破104条3項、民再86条2項、会更135条2項）。

　また、債権者が権利行使をした場合、将来の求償権を有する全部義務者は、債権者の債権全額が消滅したときに限り、求償権の範囲内において、債権者が有した権利を行使することができる（破104条4項、民再86条2項、会更135条2項）。債権者の債権の一部だけが消滅した場合では、連帯保証人は、事後求償を法的整理手続において再生債権等として権利行使することはできない。

(3) 事後求償権を有する全部義務者の手続参加

　連帯保証人等の全部義務者が法的整理手続開始前に貸主に対して債務の一

部を履行している場合、債権額全額について弁済を行っていないとしても、同全部義務者は、法的整理手続開始前に履行した部分の事後求償権について、再生債権等として権利行使することができる（債権者は、既に全部義務者から履行を受けた部分を除く債権残額について、再生債権等として権利行使することができる）。

(4) 債権者が複数の債権を有している場合の処理

例えば、債権者が主債務者に対して複数の再生債権等を有しており、物上保証人が債権者に対して複数の債権を被担保債権とする根抵当権を設定している場合、開始時現存額主義を個々の再生債権等ごとに判断するのか、それとも根抵当権で担保されている全再生債権等の合計に対して判断するのかが問題となる。

最三小判平22.3.16（民集64巻2号523頁）は、債権者が物上保証人等からの弁済を一部の被担保債権に充当して一部の被担保債権全額の弁済を受けた場合、開始時現存額主義は実体法上の債権額と法的整理手続上の取扱いの乖離を例外的に認めるものであることなどを理由として、根抵当権で担保されている個々の被担保債権ごとに法的整理手続上の権利行使の可否を判断するべきであるとし、その他の被担保債権の全額についてのみ権利行使すること

【図表3−10−2】複数の債権を有している場合

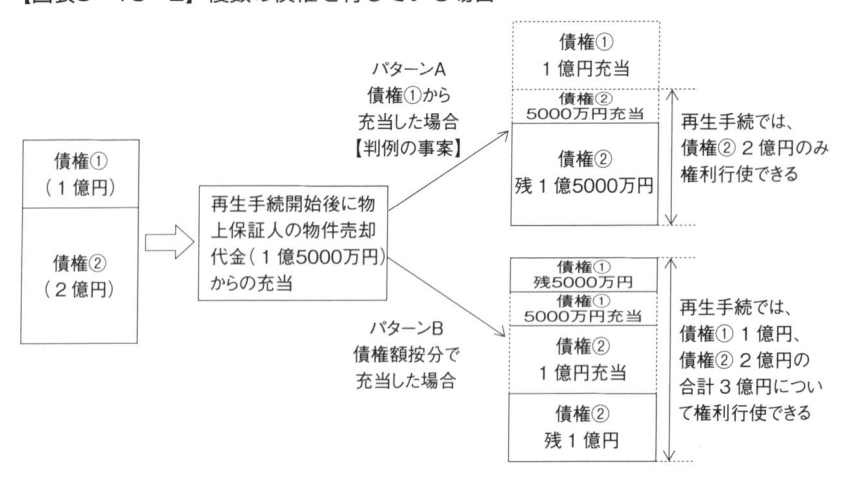

ができると判示した。

上記最高裁判例の帰結として、例えば、債権者が再生債権①（1億円）と再生債権②（2億円）を有しており、両債権を被担保債権として物上保証人所有の不動産に根抵当権を設定している場合において、根抵当権解除の対価として、物上保証人から1億5000万円が弁済されたとき、債権①（1億円）について1億円を充当し、債権②（2億円）について5000万円を充当すると、充当後に再生債権として行使できる債権額は債権②の2億円のみとなる（パターンA）。

一方、パターンBのように、債権額按分で充当し、債権①（1億円）について5000万円を充当し、債権②（2億円）について1億円を充当すれば、充当後であっても、債権①と債権②の合計額3億円を権利行使できることとなる。

債権者としては、物上保証人からの弁済によって一部の被担保債権全額の弁済を受けてしまうと、同債権が消滅することとなるため、再生債権等として行使できる債権が少なくなってしまう点に留意が必要であり、このような場合においては複数の被担保債権に対して按分充当する必要がある。

2　免除の効力の相対効

主債務者の再生計画等に基づき、主債務者に対する債権の一部又は全部の免除の効力が生じた場合でも、保証人等の全部義務者に対する債権者の権利は何ら影響を受けないとされている（民再177条2項、会更203条2項）。

すなわち、（開始時現存額主義の効果として）債権者の連帯保証人等に対する請求が制限されることはなく、債権者は債権全額の弁済を受けるまでの間、連帯保証人に対し開始決定時の債権額全額の請求をできるのであって、主債務者に対する免除の効力は、相対的に（当該主債務者に対してのみ）生じるに過ぎない。

3　グループ会社倒産の場合

親子会社等の複数のグループ会社が同時に法的整理手続を遂行する場合に

は、再生計画等により、グループ会社に対する再生債権等の弁済条件について、通常とは異なる特別の規定が定められることがある。グループ会社の更生計画に基づく合併の規定が設けられる場合に多く、合併についての会社法の特則が規定されていない民事再生手続においては利用されていないため、以下においては、会社更生手続に関して説明する。

(1) パーレイト条項

a 意 義

パーレイト条項とは、複数のグループ会社が同時に会社更生手続を遂行している場合に、更生会社である複数のグループ会社の更生計画において、更生債権や更生担保権について同一の弁済率・弁済条件を設定する場合の当該弁済に関する条項のことをいう。

複数の更生会社がグループ会社であったとしても、会社更生手続は個別の会社ごとに独立した手続として遂行されるものであるから、本来、更生計画における更生債権等の弁済率・弁済条件も個別に定められるのが原則である。

しかし、グループ会社は、同一のオーナーや経営者の下、複数の会社全体で一つの企業体を構成し一体として経営されていることが多く、グループ内の各社は一事業部門的な役割を担っているに過ぎないといったケースも多い。そのため、グループ会社各社の更生計画において、更生債権等の弁済率・弁済条件を同一とするパーレイト条項が設けられることがあり、特に、合併を内容とする更生計画を策定する場合に、このような条項が設けられることが多い。

更生会社にとっては、グループ会社各社を一律に扱うことにより手続の簡素化を図ることができるというメリットがある。

b パーレイト条項についての公平性の確保

本来、グループ会社であっても、個別の会社ごとに更生債権の弁済率・弁済条件を算定するのが原則である。個別に弁済率を定めた場合、パーレイト条項による場合と比較して債権者にとって明らかに有利であると認められる

場合には、当該更生会社に対する債権者と他の更生会社に対する債権者との間の衡平が害される可能性がある。

そのため、パーレイト条項は、更生会社間の合併が定められる場合において必ず認められるものではなく、債権者間の衡平が害される場合には許容されないといえる。債権者としては、各更生会社の財務状態から想定される弁済率や各更生会社の事業の一体性等の事情を考慮しつつ、更生計画案の策定・提出前に管財人に対して意見表明したり、更生計画案に対する賛否等を判断する必要がある。

(2) 重複債権の処理

複数のグループ会社が同時に会社更生手続を遂行している場合、グループ会社のうち1社に対して主たる債権を有している債権者が、他のグループ会社に連帯保証債権を有しているケースは多い。

グループ会社の合併を内容とする更生計画を策定する場合であっても、債権者は連帯保証しているグループ会社各社に対し、開始決定時の債権額全額を基準として各グループ会社の会社更生手続に参加できるのが原則である（前記1、開始時現存額主義。会更135条2項、破104条）。

しかし、債権者の多くが、更生会社であるグループ会社各社を一体と評価して与信管理を行っており、子会社に対する債権を親会社が連帯保証しているとしても、双方から債権の弁済を受けることは想定していないといった場合も存在する。

このような場合において、債権者がグループ各社に重複して権利行使し、グループ各社から弁済を受けることがかえって債権者間の衡平を害するケースも想定されることから、実務上、更生計画において、主たる債権と連帯保証債権その他全部義務を定める債権については、最も多額の債権のみを残して他は消滅させたり、連帯保証債権については弁済率を低く設定するといった取扱いがなされることがある。債権者としては、このような重複債権の処理が債権者間の衡平に資するものであって許容されるかどうかを判断する必要があるといえる。

第11章
手続終結

1 手続終結にあたっての留意点

(1) 民事再生手続の終結

　裁判所は、以下のいずれかの場合には、再生債務者若しくは監督委員の申立てにより又は職権で、民事再生手続終結の決定をしなければならない。
　①監督委員又は管財人が選任されていない場合……再生計画認可決定が確定したとき（民再188条1項。この場合、再生債務者の申立て等は不要）
　②監督委員が選任されている場合……再生計画が遂行されたとき、又は再生計画認可の決定が確定した後3年を経過したとき（民再188条2項）
　③管財人が選任されている場合……再生計画が遂行されたとき、又は再生計画が遂行されることが確実であると認めるに至ったとき（民再188条3項）

　民事再生手続終結決定により、監督命令及び管理命令の効力は失われる（民再188条4項）。

(2) 会社更生手続の終結

　裁判所は、以下のいずれかの場合には、管財人の申立てにより又は職権で、会社更生手続終結の決定をしなければならない（会更239条1項）。
　①更生計画が遂行された場合（会更239条1項1号）
　②更生計画の定めによって認められた金銭債権の総額の3分の2以上の額の弁済がされた時において、当該更生計画に不履行が生じていない場合（ただし、裁判所が、当該更生計画が遂行されないおそれがあると認めたとき

は、この限りでない)(会更239条1項2号)
③更生計画が遂行されることが確実であると認められる場合(前号に該当する場合を除く)(会更239条1項3号)

(3) 債権者の留意点

a 再生債権者等としての留意点

　民事再生手続においては監督委員が選任されているのが通常であるが、その場合、再生計画が遂行(再生計画に基づく再生債権の弁済の完了が前提)されるか再生計画認可決定確定から3年を経過すると、民事再生手続は終結することになる。すなわち、再生計画に基づく弁済期間が3年以上であり、再生債権の弁済が完了していない場合であっても、再生計画認可決定確定から3年経過することにより必ず終結することになり、その後は監督委員による再生計画の履行の監督も行われない。

　会社更生手続においては終結の時期は定められていないが、更生計画に基づく更生債権等の弁済が3分の2程度しか完了していない場合であっても、会社更生手続が終結する場合がある。

　このように、再生債権等の弁済が終了していない場合であっても再生手続等が終了する場合、再生債権等しか保有していない金融機関としては、履行を確保するためのコベナンツ等により債務者の監視を行うことができないため、必要に応じて債務者に対して資料徴求する等によって債務者の監視や履行の確実性の確保を図る必要がある。

　また、民事再生手続において弁済期間が3年以上である場合に3年を超えて民事再生手続が継続されるとすれば、管理命令が発令されて管財人が選任されていることが必要となるが、通常、民事再生手続において管理命令が発令されるケースは稀であるため、再生債権者としては再生計画案の提出の時点や、再生計画案に対する賛否の表明の時点で、3年以上の分割弁済型の再生計画案については特に将来の履行可能性とその確保のための方策を十分検討する必要があるといえる。

b　共益債権者としての留意点

　民事再生手続や会社更生手続の継続中に破産手続に移行した場合、再生手続等における共益債権は破産手続において財団債権として保護されることになるため、共益債権の法的安全性は高い（民再252条6項、会更254条6項）。

　しかし、再生手続等の終結以降は、再生手続等における共益債権は、その後債務者に再度の法的整理手続が開始した場合において、破産債権や再生債権、更生債権として取り扱われることになる。すなわち、財団債権や共益債権としての優先性を受けられなくなり、再度の法的整理手続において権利変更の対象となってしまう。

　そのため、再生会社等にDIPファイナンスを実行している金融機関等の共益債権者としては、再生手続等が終結することにより逆に法的リスクが高まることに留意する必要がある。融資の目的等にもよるといえるが、DIPファイナンス実行時の金銭消費貸借契約書において、再生手続等の終結をDIPファイナンスによる貸付金の弁済期とすることや、弁済期に先立ち再生手続等が終結する場合を繰上一括弁済事由として定める等の対応も検討する必要がある。

2　EXITファイナンス

(1)　EXITファイナンスの目的

　EXITファイナンスとは、再生債権等の一括弁済による再生手続等の終結を目的として行う融資である。再生計画等において当初定めた弁済時期に弁済するための融資として実行される場合もあれば、再生計画等において当初定めた弁済時期を前倒しして、繰上一括弁済するために融資される場合もある。

　再生債権者である取引先等にとっては、再生手続等が係属していることは既知の事実であることに加え、再生会社や更生会社であることは商業登記簿謄本に記載されているため、再生計画等が認可された以降も、顧客を含めた

外部に対しては、再生会社等であることによって信用状態はさほど改善されないのが通常であるといえる。

再生手続等が終結すると、再生会社等はその旨を取引先や顧客等にも告知できることに加え、その主文及び理由の要旨が官報公告されるとともに（民再188条5項、会更239条2項）、再生手続等の終結の登記がなされる（民再11条5項3号、会更258条7項・234条5号）。

そのため、EXITファイナンスを実行することにより再生手続等を終結することができれば、再生会社等の信用状態は大きく改善し、（再生会社等ではない）通常の会社として再スタートを切ることが可能となる（前記のとおり、再生手続等の継続中に発生した債権は共益債権となるため、再生手続等が継続している方が取引債権者等にとっても法的安全性が高いといえるが、そのことは商取引先や顧客への信用回復にはさほど寄与しないといえる）。この点に、再生会社等にとってのEXITファイナンスのメリットがある。金融機関にとっては、再生手続等によって財務体質が飛躍的に改善した再生会社等に対する融資のリスクはさほど大きくない一方、再生会社等であったことから新規融資を実行する金融機関は多いとはいえず、比較的高い利率での新規融資が実行可能である点にメリットがあるといえる。

(2) 手続終結前のEXITファイナンス

再生会社等が再生計画等の規定どおりに再生債権等の弁済を行うためにDIPファイナンスを受ける場合、再生手続等において必要な場合の監督委員の同意（又は裁判所の許可）や会社更生手続における裁判所の許可等の通常のDIPファイナンスに伴う手続のほか、特段の手続が必要となることはない（DIPファイナンスに伴う手続については第2部第3章（67頁）参照）。

再生債権等の繰上一括弁済を行う場合、繰上一括弁済に際して現在価値に割り引いた額で弁済を行うかどうか、再生計画等における弁済方法の条項（繰上一括弁済のための条項が設けられているか、弁済方法の選択が定められているか）等によって手続が異なり、再生計画等の変更の手続が必要となる場合がある。もっとも、実務的には、再生計画等の変更の手続が必要となり得る場合にも、対象となる再生債権者等全員から個別の同意を得て、再生計画等

の変更の手続を経ずに、繰上一括弁済を実行することも多い。

a　繰上一括弁済の規定がなく、現在価値に割り引いた額で弁済を行う場合

　再生計画等において、早期一括弁済を行う場合に現在価値に割り引いた金額での弁済を行う旨規定されている場合（特に更生計画においては定められている事例が相当数ある）、規定どおりの弁済となることから、再生計画等の変更等の手続は必要ない。

　これに対し、再生計画等に繰上一括弁済に際して現在価値に割り引いた金額での弁済を行う旨の規定がないにもかかわらず、現在価値に割り引いた金額のみ弁済するとすれば、再生債権者等にとっては不利益な変更に当たるといえるため、再生計画等の決議のための手続に準じて（具体的には債権者集会の開催や書面投票等によって）再生計画等の変更の手続を経る必要がある（後記c、d参照）。

b　繰上一括弁済の規定がなく、再生計画等どおりの弁済率を弁済する場合

　繰上一括弁済のための規定が再生計画等に設けられていない場合において、再生計画等に定める時期よりも早期に繰上一括弁済を行う場合、再生計画等を変更する必要が生じる（民再187条1項、会更233条1項）。この場合、原則として再生債権者等に不利益が生じることがないため、裁判所の決定のみによって変更することが可能である。

　これに対し、再生計画等における再生債権等の弁済方法として、分割弁済型によるか一括弁済型によるかを再生債権者等が選択できる旨を定めている場合がある。具体的には【図表3－11－1】のようなケースである。

【図表3－11－1】選択型の再生計画（例）

> 再生債権者は、以下のいずれかを選択することができるものとする。
> (a)　確定再生債権の元本及び開始決定前の利息・遅延損害金のうち10％を、再生計画認可決定確定後3ヶ月以内の日から5年間で分割して毎年2％ずつ弁済する。
> (b)　確定再生債権の元本及び開始決定前の利息・遅延損害金のうち5％を、再生計画認可決定確定後3ヶ月以内の日に一括して弁済する。

このような場合において、一括弁済型による５％の弁済(b)を選択した再生債権者等がいる場合、その弁済を行った後に、分割弁済型を選択した再生債権者等に対して予定している弁済の全額を早期に繰上弁済する（(a)により予定されている10％全額を、繰り上げて一括して弁済する）とすれば、一括弁済型(a)を選択して既に弁済を受けた再生債権者等との公平を害するとされ、一部の債権者にとって不利な変更に該当すると解される可能性がある。
　そのため、前記ａの場合と同様、再生計画等の決議のための手続に準じて、再生計画等の変更を行う必要性が生じる可能性がある点に留意する必要がある（後記ｃ、ｄ参照）。

c　再生計画の変更の手続

　再生計画認可の決定がされた後やむを得ない事由により再生計画に定める事項を変更する必要が生じたときは、裁判所は、民事再生手続終了前に限り、再生計画を変更することができる（民再187条１項）。
　「やむを得ない事由」とは、自然災害による損害の発生、経済情勢の急変、主要取引先の倒産など外部的事情のほか、業績不振など再生債務者の内部的事情でもよいとされている。ただし、安易に再生計画の変更を認めるべきではないことから、再生計画認可後に生じた事由であり、かつ、認可決定当時予想が困難であったものに限られるとされている。
　再生計画の変更は、民事再生手続終了前に限られる（民再187条１項）。
　したがって、監督委員が選任されている場合は再生計画認可決定の確定後３年以内、管財人が選任されている場合は再生計画が遂行され又は遂行されることが確実となったときまでとなる（民再188条参照）。
　再生債権者に不利な影響を及ぼす再生計画の変更の申立てがあった場合には、再生債権者の権利を保護するため、再生計画案の提出があったときの手続に関する規定を準用する（民再187条２項）。すなわち、債権者集会における決議等を行う必要がある。ただし、再生計画の変更によって不利な影響を受けない再生債権者は、手続に参加させることを要せず、また、変更計画案について議決権を行使しない者（変更計画案について決議をするための債権者集会に出席した者を除く）であって従前の再生計画に同意したものは、変更計画案に同意したものとみなされる（民再187条２項ただし書）。

d　更生計画の変更の手続

　更生計画認可の決定がされた後やむを得ない事由により更生計画に定める事項を変更する必要が生じたときは、裁判所は、会社更生手続終了前に限り、更生計画を変更することができる（会更233条1項）。

　「やむを得ない事由」とは、民事再生手続の場合と同様、自然災害による損害の発生、経済情勢の急変、主要取引先の倒産など外部的事情のみならず、業績不振など更生会社の内部的事情でもよいとされている。

　更生計画の変更は、会社更生手続終了前に限られる（会更233条1項）。

　更生債権者・更生担保権者又は株主に不利な影響を及ぼす更生計画の変更の申立てがあった場合には、更生債権者・更生担保権者又は株主の権利を保護するため、更生計画案の提出があったときの手続に関する規定を準用する（会更233条2項）。すなわち、債権者集会における決議等を行う必要がある。ただし、更生計画の変更によって不利な影響を受けない更生債権者・更生担保権者又は株主は、手続に参加させることを要せず、また、変更計画案について議決権を行使しない者（変更計画案について決議をするための債権者集会に出席した者を除く）であって従前の更生計画に同意したものは、変更計画案に同意したものとみなされる（会更233条2項ただし書）。

(3)　手続終結後のEXITファイナンス

　再生手続等の終結後に再生債権等の弁済が残っている場合において、繰上一括弁済を行う場合についても、手続終結前と同様、特に、繰上一括弁済のための条項が設けられているか否かによって異なる。

　手続終結後においては、再生計画等の変更をすることができないため（民再187条1項、会更233条1項）、繰上一括弁済のための条項が設けられていなければ、再生計画等に従って弁済しなければならないといえる。もっとも、再生計画等に定めた弁済額のうち残額全額を一括して繰上弁済するのであれば、実質的には再生債権者等にとって全くデメリットはないといえるため、再生債権者等へ事前の通知等を行った上で弁済を実行することも考えられるといえよう（再生債権者等全員から個別の同意を得ることが望ましいが、仮に同

意が得られていないとしても、再生計画等に基づく弁済の効力が生じるものと解される)。

第12章 計画不履行時の対応

1 計画不履行時の対応

(1) 計画変更

　再生計画又は更生計画の認可決定後、計画に基づく弁済の終了までに一定の期間を要する場合、その間に経済情勢の変化や業績悪化といった不測の事態等が生じると、計画の遂行が困難になることがある。この場合、民事再生手続又は会社更生手続を裁判所の決定により直ちに廃止し破産手続に移行することも可能とされているが（民再194条、会更241条）、再生債務者等や管財人としては、第一次的には破産移行を回避し民事再生手続、会社更生手続を維持することを志向するのが通常であるし、債権者等の利害関係人にとっても、直ちに二次破綻させるよりは、弁済条件を緩和する等により債務者の事業を維持継続させ、二次ロスの発生を限定的とする方が回収極大化の観点からむしろ望ましい場合もある。このような場合に備え、民事再生法・会社更生法は手続の終了前に限って計画変更を行うことを可能としており、そのための手続を定めている。

a 民事再生手続

ア 再生計画変更の範囲

　民事再生法187条1項は、再生計画の変更手続を経る必要がある範囲を「再生計画に定める事項を変更する」場合としている。この点、権利変更の条件（民再154条1項）や未確定再生債権に関する措置（民再159条）といった再生計画の絶対的必要的記載事項、あるいは債権者委員会の費用の再生債務者による負担に関する条項（民再154条2項）や再生債務者以外の者の債務負

担に関する定め（民再158条）といった再生計画の相対的必要的記載事項（民再154条2項・158条等）の変更が、「再生計画に定める事項を変更する」場合に含まれることには争いがない。

これに対して、再生債務者による株式の取得、資本金の額の減少、発行可能株式総数の変更等に関する定め（民再161条）や、募集株式の募集（新株の発行）に関する定め（民再162条）といった任意的記載事項の変更が「再生計画に定める事項を変更する」場合に含まれるか否かについては、否定説もあるが、現在では肯定する見解が多数のようである[1]。

肯定説により、これらの任意的記載事項の変更が再生計画の変更の対象に含まれることを前提とすると、かかる変更にあたっては民事再生法上の再生計画変更に関する手続を履践すれば足り、別途株主総会決議等の会社法上の手続は不要となる。

イ　計画に記載のない任意的記載事項の追加実施

「計画の変更」には、①既に計画に記載された任意的記載事項の内容を変更する場合（例えば、計画所定の新株発行について、発行する株式の数を変更するといった場合）のみならず、②計画に記載のない事項を新たに行おうとする場合（例えば、計画に新株発行に関する何らの記載もない中で、新たにスポンサー等に対し新株発行を行う場合）も含まれるか。

この点、会社更生法上は、後述のとおり、新株発行のような一定の組織的事項は更生計画によらない限り行い得ないと定めていることから（会更45条）、上記②のような追加実施も更生計画の変更手続を要し、かつそれで足りる（すなわち、会社法上の手続は要しない）と解されている。そして、民事再生法における計画の変更に関する規定の文言が会社更生法のそれを踏襲している以上、民事再生法上も、計画に記載のない任意的記載事項を新たに行うにあたっては計画変更の手続を経れば足り、別途会社法上の手続は要しないと解すべきではないかと思われる。しかしながら解釈は定まっておらず[2]、実務上の取扱いは保守的にならざるを得ない（すなわち、計画変更の手続に加え会社法上の手続を履践することになる）のではないかと考えられる。

1　『伊藤破産・民再』823頁～824頁、『新注釈民再（下）』175頁〔伊藤尚〕。
2　『新注釈民再（下）』176頁〔伊藤尚〕。

更に進んで、会社法上の手続を履践しさえすれば、計画変更の手続を要しないとする考え方もあり得る。すなわち、会社更生法45条のような規定が民事再生法に存在しない以上、新株発行等は再生手続外でも会社法上の手続を履践することにより実施し得るのであるから、計画に記載のない新株発行等はそもそも「計画の変更」に該当せず、これらを新たに行う場合も、会社法上の手続を履践すれば別途計画変更の手続は要しないとする考え方である[3]。

しかしながら、再生債権者の立場からすれば、計画の履行可能性に影響を与え得る事柄である限り、当初の計画に記載のない任意的記載事項を新たに行おうとする場合も、「計画の変更」に該当するものとして、(会社法上の手続に加え)民事再生法上の計画変更手続を要すると解すべきである。個別の事案において、万が一、再生債務者等が計画変更の手続を経ることなく任意的記載事項の追加実施を行おうとする場合には、債権者としては再生債務者等あるいは裁判所に対し、計画変更手続を履践するよう求める必要が生じ得よう。

なお、再生計画上に記載された努力目標や資金調達の方法等を変更する場合は、計画の履行可能性（再生債権の弁済可能性）に影響を生じさせるものでない限り、再生計画変更の手続による必要はないと解される[4]。また、共益債権や一般優先債権の弁済方法に関する条項も、これらの債権は民事再生手続によらずに随時弁済が可能であるから、変更手続は不要である。

　ウ　要件及び手続

再生計画を変更するためには、下記(i)ないし(iii)の要件を全て充足する必要がある（民再187条1項）。

(i) 民事再生手続終了前であること
(ii) 再生計画認可の決定があった後やむを得ない事由で再生計画に定める事項を変更する必要が生じたこと
(iii) 再生債務者、管財人、監督委員又は届出再生債権者の申立てがあること

変更後の再生計画についても当然に民事再生法の規律が及ぶため、債権者

---

[3] 『条解民再』983頁〔須藤英章〕は、このような考え方によっているように思われる。
[4] 『新注釈民再（下）』171頁〔伊藤尚〕。

平等の原則（民再155条1項本文）や清算価値保障原則（民再174条2項4号。なお、清算価値保障原則の基準時点は、再生手続開始決定時となる）が確保される必要がある。

　要件(i)について、再生計画の変更は、再生計画認可決定後、民事再生手続の終了前までしかすることができず、民事再生手続の終結決定（民再188条）[5]後や、廃止決定（民再193条・194条）の確定により民事再生手続が既に終了している場合には、民事再生法に基づく再生計画の変更はすることができない。民事再生手続が終了した後で再生計画を変更しようとする場合、再生債務者等と（変更の対象となる）再生債権者との間で個別の合意を締結する必要がある。

　要件(ii)について、「やむを得ない事由」としては、自然災害、経済情勢の変化、取引先の倒産、事業用設備の焼失・滅失など、原再生計画認可決定当時に予測ができなかった事由が当該認可決定後に生じ、原再生計画の遂行が困難になった場合等が挙げられる[6]。

　要件(iii)について、再生計画変更の手続の申立権者は、再生債務者、管財人、監督委員又は届出をした再生債権者とされているので、共益債権者、一般優先債権者は申立てをすることができない。

　再生計画変更の決定は裁判所が行うが、弁済額（率）の変更等、再生計画の変更が「再生債権者に不利な影響を及ぼすものと認められる」場合は、「再生計画案の提出があった場合の手続に関する規定」（民再165条以下）が準用される。具体的には、労働組合の意見聴取（民再168条）、監督委員による裁判所に対する報告、債権者集会又は書面等投票による決議（民再169条2項）等を経た上で、裁判所が再生計画変更の認可又は不認可決定を行うこととなる（民再174条）。債権者集会又は書面等投票による決議に際しては、再生計画の変更によって不利な影響を受けない再生債権者は手続に参加させる必要がなく、不利な影響を受け得る再生債権者であっても変更計画案につい

---

[5] 管財人又は監督委員が選任されていない場合、再生計画認可決定確定時に再生手続の終結決定がなされる（民再188条1項）。管財人又は監督委員が選任されている場合は、再生計画が遂行されたときのほか、管財人が選任されている場合は、遂行されることが確実であるとき、監督委員が選任されている場合は再生計画認可決定から3年を経過したときに終結決定がなされる（民再188条2項・3項）。

[6] 『破産・民再の実務（下）』297頁〔西謙二・小河原寧〕。

て議決権を行使せず（変更計画案について決議をするための債権者集会に出席した者を除く）、かつ、従前の再生計画に同意した者は、変更計画案に同意したものとみなされる（民再187条2項）。

　エ　不服申立て

再生債務者等から再生計画変更の申立てがあった場合、当該変更により不利な影響を受ける再生債権者としては、前記のとおり、変更計画案の決議において賛成・反対のいずれかの票を投じることになる。

再生債権者が反対した場合で、多数決により変更計画案が可決され変更が認可された場合、当該決定に対しては、「やむを得ない事由」の不存在等を理由とした即時抗告を申し立てることが可能である（民再187条3項・175条1項）。なお、不認可決定に対する即時抗告は認められないため、反対票が奏功して再生計画が変更されなかった場合は、再生債務者等は従前の再生計画に基づいた弁済義務を引き続き負うことになる（民再9条）。

　オ　その他

再生計画変更手続に基づき、いったん変更された再生計画について、変更後に更に不測の事態が生じた場合、再度の再生計画の変更は、民事再生法上の前記要件さえ充足すれば可能と解されている[7]。

再生手続終結後は、前記のとおり、再生計画の変更手続によることができないため、再生計画に定められた弁済義務等を変更する必要があるといった場合、当該変更に係る個々の再生債権者と再生債務者との間の合意により、弁済条件を変更することとなる。なお、再生手続の終結前でも、不利益を受ける大口の債権者との間の個別の和解により、当該債権者との間でのみ、再生計画に基づく弁済条件を緩和する等して、民事再生法上の計画変更手続によることなく、民事再生手続の廃止等を回避するための措置をとることは妨げられない。

なお、別除権者との間の別除権協定について、合意別除権額を縮減する等、その内容を変更しようとする場合、別除権は民事再生手続によらずに行使できる以上、再生計画変更の手続は不要であり、個別の別除権者との間の合意に基づき変更すれば足りる。もっとも、（監督委員が選任されている場合

---

[7]　『破産・民再の実務（下）』298頁〔西謙二・小河原寧〕。

には）当該合意にあたり監督委員の同意は必要となろう。

b 会社更生手続

ア 計画変更の範囲

「更生計画に定める事項を変更する」場合、裁判所は、管財人、更生会社、届出更生債権者等又は株主の申立てにより、更生計画を変更することができる（会更233条1項）。

会社更生法上、以下の行為は「更生手続開始後その終了までの間」は、更生計画の定めによらなければ行うことができない（会更45条・46条）。このように、会社更生手続においては、民事再生手続と異なり、資本金の額の減少等の会社組織に関する基本的事項も、更生計画の定めるところによらなければすることができないとされているから、これらを変更する場合も更生計画変更の手続による。また、これらの事項を当初は更生計画に定めていなかったが、更生計画認可決定後の事情の変更によって新たに追加実施する必要が生じた場合にも、更生計画変更の手続による必要があると解されている[8]。

①株式の消却、併合若しくは分割、株式無償割当て又は募集株式を引き受ける者の募集
②募集新株予約権を引き受ける者の募集、新株予約権の消却又は新株予約権無償割当て
③資本金又は準備金（資本準備金及び利益準備金）の額の減少
④剰余金の配当その他の会社法461条1項各号に掲げる行為
⑤解散又は株式会社の継続
⑥募集社債を引き受ける者の募集
⑦持分会社への組織変更又は合併、会社分割、株式交換若しくは株式移転
⑧事業の全部の譲渡又は事業の重要な一部の譲渡

なお、更生計画上に記載された努力目標等の事項や共益債権の弁済に関する定めを変更する場合は、民事再生手続の場合と同様、更生計画の変更手続は不要である[9]。

---

8 『最新実務会更』288頁～289頁。
9 『会更の実務（下）』334頁〔鹿子木康〕。

変更後の更生計画により更生会社が債務を負担し、又は債務の期限を猶予する場合における債務の期限は、原則として(i)担保物がある場合はその耐用期間又は最初の更生計画認可決定時から15年のいずれか短い期間、(ii)それ以外の場合（担保物の耐用期間が判定できない場合を含む）は、最初の更生計画認可決定時から15年を、それぞれ超えることができないとされている（会更233条3項）。もっとも例外的に、変更後の更生計画の内容が更生債権者等に特に有利なものとなる等、特別の事情がある場合は、20年を超えない範囲で債務の期限を定めることができる（会更233条3項）。なお、変更後の更生計画の定めにより社債を発行する場合又は最初の更生計画により発行した社債の期限を猶予する場合、その償還期限については制限がない（会更233条4項）。

イ　要件及び手続

　更生計画を変更するための要件は、下記(i)ないし(iii)のとおりである（会更233条1項）。

（i）　会社更生手続終了前であること
（ii）　更生計画認可の決定があった後やむを得ない事由で更生計画に定める事項を変更する必要が生じたこと
（iii）　管財人、更生会社、届出をした更生債権者等又は株主の申立てがあること

　変更された更生計画についても、民事再生手続と同様、当然に会社更生法の規律が及ぶから、公正・衡平の原則（会更168条3項）や清算価値保障原則が充足される必要がある。

　要件(i)について、更生計画の変更は、会社更生手続の終結決定や（会更234条5号）、廃止決定の確定により（会更234条4号）、会社更生手続が終了する前であることを要する。もっとも、会社更生手続の終結は、①更生計画が遂行された場合、②更生計画の定めによって認められた金銭債権の総額の3分の2以上が弁済されたときにおいて、当該更生計画に不履行が生じていない場合、③更生計画が遂行されることが確実であると認められる場合に限られており（会更239条1項）、民事再生手続のように計画認可決定から3年の経過により終結決定がなされるといったことはないから、会社更生手続の終了後に更生計画を変更する必要性が生じる事態は、あまり想定されないとい

える。仮に、会社更生手続の終了後に更生計画変更の必要が生じた場合には、民事再生手続の場合と同様、債務者と個々の債権者等との間の和解に基づき、その内容を個別に変更しなければならない。

　要件(ⅱ)について、「やむを得ない事由」とは、原更生計画認可後に生じた事由であって、原更生計画認可時に予想し得なかった事情をいう。具体的には、経済情勢の急変、法令の改廃、主要取引先の倒産、主力工場の焼失、従業員の長期ストライキによる操業停止、業績の予想外の不振等といった事情であるとされる。また、変更の必要性として、既に又は早晩、更生計画の一部又は全部の遂行が不能又は困難になり、更生計画の変更によりこのような事態の回避、解消を図ることができることが必要とされている[10]。

　要件(ⅲ)について、更生計画変更の手続の申立ては、管財人、更生会社、届出をした更生債権者のほか、届出をした更生担保権者や株主も可能である。更生計画変更の決定は裁判所が行うが、弁済額（率）の変更等、更生計画の変更が「更生債権者等又は株主に不利な影響を及ぼすものと認められる」ときは、「更生計画案の提出があった場合の手続に関する規定」（会更184条以下）が準用される（会更233条2項）。この場合、労働組合等の意見聴取手続（会更188条）や関係人集会による決議等を経た上で、裁判所が更生計画変更の認可又は不認可決定を行う（会更199条1項）。更生計画の変更によって不利な影響を受けない更生債権者等又は株主等は手続に参加させることを要せず、変更計画案について議決権を行使しない者（変更計画案の決議をするための関係人集会に出席した者を除く）であって従前の更生計画に同意したものは、変更計画案に同意したものとみなされる（会更233条2項ただし書）。

　ウ　不服申立て

　管財人等から更生計画変更の申立てがあった場合、当該変更により不利な影響を受ける更生債権者・更生担保権者としては、変更計画案の決議において賛成・反対のいずれかの票を投じることになる。

　更生債権者等が反対したにもかかわらず、多数決により変更計画案が可決され、変更計画の認可決定が発令された場合、それに対して即時抗告を申し立てることが可能である（会更233条6項）。なお、変更申立ての却下決定や

10　以上につき、『最新実務会更』287頁〜288頁。

変更計画の不認可決定に対する即時抗告は認められないから（会更9条）、かかる決定がなされた場合は、更生会社は従前の更生計画に基づいた弁済義務を引き続き負うことになる。

エ　その他

いったん、更生計画変更手続に基づき変更された更生計画について、変更後に不測の事態が生じた場合、再度の更生計画の変更も、要件を充足すれば可能と解されている[11]。

(2) 再度の法的整理手続申立て

再生計画・更生計画の認可決定後に計画の遂行が困難な事態が生じた場合、利害関係人において、一次的には、前記の計画変更の手続により、例えば弁済額を緩和したり時期を猶予するといった措置が志向される場合が多いと思われる。もっとも、計画変更は前記のとおり民事再生手続・会社更生手続の終了前でなければ行えない一方、特に民事再生手続の場合は、計画認可から3年が経過し手続が終結した後で計画変更の必要が生ずる場合もある。また、そもそも既存の計画の延長線上でこれを変更するだけでは再建が困難であるとか、あるいは関係者の理解が得られないといった場合も考えられる。このような場合、再度の法的整理手続の申立ても債務者の再建を完遂するための手段となり得る。

a　再度の民事再生手続の申立て

民事再生手続が継続している間は、再度の民事再生手続を申し立てることはできない（民再39条1項）。他方、再生手続終了後から再生計画の履行完了前までの間であれば、再度の民事再生手続を申し立てることは可能と解される（民再190条1項）。かかる申立てにつき開始決定がなされた場合、既存の再生計画によって変更された再生債権は原状に復するとされるので（民再190条1項）、既存の再生計画による減免や期限の猶予の効力は消滅し、失権した再生債権（民再178条）についても、失権の効果が消滅する。もっとも、

11　『条解会更（下）』967頁。

再生債権者が再生計画によって得た権利には影響を及ぼさないから（民再190条1項ただし書）、再生計画に基づき既になされた弁済は有効であるし、再生計画によって設定された物的・人的担保による担保提供（民再158条）も影響を受けない。

なお、民事再生法190条1項は、「再生計画によって変更された再生債権」に関してのみ、原状に復すると定めているから、再生計画によって定められた会社組織の再編といった事項の効力にも影響はない[12]。

再度の民事再生手続においては、当該再度の開始決定時を基準として、再度の開始決定前の原因に基づき生じた財産上の請求権が再生債権として、当該開始決定時点で存する担保権が別除権として、それぞれ取り扱われることが原則である。もっとも、従前の民事再生手続における共益債権は、新たな民事再生手続においても共益債権として取り扱われるので（民再190条9項）、例えば従前の手続中に貸付け（DIPファイナンス）を供与していた債権者は、引き続き、手続に取り込まれることなく、約定に従った弁済を受けることが可能である。旧手続における再生債権者は、従前の再生計画によって弁済を受けた場合でも、その弁済を受ける前の債権の全部をもって手続に参加できるとされているが（民再190条6項）、他の債権者が自己の受けた弁済と同一の割合の弁済を受けるまでは、弁済を受けることができない（民再190条7項）。

b 民事再生手続からの会社更生手続申立て

民事再生手続中であっても、①再生債務者、②再生債務者の資本金の10分の1以上に当たる債権を有する債権者、及び③再生債務者の総株主の議決権の10分の1以上を有する株主は、会社更生手続の申立てをすることができる（会更17条・24条1項参照）。民事再生手続において管財人が選任されている場合は管財人も、裁判所の許可を得て会社更生手続開始の申立てをすることができる（会更248条1項）。

かかる会社更生手続の申立てにつき開始決定がなされた場合、従前の民事再生手続は当然に中止する（会更50条1項）。

---

[12] 『条解民再』997頁〔加々美博久〕。

従前の民事再生手続において別除権であった担保付きの債権は、新たな会社更生手続においては更生担保権として取り扱われるため、担保権の行使が禁じられ、更生計画の定めるところによらなければ弁済等を受けられなくなる（会更47条1項）。もっとも、例えば別除権協定に基づき既に別除権評価部分について完済され、担保権が消滅しているといった場合には、残債権が更生債権として扱われるだけであり、当該完済部分については影響を受けないと考えられる。

従前の民事再生手続における共益債権は、会社更生手続においても共益債権として扱われる（会更50条9項1号）。

なお、民事再生手続の終了後に会社更生手続を申し立てることは、特段の法令上の制限もない以上、要件を充足すれば可能である。もっとも、この場合、会社更生法50条9項1号のような規定が存在しないため、従前の民事再生手続上の共益債権であったとしても、新たな更生手続開始決定前の原因に基づいて生じた財産上の請求権として更生債権となる。

c 会社更生手続からの再度の会社更生手続・民事再生手続の申立て

会社更生手続中は、再度の会社更生手続や民事再生手続を申し立てることはできない（会更50条1項）。したがって、更生計画が履行できない場合、会社更生手続の終了前であれば、計画変更の手続によるか、個別の債権者との間の和解により条件変更を図るほかない。

他方、会社更生手続の終了後に、再度の会社更生手続や民事再生手続を申し立てることは、要件を充足する限り可能である。この場合、再度の申立てに係る開始決定前の原因により生じた財産上の請求権は更生債権・再生債権として、当該開始決定時点に存する担保権は更生担保権・別除権として、それぞれ取り扱われることになる。

2 牽連破産手続上の対応

牽連破産手続とは、民事再生手続又は会社更生手続から破産手続に移行する場合の当該破産手続をいう。牽連破産手続に至った場合、債権者の対応としては、どのようなものが考えられるか。この点、民事再生法・会社更生法

は、①民事再生手続又は会社更生手続から破産手続に移行する場合と、②いったん破産手続が開始した債務者について民事再生手続又は会社更生手続が競合して開始し、かかる手続における計画認可後に不履行が生じて再度、破産手続に移行する場合とを分けて規定しているため、以下でもこれらの場合に分けて論ずる。

(1) 民事再生手続からの移行

a 破産手続開始前の再生債務者に対する対応

ア 再生手続開始の決定の取消し、再生手続廃止若しくは再生計画不認可の決定又は再生計画取消しの決定確定前の対応

ⅰ 破産手続開始の申立て

再生債務者（後記 b のような、先行して破産手続が開始しているといった事情のない、通常の再生債務者）について、再生手続開始の決定の取消し、再生手続廃止、再生計画不認可の決定又は再生計画取消しの決定（再生手続の終了前にされた申立てに基づくものに限る）があった場合、当該決定の確定前においても、再生債務者についての破産手続開始の申立てをすることができる（民再249条1項）。

ⅱ 保全処分等の職権発動

破産手続開始決定は、前記の再生手続廃止決定等が確定した後でなければなされないが（民再249条2項）、手続廃止決定等から当該決定の確定まで、時間的間隔があるため（なお、手続廃止決定の確定には1ヶ月程度を要するとされている）、廃止決定等が確定するまでの間、再生債務者の財産の散逸を防ぎ、財産を適正に保全・管理する必要がある。

そこで、裁判所は、再生手続開始の申立ての棄却、再生手続開始の決定の取消し、再生手続廃止、再生計画不認可又は再生計画取消しの決定があった場合、職権で、破産法に定める保全処分等を命ずることができる（民再251条1項1号、破24条1項・25条2項・28条1項・91条2項・171条1項）。

再生手続廃止決定の場合、東京地裁では、再生債務者が法人の場合は例外なく保全命令を発令し、保全管理人には監督委員を選任する運用である[13]。

債権者たる金融機関としては、民事再生手続から破産手続への移行時に、

裁判所の保全処分等が行われる限り、それに従えばよいと思われるが、仮に保全処分等が行われない場合は、再生債務者の資産を保全するため、破産法に定める保全処分等について職権発動を促すという対応が考えられよう。

　イ　再生手続開始の申立ての棄却、再生手続廃止、再生計画不認可又は再生計画取消しの決定確定後の対応

　再生債務者（破産手続開始前の再生債務者）について、再生手続開始の申立ての棄却、再生手続廃止、再生計画不認可又は再生計画取消しの決定がされ、当該決定が確定した場合、裁判所は、職権で、破産法に従い、破産手続開始の決定をすることができる（民再250条1項）。

　破産手続の開始決定がされれば、破産財団に属する財産についての管理処分権は破産管財人に専属し（破78条）、破産債権者の個別の権利実行は禁止される（破42条・100条等）。

b　破産手続開始後の再生債務者に対する対応

　ア　再生手続廃止又は再生計画取消しの決定確定前の対応

　破産手続と民事再生手続が競合した場合、民事再生手続の開始決定により、破産手続は、当然に中止される（民再39条1項）。そして、このような、破産手続開始後の再生債務者について、再生計画認可の決定が確定すれば、破産手続は効力を失う（民再184条本文）。その後に、再生手続廃止又は再生計画取消しの決定があった場合、当該決定の確定前においても、再生裁判所に再生債務者についての破産手続開始の申立てをすることができる（民再249条1項後段）。

　保全処分等については、前記aアと同様である（民再251条1項2号）。

　イ　再生手続廃止又は再生計画取消しの決定確定後の対応

　破産手続開始後の再生債務者について、再生計画認可決定の確定により破産手続が効力を失った後で、再生手続廃止又は再生計画取消しの決定が確定した場合、裁判所は、職権で、再生債務者について破産手続開始の決定をしなければならない（民再250条2項）。

　開始決定がされれば、破産財団に属する財産についての管理処分権は破産

13　『破産・民再の実務（下）』323頁〔小河原寧〕。

管人に専属し（破78条）、破産債権者の個別の権利実行は禁止される（破42条・100条等）。

(2) 会社更生手続からの移行

a 破産手続開始前の更生会社に対する対応

ア 更生手続開始の決定の取消し、更生手続廃止又は更生計画不認可の決定確定前の対応

更生会社（後記bのような、先行して破産手続が開始しているといった事情のない、通常の更生会社）について、更生手続開始の決定の取消し、更生手続廃止又は更生計画不認可の決定があった場合、当該決定の確定前においても、更生裁判所に更生会社についての破産手続開始の申立てをすることができる（会更251条1項前段）。

ただし、上記による破産手続開始の申立てに係る破産手続開始決定は、更生手続開始の決定の取消し、更生手続廃止又は更生計画不認可の決定が確定しなければ、することができない（会更251条3項）。

イ 更生手続開始の申立ての棄却、更生手続開始の決定の取消し、更生手続廃止又は更生計画不認可の決定確定後の対応

株式会社（先行して破産手続が開始していない株式会社）について、会社更生法234条1号から4号（更生手続開始の申立てを棄却する決定の確定、更生手続開始決定を取り消す決定の確定、更生計画不認可の決定の確定、更生手続廃止の決定の確定）のいずれかが生じた場合において、当該株式会社に破産手続開始の原因があると認めるときは、裁判所は、職権で、破産手続開始の決定をすることができる（会更252条1項）。ただし、当該株式会社について既に開始された民事再生手続がある場合は、この限りではない（会更252条1項ただし書）。

破産手続開始前の株式会社につき更生手続開始の申立ての棄却があった場合、及び破産手続開始前の株式会社につき更生手続開始の決定の取消し、更生手続廃止又は更生計画不認可の決定が確定した場合、会社更生法においても、裁判所が職権で破産法に定める保全処分等を行うことができる旨の規定が設けられている（会更253条1項1号・2号、破24条1項・25条2項・28条1

項・91条2項・171条1項)。

　民事再生手続と違って、会社更生手続の場合、管財人が選任されて管財人に財産の管理・処分権が専属するため、保全処分等を行うためには、更生手続開始の決定の取消し、更生手続廃止又は更生計画不認可の決定がされた場合であっても、当該決定が確定することが必要である(会更253条1項2号)。

b　破産手続開始後の更生会社

　破産手続と会社更生手続が競合した場合、会社更生手続の開始決定により、破産手続は、当然に中止される(会更50条1項)。

　ア　決定確定前の対応

　このような破産手続開始後の更生会社について、更生計画認可の決定があれば破産手続は効力を失うが(会更208条本文)、その後で更生手続廃止の決定があった場合、当該決定の確定前においても、更生裁判所に当該更生会社についての破産手続開始の申立てをすることができる(会更251条1項後段)。

　ただし、上記による破産手続開始の申立てに係る破産手続開始決定は、更生手続廃止の決定が確定しなければ、することができない(会更251条3項)。

　イ　決定確定後の対応

　破産手続開始後の更生会社について、更生計画認可の決定により破産手続が効力を失った後に更生手続廃止の決定が確定した場合、裁判所は、職権で、破産法に従い、破産手続開始の決定をしなければならない(会更252条2項)。

　また、この場合、裁判所は、職権で、破産法に定める保全処分等を行うことができる(会更253条1項3号)。

(3)　牽連破産手続における先行手続の取扱い

a　共益債権の財団債権化

　先行する民事再生手続若しくは会社更生手続が挫折し、牽連破産手続に移行した場合又は中止されていた破産手続が続行される場合には、先行する手続における共益債権は、当該破産手続において財団債権として取り扱われる(民再252条6項、会更254条6項)。

先行する再建型手続と牽連する破産手続を一体として扱い、利害関係人間の公平と円滑な手続の移行を担保する趣旨である。

この点、新たに移行する牽連破産手続において財団債権として取り扱われる固有の債権と、先行する手続の中で共益債権として取り扱われていた債権との間の順位関係が問題となる。

後続の手続である牽連破産手続の中では、管財人報酬等の破産法148条1項1号・2号の請求権が、財団債権の中でも、最優先で弁済を受ける（破152条2項）。

ここで、先行する民事再生手続又は会社更生手続におけるDIPファイナンスによる貸付債権（共益債権）は、後行する牽連破産手続において、第2順位の財団債権の中で先行して弁済する運用があるとされる。もっとも、これは、担保権の受戻しとして弁済することによる事実上の扱いとも解されており[14]、第2順位の財団債権の中で確実に優先されるとは限らない。もとより、財団そのものが十分に形成されないリスクがあることも考えれば、金融機関としてはDIPファイナンスを行う場合、できる限り担保による保全を図るべきであろう。

b　債権届出のみなし規定

裁判所は、牽連破産手続の開始決定をする場合において、終了した民事再生手続又は会社更生手続において、届出があった再生債権又は更生債権等の内容等を考慮して相当と認めるときは、当該牽連破産手続の開始決定と同時に、再生債権又は更生債権等としての届出をした破産債権者については、その破産債権の届出を要しない旨の決定をすることができる（民再253条1項、会更255条1項）。

前記決定の内容は、公告され（破32条1項）、かつ、知れている破産債権者にその旨が通知される（民再253条2項、会更255条2項）。

決定の効果として、再生債権又は更生債権等の届出をした者は、破産債権届出期間の初日に破産債権の届出をしたものとみなされる（民再253条3項、会更255条3項）。

---

[14] 以上につき、『新破産法の基本構造と実務』36頁〔松下淳一・田原睦夫発言〕。

もっとも、当該決定がなされた場合であっても、当該破産債権者が破産債権の届出をした場合には、それに基づいて破産債権の届出がなされたものと扱われる（民再253条6項、会更255条6項）。

みなし届出決定がされた場合、再生手続・更生手続開始後の利息・損害金等が劣後的破産債権とされること（民再253条4項3号・84条2項各号、会更255条4項4号・136条2項1号ないし3号）、再生手続・更生手続開始後に債権者の変動がある場合は、債権者の確定に手間取りかえって煩雑であること、そもそも配当見込みがない事案では、届出期間を定める実益はないことから、みなし届出が適切な事例としては、①配当可能事案であること、②再生手続開始から破産手続開始までの期間が比較的短期で、その間の利息や損害金等の発生が問題になりにくいこと、③代位弁済や債権譲渡による権利変動が少ないか、債務者側で権利変動を正確に把握していること等の要件を満たし、かつ、個人債権者の数が極めて多数であり、破産手続で新たな債権届出を要求することが債権者や破産管財人にとって極めて煩雑である事例に限って採用されるべきであるとされる[15]。

もっとも、前記のとおり、みなし届出決定がされたとしても、債権者が重ねて破産債権の届出をした場合、みなし届出の効力は生じず（民再253条6項、会更255条6項）、再生手続・更生手続開始後の利息・損害金は、劣後的破産債権の扱いを受けないことになる。したがって、仮にみなし届出の決定がなされたとしても、金融機関としては、原則として再生債権・更生債権の届出を改めて行うことになると思われる。

c 配当調整の問題

再生計画の履行完了前に再生債務者について破産手続開始決定がされた場合、再生計画によって変更された再生債権は原状に復するが（民再190条1項）、再生計画によって得た権利には影響を及ぼさない（民再190条1項ただし書）。したがって、再生計画に基づいて受けた弁済は有効なものとして取り扱われる。

破産手続では、従前の再生債権の額をもって配当の手続に参加することが

---

[15] 『破産・民再の実務（下）』327頁〔小河原寧〕。

できる債権の額とみなされるが、他の同順位の破産債権者が自己の受けた弁済と同一の割合の配当を受けるまでは配当を受けることができない（民再190条4項）。これは、民事再生手続において弁済を受けた債権者とそうでない債権者との間の公平を図る趣旨である。

計算が複雑となるため、債権者たる金融機関としても間違いがないかどうかを慎重に確認するべきであろう。

d 債権の確定のための裁判手続の帰趨

ア 査定手続の帰趨

債権確定のための査定手続は、簡易迅速な点に特徴があり、牽連破産手続において、前の手続係属中の状態を生かす必要性に乏しい。

そこで、民事再生手続が終了した時点で係属する査定の手続は、再生計画認可決定確定前に民事再生手続が終了した場合には、終了する（民再112条の2第1項前半）。

これに対し、認可決定確定後に民事再生手続が終了した場合には、査定の手続は引き続き係属するが（民再112条の2第1項後半）、更に、その後に手続が破産に移行したときには、査定の手続は終了する（民再254条5項）。

同様に、会社更生手続においても、会社更生手続が終了した時点で係属する更生債権等査定申立ての手続及び価額決定の申立ての手続は、更生計画認可の決定前に会社更生手続が終了したときは終了する（会更163条1項）。

更生計画認可の決定後に会社更生手続が終了したときは、査定の手続は引き続き係属する（会更163条1項）が、その後に手続が破産に移行したときには終了する（会更256条5項）。

イ 異議訴訟の帰趨

これに対して、査定の申立てについての裁判に対する異議の訴えに係る訴訟手続は、決定手続である査定手続と異なり、訴訟経済の観点から、従前の手続状態を活用して、牽連破産手続における債権確定訴訟として受継させるべく（破127条1項）、かかる訴訟手続で、再生債務者等が当事者でないものは、再生計画認可の決定の確定前に民事再生手続が終了したときは、当然には終了せず中断し、再生計画認可の決定の確定後に民事再生手続が終了したときは、引き続き係属するものとされる（民再112条の2第4項）。

会社更生手続でも同様に、会社更生手続が終了した際に現に係属する更生債権等査定異議の訴えに係る訴訟手続であって、管財人が当事者でないものは、更生計画認可の決定前（確定前ではない）に会社更生手続が終了したときは、当然には終了せず、中断し、更生計画認可の決定後（確定後ではない）に会社更生手続が終了したときは、引き続き係属する（会更163条4項）。

　もっとも、民事再生手続又は会社更生手続終了後、破産手続が開始されない場合には、中断状態がいつまでも続くという事態に陥ってしまう。そこで、法は、これを防ぐため、中断の日から1ヶ月以内に牽連破産手続の開始決定がなされなければ、訴訟手続は終了するものとしている（民再254条6項、会更256条6項）。

3　手続終結後の破産移行等の場合

(1)　民事再生手続の終結

　民事再生手続は、以下の場合に終結する（民再188条）。
　①監督委員又は管財人が選任されていない場合（民再188条1項）
　　再生計画認可決定が確定したとき
　②監督委員が選任されている場合（民再188条2項）
　　(ⅰ)　再生計画が遂行されたとき
　　(ⅱ)　再生計画認可決定確定後3年が経過したとき
　③管財人が選任されている場合（民再188条3項）
　　(ⅰ)　再生計画が遂行されたとき
　　(ⅱ)　再生計画が遂行されることが確実であると認めるに至ったとき
　したがって、民事再生手続の終結後、破産手続等に移行する場合としては、(a)再生計画が遂行された後で破産手続等に移行する場合と、(b)再生計画の遂行途中で破産手続等に移行する場合の双方があり得ることになる。

　(a)の場合、再生計画が遂行されているのであるから、再生債権の弁済は完了している。したがって、終結後の破産手続等においては、従前の手続における再生債権以外の債権が現存している場合に、当該債権について破産手続

等における（破産債権等としての）届出を行うことになる。

以下では、(b)再生計画の遂行途中で破産手続等に移行した場合について解説することとする（なお、再生計画の「遂行」とは、再生債権者に対する弁済を意味する「履行」（民再189条1項2号）はもとより、再生計画に記載された株式の取得、株式の併合、資本金の額の減少、募集株式の引受け等が記載されている場合はこれらも含むと理解されているが、ここでは、再生債権者に対する弁済が未了の場合を想定している）。

(2) 民事再生手続終結後の破産移行

a 再生債権の原状回復

再生計画の履行完了前に、再生債務者について破産手続開始の決定がされた場合、再生債権は原状に復する（民再190条1項）[16]。ここで「原状に復する」とは、再生計画の効力を遡及的に消滅させる趣旨と解されており、免除の効果も期限の利益も遡及的に消滅することになる。したがって、再生計画において再生手続開始後の利息・遅延損害金は全額免除する旨が定められていたとしても、その効力が遡及的に消滅する結果、再生手続開始後、破産手続開始決定の日の前日までの遅延損害金を、通常の破産債権として行使できることになる[17]。

なお、従前の再生債権者が再生計画により担保提供を受けていた場合、当該担保提供の効力は影響を受けない（民再190条1項ただし書）。これに対して、民事再生手続終了後に再生計画によらずに受けた担保提供は、効力を失う（民再190条5項）。

b 破産手続上の権利行使と配当調整

前記のとおり、移行後の破産手続においては、従前の再生債権者は、再生計画による権利変更前の債権額をもって権利行使できる。もっとも、既に再生計画に基づく弁済を受けている場合は、当該弁済は有効であるから、破産

---

[16] 同条は、既に民事再生手続が終結している場合でも、再生計画の履行完了前であれば適用されると解される（『条解民再』997頁〔加々美博久〕）。
[17] 東京地判平20.10.21（判タ1296号302頁）、東京地判平20.10.30（判時2045号127頁）。

債権額としては、従前の再生債権額から再生計画に基づく既弁済分を控除した残額となる（民再190条3項）。

一方で、配当の手続を簡易化しつつ、配当の公平を図る観点から、破産手続上、以下のような取扱いが定められている（民再190条4項）。すなわち、従前の再生債権者は、弁済前の再生債権額をもって、配当に参加できる債権額とみなされるが、他の同順位の破産債権者が、当該従前の再生債権者が受けた弁済と同一の割合の配当を受けるまでは、破産手続における配当を受けられない。そして、破産手続上の配当率は、破産財団に当該従前の再生債権者が受けた弁済額を加算した上で計算される（民再190条4項本文）。

c 債権届出とみなし届出

（民事再生手続の終結後、）再生計画の履行完了前に破産手続が開始された場合においても、牽連破産の場合と同様、裁判所の決定により、従前の民事再生手続における債権届出を再利用するものとされ、破産債権の届出が不要となる場合がある（民再253条7項に基づくみなし届出）。

もっとも、前記のとおり、みなし届出の決定がなされたとしても、債権者が重ねて破産債権の届出をした場合は、みなし届出の効果は生じない（民再253条6項）。したがって、金融機関としては、民事再生手続終結前に牽連破産に至った場合と同様、原則として破産債権の届出を改めて行うことになると思われる。

なお、手続終結後の破産移行の場合、既に民事再生手続の開始から長期間を経過しており、前記のとおりみなし届出においては民事再生手続の開始後、破産手続開始決定の日の前日までの利息・遅延損害金が劣後的破産債権として扱われることにも鑑みれば、みなし届出を採用した場合、みなし届出債権者と、再度の届出をした債権者の間で、かかる民事再生手続開始後の損害金等の扱いについて不平等を生ずることになる[18]。このような事情か

---

[18] みなし届出決定がなされたとしても、重ねて破産債権の届出をした債権者が、民事再生手続開始後の利息・遅延損害金の届出をした場合は、当該利息・遅延損害金は劣後的破産債権としては扱われない（通常の破産債権となる）（島岡大雄「東京地裁破産再生部（民事第20部）における牽連破産事件の処理の実情等について（下）」判タ1363号31頁）。

ら、特に民事再生手続終結後の破産移行の場合、裁判所がみなし届出を相当と認めるケースは少ないと考えられる[19]。

d　共益債権の取扱い

民事再生手続上の共益債権は、手続中に牽連破産手続に移行した場合は財団債権として扱われるが（民再252条6項）、手続終結後に破産手続開始決定がされた場合に同規定の直接の適用はない。また、手続終結後に再度の民事再生手続が開始された場合は、従前の民事再生手続において共益債権とされていたものは共益債権として扱う旨の規定があるが（民再190条9項）、これも終結後、破産手続が開始した場合には適用はない。

したがって、民事再生手続の終結後に破産手続が開始した場合、従前の民事再生手続における共益債権であっても、新たな破産手続においては破産債権として扱われることとならざるを得ない[20]。

(3)　民事再生手続終結後の再度の民事再生手続

民事再生手続の終結後、再生計画履行前に再度の民事再生手続が開始した場合、従前の再生債権者は、従前の再生計画による弁済を受ける前の債権の全部をもって、新たな民事再生手続に参加することができる（民再190条6項）。もっとも、従前の民事再生手続において弁済を受けている場合、当該再生債権者は、他の再生債権者が新たな民事再生手続において自己の受けた弁済と同一の割合の弁済を受けるまでは、当該新たな民事再生手続において弁済を受けることができない（民再190条7項）。

この規律は、新たな民事再生手続において、従前の再生計画により弁済を

---

[19] 『論点解説新破産法（下）』226頁〔深山雅也〕、『破産管財の手引』393頁〔島岡大雄〕参照。
[20] 『破産管財の手引』405頁〔島岡大雄〕。もっとも、これは民事再生手続の終結後いったん再度の民事再生手続が開始し、その後に牽連破産に移行した場合（従前の共益債権は財団債権として扱われる）に比して不公平であり、共益債権者の保護に欠けるとして、民事再生手続終結後、計画遂行前の破産手続においても、従前の共益債権を財団債権として保護する余地があるのではないかとの問題提起がなされている（島岡前掲注18・30頁）。

受けた部分を控除して債権届出を行い、これが確定した場合にも適用されると解されている。すなわち、この場合も、届出債権者は、他の再生債権者が自己の受けた弁済と同一の割合の弁済を受けるまでは弁済を受けることはできず、かつ、新たな再生計画に基づく弁済は、当該確定した（弁済控除後の）再生債権額によってしか受けられないと解されているので[21]、注意を要する。

なお、再生債権者は、従前の再生計画により弁済を受けた部分については、新たな民事再生手続において議決権を行使することができない（民再190条8項）。

(4) 会社更生手続終結後の破産移行

会社更生手続は、以下の場合に終結する（会更239条1項）。
① 更生計画が遂行された場合（会更239条1項1号）
② 更生計画の定めによって認められた金銭債権の総額の3分の2以上の弁済がされた時において、更生計画に不履行が生じていない場合（会更239条1項2号）
③ 更生計画が遂行されることが確実であると認められる場合（会更239条1項3号）

したがって、前記民事再生手続の場合と同じく、会社更生手続が終結後、破産手続が開始される場合には、(i)更生計画の遂行後の破産移行の場合と、(ii)更生計画の遂行途中の破産移行の場合の双方があり得る。

もっとも、(i)の場合は、民事再生手続の終結後の破産移行の場合と同様、通常の破産手続と大きく変わるところはないと思われる。

また、(ii)の場合も、会社更生法においては、民事再生法190条のような債権の原状回復に関する規定がなく、更生計画認可の決定があったときは、更生債権者等の権利は、更生計画の定めに従い変更され（会更205条）、更生会社との関係で既判力が生じるとされているから（会更206条2項）、債権者は、更生計画で変更された後の権利を、新たな破産手続において届け出ることに

---

[21] 『新注釈民再（下）』195頁〔小原一人〕。

なると考えられる[22]。

---

[22] 主に終結前の牽連破産を念頭においているものではあるが、『会更の実務（下）』353頁〔真鍋美穂子〕。

第13章
時効管理

1 時効管理の必要性

　債務者が破産等の法的整理状態に陥ると、債権者は、当該手続への対応に追われ、当該債務者に対して有する債権の時効管理が後回しにされがちである。しかしながら、債務者が法的整理状態に陥ったからといって時効の問題がなくなるものではなく、法的整理手続の申立て直後に消滅時効が完成してしまうこともあり得る。また、再生計画や更生計画で認められた権利も債権である以上、時効により消滅する。したがって、債務者が法的整理状態に陥った場合においても、時効管理は債権者にとっておろそかにできない重要な問題である。本章では、債務者が法的整理状態に陥った際の時効管理の方法について説明する。

2 各法的整理手続と消滅時効

(1) 中断事由

　債権の消滅時効は権利を行使することができる時から進行を始め（民166条1項）、法定の期間内に時効中断措置をとらなければ当該期間満了をもって消滅してしまう（正確には、時効により利益を受ける者、例えば、債務者や保証人等の援用によって消滅する）。そのため、まず問題となるのは、債務者が法的整理状態に陥った場合に、債権者として権利の消滅を回避するためいかなる措置をとるべきか、すなわちいかなる事由が時効中断事由となるのかという点である。

a　手続への参加（民152条）

ア　債権の届出

　民法上、法的整理手続における債権届出に時効中断の効力が認められている（民152条）。債権の届出により債権者の権利行使の意思は明確となるし、債権調査の結果異議なく確定した債権者表の記載には確定判決と同一の効力が認められるため（破124条3項、民再104条3項、会更150条3項）、破産手続等における債権届出が民法147条1号の「請求」の一種に当たるものと解されているからである[1]。

　したがって、債権者としては、法的整理状態に陥った債務者に対する債権の時効期間が迫っているような場合には、当該債務者に係る破産手続、民事再生手続又は会社更生手続において債権届出を行うことにより時効中断措置をとることを検討する必要がある（後述のように、債権届出による時効中断効は保証人や物上保証人にも拡張されるため、この点からも債権届出を行うことは重要な意味を有している）。なお、債権届出による時効中断効は、債権届出書が裁判所に提出された時点から生じることとなる。

イ　債権届出の取下げ・却下・異議の時効中断効への影響

ⅰ　取下げ・却下の場合

　いったん債権届出を行っても、債権届出が取り下げられたり却下されたりした場合には、時効中断効は生じない（民152条）。しかしながら、この場合であっても、債権者が自らの有する債権を公の手続において行使する意思を明確にした事実に変わりはないため、債権届出の取下げ又は却下の時点までは催告としての効果が認められると解されている[2]。したがって債権者は、債権届出を取り下げたり債権届出が却下されたりした場合には、時効中断効を確定させるため、取下げ又は却下後6ヶ月以内に裁判上の請求等の措置（民153条）を講じなければならない。

ⅱ　異議が出された場合

　債権者が債権届出を行ったものの、管財人や他の債権者から異議が出され

1　『我妻民法総則』457頁、『注釈民法(5)』99頁〔川井健〕等。
2　『内田民法Ⅰ』322頁、『条解破産』749頁、『条解民再』523頁〔岡正晶〕。

た場合、当該債権届出によって生じた時効中断効に影響が生じるだろうか。

この点、異議が出された場合でも、当該届出債権者が破産等の法的整理手続に参加して権利を行使し続けていることに変わりはなく、かつ、異議が述べられた債権については査定の裁判（破125条、民再105条、会更151条）、また、当該査定の裁判に対して異議の訴えが提起された場合には、当該異議の訴えについての判決（破126条、民再106条、会更152条）が確定しなければ当該債権の存否及び額等は確定されない。したがって、債権届出に対して異議が出された場合であっても、債権届出による時効中断効には何ら影響せず（最二小判昭57.1.29民集36巻1号105頁）、債権者は、原則として、特段の措置を講じる必要はない。ただし、破産手続に関し、破産債権者が債権届出をしたが破産管財人から異議が出された後、破産債権の確定前に破産手続が廃止された場合には、「届出が却下されたとき」（民152条）に当たり、時効中断効が失われるとした裁判例があるため（福岡地小倉支判平20.3.28判時2012号95頁）、債権者としては、異議が出された場合にはその後の手続の状況に留意しておく必要がある。なお、この場合であっても、催告（民153条）としての効力は認められると解される[3]。

ウ　債権届出による時効中断効が生じる範囲

ⅰ　別除権付債権以外の債権の場合

債権者が債権全額を届け出た場合には、当然、当該債権全部について時効中断効が生じる。これに対し、債権の一部のみを届け出た場合には、当該債権届出による時効中断効は当該一部についてのみ生じる（最二小判昭34.2.20民集13巻2号209頁参照）。

ⅱ　別除権付債権の場合

では、破産・民事再生手続において別除権を有している債権者の行う債権届出については、届出に係る債権全額につき時効中断効が認められるのだろうか。債権者が破産者・再生債務者の財産上に担保権を有している場合、当該債権者の有する債権（担保権の被担保債権となっている債権に限る）は別除権付債権となるところ、当該別除権付債権については、その別除権の行使によって弁済を受けることができないと見込まれる部分についてのみその権利

3　『続時効の管理』353頁。

を行うことができるとされているため（不足額責任主義。破108条、民再88条）、別除権付債権の届出を行った場合、時効の中断は別除権の行使によって弁済を受けることができないと見込まれる部分に限られてしまうのか否かが問題となる。

　この点については、破産法108条や民事再生法88条の趣旨が別除権との二重取りを防止し債権者間の公平を図る点にあること、届出予定不足額が議決権確定のためのものであり、将来別除権が放棄されたり合意等により不足額が全額であることが確定したりした場合には被担保債権全額について権利行使が認められること、そして債権者表にも被担保債権全額が調査結果として記載されることから、別除権付債権であっても、届出時点でその債権全額につき債権者の権利行使の意思が明確になっているといえる。したがって、別除権付債権に係る債権届出であったとしても、当該届出による時効中断効は、被担保債権全額に及ぶと解すべきとされている[4]。なお、和議手続[5]に関し、予定不足額として届け出られた部分についてのみ時効中断効があり別除権による回収予定額には時効中断効は及ばない旨の裁判例（大阪高判平２.６.21判例タイムズ738号169頁）はあるが、この判決において時効中断に関する判断は傍論であり、また、債権調査手続のない和議手続に関するものであるため、破産手続や民事再生手続にも直ちに当てはまるというものではないものと考えられる。ただし、この点については確立した裁判例が存在しないため、債権者としては、時効期間満了までに別除権協定を締結し、債務承認（民147条3号）による時効中断効を生じさせるなどの対策をとっておくことも、債権管理として適切な措置である。

　エ　債権届出による時効中断効の存続期間
　ｉ　破産手続
　債務者につき破産手続開始決定が発せられると、破産債権は、破産法に特別の定めがある場合を除き、当該破産手続によらなければ行使できず（破100条1項）、債権者は破産手続終結まで訴えの提起等新たな時効中断措置をとることはできない。そのため、債権者が再度権利行使可能となる前に時効

---
[4]　田原睦夫「和議債権と消滅時効」金判885号109頁、『条解破産』749頁、『条解民再』521頁〔岡正晶〕。
[5]　民事再生法の施行に伴い、平成12年3月31日に廃止された。

が進行を始めるとすれば、債権者は極めて不利な立場に立たされることとなってしまう。また、債権届出に時効中断効が認められる趣旨は、当該届出により債権者の権利行使の意思が明確となったことにあるところ、当該権利行使の意思は、破産手続が終結し、当該届出に係る債権の弁済が受けられないことが確定するまで継続していると解される。したがって、債権届出によって生じた時効中断効は、破産手続終了時まで継続すると解されている（最一小判平7.3.23民集49巻3号984頁参照）。

ⅱ　民事再生手続

　民事再生手続においても、再生債権は、民事再生法に特別の定めがある場合を除き、再生計画の定めによらなければ行使できないところ（民再85条1項）、再生計画に基づいて債務免除される部分については、再生計画認可決定の確定により当該部分の弁済が受けられないことが確定するのであるから、当該債務免除の対象となった部分の権利行使も再生計画認可決定の確定時まで継続していると解される。したがって、債務免除の対象となった再生債権の債権届出による時効中断効の存続期間は、再生計画認可決定の確定時（即時抗告期間満了時）までと解すべきである。

　また、再生計画によって存続することが認められた部分（再生計画に基づいて権利変更がなされる場合が多い）については、再生計画認可決定が確定すれば再生債権者表の記載により強制執行することができる（民再180条3項）。したがって、債権者は再生計画認可決定が確定すれば新たな権利行使が可能となるのであるから、再生計画において存続が認められた部分に係る債権届出による時効中断効の存続期間も、再生計画認可決定確定時（即時抗告期間満了時）までと解すべきである。なお、再生計画において存続が認められた部分を分割弁済としたり、一括弁済であっても弁済期が新たに規定されたりした場合には、再生計画において定められた弁済期が到来した時から権利行使可能となるのであるから、債務者との関係で、時効は、当該時点から再度進行を開始することとなる[6]（なお、後述のとおり、再生計画の定めは保証人等に対する権利に影響を及ぼさないから、保証人等との関係では、時効は、再生計画認可決定時から再度進行すると解される[7]）。

6　『続時効の管理』384頁、『時効管理の実務』348頁。

再生計画が不認可となった場合は、不認可決定確定時に時効中断効は消滅する。再生計画が不認可となっても、確定した再生債権についての再生債権者表の記載には確定判決と同一の効力が生じ、当該債権者表の記載により強制執行が可能だからである（民再185条1項・2項）。また、再生計画認可前に民事再生手続が終了する場合（開始決定の取消決定の場合、再生計画認可前の廃止決定の場合）も、同様に、当該決定の確定時に時効中断効が消滅し、当該時点から再度時効が進行を開始することとなる[8]。

　なお、別除権協定上の債権については、後述する。

ⅲ　会社更生手続

　会社更生手続においても、会社更生法に特別の定めがある場合を除き、更生債権及び更生担保権[9]を更生計画の定めるところによらなければ行使できず（会更47条1項）、また、更生計画によって債務免除の対象となった部分に係る債権届出の時効中断効が更生計画認可決定確定時までと解すべきことは民事再生手続におけるのと同様である（更生計画によって免除される部分は、更生計画が確定すればそれ以上の権利行使が消滅しているからである。最二小判昭53.11.20民集32巻8号1551頁）。

　ただし、更生計画によって存続することが認められた部分に係る時効中断効については、民事再生手続の場合と異なり、会社更生手続終結決定の確定時まで存続すると解されている[10]。これは、会社更生法においては、民事再生法180条3項と異なり、債権者は、更生手続が終結するまで確定した更生債権者表又は更生担保権者表に基づき強制執行を申し立てることができないとされているからである（会更240条）。

　その他、更生手続開始決定の取消決定、更生計画認可前の廃止決定、更生計画不認可決定により手続が終了した場合には、民事再生手続と同様に、当

---

[7]　再生債権の届出による時効中断効の存続期間は再生手続終了時までと解する見解もあるが（『条解民再』523頁）、民事再生手続における時効の再進行時期に関する確定判決がないことや、保証人等がいる場合においては、債権者としてはより確実な時効管理を行う必要があることから、本書においては、前記のとおり、時効中断効の存続期間を再生計画認可決定確定時までとする見解（『続時効の管理』384頁）によっている。

[8]　『条解民再』524頁〔岡正晶〕。

[9]　破産や民事再生手続と異なり、会社更生手続では、担保権も、会社更生法に特別の定めがある場合を除き、更生計画の定めるところによらなければ行使できない。

[10]　『条解会更（上）』163頁、『続時効の管理』384頁、『時効管理の実務』317頁等。

該決定の確定時から再び時効が進行を始める。

b 手続開始の申立て

債権届出以前に行われる法的整理手続開始の申立てによって、時効中断効は生じるであろうか。債権届出による手続参加の場合とは異なり、当該申立てに時効中断効を認める明文規定がないため問題となる。なお、法的整理手続開始の申立てには債務者による申立てと債権者による申立ての双方があり得るため、以下、それぞれの場合に分けて検討する。

ア 債権者による申立て

債権者による法的整理手続開始の申立ては、厳密にいえば、債権届出のような個別具体的な権利行使ではない。しかしながら、債権者が法的整理手続の申立てを行うということは、究極的には自己の有する債権の実現を図ることを目的としているのが通常であるから、これを債権届出と特段区別すべき理由はなく、当該申立てにも裁判上の請求の一種として時効中断効が認められる[11]（破産手続に関するものとして最一小判昭35.12.27民集14巻14号3253頁、最一小判昭45.9.10民集24巻10号1389頁）。この場合、申立てにおいて債権者の資格を裏付けるために主張された債権のみならず、破産原因の存在を主張、疎明するために主張された債権についても時効中断効が生じることとなる。

なお、債権者による法的整理手続の申立てが取り下げられた場合であっても、当該申立ては催告として時効中断の効力を有しており、申立てを行った債権者は当該申立ての取下げ時から6ヶ月以内に裁判上の請求等を行うことにより消滅時効を確定的に中断することが可能である[12]（前掲最一小判昭45.9.10）。

イ 債務者による申立て

これに対し、債務者自身による申立てについては如何に解すべきだろうか。この点、債務者が法的整理手続を申し立てる際には負債の状況の記載や債権者一覧表（債権者の氏名、住所、その有する債権及び担保権の内容を含む）の提出を求められるため（破産につき破20条2項、破規13条2項1号・14条1

---

[11] 『我妻民法総則』464頁等。『条解会更（上）』161頁、『条解民再』522頁〔岡正晶〕。
[12] 『条解破産』147頁。

項、民事再生につき民再規13条1項3号・14条1項3号、会社更生につき会更規12条1項4号・13条1項5号・同項6号)、当該申立てにより債務者が債務の存在を自認しているとも考えられ、これが民法147条3号の「承認」として時効中断事由に該当するとも思われる。しかしながら、債務承認につき、判例は当該承認が時効によって利益を受ける債権者に対してなされることが必要と解しているところ(大判大5.10.13民録22輯1886頁、大決大6.10.29民録23輯1620頁)、裁判所に提出された申立書類が当然に債権者に開示されるものでもないことに鑑みれば、裁判所に対する上記書類の提出を行ったのみでは未だ債権者に対して自らの負う債務の存在を承認したことにはならないと考えることもできる。

したがって、債権者における時効管理としては、債務者が自ら法的整理手続開始の申立てを行ったのみでは未だ債務承認は存在しないと考え[13]、時効中断のため債権届出等の措置を適切な時期に講じておく必要がある。

c　各法的整理手続の開始決定

破産、民事再生及び会社更生手続開始決定が発せられた場合には、時効中断効が生じるであろうか。この点を明確に述べた判例は見当たらず、現状では通説たる学説も存在しないようであるが、①明文の規定がないこと、②開始決定により債権者の権利行使が明確になったとはいえないこと、③開始決定は債務者の行為ではなく、かつ、開始決定に個別の債務が記載されるものでもないため債務の承認に該当すると解することも困難であること等からすれば、開始決定に時効中断効を認めることは困難と思われる[14]。

したがって、債権者の時効管理としては、当該手続内で債権届出を行う等の時効中断措置を講じなければ時効を中断することはできないと考えるべきであり、開始決定が発せられたからといって漫然と放置することのないよう留意しなければならない。

13　『続時効の管理』372頁、『民事時効の法律と実務』369頁。
14　更生手続開始決定につき、『条解会更(上)』162頁。

(2) 再生計画・更生計画上の債権の消滅時効（時効期間）

　再生計画・更生計画の定めによって弁済を受けられることとなった場合であっても、再生・更生計画上の権利が「債権」である以上、消滅時効に服することは上述したとおりであり、その時効の起算点については既に説明した。ここでは、時効期間について検討する。

　再生計画や更生計画で権利変更される前の債権の時効期間は、通常の債権であれば10年、商事債権であれば5年であり、その他の短期消滅時効が規定されている債権（民170条ないし174条等）も存在するところ、このような各種債権につき、再生計画や更生計画により権利内容が変更された場合、当該計画に基づく債権の消滅時効の時効期間はどのようになるのであろうか。

　再生計画・更生計画が認可され確定した場合には、再生計画・更生計画の条項は再生債権者表・更生債権者表又は更生担保権者表に記載され、当該表の記載は確定判決と同一の効力を有することとなるところ（民再180条2項、会更206条2項）、裁判上の和解その他確定判決と同一の効力を有するものによって確定した権利は、10年より短い時効期間の定めがあるものであっても、その時効期間は10年となる（民174条の2第1項）。したがって、再生計画・更生計画上の債権の消滅時効期間は、10年に延長される。

　また、再生計画・更生計画の不認可決定が確定したとき（民再185条1項、会更235条1項）や認可決定確定前に手続廃止決定が確定したとき（民事再生につき民再195条7項・185条1項、会社更生につき会更238条6項・235条1項）にも、確定した再生債権・更生債権又は更生担保権については、再生債権者表・更生債権者表又は更生担保権者表の記載に確定判決と同一の効力が認められることに変わりはない。したがって、この場合にも時効期間は10年に延長される[15]。

---

[15] ただし、再生計画や更生計画の不認可決定が確定したとき等であっても、再生債務者（民事再生手続において管財人が選任されている場合に限る）から異議が出された場合（民再102条2項・103条4項）や、会社更生手続において更生会社から異議が出された場合（会更147条2項、148条4項又は149条3項後段）には、再生債務者等との関係において再生債権者表等の記載に確定判決と同一の効力は認められないため（民再185条1項ただし書、会更235条2項）、このような場合には時効期間延長の効力も生じないと解される。

(3) 別除権協定上の債権の消滅時効

　民事再生手続においては、別除権者と再生債務者との間で、別除権者が有する別除権の行使等に関連して別除権協定と呼ばれる合意が締結されることが多い。別除権協定に関する詳細は他の項（第3部第6章5（254頁））に譲るが、簡単に述べれば、同協定は担保目的物の受戻額（担保目的物の買戻額）とその弁済方法等を定めた一種の和解契約と解されており[16]、同協定の締結は裁判所の許可事項又は監督命令における監督委員の同意事項とされている（民再41条1項9号・54条2項）。このような性質をもつ別除権協定上の債権の消滅時効は、いつから進行をはじめ、また、いかなる期間で完成するのであろうか。

　この点を明確に述べた判例・学説は見当たらないが、別除権協定が新たに担保目的物の受戻額とその弁済条件を定めたものと解されており、別除権協定上の権利は再生計画によらずに行使可能である以上、同協定で定められた弁済期が同協定上の債権を「行使することができる時」（民166条1項）であり、同時点から時効が進行すると解すべきであろう。

　次に、時効期間については、別除権協定の法的性質が、上記のとおり新たに受戻額やその弁済条件を定めた和解契約と解されていることに照らせば、それは新たな合意に基づく債権であると解されるため、被担保債権の時効期間にかかわらず、一般の債権と同様に10年（和解契約が商行為であれば5年）と解すべきと考える。

　別除権協定においては、協定が履行されない場合に備えて解除条項等が置かれることが多く、また、債権者としても別除権協定の履行状況に重大な関心をもっているのが通常であるため、別除権協定上の債権が長期間行使されないような事態は考えにくく、実務上この点が問題になることはないと思われるが、債権者としては、念のため時効期間の確認程度はしておくべきであろう。

---

[16] 『民再入門』97頁、三上徹「別除権協定の諸問題―民事再生法の影の主役」（『再生、再編事例集(4)』37頁）。

3 主債務に対する法的整理手続の保証人・物上保証人への影響

(1) 主債務の時効中断効の拡張

　既に説明したとおり、債権者が債務者の法的整理手続において債権届出を行えば、当該債務に関する消滅時効は中断する（民152条）。そして当該債務につき保証人がいた場合、主債務につき消滅時効が中断されればその効果は保証人にも及び（民457条1項）、保証債務についての時効も中断することになる。中断された保証債務の時効の再進行の時期については、基本的に主債務に係る債権届出の時効中断効の存続期間と同様であるが、再生計画において一部分割弁済又は弁済期の定めのある一括弁済が規定された場合には、当該分割弁済部分又は一括弁済部分の時効の再進行時期は、保証人との関係においては、再生計画認可決定時と解されるので留意が必要である。再生計画の定めは保証人に影響を与えないからである（民再177条2項）。

　また、物上保証人については保証人に係る民法457条1項のような明文規定は存在しないが、担保権の附従性や民法396条の趣旨から、被担保債権に生じた時効中断効は物上保証人にも及ぶと解されている（債務者の承認のケースにつき、最二小判平7.3.10判時1525号59頁）。

　したがって、債権者としては、保証人や物上保証人がいるケースにおいては、主債務者（物上保証の場合には被担保債権の債務者）に対する法的整理手続における配当や弁済がほとんど見込まれないような場合であっても、必要に応じて時効中断のため債権届出を行っておかなければならない。

(2) 主債務の時効期間延長の保証人等に対する影響

　主債務や被担保債権について債権届出がなされた結果、時効期間が10年に延長された場合には、附従性により、保証人や物上保証人に対する関係でも時効期間は10年に延長される（最一小判昭43.10.17判時540号34頁、最二小判昭46.7.23判時641号62頁）。

したがって、債権者としては、保証人や物上保証人に対し、独自の時効期間延長措置を講じる必要はないが、時効の再進行の時期が異なる場合があるので、必要に応じて保証人や物上保証人に対して時効中断の措置をとる必要が出てくる場合もあり得る。

(3) 主債務の消滅等の保証人・物上保証人への影響

a 破産手続

ア 主債務者の免責許可と保証債務の関係

　自然人である主債務者に破産手続が開始され、当該主債務者に対する免責許可決定が確定した場合、当該主債務者は、破産手続による配当を除き、破産債権についてその責任を免れる（破253条1項。ただし、非免責債権は除かれる）。この場合、保証債務の附従性からすれば保証債務にも免責の効力が及ぶようにも思われるが、担保たる保証が主債務者の免責によって消滅しては意味がないため、破産法は、免責許可決定の効力は保証人や物上保証人には及ばないことを規定している（破253条2項）。したがって、主債務者に対する免責許可決定が確定した場合であっても、債権者は保証人・物上保証人に対し、保証債務全額の履行を求めていくことが可能である。

イ 保証人・物上保証人は免責を受けた主債務の時効を援用できるか

　では、主債務につき免責許可決定が確定した場合であっても、保証人や物上保証人は主債務の消滅時効を援用して自らの保証債務を免れることはできるのだろうか。保証人や物上保証人は主債務の消滅時効について独自の援用権を有しているため、これが認められるとすれば、債権者としては、保証人に対する権利を保全するために、免責許可決定の対象となった主債務について改めて主債務存在確認訴訟の提起などの時効中断措置をとらなければならなくなってしまうため問題となる。

　免責の法的性質については、自然債務（債務者が任意に履行すれば有効な債務の履行となるが、相手方から履行を強制できない債務）として残るとする説（自然債務説）と債務そのものが消滅するとする説（債務消滅説）が対立しており、自然債務説が通説であるとされているところ[17]、これを前提として、判例は「免責決定の効力を受ける債権は、債権者において訴えをもって履行

を請求しその強制的実現を図ることができなくなり、右債権については、もはや民法166条1項に定める『権利ヲ行使スルコトヲ得ル時』を起算点とする消滅時効の進行を観念することができない」から、「免責決定の効力が及ぶ債務の保証人は、その債権についての消滅時効を援用することはできないと解するのが相当である」と判示し、保証人による主たる債務の消滅時効の援用は認められないことを明らかにした（最三小判平11.11.9民集53巻8号1403頁）。

したがって、債権者としては、主債務が免責された場合に保証人・物上保証人に対する権利の時効消滅を防ぐには、保証債務そのものの時効管理を行えば足り、免責された主債務の時効中断措置は不要である。

ウ 主債務者が法人である場合における保証人・物上保証人の破産手続終結により消滅した主債務の時効援用の可否

破産者が法人である場合には免責制度は存在しないが、法人につき破産手続が開始され、同手続が終結した場合には法人格が消滅すると解されている。そして判例は、破産手続終結決定を受けて法人格が消滅した場合には、これにより法人が負担していた債務も消滅するものと解すべきであり、もはや存在しない債務について時効による消滅を観念する余地はないとして、保証人は主たる債務の消滅時効を援用できない旨判示した（最二小判平15.3.14民集57巻3号286頁）。したがって、法人が主債務者である場合も、保証人や物上保証人は主債務に関する消滅時効を援用して自らの責任を免れることはできないため、債権者としては改めて主債務の時効中断措置をとる必要はない。

ただし、破産手続終了後においても残余財産が存在し法人格が消滅しない場合には、保証人は主たる債務者の消滅時効を援用し得ると考えられる（最二小判平7.9.8金法1441号29頁参照）。

したがって債権者は、債務者が法人である場合には、破産手続がいかなる態様で終結したのかにつき留意しておく必要があり、破産手続廃止後も残余財産が存在し、法人格が消滅していない場合には、主債務についても時効中

---

17 『条解破産』1604頁、『我妻債権総論』70頁。最三小判平9.2.25（判時1607号51頁）も通説を前提としていると解されている。

断措置をとらなければならない[18]。

b 民事再生手続・会社更生手続

ア 再生計画・更生計画における一部免除等の保証人・物上保証人への影響

民事再生手続・会社更生手続においても、再生計画・更生計画の定めによる主債務に対する一部免除等の効力は保証人・物上保証人には影響しないとされている（民再177条2項、会更203条2項）。したがって、再生債権・更生債権の一部を免除する旨規定された再生計画・更生計画が認可され確定した場合でも、保証人や物上保証人には影響がなく、債権者は保証債務全額の履行を求めることが可能である。

イ 免除部分に係る消滅時効の保証人・物上保証人による援用の可否

破産の場合と同様、民事再生や会社更生の場合においても、やはり保証人や物上保証人が一部免除となった主債務に係る消滅時効を援用して自らの責任を免れることはできるかという問題があるが、免除部分については、既に債権者において訴え等の手段によりその履行を強制的に実現することができなくなり、もはや民法166条1項に定める「権利を行使することができる時」を起算点とする消滅時効を観念することはできないことは破産の場合と何ら変わらない。そのため、保証人・物上保証人は、民事再生や会社更生の場合であっても、主債務の一部免除部分に係る消滅時効を援用して自らの責任を免れることはできないと解すべきである（破産につき前掲最三小判平11.11.9）。したがって、債権者としては、主債務のうち免除部分について特に時効中断措置をとる必要はない。ただし、免除部分については再生計画・更生計画認可決定確定時に債権届出により生じていた時効中断効は消滅し、保証債務についてもその時点から再度時効が進行することとなるため、債権

---

18 なお、破産事件の記録上、破産手続が換価未了の財産を残すことなく終了していれば、破産管財人が把握できなかった清算すべき財産が破産手続終了後に発見されたとしても、破産債権者が当該財産の存在を知っていたなどの特段の事情のない限り、破産手続の終了後当該財産の発見までの間、債権者の会社に対する権利行使が現実に期待できたとはいえないから、その権利行使が現実に期待することができるようになった時まで消滅時効は進行しないと解し得る（『最高裁判所判例解説民事篇・平成15年度（上）』186頁〔松波重雄〕（法曹会、2006年））

者としては保証債務そのものの時効期間に留意し、必要に応じて時効中断措置を講じなければならない。

第14章

法的整理における税務

1 法的整理における債務者の税務

(1) 会社更生手続における税務

a 事業年度

会社更生法では、事業年度に関し特例が設けられており（会更232条2項）、更生手続開始の時と更生計画認可の決定の時をそれぞれ一つの区切りとしている。税務上の事業年度についても、原則、会社更生法における事業年度と同様となるが、税務上1年を超える事業年度は認められていないため（法人税法13条1項ただし書）、次のように区分され、具体的には【図表3－14－1】のとおりである。

①更生手続開始前の事業年度開始の日～更生手続開始の決定の日（図表Aの期間）

②更生手続開始の決定の日の翌日～更生計画認可の決定の日（図表B・Cの期間）

（1年を超える場合は1年ごとに区分した各期間（最後に1年未満の期間を生

【図表3－14－1】更生手続中の事業年度（3月決算の場合）

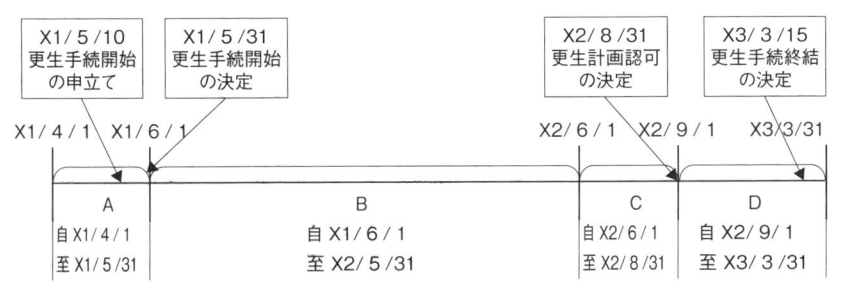

	X1/5/10 更生手続開始 の申立て	X1/5/31 更生手続開始 の決定		X2/8/31 更生計画認可 の決定	X3/3/15 更生手続終結 の決定
X1/4/1	X1/6/1			X2/6/1 X2/9/1	X3/3/31
A 自 X1/4/1 至 X1/5/31		B 自 X1/6/1 至 X2/5/31		C 自 X2/6/1 至 X2/8/31	D 自 X2/9/1 至 X3/3/31

じたときは、その1年未満の期間））

③更生計画認可の決定の日の翌日〜通常の事業年度終了の日（図表Dの期間）

b 財産評定

ア 財産評定の概要

更生会社においては、会社更生手続の開始決定があった場合には、管財人は、更生手続開始後遅滞なく、更生会社に属する一切の財産につき、更生手続開始の時における時価を評定する必要がある（会更83条1項・2項）。

そして、更生計画認可の決定の時においても、改めて貸借対照表及び財産目録を裁判所に提出することとされており（会更83条4項）、その場合の財産の評価は、会社計算規則5条及び6条に基づくとされているが、更生手続開始の時における財産評定の価額がある財産に関しては、その価額を取得価額とみなすこととしている（会更83条5項、会更規1条1項・2項）。

これは、会社更生法における財産評定は、更生会社の財産・資源等を更生計画の下で再構築し、新たな会社所有者へ事業全体が譲渡されたものとして捉えるという考え方に基づくものであり、従前の帳簿価額ではなく、時価により評価された価額を取得価額として認識するものである。

また、財産の時価評定に伴い財産評定損益を計上することとなる事業年度は、更生計画認可の決定の日の属する事業年度となり、その結果、時価の算定時点と財産評定損益を認識する事業年度は異なるため留意が必要である。そのため、償却性資産については、更生手続開始の時における時価を取得価額とした上で、当該取得価額を基礎に更生手続開始の日から更生計画認可の決定の日までの減価償却を実施することで、更生計画認可の決定の時における貸借対照表価額を算定することとなる。

イ 財産評定における時価と税務上の時価

会社更生法における時価は、会社計算規則の時価概念、すなわち一般に公正妥当と認められる会計基準における時価概念と同一のものを使用することとなるため、その資産の保有目的に応じて、再調達価額、正味実現可能価額、割引現在価値などが使用されることになり[1]、税務上もその時価がそのまま認められる。

ただし、更生計画において、更生会社の一部の財産を譲渡することを定めている場合には、債権者への弁済率算定との関係を考慮し、処分価額を付すことも認められている（会更規2条）。

ウ　財産評定損益の税務上の取扱い

会社更生法の規定による更生計画認可の決定があったことにより行われる評価換えにより生じた損益については、法人税法上、益金の額又は損金の額に算入され（法人税法25条2項・33条3項）、財産評定上の時価がそのまま税務上も時価として認められることとなる。

税務上、財産評定損益の計上時期は、会社更生法の規定による更生計画認可の決定の時点とされており、通常は同時に債務免除も行われるため、財産評定損益を計上する時点と、債務免除益を計上する時点は一致するが、債務免除が停止条件付きで、法的に債権が消滅する時点が更生計画認可の決定の時点から後の時点となる場合においては、財産評定損益を計上する時点と、債務免除益を計上する時点が異なってくることも考えられるため[2]、タックスプランニング上留意が必要である。

c　期限切れ欠損金

ア　期限切れ欠損金の損金算入

更生会社は、更生計画において債務免除やDESにより過剰債務の削減を受けることとなり、場合によっては役員や株主から私財提供を受けることもあり得る。このような場合には、債務免除益、債務消滅益、私財提供益又は財産評定による評価益（以下、本章において総称して「債務免除益等」という）が生じることとなり、これらの益金については、通常の益金と同様に、その事業年度に生じた他の費用、損失に加え、青色欠損金の繰越控除（法人税法57条）や財産評定による評価損と通算・控除されることとなる。

しかし、更生会社においては、債務免除益等と相殺するための損失とし

---

[1]　各資産の時価の考え方については、平成19年5月16日付日本公認会計士協会の経営研究調査会研究報告第23号「財産の価額の評定等に関するガイドライン（中間報告）」を参照されたい。
[2]　この点については、平成19年5月16日付日本公認会計士協会の経営研究調査会研究報告第31号「財産評定等に関するQ&Aと事例分析」の73頁を参照されたい。

【図表3−14−2】期限切れ欠損金のイメージ図

```
           ┌─────────┬─────────┐
           │  資産   │  負債   │
           │         │         │
    青色欠損金┤         ├───── 債務免除
           │ 欠損金  │▓▓▓▓▓│       DES
           │         │▓▓▓▓▓│       私財提供
  期限切れ欠損金┤         ├───── 資産の評価益
           │         │ 資本金  │
           └─────────┴─────────┘
```

て、青色欠損金の繰越控除や財産評定による評価損だけでは不十分なことがある。そして、多額の債務免除等を行ったことにより、税金による社外流出が生じてしまっては、再生の大きな支障となるため、会社更生手続や後述する民事再生手続並びに合理的と認められる一定の私的整理[3]において債務免除益等が発生した場合には、繰越期間の９年を超過して青色欠損金として利用できなかった欠損金を利用するため、特別に期限切れ欠損金の損金算入が認められている（【図表３−14−２】参照）。

会社更生手続の際に期限切れ欠損金の損金算入が認められる場合として、法人税法59条１項において、以下の三つの事由が挙げられており、期限切れ欠損金と以下に定める各金額の合計額とのいずれか小さい金額が損金算入される。

①更生手続開始の決定の時において更生債権（更生手続開始前の原因により生じた共益債権及び更生担保権を含む）を有する者（更生会社との間に連結完全支配関係がある連結法人を除く）から当該債権につき債務免除を受けた場合（当該債権が債務免除以外の事由により消滅した場合で消滅した債務に係る利益の額が生ずるときを含む）

……その債務免除を受けた金額（債務消滅益を含む）

②更生手続開始の決定により、更生会社の役員等（役員若しくは株主等である者又はこれらであった者をいい、更生会社との間に連結完全支配関係が

---

[3] 私的整理ガイドライン、RCC企業再生スキーム、中小企業再生支援協議会、事業再生ADR、地域経済活性化支援機構による再生手続等をいう。

ある連結法人を除く）から金銭その他の資産の贈与を受けた場合
　　　……その贈与を受けた金銭の額及び金銭以外の資産の価額
　③会社更生法の規定に従い、資産の評価換えをした場合
　　　……財産評定による評価益の金額（評価損の金額がある場合にはその金額を控除した金額）

　期限切れ欠損金の損金算入を行う時点は、必ず債務免除等を受けた時点であることから、前述の財産評定損益の場合と異なり、期限切れ欠損金の損金算入時点と債務免除益等を計上する時点は常に一致することになる。

　なお、期限切れ欠損金は、税法上の欠損金額から青色欠損金を控除した金額をいい、税法上の欠損金額は具体的には法人税申告書別表五（一）「利益積立金額及び資本金等の額の計算に関する明細書」の期首現在利益積立金額の差引合計額がマイナスとなる場合の当該金額をいう。

　イ　会社更生手続以外の手続との優位性

　会社更生手続の場合の期限切れ欠損金の損金算入に関しては、民事再生手続や私的整理手続と比較し、更生計画実行中に発生する黒字と相殺し、税負担を軽減し得る青色欠損金がなるべく残るよう、配慮がなされている。

　具体的に、1点目としては、青色欠損金との利用順序が挙げられ、会社更生手続の場合には、期限切れ欠損金の損金算入が青色欠損金の繰越控除よりも優先されるため、期限切れ欠損金の損金算入を適用した後でなお所得金額があるときに、青色欠損金の繰越控除が適用されることとなる（民事再生手続や一定の私的整理においても、後述する別表添付方式を採用する場合は、同様の取扱いとなる）。

　2点目としては、その期の所得金額との関係が挙げられる。債務免除益等が発生する事業年度においては、当然その他の収益・費用が計上され、場合によってはその事業年度に実施した固定資産の除売却、不採算事業の整理・撤退、リストラ費用等により、債務免除益等と一部相殺になる相応の損金があるケースもある。青色欠損金の繰越控除や会社更生手続以外の期限切れ欠損金の損金算入の規定（法人税法59条2項）では、その損金算入額は、これらの規定適用前のその事業年度の所得金額を限度とされているため、その事業年度において、新たに青色欠損金が発生することはない。しかし、会社更生手続の場合の期限切れ欠損金の損金算入に関しては、期限切れ欠損金と債

【図表3-14-3】債務免除益等の発生事業年度に新たに生じる青色欠損金

(前提)期限切れ欠損金≧債務免除益等の場合

（更生手続）

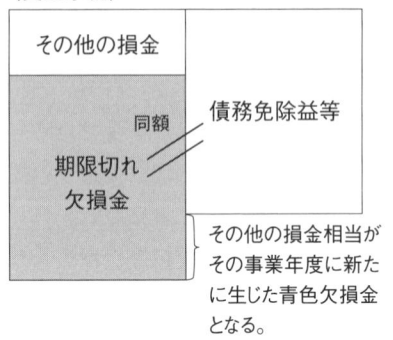

その他の損金

同額　債務免除益等
期限切れ
欠損金

その他の損金相当がその事業年度に新たに生じた青色欠損金となる。

（更生手続以外）

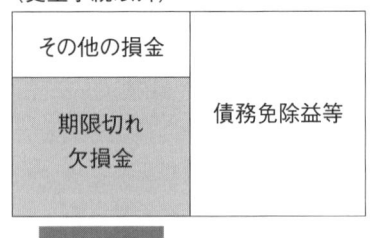

その他の損金

期限切れ
欠損金　債務免除益等

期限切れ欠損金適用前の所得金額が限度。新たな青色欠損金の発生はなし。

務免除益等の金額の合計額とのいずれか小さい金額とされているだけであるため、まず債務免除益等の金額から期限切れ欠損金の損金算入額が控除され、そこからその他一定の損金を控除することになる。よって、その他一定の損金控除後の金額がマイナスとなる場合は、その事業年度に新たに生じた青色欠損金として、翌事業年度以降、繰越控除の対象となるのである（【図表3-14-3】参照）。

　最後に3点目としては、期限切れ欠損金の損金算入額の算出に係る財産評定損の取扱いが挙げられる。法人税法59条1項3号において、会社更生法の規定に従い、資産の評価換えをした場合は、損金算入額の算出について「評価益の金額（評価損の金額がある場合にはその金額を控除した金額）」とされているため、評価益より評価損が大きい場合、上記金額はマイナスとはならずゼロとなる。結果、財産評定益以外の債務免除益等の金額から期限切れ欠損金の損金算入額が控除され、そこから財産評定損益（評価益より評価損が大きいため純財産評定損）が控除されることになる。なお、会社更生手続以外の期限切れ欠損金の損金算入の規定（法人税法59条2項）では、「資産の評価益の益金算入額から評価損の損金算入額を減算した金額」とされているため、純評価損が生じる場合は、評価益以外の債務免除益等の金額からまず純評価損が控除され、控除しきれない金額に対して期限切れ欠損金の損金算入が行われるということとなる（【図表3-14-4】参照）。

【図表3－14－4】資産の純評価損の取扱い

（前提）資産の評価益＜資産の評価損、かつ、
　　　　期限切れ欠損金≧債務免除益（債務消滅益含む）＋私財提供益の場合

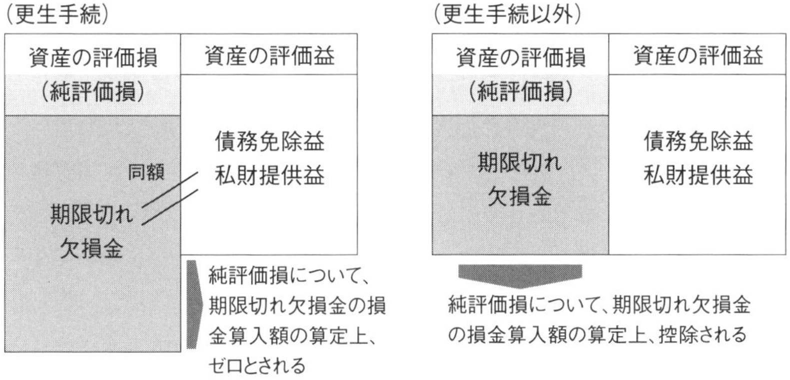

（更生手続）

資産の評価損 （純評価損）	資産の評価益
同額 期限切れ 欠損金	債務免除益 私財提供益

純評価損について、期限切れ欠損金の損金算入額の算定上、ゼロとされる

（更生手続以外）

資産の評価損 （純評価損）	資産の評価益
期限切れ 欠損金	債務免除益 私財提供益

純評価損について、期限切れ欠損金の損金算入額の算定上、控除される

　以上のとおり、再建型の手続で法的拘束力が最も強い会社更生手続においては、その分税務上優遇されており、余計な税負担が発生しないよう様々な手当てがなされているのが窺える。

(2) 民事再生手続における税務

a　事業年度

　民事再生法の規定による再生手続開始の決定があった場合は、会社更生法と異なり、通常どおりの事業年度となる。よって、定款等に定める事業年度で決算を行い、申告を行うこととなる。

b　資産の評価損益

ア　財産評定の概要

　民事再生法では、再生手続開始後遅滞なく債務者企業に属する一切の財産について再生手続開始の時における価額を評定し、当該評定額に基づいた財産目録及び貸借対照表を作成するとともに、再生手続開始に至った事情、債務者企業の業務及び財産に関する経過及び現状等を記載した報告書を裁判所に提出することとされている（民再124条・125条）。

イ　財産評定における時価と税務上の時価

　民事再生法における財産評定は、再生手続開始の時における価額を、処分価額としての時価により評定するものとしており、例外として、債務者企業が事業の全部又は一部の譲渡を考えている場合には、継続価値により評定することができるとされている（民再規56条1項）。これは、民事再生法における財産評定の目的が、債務者企業の再生計画が債権者の利益に反しないか否かを判断するために、破産した場合の配当率を算定することで、清算価値保障の原則を証明するというものだからである。

　これに対し、税務上の時価は、法人税基本通達9－1－3において「当該資産が使用収益されるものとしてその時において譲渡される場合に通常付される価額による。」とされており、使用収益価額により評価するものとされている。

　前述の会社更生法の場合は、財産評定上の時価がそのまま税務上の時価として採用されるため、明瞭であったが、民事再生法の場合は、財産評定上の時価と税務上の時価の差異に留意する必要がある。

ウ　資産の評価損益の税務上の取扱い

　民事再生法における資産の評価損益の税務上の取扱いに関しては、損金経理により資産の評価損を計上する方法（以下「損金経理方式」という）と、別表添付により資産の評価益と評価損を申告調整で計上する方法（以下「別表添付方式」という）の二つがある。

　これら二つの方法の主な差異としては、損金経理方式が、①評価損のみの計上であること、②会計上の損金経理を要すること、③評価損の計上につき、評価単位ごとの金額制限がないこと、④損金算入時期が再生手続開始の決定の日の属する事業年度であること、⑤債務免除益等と相殺する損失として青色欠損金を先に控除し、その後期限切れ欠損金を控除することとされているのに対し、別表添付方式は、①評価益と評価損の両方が計上されること、②会計上の損金経理は要しないこと、③評価損益の計上につき、評価単位ごとの金額制限があること、④益金算入時期又は損金算入時期が再生計画認可の決定があった日の属する事業年度であること、⑤債務免除益等と相殺する損失として期限切れ欠損金を先に控除し、その後青色欠損金を控除することとされているという点が挙げられるため、タックスプランニング上は、

損金経理方式と別表添付方式のどちらを採用するのが有利か、各事業年度の収益・費用の状況、資産の含み損益の状況、債務免除益等が計上されるタイミング（民事再生法における再生債権の免除の効力発生時は、再生計画案に特段の定めがない場合、再生計画認可の決定の確定時（民再176条））並びに青色欠損金の利用制限の有無及び期限切れ欠損金の状況等を勘案し、十分検討する必要がある。なお、前記イにおける税務上の時価の考え方はどちらの方法も同じである。

以下において、損金経理方式と別表添付方式の詳細を説明する。

ⅰ　損金経理方式

法人税法においては、原則、資産の評価換えによる評価損の計上は認められていない（法人税法33条1項）が、法的整理の事実（会社更生手続における評定が行われることに準ずる特別の事実をいう）が生じた場合に、債務者企業がその資産の評価換えをして、損金経理により帳簿価額を減額したときは、その評価換え直前の帳簿価額とその評価換えをした日の属する事業年度終了の時における時価との差額に達するまでの金額について、評価損の計上が認められる（法人税法33条2項、法人税法施行令68条1項）。

損金経理方式で評価損を計上することができる対象資産に関しては、個別の資産の規定がないため、棚卸資産、有価証券、金銭債権、固定資産、繰延資産等が対象となると考えられるが、損金経理方式は会計上の損金経理が要件とされることから、一般に公正妥当と認められる企業会計の基準において貸倒引当金として計上することがほとんどである貸付金や売掛金等の金銭債権については、会計上帳簿価額を直接減額する処理はなされないため、法人税法上も評価損を計上することができないこととなる（当然、税務上の貸倒引当金の定め（法人税法52条）に従った損金算入を妨げるものではない）。

ⅱ　別表添付方式

民事再生法の規定による再生計画認可の決定があった場合には、資産の評価損益（再生計画認可の決定があった時の時価とその直前の帳簿価額との差額）を、会計上の処理如何にかかわらず、別表添付の申告調整により、再生計画認可の決定があった日の属する事業年度の益金又は損金の額に算入することができる（法人税法25条3項・33条4項）。また、別表添付方式の規定の適用を受ける場合は、債務免除等があった場合の欠損金の損金算入に関して、青

色欠損金より先に優先して期限切れ欠損金を控除することが認められている。

別表添付方式による資産の評価損益の益金算入又は損金算入の適用対象外となる資産は以下のとおりである（法人税法施行令24条の2第4項・68条の2第3項）。

① 再生計画認可の決定があった日の属する事業年度開始の日前5年以内に開始した各事業年度において各種圧縮記帳等の規定の適用を受けた減価償却資産
② 短期売買商品
③ 売買目的有価証券
④ 償還有価証券
⑤ 評価単位ごとに区分した資産の含み損益が、その債務者企業の資本金等の額[4]の2分の1と1000万円（債務者企業の借入金その他の債務で利子の支払の基因となるものの額が10億円に満たない場合は100万円）のいずれか少ない金額に満たない資産

そして、上記⑤の含み損益の金額を計算する際の評価単位は、法人税法施行規則8条の6第3項において、【図表3－14－5】のように定められている。

なお、別表添付方式による資産の評価損益の益金算入又は損金算入の適用を受けるには、確定申告書（別表一四（一）民事再生等評価換えによる資産の評価損益に関する明細書）に評価損益明細の記載があり、かつ、評価損益関係書類（再生計画認可の決定があった旨を証する書類及び評価額の算定の根拠を明らかにする事項を記載した書類）の添付を要する点についても、留意が必要である。

---

[4] この資本金等の額の判定時期に関しては、法人税基本通達4－1－9において、再生計画認可の決定があった時の直前の資本金等の額となることが明らかにされており、再生計画認可の決定後の増減資の影響を考慮する必要はない。

【図表3-14-5】別表添付方式の場合の評価単位

一	金銭債権		一の債務者ごとに区分
二	棚卸資産		内国法人の営む事業の種類ごとに、かつ、商品又は製品、半製品、仕掛品、主要原材料及び補助原材料その他の棚卸資産の区分ごとに区分
三	減価償却資産		
		建物	一棟（建物の区分所有等に関する法律1条（建物の区分所有）の規定に該当する建物については、同法2条1項（定義）に規定する建物の部分）ごとに区分
		機械及び装置	一の生産設備又は一台若しくは一基（通常一組又は一式をもって取引の単位とされるものについては、一組又は一式）ごとに区分
		その他の減価償却資産	建物又は機械及び装置に準じて区分
四	土地等（土地及び土地の上に存する権利）		土地等を一筆（一体として事業の用に供される一団の土地等については、その一団の土地等）ごとに区分
五	有価証券		その銘柄の異なるごとに区分
六	その他の資産		通常の取引の単位を基準として区分

c 期限切れ欠損金

ア 期限切れ欠損金の損金算入

　前述の会社更生手続の場合と同様に、民事再生手続の場合においても、債務免除益等による税負担の発生を回避するために、繰越期間の9年を超過して利用できなかった青色欠損金等を利用するため、期限切れ欠損金の損金算入が認められている。

　期限切れ欠損金の損金算入が認められる場合として、法人税法59条2項において、以下の三つの事由が挙げられており、期限切れ欠損金と以下に定める各金額の合計額（当該合計額が、下記③の適用を受けない場合は期限切れ欠損金の損金算入を適用する前の課税所得、下記③の適用を受ける場合は青色欠損金及び期限切れ欠損金の損金算入を適用する前の課税所得の金額を超える場合は、

その超える部分の金額を控除した金額）とのいずれか小さい金額が損金算入される。

①再生手続開始の決定の時において再生債権（再生手続開始前の原因により生じた共益債権及び一般優先債権を含む）を有する者（再生会社との間に連結完全支配関係がある連結法人を除く）から当該債権につき債務免除を受けた場合（当該債権が債務免除以外の事由により消滅した場合で消滅した債務に係る利益の額が生ずるときを含む）

……その債務免除を受けた金額（債務消滅益を含む）

②再生手続開始の決定により、再生会社の役員等（役員若しくは株主等である者又はこれらであった者をいい、再生会社との間に連結完全支配関係がある連結法人を除く）から金銭その他の資産の贈与を受けた場合

……その贈与を受けた金銭の額及び金銭以外の資産の価額

③別表添付方式により、資産の評価損益の益金算入又は損金算入の適用を受けた場合

……資産の評価益の益金算入額から評価損の損金算入額を減算した金額

イ　民事再生手続の場合の特徴

別表添付方式を採用した場合は、債務免除益等と相殺する損失として期限切れ欠損金を先に控除し、その後青色欠損金を控除することとされているため、債務免除後に青色欠損金が残っている可能性があるが、損金経理方式を採用した場合は、青色欠損金から先に控除することとなるため、債務免除後に青色欠損金が残っている可能性が低くなる。

また、民事再生手続の場合は、資産の評価損益の益金算入又は損金算入に関し、「資産の評価益の益金算入額から評価損の損金算入額を減算した金額」とされていることから、純評価損が生じる場合は、評価益以外の債務免除益等の金額からまず純評価損が控除されることとなり、期限切れ欠損金の控除後に純評価損が控除される会社更生手続と比較して、青色欠損金が残りにくくなるという特徴がある。

d　損金経理方式と別表添付方式の選択

前述のとおり、資産の評価損益について、損金経理方式を採用するか、別表添付方式を採用するかの選択は、評価損益を計上できる資産の範囲や金額

基準が異なるだけでなく、期限切れ欠損金の損金算入額にも影響するため、タックスプランニング上、非常に重要である。

　例えば、期限切れ欠損金がゼロで、青色欠損金しかない場合においては、債務免除益等に対する期限切れ欠損金の控除順位を気にする必要がないため、評価損の計上につき適用対象となる資産や評価単位ごとの損益の金額に制限のない損金経理方式の採用が有利となるケースが多いと思われる。

　また、機械及び装置やその他の資産等の資産を多く有し、その1評価単位当たりの含み損は1000万円未満であるが、合計すると多額の含み損になる債務者企業の場合も、評価単位ごとの損益の金額に制限のない損金経理方式が有利である。

　他方、期限切れ欠損金を多く有する場合で、比較的1評価単位当たりの含み損の水準が1000万円以上となりやすい棚卸資産、建物及び土地等並びに損金経理がなされない金銭債権を多く有する債務者企業は、債務免除益等に対し青色欠損金より先に期限切れ欠損金を控除できる別表添付方式が有利と思われる。

　なお、損金経理方式による損金算入時期である「再生手続開始の決定の日」の属する事業年度と別表添付方式による損金算入時期である「再生計画認可の決定があった日」の属する事業年度が同一の事業年度の場合、法人税法施行令68条2項において、損金経理方式と別表添付方式のいずれか一方を採用することが明らかにされている。加えて、同項にて、資産の評価換えにより損金経理により帳簿価額を減額した場合において、同じ事業年度で再生計画認可の決定による評定が行われ、別表添付方式を採用した場合は、本来は別表添付方式による資産の評価損益の益金算入又は損金算入の適用対象外となる資産（例えば、1評価単位当たりの含み損が1000万円未満の資産）のうち損金経理により帳簿価額を減額した資産については、別表添付方式による資産の評価損の損金算入の適用対象となる資産とみなすこととされているため、多額の含み益のある資産を有する場合等以外は、別表添付方式が有利と思われる。

　以上、会社更生手続と民事再生手続における税務上の主な取扱いを解説したが、両手続における差異をまとめると【図表3－14－6】のとおりである。

【図表３－14－６】会社更生手続における税務と民事再生手続における税務の差異

	会社更生法	民事再生法	
		損金経理方式	別表添付方式
事業年度	更生手続開始の決定の日と更生計画認可の決定の日で区切りあり	定款等に定められた事業年度のまま変更なし	
財産評定の時価	一般に公正妥当と認められる会計基準における時価概念と同一	財産評定上、処分価額（例外：継続価値） 税務上は使用収益価額	
財産評定損益	財産評定の時価が税務上も認められ、評定損益がそのまま益金算入又は損金算入	・評価損のみ ・損金経理要件 ・金額制限なし	・評価益と評価損 ・別表添付 ・金額制限あり
期限切れ欠損金の控除順位	①期限切れ欠損金 ②財産評定損失 ③青色欠損金	①資産の評価損 ②青色欠損金 ③期限切れ欠損金	①資産の評価損益 ②期限切れ欠損金 ③青色欠損金

〈平成25年度税制改正の影響〉
平成25年１月29日に閣議決定された平成25年度税制改正大綱において、「再生計画認可の決定があったことに準ずる一定の事実が生じた場合における資産の評価損益の計上について、評価損益の計上に適さない資産の範囲から少額資産を除外し、評価差額が1,000万円未満の資産等であってもその評価損益を計上できることとする。」と規定され、別表添付方式における1,000万円（有利子負債が10億円未満の企業は100万円）の金額制限が撤廃される可能性が高くなったため、今後の動向に留意が必要である。

(3) 青色欠損金の利用制限

従前、青色欠損金の損金算入規定は、過去７年間に発生した青色欠損金の範囲内でその事業年度の所得金額を100％減額することが可能であった。しかし、平成23年度税制改正において、平成24年４月１日以後開始事業年度よ

り、その事業年度の所得金額の80％相当額を限度とする利用制限が導入され、併せて青色欠損金を繰越できる期間が、平成20年４月１日以後に終了した事業年度において発生したものから、従来の７年から９年に延長された。

　また、利用制限の対象となる法人から、各事業年度終了の時における資本金の額又は出資金の額が１億円以下である法人（資本金の額等が５億円以上の法人の100％子会社を除く）等は除かれているため、いわゆる中小法人は、従前どおり利用制限はなく青色欠損金の範囲内で所得金額の100％の控除が可能であり、また、７年から９年への繰越期間の延長についてもその適用対象となるため、この改正により恩恵を受けることとなる。事業計画の作成においても、この青色欠損金の利用制限の対象となるか否かは重要な事項となるため、留意が必要である。

a　事業再生に係る経過措置

　事業再生においては債務免除益課税の回避が税務上の大きな論点となるが、青色欠損金は債務免除益等に充当する損金としては非常に重要である。平成23年度税制改正による青色欠損金の利用制限が、既に再生計画がスタートしている債務者企業に対して適用されてしまうと再生に悪影響を及ぼすことから、平成24年４月１日前に更生手続開始の決定、再生手続開始の決定を受けたこと等の事実が生じた法人については、その決定等の日以後最初に開始する事業年度から、更生計画認可の決定、再生計画認可の決定等の日以後７年を経過する日の属する事業年度までの各事業年度については、経過措置として利用制限の規定を適用しないこととされている。

b　期限切れ欠損金との関係

　平成23年度税制改正により導入された青色欠損金の利用制限と期限切れ欠損金との関係について、前述の青色欠損金が先に適用される損金経理方式では、先に適用する青色欠損金の利用が制限されたとしても後から適用する期限切れ欠損金でその制限された20％相当額をカバーして損金算入されるのに対して、青色欠損金が後に適用される別表添付方式では、先に期限切れ欠損金を適用するので後で青色欠損金が利用制限を受けるとその分だけ損金算入額が過少になるという論点がある。

この点については、平成23年度税制改正後は、期限切れ欠損金の損金算入について、欠損金の合計額を青色欠損金と期限切れ欠損金に区別することなく損金算入させる方式に変更され（法人税法施行令116条の3及び117条の2が改正）、併せて青色欠損金の二重控除を防ぐため法人税法57条5項で青色欠損金の切捨てを行う仕組みも導入された。

　以下、具体例として民事再生手続の場合の別表添付方式における改正前と改正後の期限切れ欠損金及び青色欠損金の損金算入額並びに青色欠損金の翌期繰越額等の計算方法を記載しているが、改正前と改正後で最終的な結果に差異が生じないよう手当てがなされていることが確認できるだろう（【図表3－14－7】）。

【図表3－14－7】期限切れ欠損金及び青色欠損金の損金算入額の計算方法

〈前提〉
所得金額（欠損金前）	100
うち債務免除益	120
うちその他損益	▲20
欠損金額	130
うち青色欠損金	60

改正後		改正前	
1. 期限切れ欠損金の損金算入額		1. 期限切れ欠損金の損金算入額	
①適用年度の前事業年度以前から繰り越された欠損金額	130	①適用年度の前事業年度以前から繰り越された欠損金額－青色欠損金の金額（＝130－60）	70
②債務免除益等の金額	120	②債務免除益等の金額	120
③青色欠損金・期限切れ欠損金損金算入前の所得金額	100	③青色欠損金・期限切れ欠損金損金算入前の所得金額	100
④①～③のうち最も少ない金額	100	④①～③のうち最も少ない金額	70
2. 青色欠損金の切り捨て		2. 青色欠損金の損金算入額	
①適用年度の損金算入額　青色欠損金の代わりに損金算入した期限切れ欠損金（＝100－70）	30	①青色欠損金の金額	60
②未使用欠損金額	60	②期限切れ欠損金損金算入後の所得金額（＝100－70）	30
③青色欠損金の切り捨て額	30	③①と②の少ない金額	30
3. 欠損金の損金算入額	100	3. 欠損金の損金算入額合計（1＋2）	100
4. 当期所得金額	0	4. 当期所得金額	0
5. 青色欠損金の翌期繰越額	30	5. 青色欠損金の翌期繰越額	30

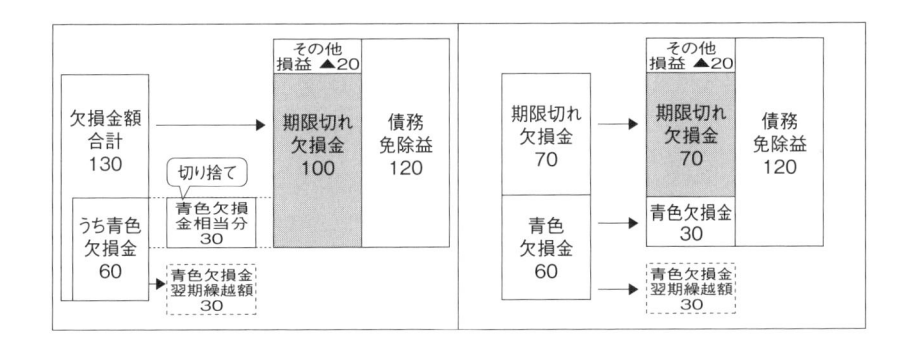

[図: 期限切れ欠損金と青色欠損金の関係図]

左図:
- 欠損金額合計 130
- うち青色欠損金 60
- 切り捨て（青色欠損金相当分 30）
- 期限切れ欠損金 100
- その他損益 ▲20
- 債務免除益 120
- 青色欠損金翌期繰越額 30

右図:
- 期限切れ欠損金 70
- 青色欠損金 60
- 期限切れ欠損金 70
- 青色欠損金 30
- その他損益 ▲20
- 債務免除益 120
- 青色欠損金翌期繰越額 30

(4) 繰越欠損金の繰戻還付

青色申告書を提出した事業年度において生じた青色欠損金については、9年間の繰越控除に代え、その事業年度（欠損事業年度）の開始前1年以内に開始したいずれかの事業年度（還付所得事業年度）の所得に対する法人税の額のうち、次の式により算出した金額の還付を請求することができる（法人税法80条1項）（【図表3－14－8】参照）。

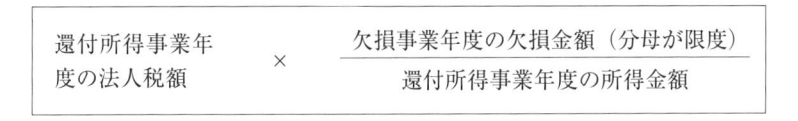

$$\text{還付所得事業年度の法人税額} \times \frac{\text{欠損事業年度の欠損金額（分母が限度）}}{\text{還付所得事業年度の所得金額}}$$

この還付制度は、平成4年4月1日から平成26年3月31日までの間に終了する各事業年度において生じた青色欠損金については、適用を停止する措置が講じられている（各事業年度終了時における資本金の額又は出資金の額が1億円以下の中小法人等については、平成21年度税制改正により、平成21年2月1日以後終了事業年度から適用が可能となった）が、以下に掲げる一定の事実が生

【図表3－14－8】欠損金の繰戻還付イメージ図

- 所得金額 600（前期）
- 欠損金額 △300（当期）

〈前期（還付所得事業年度）の法人税額〉
600×25.5％(法人税率)＝153

〈当期（欠損事業年度）の還付金額〉
153×300/600＝76.5

じた場合には、その後における青色欠損金の繰越控除が困難であること等から、この繰越欠損金の繰戻還付の適用を受けることが可能とされている（法人税法80条4項、法人税法施行令154条の3、法人税基本通達17－2－3）。

①解散（適格合併による解散を除く）
②事業の全部の譲渡
③会社更生手続の開始（更生手続開始の申立て）
④その他これらに準ずる事実（事業の全部の相当期間の休止又は重要部分の譲渡で一定のもの及び再生手続開始の決定）

よって、会社更生手続の開始又は再生手続開始の決定の事実が生じた場合で、当該事実が生じた日前1年以内に終了したいずれかの事業年度又は同日の属する事業年度において生じた欠損金額があるときについては、この還付制度の適用を受けることができ、請求期限も原則の確定申告書の提出と同時ではなく、当該事実が生じた日以後1年以内と延長されている（法人税法80条4項）（【図表3－14－9】参照）。

当該規定は、還付請求書の提出等手続がやや煩雑になるのに加え、欠損金額確認のための税務調査を受ける可能性も否定できないため、繰越欠損金の繰戻還付の適用を受けず、将来の課税所得と相殺する青色欠損金の繰越控除を選択することもあり得る。しかしながら、繰越欠損金の繰戻還付を受ける方が、資金繰り上必ず有利に働くため、タックスプランニング上は可能な限り活用すべきと考える。

なお、地方税法においては、この還付制度の規定はないため留意が必要である。住民税については、その後の事業年度の住民税の課税標準となる法人税額からその還付を受けた法人税額を控除して税額計算を行い（地方税法53

【図表3－14－9】繰越欠損金の繰戻還付

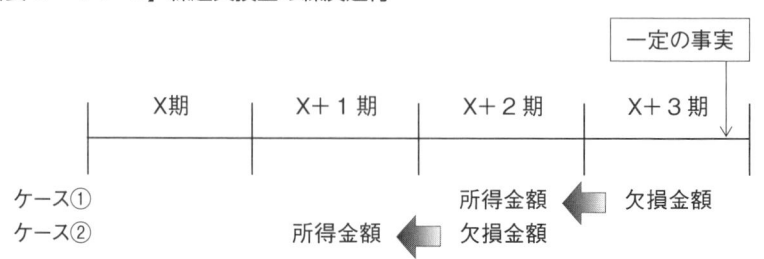

条12項・321条の8第12項)、事業税(地方法人特別税含む)については、その後の事業年度において、繰り戻しされた欠損金額も繰越控除して課税標準となる所得計算を行うことで調整する(地方税法施行令21条1項・2項)。

⑸ 仮装経理による過大申告の更正の請求と還付

　法的整理を申し立てる債務者は、業績が悪化し、資金繰りに窮して、破綻する前の段階で、金融機関その他利害関係者向けに売上げや在庫の過大計上等の粉飾決算を行っているケースがあり、その結果、過去に過大な税金を納めている場合が散見される。

　国税通則法においては、過年度において税額の納付が過大であった場合は法定申告期限から5年以内に、欠損金が過少であった場合等は法定申告期限から9年以内に、税務署長に対し更正の請求をすることができる(国税通則法23条1項)こととされている。しかしながら、過年度において仮装経理による過大申告・納付を行っていたケースでは、その後の事業年度の確定決算において、仮装経理の事実に係る修正経理を行い、その確定申告書を提出する必要があり(法人税法129条1項)、具体的には下記のような手順で各手続を行うこととなる。

①法人が過年度において事実を仮装して過大に所得を計算し、税額を納付している場合、又は欠損金を過小に計算している場合においては、その後の事業年度において、財務デューデリジェンス等による仮装経理事実を確認の上、当該仮装経理処理をした取引につき、修正経理を行い、その修正経理をした事業年度の確定申告書を提出するタイミングで、所轄税務署長に対して更正の請求書(平成23年12月2日より前に法定申告期限が到来している国税の場合は更正の申出書)を提出する。

②そして、仮装経理による過大申告の更正は、税務調査の対象となるため、当該仮装経理処理を立証するエビデンスも揃える必要がある。納税額を減額させる更正は法定申告期限から5年以内、純損失を増額させる更正は法定申告期限から9年以内まで行うことができることとされている(国税通則法70条1項・2項)。

③過年度において過大に納付した税額に係る還付については、平成21年度

税制改正前は、更正の日の属する事業年度開始の日前1年以内開始事業年度の確定法人税額が還付される（法人税法135条2項）以外は、同日から5年以内に開始する事業年度の所得に対する法人税の額から順次控除され、5年間で控除しきれない部分の金額は5年経過後に一括して還付されることとなっていた。しかし、平成21年度税制改正により、法的整理及び法的整理に準ずる私的整理の場合には、以下の区分のとおり、繰越控除は終了し、直ちに控除未済額が還付されることとなったため（法人税法135条1項・3項・4項、法人税法施行令175条2項）、タックスプランニング上、一つの重要なポイントとなると考えられる（【図表3－14－10】参照）。

・更正前に法的整理等の事実がある場合は、全額直ちに還付される。
・更正後に残余財産の確定、合併による解散、破産手続開始の決定による解散等をした場合は、その残余財産の確定等の日の属する事業年度の申告期限において、まだ還付又は控除しきれていない金額を還付する。
・更正後に法的整理手続開始の決定や特別清算開始の決定並びに再生計画認可の決定があったことに準ずる事実等があり、その時点で還付又は控除しきれていない金額がある場合は、還付を請求することができる。これは、会社側が自発的に還付の請求を行わなければならない（法的整理等の事実が生じた日以後1年以内）。

④なお、住民税及び事業税に関しても、法人税の更正決定後2ヶ月以内に

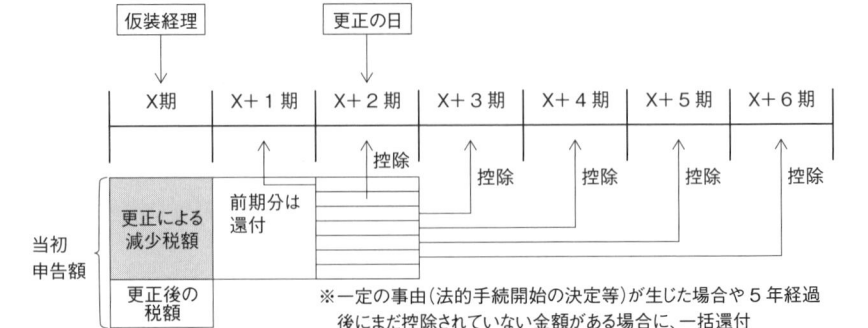

【図表3－14－10】仮装経理による過大申告の還付

限り、地方税の更正の請求ができる（地方税法53条の2・72条の33の2・321条の8の2）ため、忘れずに実施しておきたい。

　上記特例の対象になる仮装経理は、単なる認識違いや計算間違いは含まれず、また、法人税法上損金経理要件が課せられている項目（例えば、減価償却費や貸倒引当金繰入額で損金算入の限度額が定められている項目等）に関し、費用を過小に計上する粉飾決算を行った場合についても、法人の意思決定の範囲内として、仮装経理には該当しない。つまり、いわゆる会計上の粉飾決算と税務上の仮装経理は、その範囲が異なっている（税務上の仮装経理の範囲は、会計上の粉飾決算の範囲に内包される）ため、留意が必要である。

　また、平成21年12月に「会計上の変更及び誤謬の訂正に関する会計基準」（以下「過年度遡及会計基準」という）及びその適用指針が公表され、平成23年4月1日以後に開始する事業年度の期首以後に行われる会計上の変更及び誤謬の訂正から適用が開始されることとなり、過年度遡及会計基準導入後は過年度の誤謬訂正は原則として修正再表示により行われ、会社法の計算書類においては過年度の影響累積額を当期首の資産、負債及び純資産の額に反映し、当該誤謬の内容等を注記することとなった。

　この点について、従前は損益計算書の特別損益項目で「前期損益修正損」として仮装経理の修正処理を行っていたところ、上記処理に変更となるため、法人税法129条1項に定める仮装経理の事実に係る「修正の経理」に該当するか否か疑義が生ずるところであるが、平成23年10月20日付法人課税課情報第3号、審理室情報第1号、調査課情報第1号「法人が「会計上の変更及び誤謬の訂正に関する会計基準」を適用した場合の税務処理について（情報）」の問8において、変更後の修正再表示の処理は、当期首において「前期損益修正損」等による経理をしたものと同一視し得るものであり、法人税法129条1項に定める「修正の経理」として取り扱って差し支えない旨公表されているため、留意が必要である。

(6) スキーム別の論点

a　デット・エクイティ・スワップ（DES）

　DESとは、債権者側からは、債権者が債務者に対して有する債権を債務者

が発行する株式に振り替えること、債務者側からは、借入金を資本金に振り替えることをいう。

DESは、現物出資に該当するため、税務上、適格現物出資に該当するか、非適格現物出資に該当するかにより処理が異なるが、実務上金融機関が債権者の場合には、債務者企業の発行済株式の全てを保有しているケースはほとんどないことから、非適格現物出資に該当するケースが一般的と考えられ、その場合、現物出資の対象たる債権は「時価」で債務者企業に移転することとなる。

平成18年度税制改正によりDESに係る課税の考え方が整備され、債権のうち「時価」を超える部分の金額について、債務消滅益として債務免除益と同様に課税されることとなり、合わせて評価損や期限切れ欠損金により相殺が可能となった(【図表3-14-11】参照)。

そして、この場合の「時価」が何を指すのかという点が問題となるが、法人税法施行令8条1項1号において、「給付を受けた金銭以外の資産の価額」と規定していることから、債務者企業の財務内容を反映した債権の評価額により処理することとなる。

この点につき、経済産業省経済産業政策局産業再生課が平成22年1月にま

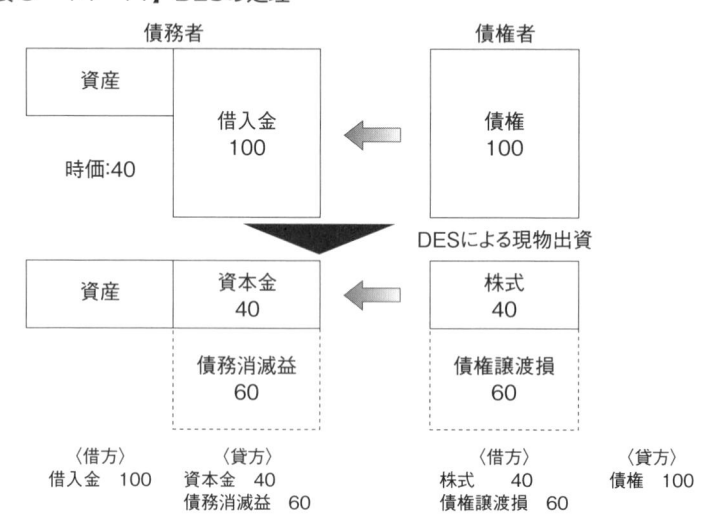

【図表3-14-11】DESの処理

```
            債務者                          債権者
    ┌─────┬─────┐           ┌─────┐
    │ 資産  │ 借入金 │  ←──    │ 債権  │
    │       │  100  │           │  100  │
    └─────┴─────┘           └─────┘
     時価:40
                    DESによる現物出資
    ┌─────┬─────┐           ┌─────┐
    │ 資産  │ 資本金 │  ←──    │ 株式  │
    │       │   40  │           │   40  │
    │       ├─────┤           ├─────┤
    │       │債務消滅益│           │債権譲渡損│
    │       │   60  │           │   60  │
    └─────┴─────┘           └─────┘

    〈借方〉    〈貸方〉           〈借方〉     〈貸方〉
    借入金 100  資本金    40       株式    40   債権 100
                債務消滅益 60       債権譲渡損 60
```

とめた「事業再生に係るDES研究会報告書」において、企業再生税制の適用場面における債権の税務上の評価を行う場合は、取得する債権につき相対での取引価格がある場合やDESにより発行する株式に時価がある場合においても、合理的に見積もられた再生企業からの回収可能額に基づき評価することが適当であり、具体的には、①資産評定基準に従い作成した実態貸借対照表の債務超過額と②事業計画における損益の見込み等を考慮して算定されることとなることが明らかにされている。なお、同報告書における時価の考え方については、平成22年2月に「企業再生税制適用場面においてDESが行われた場合の債権等の評価に係る税務上の取扱いについて」として、国税庁に対して事前照会が行われており、その意見のとおりで差し支えない旨の回答が出されている。

　また、DESと同様の効果をもたらすものとして、擬似DES（債権者が現金を払い込んで債務者から新株の割当てを受け、債務者は払い込まれた現金により債務の弁済に充てる方法）がある。擬似DESは、債務者側からすると、あくまで単なる有償増資であり、資本等取引に該当するため、債務消滅益課税の処理はなされず、債権者側からすると、支援損の損金化はできない。しかしながら、当該擬似DESが同族会社間にて行われた場合等で当該擬似DESによる経済合理性が不透明な場合には、同族会社の行為又は計算の否認の規定等により、免除益課税や受贈益課税がなされるリスクが皆無ではない点に留意が必要である。

　また、業績不振のグループ会社に対してDESを行うというケースもあるだろう。例えば100％子会社に対してDESを実施する場合（親会社が債権者、子会社が債務者）で今後も支配関係を継続するときは、当該DESは適格現物出資に該当するため、債権は簿価で移転し、親会社側でも譲渡損益は発生しない。

　平成22年度税制改正前は、支配関係が当該DESを行った日の属する事業年度開始の日の5年前の日以後に生じている場合には、現物出資の対象が事業ではなく債権のため、みなし共同事業要件も満たし得ず（法人税法施行令112条3項・7項）、当該DESにより子会社の青色欠損金について利用が制限されるという問題があった。しかし、本来この青色欠損金の利用制限は、移転した資産に含み益がある場合や、移転した事業の利益計上が確実な場合などに

おいて、青色欠損金を有する会社を子会社化し適格合併等をすることで税負担を軽減する租税回避行為を防止することを目的とした規定であり、事業の移転がないDESのようにその趣旨を超えた部分の規制を緩和すべく、平成22年度税制改正により、事業を移転しない適格現物出資を行う場合で、その移転資産の「時価」が「簿価」以下となるのであれば、被現物出資法人における青色欠損金の利用に制限は生じないこととなった（法人税法施行令113条5項）。これにより、業績不振の100％子会社に対してDESを実施する場合などにおいて、債権の時価が簿価以下となるのであれば、青色欠損金の利用制限は生じないこととなった点に留意が必要である。

b 事業譲渡

スポンサー型の再生の場合、雇用関係の清算、税務上の損失確定、簿外債務の切り離し並びに手続の迅速性等の観点から事業譲渡が採用されるケースも多く存在し、再生対象となる事業（good事業）を事業会社やファンド等のスポンサー（受皿会社）へ譲渡するのが一般的である。

ア 法人税法上の取扱い

法人税法上、事業譲渡に関する特別の規定は存在していないことから、各事業を構成する個々の資産の譲渡として取り扱われ、債務者企業では資産及び負債を時価で譲渡するため、譲渡損益が発生し、受皿会社では資産及び負債を時価で受け入れることとなる。

また、事業譲渡後の債務者企業は、受皿会社より収受した事業譲渡代金を原資に更生債権又は再生債権を支払い、特別清算等の過程で債務免除等を受けることとなるが、平成22年度税制改正により、平成22年10月1日以降に解散する場合は、従前の清算所得課税（財産課税）から通常の所得課税に移行することとなったため、タックスプランニング上は留意が必要である（後記(7)(448頁)参照）。

イ 資産調整勘定・負債調整勘定

続いて受皿会社側の処理に関し、法人税法上、非適格合併等（非適格合併、非適格分割、非適格現物出資及び事業譲渡をいう。以下同じ）があった場合には、合併法人等（合併法人、分割承継法人、被現物出資法人及び譲受法人をいう。以下同じ）に対して、移転資産負債は時価にて移転する。

【図表3−14−12】正ののれんと負ののれん

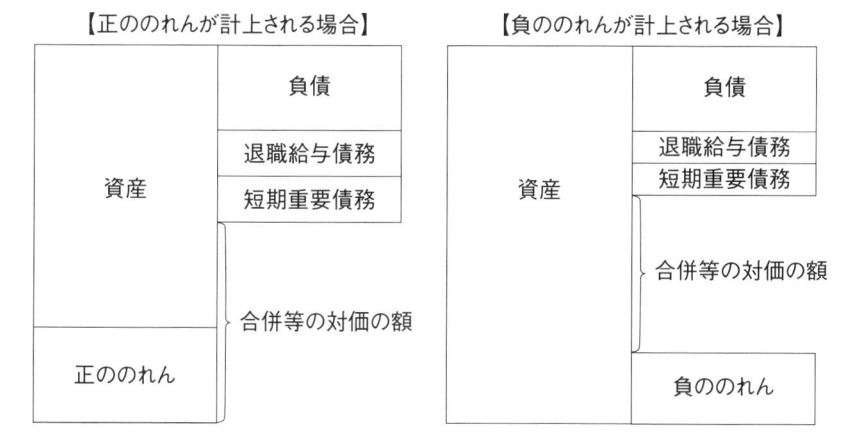

【正ののれんが計上される場合】

資産	負債
	退職給与債務
	短期重要債務
	合併等の対価の額
正ののれん	

【負ののれんが計上される場合】

資産	負債
	退職給与債務
	短期重要債務
	合併等の対価の額
	負ののれん

　この場合、バリュエーション（企業価値評価）により算定された合併等（合併、分割、現物出資及び事業譲渡をいう。以下同じ）の対価の額は、移転資産負債の時価純資産の額とイコールではなく、その差額については、【図表3−14−12】のとおり、正ののれん（資産調整勘定）又は負ののれん（負債調整勘定）として認識され、会計上の処理にかかわらず、60ヶ月にわたって償却し、正ののれんは損金として、負ののれんは益金としてそれぞれ認識することとなる。

ⅰ　退職給与債務

　退職給与債務は、いわゆる退職給付引当金相当額であり、本来税務上認められた引当金ではない。そのため、税務上は債務として認識されないこととなるが、実態は将来発生する退職金の支払債務であり、また、非適格合併等の際に退職給付引当金の引継ぎに関し、税務上課税されることとなると弊害が起こることから、平成18年度税制改正において、退職給付引当金相当額については、明細書の添付を要件として、退職給与負債調整勘定として税務上も債務認識することとされた（法人税法62条の8第2項・法人税法施行令123条の10第7項）。なお、退職給与負債調整勘定に計上された退職給付引当金に関しては、退職給与引継ぎの対象となった従業員が退職した時点又は退職給与を支給する時点において取り崩し、益金の額に算入することとされている（法人税法62条の8第6項・8項）。

ⅱ　短期重要債務

　移転を受けた事業に係る将来の債務（その事業の利益に大きな影響を与えるもの）で、その履行が概ね３年以内に行われると見込まれるものを引き受けた場合には、負債調整勘定（短期重要債務引受額）として税務上債務認識することとなる（法人税法62条の８第２項）。ただし、その与える影響額が移転を受けた資産の合計額の100分の20相当額を超える場合に限る（法人税法施行令123条の10第８項）。

　　ウ　消費税の取扱い

　債務者企業からスポンサー（受皿会社）へ事業譲渡が行われた場合には、事業譲渡法人である債務者企業から、事業譲受法人である受皿会社に対して個々の資産を譲渡するという取扱いになることから資産の譲渡等に該当し、消費税の課税対象に該当する。この場合、債務者企業はその譲渡する資産ごとに課税売上、非課税売上等を個別に区分し、受皿会社は譲り受けた資産ごとに課税仕入れに該当するか否かを判定する。

　消費税法上、基準期間（その事業年度の前々事業年度）における課税売上高が1000万円を超える場合は課税事業者、1000万円以下の場合は免税事業者として取り扱われる（消費税法２条14・９条１項）[5]。他方、受皿会社は新設法人であるケースも多く、その場合は基準期間がないが、当該事業年度開始の日における資本金の額が1000万円以上である場合は、基準期間がない事業年度については自動的に課税事業者に該当する（消費税法12条の２第１項）。また、「消費税課税事業者選択届出書」を提出することにより、提出日の翌事業年度から（新設法人の設立事業年度については設立事業年度中に提出することにより、設立事業年度から）、課税事業者になることも選択できる（消費税法９条４項）。通常、受皿会社においては、事業譲渡により多額の資産を取得することとなるため、課税仕入れが課税売上を上回ることも考えられ、その場合は課税事業者となることで消費税及び地方消費税の還付を受けることができるため、タックスプランニング上留意が必要である。

---

[5]　平成23年度税制改正により、平成25年１月１日以後に開始する事業年度から、特定期間（その事業年度の前事業年度等の６ヶ月等）の課税売上高が1000万円を超える場合も課税事業者と判定されることとなったため、留意が必要である。

エ その他
i 登録免許税

　事業譲渡の対象となる資産のうちに不動産がある場合には、不動産の所有権移転登記が必要となり、所有権移転登記に伴う登録免許税は、原則として固定資産税評価額の1000分の20である。ただし、土地の売買による所有権移転登記に関しては、平成25年3月31日（平成25年度税制改正大綱により、2年間の適用期限の延長が規定されている）までに行われるものについては、固定資産税評価額の1000分の15まで軽減されている（租税特別措置法72条1項）。

ii 不動産取得税

　不動産取得税について、事業譲渡により受皿会社が不動産を取得する場合は、通常の不動産の取得と同様に、固定資産税評価額の1000分の40の税率で課税される（地方税法73条の15）。ただし、平成27年3月31日までの土地の取得に関しては、税率が固定資産税評価額の1000分の30と軽減されており、また、平成27年3月31日までの宅地及び宅地比準土地の取得については、課税標準が固定資産税評価額の2分の1と軽減されている（地方税法附則11条の2・11条の5）。また、更生計画において第二会社方式を適用し、更生会社から受皿会社に不動産を移転すると定めた場合には、受皿会社においてその不動産の移転に伴う不動産取得税は非課税とされている（地方税法73条の7第2号の4）。

iii 税務リスクの承継

　債務者企業から受皿会社へ事業譲渡が行われる場合に、スポンサー側からすると債務者企業からの簿外債務を引き継ぐリスクを完全に遮断する必要がある。以下に未払税金を承継、連帯納付等する場合についての規定を列挙するが、第三者のスポンサー（受皿会社）への事業譲渡の場合は、以下①〜③のケースに該当しないため、税務リスクの承継は原則として遮断されていると考えられる。

①租税債務の承継

　国税通則法6条において、合併があった場合、合併法人は、被合併法人に課されるべき、又は被合併法人が納付し若しくは徴収されるべき国税を納める義務を承継することとされている。

②連帯納付責任

国税通則法9条の2において、分割（分社型分割を除く）があった場合、分割承継法人は、承継財産の価額を限度として、分割日前に納税義務が成立した国税について、分割法人と連帯して納付する責任があるとされている。
③第二次納税義務
　国税徴収法38条において、一定の事業譲渡等（親族その他の特殊関係者に対する事業譲渡であり、事業譲受人が同一とみられる場所において同一又は類似の事業を営んでいること）があった場合で、事業譲渡人が租税を滞納し、滞納処分が執行されても徴収額に不足があるときは、事業譲受人が譲受財産を限度として納税義務を負うこととされている。

c　会社分割

　前述の事業譲渡のほかに、事業会社やファンド等のスポンサー（受皿会社）へ再生対象となる事業（good事業）を移行する手法として、会社分割も採用される。
　会社分割には新設分割と吸収分割があり、新設分割とは新設法人に事業を承継させる手法であり、吸収分割とは既存法人に事業を承継させる手法である。また、分割に伴い発行される株式等の分割対価を分割法人に対して割り当てる方法を分社型分割といい、分割法人の株主に対して割り当てる方法を分割型分割という。
　法的整理や私的整理手続において、会社分割の手法を活用するスキームとしては、①分割承継法人たるスポンサー（受皿会社）から、分割法人たる債務者企業に分割対価として現金を交付する会社分割（以下「現金交付型分割」という）と、②分社型分割により、新会社への事業の移転及び分割法人たる債務者企業に分割対価として当該新会社の株式交付を行い、その後当該株式をスポンサー（受皿会社）へ譲渡する手法（以下「株式交付型分割」という）が主として考えられるため、以下は二つのスキームの取扱いについて解説していく。なお、債務超過である債務者企業の株主に対して現金又は株式を交付する分割型分割については、スキームとして想定しにくいため、説明を省略する。

　　ア　法人税法上の取扱い
　会社分割に係る法人税法上の取扱いに関し、適格分割に該当する場合は、

【図表3−14−13】適格・非適格の判定

税制適格要件	グループ内		グループ外
	100%	50%超100%未満	共同事業要件
金銭等の交付なし	○	○	○
支配関係継続要件	○	○	
主要資産負債引継要件		○	○
従業者引継要件		○	○
事業継続要件		○	○
事業関連性要件			○
規模要件又は経営参画要件			○
株式継続保有要件			○

　移転資産負債について分割法人から分割承継法人へ帳簿価額により譲渡されたものとされ、含み損益は繰り延べられる。一方、非適格分割に該当する場合は、移転資産負債について分割法人から分割承継法人へ時価により譲渡されたものとして、分割法人において譲渡損益の認識、分割承継法人において時価による受入れがなされる。

　適格分割か非適格分割かの判定については、支配関係のあるグループ企業内における分割とグループ外の企業統合・買収等を前提とした分割の二つに分けられ、それぞれ【図表3−14−13】のとおり、全ての要件を充足した場合は適格分割とされ、一つでも充足しない場合は非適格分割となる。

　現金交付型分割は、分割対価として現金を交付することとなるため、非適格分割に該当する。また、株式交付型分割についても、新会社への分割後、スポンサー（受皿会社）への株式譲渡を予定しているため、支配関係継続要件や株式継続保有要件を満たさないため、非適格分割に該当する。

　よって、どちらの場合も、移転資産負債について分割法人から分割承継法人へ時価により譲渡されたものとして、分割法人において譲渡損益の認識、分割承継法人において時価による受入れがなされるため、前述の事業譲渡と同じ処理を行うこととなる。資産調整勘定・負債調整勘定に関する事項についても前述の事業譲渡の場合と同様の取扱いとなるため、参照されたい。

また、グループ法人税制の導入に伴い、完全支配関係がある内国法人間における譲渡損益調整資産[6]の譲渡については譲渡損益の繰延べが行われることとなった（法人税法61条の13）。グループ法人税制は組織再編行為についても適用されるため、100％グループ内における非適格分割があった場合には、移転資産のうち譲渡損益調整資産については譲渡損益が繰り延べられ、分割承継法人において受け入れる譲渡損益調整資産の価額は時価相当額となり、100％グループでなくなった場合や譲受法人が譲渡損益調整資産を他に譲渡等した場合に分割法人において繰り延べた譲渡損益が実現することとなる。この点について、株式交付型分割において新会社へ分社型分割を行った段階では、分割法人（債務者企業）と分割承継法人（新会社）が100％グループの関係にあるため、分割法人側の譲渡損益が繰り延べられることとなるが、スポンサー（受皿会社）へ分割承継法人株式を譲渡した段階で繰り延べた譲渡損益が実現され、会社分割と株式譲渡を同時に行うケースにおいては、その事業年度に譲渡損益が実現することとなるため、留意が必要である。

イ　消費税法上の取扱い

　消費税法上、会社分割による資産負債の移転は、課税対象外取引とされている。よって、現金交付型分割・株式交付型分割ともに時価により資産負債が譲渡されたものとされるが、事業譲渡の場合と異なり、消費税を認識する必要はない。

　また、会社分割を行った場合に分割承継法人たるスポンサー（受皿会社）が課税事業者に該当するか否かの判定は、まず第一に、新設分割のケースでは、新設会社の基準期間に対応する期間における分割法人の課税売上高が1000万円を超えるか否か、吸収分割のケースでは、分割承継法人の基準期間における課税売上高又は分割承継法人の基準期間に対応する期間における分割法人の課税売上高が1000万円を超えるか否かにより行われる（消費税法12条、消費税法施行令23条、消費税基本通達１－５－６の２）。よって、現金交付型分割・株式交付型分割ともに、債務者企業（分割法人）の課税売上高が1000万円以下であることは稀であることから、課税事業者になるケースが多

---

[6]　固定資産、土地、有価証券、金銭債権及び繰延資産で、①売買目的有価証券・②譲受法人で売買目的有価証券とされる有価証券・③譲渡直前の帳簿価額が1000万円未満の資産以外の資産をいう（法人税法施行令122条の14第１項）。

いと考えられる。

ウ　その他
ⅰ　登録免許税

会社分割により分割法人から分割承継法人が不動産を取得した場合には、不動産の所有権移転登記が必要となり、平成24年4月1日から平成26年3月31日までに行われるものについては、固定資産税評価額の1000分の15とされ、平成26年4月1日から平成27年3月31日までに行われるものについては、固定資産税評価額の1000分の18とされている（租税特別措置法81条1項）。

ⅱ　不動産取得税

会社分割により分割法人から分割承継法人が不動産を取得した場合には、以下の全ての要件を満たした場合に限り、不動産取得税が課されないこととされている（地方税法73条の7第2号、地方税法施行令37条の14）。

①当該分割の分割対価資産として分割承継法人の株式以外の資産が交付されないこと

②当該分割により分割事業に係る主要な資産及び負債が分割承継法人に移転していること

③当該分割に係る分割事業が分割承継法人において引き続き営まれることが見込まれていること

④当該分割の直前の分割事業に係る従業者のうち、その総数の概ね100分の80以上に相当する数の者が当該分割後に分割承継法人の業務に従事することが見込まれていること

現金交付型分割は、①の要件を満たさないため非課税要件を満たさないこととなる一方、株式交付型分割は、②～④の要件を満たせば非課税となるため、留意が必要である。なお、不動産取得税が課税される場合は、事業譲渡の場合と同じ取扱いとなるため、前述を参照されたい。

ⅲ　税務リスクの承継

前述ｂエⅲ（443頁）の内容に関し、現金交付型分割及び株式交付型分割については、分社型分割に該当するため、税務リスクの承継は原則として遮断されていると考えられる。

以上、事業譲渡と会社分割における税務上の主な取扱いを解説したが、事

【図表3-14-14】事業譲渡と会社分割に係る税務の相違点

	事業譲渡	会社分割	
		適格	非適格
移転資産負債の価額	時価	簿価	時価
資産調整勘定・負債調整勘定の計上	認められる	認められない	認められる
譲渡・分割法人の移転損益	認識される	認識されない	認識される
消費税	対象	対象外	対象外
登録免許税	課税	課税	課税
不動産取得税	課税	課税 or 非課税	課税 or 非課税

業譲渡は個々の資産負債の譲渡取引であり、会社分割は資本取引であるため、理論的には別の性質をもつものであるが、取引の経済性は類似しているといえる。これは税務上の取扱いの類似性をみても明らかである。事業譲渡と会社分割における税務の相違点をまとめると【図表3-14-14】のとおりである。

(7) 清算所得課税の廃止

a 概　要

　前述のとおり、事業譲渡又は会社分割後の債務者企業は、受皿会社より収受した事業譲渡代金又は分割対価等を原資に更生債権又は再生債権の一部を支払い、残りについては債務免除等を受け、解散・清算手続に入ることとなるが、平成22年度税制改正により、清算所得課税（財産課税）が廃止され、平成22年10月1日以降に解散する場合には、通常の課税所得の計算と同様の方法により、解散の日の翌日以降の各事業年度に係る法人税の課税所得の計算を行うこととなった。

　平成22年度税制改正前においては、内国法人が解散した場合、清算所得に対する法人税が課されており、この場合に課税標準となる清算所得の金額は、残余財産の価額からその解散の時の資本金等の額と利益積立金額等との合計額を控除した額をいい、債務超過の場合、残余財産の価額がゼロとなる

ため、債務者企業が解散後清算手続の中で事業譲渡益が生じる事業譲渡を行ったり、債務免除等を受けたとしても課税されることはなかった。

しかし、平成22年度税制改正後は、通常の課税所得の計算と同様の方法になることから、そのままでは多額の債務免除益等の発生に対して、十分な繰越欠損金がない場合には、過大な税負担が発生する可能性があるという問題が生じる。そこで、改正前後において解散した会社の税負担が大きく変わることがないよう、清算所得課税の廃止に伴い、「残余財産がないと見込まれる場合」には、その清算中に終了する事業年度前の各事業年度において生じた期限切れ欠損金について損金算入が認められることとなった（法人税法59条3項、法人税法施行令118条）。

そして、解散の場合に控除することができる期限切れ欠損金の金額は、税法上の欠損金額から青色欠損金を控除した金額をいい、税法上の欠損金額は具体的には法人税申告書別表五（一）「利益積立金額及び資本金等の額の計算に関する明細書」の期首現在利益積立金額の差引合計額がマイナスとなる場合の当該金額をいい、平成23年度税制改正によりマイナスの資本金等の額も期限切れ欠損金として扱うこととなった。なお、マイナスの資本金等の額は、例えば、買収した会社と合併する時の抱合株式の処理や上場企業が証券市場を通じて自己株式を取得した場合等、組織再編税制や資本等取引において発生することが考えられる。

また、従来から更生会社や再生会社において認められていた期限切れ欠損金の損金算入限度額は、債務免除益、私財提供益、資産評価益の合計額とされているが、解散後で残余財産がないと見込まれる場合の期限切れ欠損金の損金算入額は、このような限度額に関する規定がないため、清算手続において資産譲渡益が生じた場合に関しても、期限切れ欠損金の利用が認められることとなる。

b 　残余財産がないと見込まれるとき

内国法人が解散した場合において、残余財産がないと見込まれるときは、期限切れ欠損金の損金算入が可能とされているが（法人税法59条3項）、その残余財産がないと見込まれるときとは、解散した内国法人が清算中に終了する各事業年度終了の時の現況で債務超過の状況にあるときを意味する（法人

税基本通達12-3-7・12-3-8)。この点につき、国税庁の質疑応答事例にて、平成22年10月6日付法人課税課情報第5号、審理室情報第2号、調査課情報第3号「平成22年度税制改正に係る法人税質疑応答事例（グループ法人税制その他の資本に関係する取引等に係る税制関係）（情報）」の問10において、以下の残余財産がないと見込まれるときの例示がされており、それぞれに掲げる書面を「残余財産がないと見込まれることを説明する書類」として、確定申告書に添付する必要があるとしている。

①清算型の法的整理である破産又は特別清算の手続開始の決定又は開始の命令がなされた場合……「破産手続開始決定書の写し」、「特別清算開始決定書の写し」

②再生型の法的整理である民事再生又は会社更生の手続開始の決定後、清算手続が行われる場合……「再生計画又は更生計画に従った清算であることを示す書面」（計画認可決定前に事業譲渡が行われ、清算が開始している場合には、「民事再生又は会社更生の手続開始の決定の写し」）

③公的機関が関与又は一定の準則に基づき独立した第三者が関与して策定された事業再生計画に基づいて清算手続が行われる場合……「公的機関又は独立した第三者の調査結果で会社が債務超過であることを示す書面」

c 実在性のない資産の取扱い

更生会社や再生会社について、過去の粉飾決算等により、多額の架空資産が貸借対照表上計上されている場合、従前の清算所得課税（財産課税）であれば課税されることはなかったが、平成22年度税制改正後は、架空資産の計上により前事業年度以前の事業年度から繰り越された欠損金額が減少（又はゼロとなり）、債務免除益等と相殺する期限切れ欠損金が不足することとなるため、課税される懸念が生じる。

この点につき、前記平成22年10月6日付質疑応答事例の問11において、実在性のない資産の取扱いが明記されており、その計上根拠の状況に応じて、それぞれ以下の取扱いで期限切れ欠損金を算出すべきとしている。

①過去の帳簿書類等を調査した結果、実在性のない資産の計上根拠（発生原因）等が明らかである場合

イ）発生原因が更正期限内に生じたものである場合

　修正経理と税務当局による更正手続を経て、発生原因の生じた事業年度の欠損金額（青色申告の場合は青色欠損金額、青色申告でない場合には期限切れ欠損金額）とする。

ロ）発生原因が更正期限を過ぎた事業年度に生じたものである場合

　修正経理を行い、発生原因が生じた事業年度において損失が増加したであろう金額を、修正経理を行った事業年度の期首利益積立金額から減算することで、発生原因の生じた事業年度の欠損金額（青色申告であるかどうかにかかわらず期限切れ欠損金額）とする。

②過去の帳簿書類等を調査した結果、実在性のない資産の計上根拠（発生原因）等が不明である場合

　裁判所が関与する破産、特別清算、会社更生、民事再生の法的整理手続、又は、公的機関若しくは一定の準則により独立した第三者が関与する私的整理手続を経て、実在性のない資産が確認された場合には、実在性のないことの客観性が担保されているため、実在性のない資産につき、修正経理を行い、修正経理を行った事業年度の期首利益積立金額から減算することで、期限切れ欠損金額とする。

　上記の結果、架空資産についても、青色欠損金又は期限切れ欠損金として取り扱われることとなるため、原則債務免除益等に対する課税は生じないこととなる。

2　法的整理・私的整理における債権者の税務

(1)　法的整理における債権に係る税務上の取扱い

a　概　　要

　法的整理に突入した債務者企業に対する債権に係る税務上の取扱いは比較的明確である。後に詳述するが、法的整理は裁判所の管轄下で行い、法律の手続に基づいて行われるため、債権放棄の過程は客観的であり、恣意性の介入が乏しいため、貸倒引当金及び貸倒損失の無税処理要件は一定程度形式的

に判断できる。そのため、一般的に税務判断が困難な場合が少ないといえる。

b　法的整理における貸倒引当金及び貸倒損失

ア　法的整理における貸倒引当金

法的整理における個別貸倒引当金は法人税法施行令96条1項1号（いわゆる長期棚上げ基準）及び同項3号（いわゆる形式基準）の規定により税務上損金算入することとなる。

i　長期棚上げ基準

長期棚上げ基準とは、下記の事由に該当した場合に、貸倒引当金の対象となる債権（以下「個別評価金銭債権」という）につき弁済を猶予され、又は賦払いにより弁済される金額（担保権の実行等により取立て可能と見込まれる金額を除く）のうちその事由が生じた日の属する事業年度終了の日の翌日から5年以内に弁済される金額以外の金額について貸倒引当金の無税処理を行うことができるものとしている基準である。

①更生計画認可の決定
②再生計画認可の決定
③特別清算に係る協定の認可決定
④①から③に掲げる事由に準ずる事由

この規定は、各々の法律の「認可決定」がなされることを要件として貸倒引当金の無税処理を認めるものである。無税引当額の算定にあたっては、個別評価金銭債権の額からその債権に係る担保金額を差し引くとともに認可決定日を含む事業年度終了の日の翌日から5年以内に弁済される金額を差引き算定するところに特徴がある。

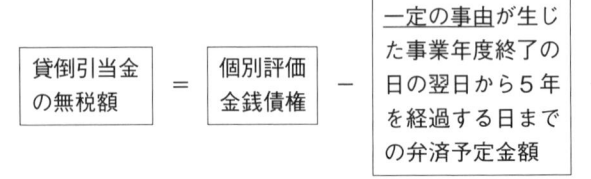

【算式】

貸倒引当金の無税額 ＝ 個別評価金銭債権 － 一定の事由が生じた事業年度終了の日の翌日から5年を経過する日までの弁済予定金額 － 担保権の実行その他により取立て等の見込みが認められる部分の金額

また、この規定は法的整理を前提としているため、税務判断としては迷うことは少なく、認可決定された計画に基づき判断すればよいこととなる。したがって、仮に認可決定日を含む事業年度終了の日の翌日から５年経過後に回収予定の債権があったとしても、当該債権の回収可能性については判断する必要はない。すなわち形式的に５年を超えるか否かにより無税による貸倒引当金の設定を行ってよいこととなる。

ⅱ　形式基準

　形式基準とは下記の事由に該当した場合に、個別評価金銭債権の額（債務者から受け入れた金額があるため、実質的に債権とみられない部分の金額及び担保権の実行等により取立て可能と見込まれる金額を除く）の50％相当額について貸倒引当金の無税処理を行うことができるものとしている基準である。

　①更生手続開始の申立て
　②再生手続開始の申立て
　③破産手続開始の申立て
　④特別清算開始の申立て
　⑤手形交換所の取引停止処分

　この規定は、各々の法律の「開始申立て」がなされることを要件としている。各法律に基づく不良債権処理の過程において比較的初期のステージにおいて貸倒引当金の無税処理を認めるものであるためその引当設定額は取立て不能見込み額の50％とされている点が大きな特徴である。

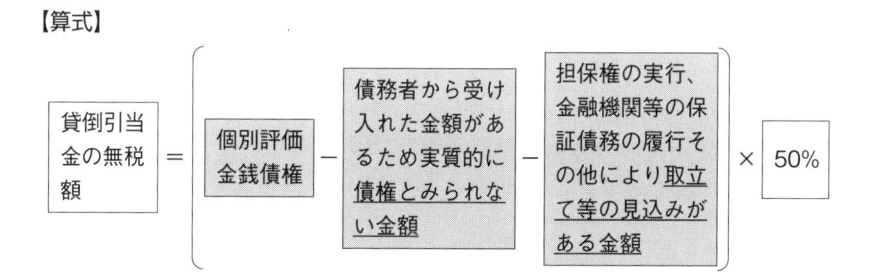

【算式】

貸倒引当金の無税額 ＝ ｛個別評価金銭債権 － 債務者から受け入れた金額があるため実質的に債権とみられない金額 － 担保権の実行、金融機関等の保証債務の履行その他により取立て等の見込みがある金額｝× 50％

　形式基準も長期棚上げ基準と同様に形式的に判定すればよく、税務判断に迷うところは少ない。双方について判断に迷う可能性があるのは担保権等の実行による取立て可能見込み額であろう。これについてはあくまで見込み金

額であるため、不動産鑑定評価等の第三者意見を入手しておく等の対応が必要であると考えられる。

イ　法的整理における貸倒損失

法的整理における貸倒損失は法人税基本通達9－6－1の規定により損金算入されることとなる。

法人税基本通達9－6－1では金銭債権の全部又は一部の切捨てをした場合の貸倒損失の損金算入について定めており、金銭債権につき法的整理に係る下記の事由の発生をその要件としている。

①会社更生法による更生計画の認可決定
②民事再生法による再生計画の認可決定
③特別清算の協定の認可決定

この通達においては、それぞれの法的整理の手続において、「認可決定」により切捨てが確定した金額についてその確定した事業年度において切捨て額を損金に算入することを定めている。

ここで注意をしなければならないのは、貸倒損失の損金経理要件はなく、認可決定日を含む事業年度において、必ず損金算入しなければならないという点である。したがって、切捨て額が確定した事業年度において損金算入を失念してしまった場合には、その後の事業年度において損金算入することはできず、更正の請求を行う等、遡って修正することとなる。

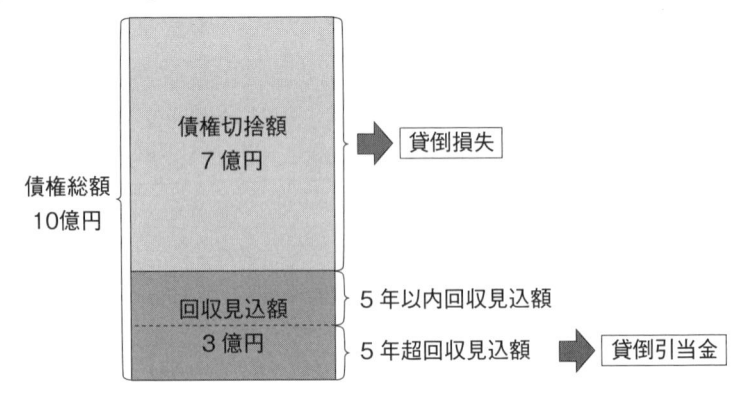

【図表3－14－15】貸倒引当金と貸倒損失の例示

```
                債権切捨額
                  7億円        → 貸倒損失
債権総額
 10億円
                回収見込額      5年以内回収見込額
                  3億円        5年超回収見込額  → 貸倒引当金
```

【図表3－14－16】法的整理の過程における貸倒引当金と貸倒損失の関係性

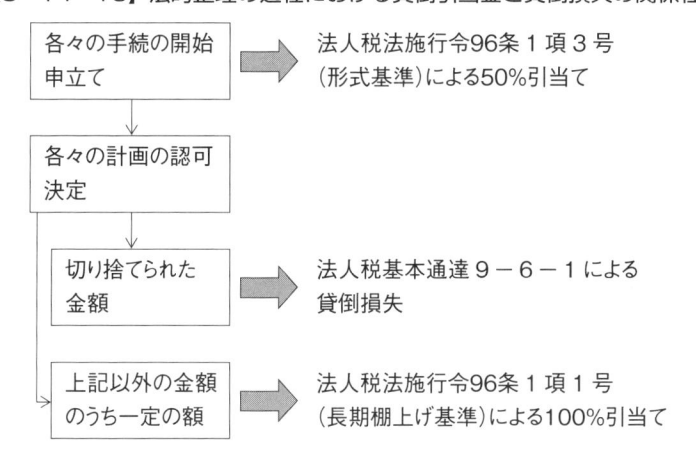

各々の手続の開始申立て	→	法人税法施行令96条1項3号（形式基準）による50％引当て
各々の計画の認可決定		
切り捨てられた金額	→	法人税基本通達9－6－1による貸倒損失
上記以外の金額のうち一定の額	→	法人税法施行令96条1項1号（長期棚上げ基準）による100％引当て

ウ　法的整理における貸倒引当金と貸倒損失

　法的整理における貸倒引当金、貸倒損失の規定について解説したが、ポイントとしては貸倒引当金の長期棚上げ基準と法的整理における貸倒損失の損金算入されるための事由が同じであるという点である。双方において各々の法的整理手続に係る法律の「認可決定」を事由として損金算入を認めている。これらの違いは「認可決定」時において切捨て額があるか否かということである。

　例えば、民事再生法に基づいて認可決定された計画において、債権10億円のうち7億円を切り捨て、3億円を10年間で毎年均等弁済することとなった場合、切り捨てられた7億円は法人税基本通達9－6－1により貸倒損失として損金算入され、3億円のうち5年を超える部分（簡便的に1億5千万円とする）については法人税法施行令96条1項1号に規定する長期棚上げ基準により貸倒引当金として損金算入することとなる。

　また、法的整理の過程における貸倒引当金、貸倒損失の関係性を図示すれば【図表3－14－16】のとおりとなる。

エ　平成23年度税制改正との関係

　平成23年度税制改正において貸倒引当金制度の対象を銀行、保険会社その他これらに類する法人及び中小法人等に限定されることとなった。そのため、金融機関における不良債権処理に係る税務について平成23年度税制改正

は大きな影響は及ぼさない。

(2) 私的整理における債権に係る税務上の取扱い

a 概　　要

　私的整理の対象となった債務者企業に対する債権に係る税務処理の判断は、法的整理に比してハードルが高いといえる。私的整理は法律の手続に基づかずに、最終的には債権者間の合意により債権放棄の意思決定がなされる。したがって、法的整理に比して客観性に乏しく、恣意性の介入する余地があるといわざるを得ないのである。そのため、私的整理により債権放棄を実施する場合には、その意思決定過程の中で如何に客観性を担保し、税務上無税処理を行えるようにするかが重要なポイントとなる。

b 私的整理における貸倒引当金及び貸倒損失

ア　私的整理における貸倒引当金

　私的整理は、税務上は法的整理に準ずる手続とされるため、基本的に法的整理の場合の個別貸倒引当金の取扱いに準じて損金算入することとなるが、前述の形式基準による個別貸倒引当金については、上記(1) b ア ii の①から⑤に掲げる事由に私的整理は含まれていないため、これは適用できないこととなる。したがって、私的整理の場合の個別貸倒引当金については、前述の長期棚上げ基準における法的整理に準ずる事由に該当するものとして個別貸倒引当金を損金算入することとなる。なお、法的整理に準ずる事由の定義は税務上は下記のように定められている。

　　①債権者集会の協議決定で合理的な基準により債務者の負債整理を定めているもの
　　②行政機関、金融機関その他第三者の斡旋による当事者間の協議により締結された契約で、①に準ずるもの

　このように私的整理が全て対象となるわけではなく、私的整理ガイドラインに即した私的整理や事業再生ADR等がこれに該当することとなる。

　上記のほか、法人税法施行令96条1項2号（いわゆる実質基準）の規定により個別貸倒引当金を損金算入する方法も考えられる。

実質基準とは個別評価金銭債権に係る債務者につき、債務超過の状態が相当期間継続し、かつ、その営む事業に好転の見込みがないことや、災害、経済事情の急変等により多大な損害が生じたこと等の事由が生じていることにより個別評価金銭債権の一部について取立ての見込みがない場合にその取立不能見込み額につき貸倒引当金の無税処理を行うことができるものとする基準である。

　基準の内容をみればわかるとおり、長期棚上げ基準と比較して、事業の好転の見込みに係る判断や、取立てが不能と見込まれる金額の算定等、実質的に判断しなければならないため、債権者としては、自己の判断に伴う税務リスクを負うこととなる。そのため、実務上における私的整理に係る貸倒引当金の無税処理は私的整理の中でも形式的に判断が可能な長期棚上げ基準によることが多いといえよう。

　　イ　私的整理における貸倒損失
　法的整理による貸倒損失は、法律の手続により債権の切捨て額が確定するため、客観性があり、税務上の取扱いも比較的明確であるといえる。これに対し、私的整理の場合には、債権者集会等の協議により切捨て額を確定するものの、これに合意するかどうかについては債権者の意思決定次第である。その意味で私的整理の場合の貸倒損失は法的整理の場合と異なり、債務者に対する支援的意味合いが非常に濃いといえる。税務上も同様に私的整理における債権の切捨ては貸倒損失というより支援損として取り扱われ、損金算入の可否を判断することとなる。

　税務においては財産的価値の無償移転（債権放棄等の支援行為を含む）は寄附であると解され、原則として寄附金の損金不算入の規定により損金として認められない。そのため、私的整理に伴う支援損は原則として寄附金に該当することとなる。しかしながら、支援損が寄附金ということになれば、債権放棄を行う金融機関としては、税負担の問題はもとより、特定の債務者に対して寄附をしたことについてレピュテーションの問題にも発展することとなる。

　このような前提では、私的整理や債権放棄による子会社等の整理が実務上困難となってしまうため、法人税基本通達９－４－１及び９－４－２において、一定の要件を満たす支援損については寄附金には該当しないものとして

いる。実務上はこの法人税基本通達 9 － 4 － 1 及び 9 － 4 － 2 を拠り所として支援損の損金算入を行っている。
ⅰ　法人税基本通達 9 － 4 － 1 及び 9 － 4 － 2
　法人税基本通達 9 － 4 － 1 及び 9 － 4 － 2 はいずれも子会社等に対する債権放棄等の経済的利益を供与した場合に、一定の要件を満たせば、その経済的利益の額は寄附金には該当しないものとしているが、前者は子会社等の整理（売却）を前提としているのに対し、後者は子会社等の再建を前提としている点が異なる。
ⅱ　法人税基本通達 9 － 4 － 1
　法人税基本通達 9 － 4 － 1 では法人がその子会社等の解散、経営権の譲渡等に伴いその子会社等のために債務の引受けその他の損失負担又は債権放棄等をした場合に、その損失負担等をしなければ今後より大きな損失を蒙ることになることが社会通念上明らかであると認められるためやむを得ずその損失負担等をするに至った等そのことについて相当な理由があると認められるときは、その損失負担等により供与する経済的利益の額は、寄附金の額に該当しないものとすると定めている。
　通達上は子会社等に対する債務の引受けや債権放棄等をその対象としており、親会社からの支援を前提としているが、子会社等の定義は幅広く、資本関係がある者のほか、人的関係や資金関係がある者を含んでいるため、金融機関と債務者企業もこの関係に含まれることとなる。
ⅲ　法人税基本通達 9 － 4 － 2
　法人税基本通達 9 － 4 － 2 では法人がその子会社等に対して金銭の無償若しくは通常の利率よりも低い利率での貸付け又は債権放棄等をした場合において、その無利息貸付け等が例えば業績不振の子会社等の倒産を防止するためにやむを得ず行われるもので合理的な再建計画に基づくものである等その無利息貸付け等をしたことについて相当な理由があると認められるときは、その無利息貸付け等により供与する経済的利益の額は、寄附金の額に該当しないものとすると定めている。
　前記の法人税基本通達 9 － 4 － 1 の場合と同様に親子会社の関係には金融機関と債務者企業との関係を含むものとされている。
ⅳ　実務における考え方

私的整理においては、債務者企業の再生のストラクチャーがどのようなものであるかによって、法人税基本通達の９－４－１と９－４－２のどちらに基づいて無税処理を行うかが決まる。すなわち、支援対象となる法人に対して債権放棄を行うスキームであれば再建が前提となるため、法人税基本通達９－４－２に基づき無税処理を行うこととなり、例えばスポンサーに対して事業を売却し、法人格を清算する過程の中で債権放棄をするのであれば整理（売却）が前提となるため、法人税基本通達９－４－１に基づいて無税処理を行うこととなる。

　このような関係性から、実務上はそれぞれの通達に大きな取扱いの差異はない。いずれにおいても債権者が合意する整理・再建計画が合理的であることを疎明することが支援損を損金算入する際に重要である。その際に検討すべき項目は国税庁の質疑応答事例においてほぼ共通して紹介されている。実務上はこの質疑応答にしたがって合理的な整理・再建計画であるかを判断していくこととなる。

　ウ　整理・再建計画の合理性の判断

　国税庁の質疑応答事例によれば、整理・再建計画の合理性は下記の点により判断することとなる。

①損失負担等を受ける者は、「子会社等」に該当するか

　先にも述べたとおり子会社等の定義は資本関係に限らない。したがって、私的整理の過程において金融機関が債務者企業に対して行う金融支援に関しても対象となる。

②子会社等は経営危機に陥っているか（倒産の危機にあるか）

　経営危機に陥っていない債務者に対して行う経済的利益の供与については、緊急性がなく、やむを得ず行うものとは認められないことから、寄附金に該当することになる。そこで、債務者が経営危機に陥っており、支援が必要であることを確認する必要がある。

　一般的には債務者企業が債務超過状態にあること等から資金繰りが逼迫しており、金融機関の債権回収が危ぶまれる状態にあることが必要となる。

　債務者企業が債務超過状態であるかどうかを判断する場合には、債務者企業から入手した財務諸表について、減価償却不足や資産の含み損益がないか等、債務者企業の実態を表す実態貸借対照表の把握が必要となる。この実態

貸借対照表の作成は客観性を担保するため、第三者の専門機関に依頼するのが一般的である。

その上で、債務者企業の財務状況が著しく悪化しており、自力再建が困難な場合にのみ支援が必要となり、合理性を有することになる。

また、債務者企業がいかに実態債務超過状況となっていたとしても、遊休資産の譲渡等を行い資金を確保するなどの自助努力により、返済に問題がなければ、支援をする必要性も乏しいため、返済状況や返済能力の確認も必要となる。

③損失負担等を行うことは相当か

金融機関にとって損失負担等を行う相当な理由があるか否かは、損失負担等を行うことにより今後蒙るであろう大きな損失を回避することができる場合、または、子会社等を再建することにより残債権の弁済可能性が高まり、倒産時に比べ損失が軽減される場合等により判断することになる。

そのため、支援を行わなかった場合にはどのようなことが想定されるか、支援を行った場合にはどのような改善効果が望めるか、他の支援方法によった場合にはどのような結果が想定されるか等を検討しておく必要がある。

すなわち、意思決定に際して、レピュテーションリスクやモラルハザードも勘案した上で、損失負担をすることが金融機関にとって債権回収最大化を図る上で最も合理的な手法であることを説明することが寄附金認定されないためのポイントとなる。税務における合理性の判断は、金融機関として債権の回収最大化に対してどれだけの検討をし、努力をしているかにより判断されるといえる。

④損失負担等の額は合理的であるか（過剰支援となっていないか）

通常、利害対立関係にある複数の支援者が存在する場合には、それぞれが債権回収最大化を図るため、そこで算定された金融支援額は、金融支援スキームを成立させる最低限度の額であると認められることになる。しかし、その金融支援額の決定過程が不透明であったり、債務者の自己努力が不十分であったり、支援の結果、債務者に課税所得が発生することについての合理的な説明ができないような支援がなされた場合には、寄附金リスクが顕在化する可能性がある。

⑤整理・再建管理はなされているか

債務者企業の再建を図るためにやむを得ず行う支援である以上、損失負担額は必要最低限のものである必要がある。

したがって、当初計画よりも順調に再建が進んだ場合には、当初計画どおりの支援額をもって支援を行うことは過剰支援に該当する可能性がある。

そのため、支援者が債務者企業に役員を派遣する、または債務者企業からの再建状況の報告を要請するなど、再建状況を把握し、支援額の合理性について適宜検証を行うための仕組みが再生・再建計画に盛り込まれ、かつ実行される必要がある。

なお、再生型ではなく清算型のケースについて、債務者企業の整理は解散後速やかに行われるため、整理計画の実施状況に関する管理については検討を要しないものと考えられるが、資産処分に時間を要するなど整理計画が長期間にわたる場合には、整理計画の実施状況に関する管理を行う必要がある。

⑥損失負担等をする支援者の範囲は相当であるか

債務者に支援を行う場合には、金融機関のほかにどのような支援者がいるかの確認が必要となる。

すなわち、金融機関一行の単独支援の場合には、金融支援額の合理性を検証するのは困難であるが、他に利害が対立する支援者がいる場合には、各支援者が自身の支援負担額の極小化（債権回収最大化）を図るように行動すると考えられるため、合理的な計画となる可能性が高い。

しかし、債務者との事業関連性が強いと認められる者が支援者に加わっていない場合には、その理由を慎重に判断すべきとなる。

⑦損失負担等の額の割合は合理的であるか

損失負担（支援）割合の合理性については、一般的に支援者の出資状況、経営参加、融資状況等の事業関連性や支援体力からみて合理的に決定されているか否かが重要となる。合理性が認められるケースとしては、融資残高比率に応じた割合（プロラタ方式）による場合や、損失負担（支援）総額を出資状況、融資残高比率及び役員派遣割合等の事業関連性を総合的に勘案し各支援者に配分する場合等が挙げられる。

エ　私的整理における貸倒損失

前述のとおり、法的整理の場合に比して私的整理は客観性に乏しいといわ

ざるを得ない。また、私的整理における債権の切捨ては貸倒損失というよりも支援損の意味合いが強い。そのため、客観性確保の観点から多くの検討資料と証憑書類が必要となる。その意味で実務としては法的整理よりもより厳格に検討されているケースが多いように思われる。

　オ　平成23年度税制改正との関係

　平成23年度税制改正における貸倒引当金に係る改正については、金融機関はその対象から除かれており、主として金融機関による金融支援が行われる私的整理についても、実務上影響はない。

(3)　連帯保証人への責任追及と保証履行

a　連帯保証人への責任追及と免除

　金融機関から債務者企業に対し債務免除を行った場合、連帯保証人の保証履行が問題となることが多いが、これらの問題は金融機関側の金融支援に係る損失の無税処理にも影響する。すなわち、経営者責任・保証人責任を十分に履行した上での金融支援でなければ過剰支援に該当し、当該金融支援損の無税処理に疑義が生ずるというものである。

　実務上、この連帯保証人の責任をどこまで求めるかという点が問題になる。まず、連帯保証人が自己破産等の法的処理を行う場合は、それ以上の保証責任の追及が難しくなるため、問題にならない。また、連帯保証人に対する保証債務に対して特定調停手続を利用し、公正かつ妥当な調停条項案を策定した上で、保証債務の免除を行うという方法も特段問題ないと考えられる。

　上記以外の場合の対応については、連帯保証人に係る財産調査及び所得調査を弁護士等に依頼し、全資産と収入状況[7]を把握し、これらの情報から生活に最低限必要な私財を残して、保証履行をさせることになり、この水準は

---

[7]　法人税基本通達11－2－7（人的保証に係る回収可能額の算定）において、①保証人が有する資産について評価額以上の質権等が設定されていること及び②保証人の年収額が保証債務の額の合計額の5％未満であることのいずれにも該当する場合は、人的保証に係る回収可能額の算定上、回収可能額を考慮しないことができる旨の定めがあり、連帯保証人への責任追及の度合いに関しても一つの目安になると考えられる。

個別ケースごとに判断することとなるが、いずれにおいても連帯保証人への責任追及の程度については、個々の案件の事情により異なることとなるため、必要に応じて国税当局に照会する等、慎重な対応が必要となる。

b 連帯保証人の保証履行の税務

　連帯保証人が保証履行を迫られた場合、保有する資産を譲渡し、その譲渡代金をもって保証債務を履行することがあるが、連帯保証人責任等の観点から債務者企業への求償権の行使を放棄することとなった場合には、実質的な担税力が喪失することを勘案し、当該譲渡所得に関し、所得計算の特例が設けられており、求償権を行使できなかった部分の譲渡がなかったものとみなされることとされている（所得税法64条2項）。

　この規定により譲渡所得がなかったものとみなされる金額は、①求償権の行使不能額、②求償権の行使が不能となった時の直前において確定しているその年分の所得税の課税標準額、③保証債務履行のための個人所有資産の譲渡に係る譲渡所得の金額の三つの金額のうち、最も低い金額となる（所得税法施行令180条2項、所得税基本通達64－2の2）。

　また、この保証履行をした場合の課税の特例を受けるためには、以下の四つの要件を満たす必要がある。
① 保証債務契約等が存在すること
② 保証債務を履行するために資産を譲渡したこと
③ 譲渡代金の全部又は一部を充てて保証債務を履行したこと
④ 保証債務の履行に伴う求償権の全部又は一部を行使することができなかったこと

　そして、上記のうち④の判断については、会社更生法及び民事再生法並びに特別清算の規定等による場合だけではなく、債務者企業がその求償権放棄後も存続して経営を継続している場合でも次の二つの要件に該当すると認められる場合には、その求償権は行使不能と考えられる。
① その求償権は、法人の代表者等と他の債権者との関係からみて、他の債権者等の有する債権と同列に扱うことが困難である等の事情により、放棄せざるを得ない状況にあったと認められること
② その法人は求償権を放棄しても、なお債務超過の状況にあること

第14章　法的整理における税務　463

(4) 未収利息の不計上、焦付き未収と条件付債権放棄

　債務者について、会社更生手続の開始等、未収利息の計上を要求することが著しく実態に即さないと認められる一定の事実が生じた場合には、未収利息を計上しないことが認められており、一定の事実に関しては、法人税基本通達2－1－25において、以下の内容で具体的に列挙・規定されている。

　①債務者が債務超過に陥っていることその他相当の理由により、その支払を催促したにもかかわらず、その貸付金から生ずる利子のうち、その事業年度終了の日以前6ヶ月以内（6ヶ月以内に支払期日が到来しない場合は1年以内）にその支払期日が到来したものの全額が未収であり、かつ、当該期間内に当該利子以外の利子について支払を受けた金額が全くないか又は極めて少額であること
　②債務者につき会社更生手続が開始されたこと
　③債務者につき債務超過の状態が相当期間継続し、事業好転の見通しがないこと、当該債務者が天災事故、経済事情の急変等により多大な損失を蒙ったことその他これらに類する事由が生じたため、当該貸付金の額の全部又は相当部分についてその回収が危ぶまれるに至ったこと
　④更生計画認可の決定、債権者集会の協議決定等により当該貸付金の額の全部又は相当部分について相当期間（概ね2年以上）棚上げされることとなったこと

　また、金融機関における未収利息の取扱いについては、法人税個別通達1－14「金融機関の未収利息の取扱いについて（昭41直審（法）72）」の6（相当期間未収が継続した場合の貸付金の未収利息の取扱い）において、以下の2つの要件に該当する場合は、その事業年度に係る未収利息は益金の額に算入しないことができると規定されている。

　①貸付金について当該事業年度終了の日以前6月（利息の計算期間が6月より長い場合には、当該計算期間の月数）に当たる日の直前に到来した利払期以後当該事業年度終了の日までに到来する利払期にかかる利息の全額が当該事業年度終了の時において未収となっていること。
　②当該直前に到来した利払期前の利払期に係る利息で当該事業年度の直前事業年度終了の日において未収となっていたものについて、当該事業年

度終了の時までの間、その収入が全くないこと又はその収入した金額がきわめて少額であること（その収入したことにより将来当該未収利息の残額の全部又は相当部分の回収が可能であると認められる事情がない場合に限る）。

　上記規定により、未収利息の計上を見合わせた利息については、実際に支払を受けた時点で収益計上すれば足りることとされており、上記一定の事実が解消した場合においても、計上を見合わせた過年度分の利息を一括で収益計上する必要もない。

　他方、計上済みの未収利息（会計上は不計上でも税務上加算調整された未収利息を含む）で全く入金がない、いわゆる焦付き未収に関しては、法人税個別通達1－14「金融機関の未収利息の取扱いについて（昭41直審（法）72）」の11（焦げ付き未収利息の貸倒れの特例）において、未収利息を資産に計上した最終の事業年度終了の日から2年を経過した日の前日の属する事業年度終了の日までの期間内に、支払の督促等の回収の努力をしたにもかかわらず、当該利息の入金が全くないときは、貸倒損失として損金算入が可能とされている。なお、実務上は未収利息を会計上計上していない場合も多いが、当該規定は損金経理が要件となっているため、会計上一旦未収利息として計上した上で貸倒損失として償却する処理が無難であると思われる。

　債権者による債権放棄により債務が消滅し、かつ、債務免除益が発生することとなり、原則、会社更生手続の場合、更生計画の認可決定の時にその効力が生じ（会更201条）、民事再生手続の場合、再生計画の認可決定の確定の時に権利変更の効力が生じ（民再176条）、債務免除益が発生することとなる。ただし、更生計画又は再生計画に別段の定めがあるときは、その定めに従い債務の消滅及び債務免除益の発生を認識することとされており（会更204条、民再179条）、権利変更の効力が生ずるタイミングについて、期限や条件（一定額の債務の弁済や資産の処分等）を設ける例も多くみられる。税務上も更生計画や再生計画の定めに従い、債務免除益を認識することとなるが、期限切れ欠損金の損金算入時期は必ず債務免除を受けた時点である一方、資産の評価損益の計上時期は更生計画や再生計画の認可決定時とされており、債務免除益の計上時期と必ずしも一致しないため、タックスプランニング上留意が必要である。

索　引

●A～Z

ABL（Asset Based Lending）…… 230
DDS ……………………………………… 25
DES ……………………………………… 331
DIP型 …………………………………… 12
DIPファイナンス ……………………… 67
EXITファイナンス …………………… 372
FA（フィナンシャル・アドバイザー）………………………………… 320

●あ

アーリーDIPファイナンス …………… 67
青色欠損金の利用制限 ………………… 430
意見書 …………………………………… 83
一時停止 …………………………… 17, 144
一般調査期間 …………………………… 202
一般の先取特権 ………………………… 224
閲覧・謄写 ……………………………… 102

●か

買受けの申出 …………………………… 246
開始時現存額主義 ……………………… 364
会社更生手続 …………………………… 14
会社更生手続における価額決定の申立て ……………………………… 207
会社分割 ………………………………… 444
価額決定請求 ……………… 250, 251, 254
価額決定の申立てについての決定に対する即時抗告 ………………… 208
可決要件 ………………………………… 351
火災保険金請求権質権 ………………… 267
仮装経理 ………………………………… 435
株式質権 ………………………………… 222
仮登記 …………………………………… 218

関係人集会 ……………………………… 346
関係人説明会 …………………………… 131
監督委員 ………………………………… 105
管理型 …………………………………… 12
管理型民事再生 ………………………… 158
管理命令 ………………………………… 162
管理命令の申立て ……………………… 170
議決権 …………………………………… 90
議決権行使の方法 ……………………… 345
議決権の確定 …………………………… 347
議決権の行使 …………………………… 349
議決権の不統一行使 …………………… 347
期限切れ欠損金 ………………………… 419
期限の利益の喪失 ……………………… 118
期日の続行 ……………………………… 355
帰属清算方式 …………………………… 229
共益債権化 ……………………………… 62
記録の閲覧・謄写請求 ………………… 102
金融機関の意見聴取 …………………… 130
組分け …………………………………… 351
クラムダウン …………………………… 360
繰上一括弁済 …………………………… 374
繰越欠損金の繰戻還付 ………………… 433
グループ会社倒産 ……………………… 367
グループ法人税制 ……………………… 446
経営責任 ………………………………… 111
経営判断原則 …………………………… 32
計画案 …………………………………… 301
計画案の作成・提出 …………………… 305
計画案の修正・変更 …………………… 309
計画案の遂行可能性の原則 …… 311, 335
計画案の提出 …………………………… 344
計画外事業譲渡 ………………………… 287
計画の記載事項 ………………………… 302
計画不履行 ……………………………… 378

計画変更	378
権利変更	322
権利保護条項	360
牽連破産	388
更生計画の認可決定	358
更生計画の認可事由	359
公正・衡平の原則	315, 335
更生債権者委員会	95
更生担保権	195
更生担保権者委員会	95
更生担保権の範囲	196
更正の請求	435
交付送達	164
衡平考慮規定	7, 50, 61
焦付き未収	464
固定化	234
固定説	264

●さ

債権確定	204
債権者委員会	92
債権者集会	346
債権者説明会	130
債権者の意見陳述	79
債権者申立て	88, 157
債権譲渡予約契約	231
債権調査期間	172, 173
債権調査手続	172
債権届出	173
債権届出及び決議	79
債権届出書の作成	175
債権届出書の送付・提出	175
債権届出の期間	173
債権届出の催告	174
債権届出の取下げ	180
債権届出の変更等	176
債権届出のみなし規定	393
債権認否	199
財産評定	269

財産評定損益	419
再生計画の認可決定	356
再生計画の不認可事由	357
財団債権化	392
再度の法的整理手続申立て	386
債務消滅益	419
債務免除益	419
詐害行為	139
詐害行為取消訴訟	140
詐害的な私的整理	152
先取特権	224
差置送達	164
査定の手続	205
査定の申立て	205
査定申立てについての決定に対する異議の訴え	207
時価	279
事業継続価値	273, 279
事業再生ADR手続	50
事業譲渡	440
事業譲渡型	317
時効管理	402
私財提供益	419
資産調整勘定	440
資産の評価損益	424
自主再建型	317
自然債務	413
質権	222
失権	172
執行官送達	164
実在性のない資産	450
自認債権	200
支払(の)停止	118, 143
支払不能	118, 143
資本的劣後ローン	25
集合債権譲渡担保	229
集合動産	229
条件付債権放棄	464
商事留置権	226

上申書	82
譲渡担保	229
商取引債権の包括的弁済	114
情報開示	79
将来債権譲渡担保	237
将来債権譲渡担保権	230
将来債権譲渡担保の効力の及ぶ範囲	237
初動対応	101
処分価額	270, 273
処分清算方式	229
処分連動方式	338
書面等投票	346
人的担保	129
信用保証協会	60, 135
信用保証協会への代位弁済請求	135
清算価値保障原則	158, 272, 278, 313, 335
清算所得課税の廃止	448
正常価格	259
絶対的優先	316
全部義務者	364
早期処分価格	259
相殺禁止	122
相対的優先	316
送達	163
即時抗告	78
即時抗告期間	78
損害賠償の査定手続	111
損金経理方式	424

●た

代位弁済請求	135
対抗的計画案	167, 311, 342
対抗的再生計画案	169
対抗的申立て	167
対抗要件否認	218
段階的弁済率	326
担保権消滅請求	243
担保権の行使	210
担保権の実行の申立て	246
担保実行中止命令	214
担保不足額	215
地域経済活性化支援機構	8
中断事由	402
長期棚上げ基準	452
重複債権の処理	369
提出期間の伸長	307
手形貸付	187
手形譲渡担保	189
手形割引	188
適格現物出資	438
適格分割	445
適時開示事由	166
手続終結	370
手続終結後の破産移行	396
デット・エクイティ・スワップ（DES）	437
登記及び登録の具備	217
登記留保の担保権	20
同時交換的行為	146
投資信託受益権	226
特定調停	15
特別の先取特権	225
届出債権の範囲	186
届出名義の変更	179
取立委任手形の処理	127

●な

認可決定の確定と効力	357
認否書	200
根抵当権	221

●は

パーレイト条項	368
破産手続	15
非適格現物出資	438
非適格分割	445

否認権……………………………………… 142
平等原則 ……………………………… 314, 335
付議決定 ……………………………… 343, 344
負債調整勘定 …………………………… 440
不足額責任主義 ………………………… 192
普通抵当権 ……………………………… 219
復活説 …………………………………… 263
物的担保 ………………………………… 129
振替信託受益権 ………………………… 227
プレDIP資金 …………………………… 6
プレDIPファイナンス ………………… 49
プレパッケージ型 ……………………… 298
別除権協定 ……………………………… 254
別除権不足額 …………………………… 213
別表添付方式 …………………………… 424
弁済率 …………………………………… 323
偏頗行為 ………………………………… 139
偏頗行為否認 …………………………… 145
包括的禁止命令 ………………………… 214
補充送達 ………………………………… 164
保全命令 ………………………………… 122

●ま

未収利息の不計上 ……………………… 464
みなし届出 ……………………………… 398
民事再生手続 …………………………… 13
民事再生手続における自認債権 …… 200
無償行為 ………………………………… 147
無償否認 …………………………… 146, 147
メインバンク …………………………… 86
免責許可 ………………………………… 413

●や

約定劣後債権 …………………………… 27
預金拘束 ………………………………… 123
預金債権質権 …………………………… 222
預金相殺 …………………………… 122, 125
預金の支払停止 ………………………… 122
予定不足額 ……………………………… 193

予定不足額と議決権 …………………… 194

●ら

濫用的な会社分割 ……………………… 155
濫用的な事業譲渡 ……………………… 153
レイターDIPファイナンス ……… 67, 68
劣後性 …………………………………… 27
連帯保証 ………………………………… 364
連帯保証人の保証履行 ………………… 463
連帯保証人への責任追及 ……………… 462

《編者略歴》

松嶋一重（まつしま・かずふさ）

東北大学法学部卒業。1988年、北海道東北開発公庫（現・株式会社日本政策投資銀行）入庫。2004年、北海道支店業務第二課長。2007年、法務・コンプライアンス部次長。2011年、地域企画部次長兼東北支店東北復興支援室次長兼法務・コンプライアンス部次長兼特命チーム課長を経て、2012年、法務・コンプライアンス部長（現職）。主な著作として、「Q&A保証契約トラブル解決の手引」共著（新日本法規出版、2003年）、「事業再生ADRの展開と課題・金融機関の実務対応～プレDIPファイナンスの留意点」共著（季刊「事業再生と債権管理」128号）等。

粟澤方智（あわざわ・まさのり）

東京大学法学部卒業。2001年、弁護士登録。2006～2008年、株式会社日本政策投資銀行法務・コンプライアンス部（出向）。現在、奥野総合法律事務所パートナー弁護士。主な著作として、「EXITファイナンスの実務─地域密着型事業再生における金融・法務・会計・税務のすべて」共著（金融財政事情研究会、2008年）、「事業再生ADRの展開と課題・金融機関の実務対応～プレDIPファイナンスの留意点」共著（季刊「事業再生と債権管理」128号）、「〔新訂〕貸出管理回収手続双書　債権・動産担保」共著（金融財政事情研究会、2010年）、「濫用的会社分割の当事会社に対する会社更生手続の債権者申立ての検討─東京地裁平成22年（ミ）第13号・同第14号を踏まえて」共著（金融法務事情1915号）、「近時の事業再生の潮流と再生ファイナンスに与える影響」（月刊「金融ジャーナル」2011年3月号）、「コンサルティング実務体系」共著（金融財政事情研究会、2012年）等。

金融機関のための倒産・再生の実務

平成25年6月21日　第1刷発行
平成27年4月27日　第2刷発行

編　著　松　嶋　一　重
　　　　粟　澤　方　智
発行者　小　田　　　徹
印刷所　文唱堂印刷株式会社

〒160-8520　東京都新宿区南元町19
発　行　所　一般社団法人 金融財政事情研究会
編集部　TEL 03(3355)1758　FAX 03(3355)3763
販　売　株式会社きんざい
販売受付　TEL 03(3358)2891　FAX 03(3358)0037
URL http://www.kinzai.jp/

・本書の内容の一部あるいは全部を無断で複写・複製・転訳載すること、および磁気または光記録媒体、コンピュータネットワーク上等へ入力することは、法律で認められた場合を除き、著作者および出版社の権利の侵害となります。
・落丁・乱丁本はお取替えいたします。価格はカバーに表示してあります。

ISBN978-4-322-12303-6